J. Francis Hudson

Esther – der Stern von Persien

J. Francis Hudson

ESTHER

DER STERN VON PERSIEN

Schulte & Gerth

Die englische Originalausgabe erschien im Verlag
Lion Publishing plc., Oxford, England
unter dem Titel „Hadassah".

Aus dem Englischen übersetzt von Eva Weyandt

Best.-Nr. 815 473
ISBN 3-89437-473-x
1. Auflage Januar 1997
2. Auflage März 1997
3. Auflage Juli 1997
4. Auflage 1998
Umschlaggestaltung: Hanni Plato
Umschlagillustration: Marco Grote
Satz: Die Feder GmbH, Wetzlar
Druck und Verarbeitung: Ebner Ulm
Printed in Germany

In Erinnerung an Esther; an die vielen Tausend,
für die sie bereit war, ihr Leben aufs Spiel zu setzen;
und der sechs Millionen, die vor einem halben Jahrhundert
ihren Feinden nicht entkommen konnten.

„In seinem Traum hörte Mordechai ein gewaltiges Getöse, es donnerte, und die Erde bebte; Angst und Schrecken erfaßte die Menschen. Plötzlich kamen zwei Drachen hervor, bereit, sich im Kampf aufeinander zu stürzen. Sie brüllten mächtig, und auf ihr Gebrüll hin rüsteten sich alle Völker zum Krieg gegen das Volk Gottes. Am hellichten Tag brach Finsternis herein; Jammer und Not, Leid und schreckliche Angst verbreiteten sich auf der Erde. Im Volk Gottes wurden alle von Entsetzen gepackt, sie zitterten vor dem, was ihnen drohte, und rechneten fest mit ihrem Untergang. Als sie aber zu Gott um Hilfe riefen, entsprang aus einer kleinen Quelle ein Strom, der immer größer wurde und zuletzt zu einer mächtigen Flut anschwoll. Die Sonne ging auf; es wurde heller Tag; die Unterdrückten wurden aufgerichtet und überwältigten ihre siegessicheren Feinde."

Griechische Version des Buches Esther nach den Apokryphen 1,4–10

„Ahura Mazda ist der große Gott, der uns diese Erde und den Himmel gegeben hat, der den König Kschajarscha als einzigen Herrscher über unzählige Menschen eingesetzt hat. Ich bin Kschajarscha, der Große König, der König aller Könige, der Herrscher über alle Nationen und Sprecher aller Sprachen, der Beherrscher der ganzen Erde; der Sohn von Darajawausch des Hauses Hachaman, der persische Sohn eines Persers, ein Arier arischen Samens."

Aus dem Text eines Täfelchens, das in Parsa (Persepolis), Iran, gefunden wurde.

Handelnde Personen

Hadassa (persisch: Esther)	die Erzählerin. Sie ist acht Jahre alt, als ihre Geschichte beginnt.
Mordechai	Hadassas Cousin zweiten Grades.
*Ninlil**	Mordechais Schwester.
*Iphigenia**	griechisches Mädchen aus Arderikka.
Kschajarscha (griech. Xerxes, hebr. Ahasveros)	König von Persien. Nachkomme des Hauses der hachamanischen (achäminidischen) Dynastie.
Waschti (griech. Amestris)	erste Frau von Kschajarscha.
Hutaosa (griech. Atossa)	Witwe von Darajawausch (Darius) und Mutter von Kschajarscha.
Memuchan	Ratgeber des Königs.
Schaaschgas	Hüter des Harems.
Hegai	Hüter der Jungfrauen des Königs.
*Fara**	Dienerin Hadassas im Palast.
*Anahita**	ehemalige Konkubine von Darajawausch; trägt Verantwortung für die Konkubinen Kschajarschas; Hebamme.
Aschpamithra (griech. Aspamitres)	Kammerdiener Kschajarschas.
Artabanusch (griech. Artabanus)	der Hasarapatisch, der Hauptminister des Königs, der gleichzeitig zivile wie militärische Verantwortung trägt – gewährt die Audienzen beim König und befehligt das Regiment.
Hatach	persönlicher Kämmerer der persischen Königin.
Haman	ein jüngerer Minister in Kschajarschas Regierung; später sein erster Minister für Bürgerrechts- und Auslandsangelegenheiten.

* erdachte Figuren

Donau
SKYTHEN
THRAZIEN
Schwarzes Meer
MAZEDONIEN
Sinope
LYDIEN
PHRYGIEN
Sardes
Ephesus
Sparta
IONIEN
KARIEN
KAPPADOZIEN
ZILIZIEN
Halys
Tarsus
Kreta
ZYPERN
Mittelmeer
SYRIEN
Sidon
Damaskus
Tyrus
Samaria
Jerusalem
LIBYEN
Memfis
Pelusion
ÄGYPTEN
Nil
Theben
Rotes Meer
ARABIEN
ARMENIEN
Cyrus
Araxes
SKYTHEN
Kaspisches Meer
SKYTHEN
Aral-See
Arbela
MEDIEN
Euphrat
Tigris
BABYLONIEN
Babylon
Ekbatana
Susa
SUSIANA
ANSCHAN
PERSIS
Persischer Golf
Pasargade
Persepolis
SAGARTIA
PARTHER
KORASMIA
Ochus
ARIA
Iaxartes
SOGDIA
Oxus
Baktra
BAKTRIA
INDIEN
Etymander
ARACHOSIA
GEDROSIA
0
400 km
Persisches Reich, ca. 500 v. Chr.
Königsstraße
Satrapien (Provinzen) des Reichs sind in Großbuchstaben wiedergegeben

Aleph

„Es kommt alles vor Gott, was da geschehen ist!“

Griechische Version des Buches Esther
nach den Apokryphen, 10, Vers 1

I

Die Feier meines achten Geburtstags war die erste dieser Art in Jerusalem – so erzählte man mir zumindest. Ich weiß, daß es für viele, viele Jahre die letzte war; das ist kein Wunder. Selbst heute, mehr als zwanzig Jahre später, kann ich mich kaum noch daran erinnern; lange Zeit habe ich jeglichen Gedanken daran unterdrückt. Jetzt habe ich keine Wahl, als mich damit auseinanderzusetzen, wenn ich meine Geschichte von Anfang an erzählen und die Version meines Cousins nicht allein stehenlassen will.

Es war der dreizehnte Tag des Monats Adar zu Beginn des Frühlings, gegen Ende des vierunddreißigsten Jahres der Herrschaft des großen Königs Darajawausch von Persien. Meine Mutter hatte mich bei Tagesanbruch geweckt, damit ich mich fertigmachen konnte, um meine Besucher zu empfangen. Sie hatte mein Haar gewaschen und gekämmt und auf Stoffetzen aufgedreht, dann meinen Körper geschrubbt und mit Duftöl eingerieben, und zum ersten Mal in meinem Leben wurden meine Augen schwarz geschminkt und Rouge auf meine Wangen und Lippen aufgetragen.

Ich war in meinem Element. Schon von klein auf ließ ich mich gern verwöhnen, doch in jener schwierigen Pionierzeit hatten wir nur selten Geld für solche Dinge. „Schamlosen Luxus" nannte meine ältere Schwester Rahel es. Doch ich lachte nur; ich war sehr hübsch, der Liebling meiner Mutter. Ich wußte es, ich hatte es immer gewußt, und ich genoß es.

Gerade war ich fertig, als mein Bruder hereinplatzte. Wie Rahel war Pithon älter als ich, aber nur ein Jahr.

„Hadassa, Hadassa, komm schnell!" rief er. „Die ersten Leute sind schon da."

Mutter puderte meine Nase und gab mir einen Spiegel. Ich bewunderte mich selbst kurz in der bronzenen Spiegelfläche: feine Gesichtszüge, lange Wimpern, die jetzt, da sie getuscht waren, noch länger wirkten, ein lockiger Haarschopf, schwarz mit einem rötlichen

Schimmer, der durch das Bronzespiegelbild noch verstärkt wurde. Eigentlich bin ich für eine Jüdin sehr blaß, und mein Vater hatte einmal gesagt, daß ich durchaus auch als Perserin durchgehen könnte. Das sagte mir nichts, da ich keine andere Gegend als Jerusalem kannte. Doch meine Eltern hatten einst dort gelebt, in Susa, der persischen Hauptstadt; ich jedoch war eine echte Tochter Zions.

Die ersten Gäste waren Uria und seine Familie. Uria war Baumeister, der mit meinem Vater zusammenarbeitete. Ich rannte zu ihnen hin und küßte sie, vor allem Debora, ihre Älteste, die in meinem Alter und meine beste Freundin war.

Kichernd und Arm in Arm rannten wir ins Haus, um miteinander zu plaudern und den Tanz zu üben, den wir später, wenn alle Gäste da waren, anführen sollten.

Während Debora und ich unsere Tanzschritte übten und über unsere Fehler lachten, konnten wir hören, wie immer mehr Gäste von meinen Eltern willkommen geheißen wurden. Alle mit Rang und Namen waren eingeladen worden, sogar Jehoasar, der Statthalter, und der Hohepriester Jojakim. Sie trugen zwar hochtrabende Titel, doch ihre Herde war so klein, daß sie sich bei jedem Fest zeigen konnten.

Und so begann das Fest. Es wurde gefeiert und getrunken, und die Leute wurden in der Hitze sehr schnell betrunken, vor allem, da sie seit Jahren nicht mehr Wein in solchen Mengen zu sich genommen hatten – und diejenigen, die in Zion geboren worden waren, auch davor nicht. Die Musik war laut, und das Singen wurde zum Grölen. Die jungen Männer lästerten in ihren Lieder über die Kanaaniter, die Amalekiter, die Damariter . . . über alle und jeden, der anderer Meinung war als die „Übriggebliebenen". So nannten wir uns, die Übriggebliebenen, die Treuen, die Gottesfürchtigen, diejenigen vom Stamme Juda und Benjamin, die alles verlassen hatten, um sich ganz in den Dienst des Wiederaufbaus zu stellen.

Debora und ich führten unsere Tänzerinnen unter begeistertem Applaus und Beifallsrufen an. Die Männer und Jungen pfiffen, und die Frauen johlten und schnalzten mit der Zunge. Allen war es längst egal, ob wir gut tanzten oder nicht – sie hätten uns in jedem Fall applaudiert. Wir tanzten aber tatsächlich besser als jemals zuvor.

Nie war ich so glücklich gewesen. Von dem griechischen Sprichwort „Das süßeste Vergnügen kommt vor dem schärfsten Schmerz" hatte ich noch nichts gehört. Es war so aufregend, so viele Juden an einem Ort versammelt zu sehen. Die Stadt war immer noch so leer, wenn man darin umherging. Die einst schnell wachsende Bevölkerung war dezimiert worden. Kriege hatten viele junge Menschenleben gekostet: zuerst der Krieg gegen die Assyrer, dann gegen die Babylonier. Ganze Sippen waren nach Ägypten und noch weiter geflohen, und noch mehr waren ins Exil gebracht worden. Und viele waren immer noch dort, obwohl König Darajawausch, sein Vorgänger Kambujet und davor Kurasch den Juden die Erlaubnis erteilt hatten, in ihr verheißenes Land zurückzukehren.

Es war ein großer Tag für unser Volk, als Kurasch von Persien, der Sohn des Hauses Hachaman, sich das babylonische Weltreich untertan machte. Unsere Propheten hatten ihn als einen Diener Adonais, unseres Gottes gepriesen, und er hatte diesen Titel nur zu gern akzeptiert. Nicht, daß Adonai ihm wirklich wichtig gewesen wäre; er war nur ein cleverer Diplomat. Wir empfanden nichts als Verachtung für jene unseres Volkes, die Persien so liebten, daß sie beschlossen, dort zu bleiben.

Nachdem die Gäste ihre Geschenke überreicht hatten, brachte meine Familie mir ihre Gaben. Pithon kam als erster. Verlegen überreichte er mir eine Holzpuppe, die er selbst geschnitzt hatte. Die Puppe war kein Meisterwerk, doch er hatte sehr viel Zeit investiert, und ich liebte sie, weil ich ihn liebte. Rahel kam als nächste; sie schenkte mir einen hübschen Ring. Danach kam mein Vater Abihajil. Man drängte ihn, eine Rede zu halten, doch er lehnte dankend ab. Er war kein Mann von großen Worten, aber von großer Weisheit, wie man häufig von ihm sagte. Er war Baumeister und hatte in Persien bei einem phönizischen Meister gelernt. Dort hatte er sowohl in Susa als auch in Parsa bei königlichen Bauprojekten mitgewirkt. Die Arbeit war gut bezahlt worden, doch Vater hatte vor etwa zehn Jahren alles aufgegeben, um nach Israel zurückzukehren. So wurde er zu einem der respektiertesten Männer in unserer Gemeinschaft.

So blieb es meiner Mutter überlassen, mir zu Ehren eine Rede zu halten. Das überraschte keinen. Obwohl es allgemein als ungewöhnlich galt, daß eine Frau in der Öffentlichkeit sprach, und sogar als unschicklich – ihr lag es.

Während sie mit ihrer Rede begann, überreichte Mutter mir meine Geschenke, einige Schmuckstücke, die bereits seit Generationen meiner Familie gehörten. Das erste war ein Paar schwere Goldohrringe – ich wußte, daß ich welche bekommen würde, da etwa einen Monat zuvor meine Ohrläppchen durchstochen worden waren. Der Schmerz war schrecklich gewesen, doch ich wußte, daß Schönheit ihren Preis forderte, darum hatte ich nicht geweint.

Das wichtigste Geschenk jedoch war eine Halskette gewesen, eine aus einer dreiteiligen Garnitur, von der Mutter und meine Schwester jeweils eine besaßen. Sie legte mir meine um, befestigte sie vorsichtig hinter meinem geneigten Kopf und sagte: „Hiernach wirst du niemals wieder deinen Kopf neigen müssen, meine kleine Königin. Du mußt ihn immer hoch tragen, weil du zu einem ganz besonderen Volk gehörst. Du stammst väterlicherseits von Sauls Großonkel ab – und Saul selbst von meinem. Mögest du ein langes Leben und viele Kinder haben, meine Tochter, und viele Geburtstage erleben. Mögen deine Nachfahren in einem Jerusalem aufwachsen, das in seinem früheren Glanz vollständig wiederhergestellt ist, und mögen sie eines Tages wieder ihren eigenen König haben – einen König, der so tapfer und gesegnet sein möge wie Saul."

Alle jubelten und klatschten, und Mutter fuhr mit ihrer Rede fort: „Wir müssen alle nach einer glücklichen Zukunft streben!" ermahnte sie uns. „Im Augenblick haben wir vielleicht keinen König, doch was macht das schon, wenn wir alle von unserem Gott gesalbt sind? Wir sind die Übriggebliebenen, diejenigen, die durch das reinigende Wasser des Exils gegangen und fleckenlos daraus hervorgegangen sind! Wir haben die Erfüllung der Prophezeiungen des Wiederaufbaus erlebt! Wir werden von Kraft zu Kraft gehen, von Ruhm zu Ruhm."

Die Zuhörer nahmen jedes ihrer Worte in sich auf, verschlangen es wie ausgehungerte Männer selbst den zähsten Brei. Denn wie die meisten Dinge, so war auch die Hoffnung Mangelware bei uns. Wir hatten viele Rückschläge hinnehmen müssen, und selbst die Erde schien seit der babylonischen Verwüstung die Hoffnung verloren zu haben. Fruchtbare Erde war fortgewaschen worden, wo uralte Bäume gefällt worden waren. Das Korn wuchs nicht so wie früher, und das Land, in dem Milch und Honig fließen, existierte nur noch als schöne Erinnerung. Als die ersten Verbannten in der Hoffnung in ihr Land zurückkehrten, verlassenes Ödland wieder zu bevölkern, mußten sie feststellen, daß bereits andere Menschen in den Dörfern und Städten lebten, in die sie kamen. Einige dieser Leute waren Nachkommen der Kanaaniter, die vor sehr langer Zeit einmal in diesem Land gelebt hatten. Unsere Vorfahren hatten sie unter Josuas Führung aus dem Land vertrieben, jedoch niemals ganz vernichten können. Wie immer sie sich nannten, wir betrachteten alle unsere Verfolger als gottlose Heiden, die Adonai einer Reinigung oder gar einer Vernichtung für nicht würdig erachtete. Die Israeliten des

Nordreiches hatten angeboten, uns beim Wiederaufbau des Tempels zu helfen, waren jedoch abgewiesen worden. Als ob wir uns verunreinigen würden, indem wir ein Joch mit Abtrünnigen aus dem Nordreich teilten!

Ich glaube, meine Mutter sprach in ihrer Rede all das an, doch meine Gedanken wanderten ab. Als ich schon zu befürchten begann, ich sei vielleicht vergessen worden, wendete sie mir wieder ihre Aufmerksamkeit zu. Sie verkündete, daß die Anwesenden nun für mein Wohlergehen beten sollten. Ich schloß die Augen, während sie sich um mich herum aufstellten und ihre Hände auf meinen Kopf und meine Schultern legten.

Erst als die Priester begannen, ihre Gebete anzustimmen, wurde mir richtig bewußt, wie groß die Hoffnungen waren, die sie in mich setzten. Es war nicht so sehr das, wofür sie beteten, als die Art, wie sie beteten, die Art, wie sie den Namen Sauls aussprachen, die mich überlegen ließ . . . sie wollten einen neuen König, und wenn sich unter den Nachkommen Davids – des größten jüdischen Königs, der je gelebt hatte – keiner finden ließ, dann sahen sie vielleicht auf uns.

Als die Gebete gesprochen waren, war mir nicht mehr nach tanzen zumute. Statt dessen setzte ich mich auf den Schoß meiner Mutter, herausgeputzt wie ich war, und schon bald sammelte sich eine Gruppe Frauen um uns. Sie begannen über den Tag zu plaudern. Doch wie das bei Frauen so ist, wendete sich ihr Gespräch schon bald den Schwierigkeiten zu, die uns belasteten. Die Dinge, über die sie sprachen, zogen an mir vorbei und drangen in meine Träume ein, während ich immer wieder einschlief, aufwachte und döste.

Und so sah ich im Traum die Verbannten, die an den Flüssen Babylons weinten, und erlebte ihre Freude mit, als sie ihre Sachen packten, um nach Hause zu ziehen. Doch dann kam die Ernüchterung, die sich so schnell in Verzweiflung verwandelte. Denn der glorreiche Wiederaufbau war zu einem schrecklichen Alptraum geworden, als Krankheit, Dürre und Hunger unter der kleinen Herde wüteten.

Und so veränderten sich die Gesichter der mutigen Pioniere, während sie ihre eigenen Kinder zusammen mit den hochfliegenden Träumen für die Zukunft begruben. Der Glaube von einigen war so schwach geworden, daß sie sich von Adonai abwendeten. Wie die babylonischen Hexen hatten die Frauen Brot für Ischtar, die Muttergöttin, gebacken. Sie hatten ihre überlebenden Söhne und Töchter als Opfer im Feuer des Tophet, des abscheulichen Gottes der Fruchtbarkeit, verbrannt. Sie hatten um Tammuz geweint, den schönen und betörenden Gott, der jedes Jahr an der Stätte des heiligen Gottes von Israel stirbt. Die Priester selbst waren bestechlich geworden, opferten Adonai fehlerhafte Opfertiere, während sie die besten für die heidnischen Steuereintreiber zurückbehielten.

Doch vielleicht war das jetzt alles vorüber, sagten die Frauen gerade, als ich wieder einmal wach genug war, um zuzuhören. Vielleicht liegt die Zeit der Bedrängnis nun hinter uns, und diejenigen, die die Prüfung bestanden und sich als treu erwiesen haben, werden nun erleben, wie uns unser Erbe vollständig übertragen wird. Dies ist das erste Jahr seit der Rückkehr, daß wir genügend Nahrungsmittel haben und sogar noch Vorräte anlegen können; das erste Jahr, daß es genügend Öl und Wein für uns gibt, so daß wir es uns nicht einteilen müssen. Diese Feier ist der Beginn von etwas Wundervollem, von etwas, das uns wirklich Grund zum Singen und Tanzen gibt.

Ich erwachte durch eine Bewegung, die ich ganz in der Nähe wahrnahm. Zuerst beunruhigte mich das nicht; die ganze Familie schlief in einem Raum, darum dachte ich, daß meine Eltern vielleicht ins Bett gingen. Dann fuhr ich hoch, weil sich wieder etwas regte, und draußen entdeckte ich einen schwachen, flackernden Lichtschimmer.

„Mutter? Vater!" flüsterte ich. Falls dies ein unwillkommener Eindringling war, durfte er nicht merken, daß ich da war. Mein Vater hatte mir tausendmal gesagt, daß wir vorsichtig sein mußten, weil wir in einer feindlichen und gewalttätigen Welt lebten.

So ließ ich mich von meinem Strohsack gleiten und kroch zu der Stelle, wo meine Eltern normalerweise schliefen.

Niemand war da.

So ging ich also zum Türrahmen und starrte mit aufgerissenen Augen in die Dunkelheit. Auf einmal legte sich eine Hand auf meinen Mund, und jemand hinter mir sagte mit starkem Akzent auf Hebräisch: „Rühr dich nicht, schrei nicht, dann kannst du am Leben bleiben."

Ich fand mich keuchend in den Armen eines Jungen, der kaum größer war als ich, jedoch sehr viel mehr Kraft besaß und sie auch einzusetzen wußte.

Als ich mich umdrehte, konnte ich ihn sogar erkennen, denn gleichzeitig mit seinem Auftauchen hatte die Morgendämmerung eingesetzt. Mein Angreifer war ein schmächtiger Junge mit einem schmuddeligen Kopftuch, das nur glühende Augen und einen früher einmal gebrochenen Nasenrücken freiließ. Während ich überlegte, ob ich schreien sollte, erriet er anscheinend meine Gedanken, denn er schlug mir so fest ins Gesicht, daß ich rückwärts auf den Boden sank. Er warf sich über mich.

Ich hatte keine Ahnung, was er vorhatte. Zwar hatte meine Mutter mein Interesse an Jungen geduldet, doch sie hatte mir so gut wie nichts über den Liebesakt erzählt, und noch weniger über seinen Mißbrauch. Sie und mein Vater hatten bewußt dafür gesorgt, daß ich in jeder Hinsicht unschuldig blieb. Keuchend lag ich auf dem Boden, als er mir die Beine spreizte und seine sehnigen Oberschenkel und seine knochigen Knie fest gegen meine Seiten preßte, als wäre ich ein Pferd. Seine Hände lagen rauh und schwer auf meinen Schultern.

Dann hörte er plötzlich auf und zog ein Messer aus seinem Gürtel. Er packte mich an den Haaren und legte mir das Messer an die Kehle.

Ich empfand jetzt keine Furcht mehr. Ich lag da, ohne auch nur zu schlucken, da mein Kehlkopf bei der Schluckbewegung gegen die Klinge gedrückt worden wäre. Vater hatte immer gesagt: „Selbstbeherrschung ist ein Kennzeichen der Erleuchteten, und wenn der Tod dir ins Gesicht starrt, mußt du als Tochter Zions entschlossen sein, seinem Blick standzuhalten."

Ich beobachtete, wie der Junge ruhiger wurde. Jetzt wirkte er erschöpft und verwirrt. Ganz plötzlich schien es ihn in Verlegenheit zu bringen, daß er auf mir saß. Er rückte von mir ab, drehte sich um und rannte aus dem Raum.

Ich sank auf meinen Strohsack zurück und war zu erschüttert, um auch nur zu weinen. Der Schock machte sich nun bemerkbar; ich zitterte am ganzen Körper, und mir war eiskalt, obwohl es mittlerweile schon recht hell draußen war und der Tau bestimmt bereits verdampfte.

Ich schaffte es, mich aufzurichten. In meinen Umhang gehüllt blickte ich mich um, und noch immer steht mir die Szene lebendig vor Augen. Wie kommt es nur, daß wir die Dinge vergessen, die wir gern in Erinnerung behalten möchten, aber von den Bildern verfolgt werden, die wir nie hätten sehen dürfen? Die Strohsäcke der anderen lagen in einem großen Durcheinander auf dem Boden, so als seien sie in großer Eile verlassen worden.

Ich stolperte in den Hof hinaus. Von der Sonne geblendet, blinzelte ich, und als ich wieder sehen konnte, bemerkte ich, daß das Tor zur Straße weit offenstand. Nie wurde das Tor offen gelassen. Nachts war es immer geschlossen und verriegelt, auch tagsüber, wenn niemand da war, der Wache hielt. Ich taumelte darauf zu und trat hinaus auf die Straße.

Verwirrt fand ich mich inmitten einer Gruppe barhäuptiger Frauen wieder. Draußen vor dem Tor bildeten sie schweigend einen Halbkreis; ihre Kleider waren zerrissen und ihre Köpfe geschoren, ihre Gesichter vom Weinen gezeichnet. Eine von ihnen trat vor und schluchzte: „Hadassa? Hadassa, du bist es wirklich. O Adonai, du lebst!"

Dann drängten sich alle auf einmal um mich, und ich meinte zu ersticken; am ganzen Körper zitternd rief ich:

„Ich will zu meiner Mutter. Wo ist mein Vater? Was ist passiert?"

Doch sie gaben mir keine Antwort. Ich entwand mich ihrem Griff und rannte zurück in den Hof. Er war voller bewaffneter Männer; wieso hatte ich sie vorher nicht gesehen? Aber das waren keine Feinde. Die waren schon lange fort. Dies waren die Freunde meines Vaters – die Männer, Brüder und Söhne der Frauen draußen auf der Straße. Zwei von ihnen hielten mich fest, und ich hing hilflos zwischen ihnen. Sie mußten gedacht haben, ich sei ohnmächtig geworden, weil sie keine Anstrengung unternahmen, mich vor dem Anblick der Toten zu schützen, die herausgebracht wurden.

Kopftücher und Stoffbahnen waren dazu verwendet worden, sie zu bedecken, doch man konnte trotzdem erkennen, wer sie waren. Meine Eltern wurden als erste herausgetragen, dann Rahel, Uria und Ruth, Debora und ihre Schwestern, und schließlich die anderen Gäste, die über Nacht bei uns geblieben waren. Als letzten brachte man den Jungen, der mich angegriffen hatte, der einzige der Bande, der nicht schnell genug fortgekommen war. Ihn hatte man nicht zugedeckt, und ein Messer steckte in seiner schmächtigen Brust.

2

Man brachte mich in das Haus eines Fremden. Dort boten sie mir etwas zu essen und zu trinken an, doch ich brachte nichts herunter. Ich lag auf einem Bett auf dem Boden und zitterte trotz der Morgenhitze.

Am Nachmittag stellten sie mir Fragen, die ich nicht beantworten konnte, selbst wenn ich es gewollt hätte. Sie wollten unbedingt wissen, was ich gesehen und gehört hatte, doch ich konnte ihnen nicht sagen, wie viele Leute zu der Bande gehört hatten, wie sie gekleidet gewesen oder ins Haus gekommen waren.

Vermutlich war einer der Gäste oder auch mehrere von denen, die uns haßten, bestochen worden; vielleicht hatte auch einer von uns geheime Sympathien für jene gehegt, auf deren Land wir uns breitgemacht hatten. Die Tore mußten von innen geöffnet worden sein, während alle schliefen.

„Und Hadassa?" fragte jemand. „Warum wurde sie verschont?"

„Vielleicht haben sie sie nicht gesehen. Sie kamen mitten in der Nacht."

„Aber ihre Eltern und Schwester wurden aus dem Raum geholt, in dem auch sie schlief."

„Vielleicht haben sie sich leise verhalten. Das würde zu Abihajil passen. Ein Märtyrer darf nicht schreien."

„Aber sie haben sich doch bestimmt gewehrt."

„Nicht, wenn sie die Hoffnung hatten, daß Hadassa vielleicht verschont würde."

„Es ist ein Wunder. Ein wirkliches Wunder."

„Ein Wunder? Es ist eine Katastrophe. Allmächtiger Herr . . . das arme Kind."

Ich konnte mir genausowenig wie sie vorstellen, warum ich nichts gehört hatte. Doch ich hatte viel Wein getrunken, und schon immer hatte ich einen festen Schlaf gehabt. Ich war daran gewöhnt, daß nachts ein ständiges Kommen und Gehen herrschte und daß ich gestört wurde. Einmal hatte Pithon mir im Schlaf eine Spinne in die Nase gesteckt, und auch davon war ich nicht aufgewacht . . .

„Pithon!" schrie ich. Plötzlich fuhr ich hoch und klammerte mich an die Frau neben mir. „Wo ist Pithon? Ihn habe ich nicht gesehen! Sie haben ihn nicht herausgebracht!"

Sie hielt mich fest, strich mir sanft über das Haar, wie meine Mutter es immer getan hatte. Diese Geste schließlich ließ mich zusammenbrechen. Meine Tränen begannen zu fließen.

„Wir wissen es nicht", antwortete sie schließlich. „Niemand hat ihn gesehen. Vermutlich haben sie ihn mitgenommen."

„Wohin mitgenommen? Wir müssen ihn finden! Ich muß ihn suchen!"

Ich stand auf und versuchte mich durch die Menge zu drängen, doch einer der Männer hielt mich zurück, obwohl ich mit den Fäusten gegen seine Brust trommelte. Ich war es nicht gewöhnt, an etwas gehindert zu werden.

„Wir werden ihn jetzt nicht mehr finden, liebes Kind", sagte der Mann. „Er wird einen guten Preis auf den Märkten Persiens erzielen." Es war herzlos, so etwas zu sagen, doch vermutlich waren sie meiner Halsstarrigkeit bereits überdrüssig. Nie kam mir in den Sinn, daß die anderen vielleicht genauso mitgenommen waren wie ich.

„Aber Rahel haben sie nicht mitgenommen", schleuderte ich ihnen entgegen. „Hätte man sie nicht auch verkaufen können?"

„Nicht nachdem sie mit ihr fertig waren", erwiderte einer der Männer brummend. „Und außerdem war sie nicht sehr hübsch."

Bei dieser Bemerkung begannen sie alle miteinander zu streiten. Die Frauen waren aufgebracht, daß solche Sachen vor mir gesagt wurden. Es war mir egal, ob sie meine Partei ergriffen oder nicht. Ich hatte sowieso nur die Hälfte dessen verstanden, was die Männer gesagt hatten. Vor allem hatte ich keine Vorstellung davon, was ein „Eunuch" war, etwas, was ihrer Meinung nach aus Pithon werden würde. Vielleicht eine Art besonderer Sklave? Verwirrt und erschöpft sank ich wieder auf mein Lager, ohne Tränen, ohne Interesse, von allen zurückgezogen.

Am folgenden Tag wurden die Toten begraben. Die Tradition und der gesunde Menschenverstand forderten, daß wir nicht mehr länger warteten; Leichen durften nicht draußen in der Hitze liegen.

Ich hatte herausgefunden, daß ich mich im Haus eines gewissen Gedalia aufhielt, eines Baumeisters etwa desselben Standes wie mein Vater. Er hatte anscheinend die Beerdigungsvorbereitungen in die Hand genommen, da wir, soweit ich wußte, keine Verwandten mehr hatten. Die Leichen meiner Familie wurden also in Gedalias Haus gebracht, um angemessen hergerichtet zu werden.

Ich beobachtete, wie sie die Leichen für die Beerdigung herrichteten, sie wuschen und salbten, ihnen dann saubere weiße Kleider überstreiften, als würden sie Holzpuppen ankleiden.

Man riet mir davon ab, den Leichenzug zu begleiten, doch ich heulte und schrie, bis man es mir schließlich gestattete. Wie erstarrt marschierte ich zwischen den wehklagenden Trauergästen einher, doch als ich Debora auf der Bahre liegen sah, hätte ich beinahe die Fassung verloren. Keiner trug den dürren Jungen, vermutlich hatte man ihn bereits den Hunden zum Fraß vorgeworfen.

Risiko und Unsicherheit hatten immer zu meinem Leben dazugehört, ebenso wie die Vision meiner Eltern. Das ging Hand in Hand; die Sache, die unser Leben bedrohte, war unser Lebenszweck. Sogar mein Name hing damit zusammen. Meine Eltern hatten mich Hadassa genannt, oder Myrte, weil der Prophet Sacharja eine Vision von einem Engel in einem Myrtenhain gehabt hatte. Dieser Engel hatte Gottes unabänderliche Liebe zu seiner Stadt verkündet und ihren Wiederaufbau versprochen. Die Myrte ist auch ein Symbol für Frieden, Freude und Leben, denn der Prophet Jesaja schrieb, daß Adonai Myrten in der Wildnis pflanzen würde, wenn er sie wieder zum Blühen bringen würde wie den Garten Eden.

Doch heute war ich zum ersten Mal in meinem Leben nicht sicher, ob das wirklich jemals geschehen würde. Für mich war die Gefahr wie ein Spiel oder wie ein scharfes Gewürz gewesen, das einem alltäglichen Gericht den besonderen Geschmack verleiht. Und nun war ich die einzige Überlebende eines königlichen Hauses . . . und noch nie hatte ich solche Einsamkeit erlebt.

Es wurden keine Reden gehalten; die hob man sich für den Leichenschmaus auf, der am Ende einer Trauerwoche stattfand. Im Schatten des neuen Tempels, der sich auf den Mauern des von den Babyloniern zerstörten Tempels Salomos erhob, zogen wir nach Hause. Der neue Tempel war um einiges größer als der alte. Einige der Schätze, die die Babylonier mitgenommen hatten, waren mittlerweile zurückgegeben worden, doch nicht die Bundeslade, das Zeichen für die Gegenwart Adonais. Es war keiner mehr am Leben, der sich noch an den alten Tempel in all seiner Pracht erinnern konnte, auch nicht an die schreckliche Belagerung, während der die Leute Familienerbstücke gegen Brot eingetauscht und sich schließlich gegenseitig getötet und gegessen hatten, um dann mit ansehen zu müssen, wie ihr König in Ketten fortgebracht wurde.

Die eingefallenen Stadtmauern waren nie wieder aufgebaut worden. Das wollten die Perser nicht zulassen, auch gestatteten sie uns nicht, unseren eigenen König zu ernennen.

Ich wurde zu Gedalias Haus zurückgebracht. Während der Trauerwoche kam ein Strom von Besuchern zu mir, um mir ihr Mitgefühl zu bekunden, wie es die Sitte erforderte. Doch ich wollte nicht mit ihnen sprechen, und nach einer Weile verebbte der Strom. Ich bekam mit, wie Gedalias Frauen und ihre Freundinnen miteinander tuschelten, was nun mit mir werden sollte.

Meine Zukunft klärte sich einige Tage später unerwarteterweise von selbst. Gedalia und einige seiner Kameraden waren die Dokumente meiner Eltern durchgegangen. Darin fanden sie ein Testament meines Vaters, in dem er anordnete, daß Rahel, Pithon und ich im Fall seines Todes in die Obhut eines gewissen Mordechai übergeben werden sollten, der in Susa lebte und keine eigenen Kinder hätte.

Von diesem Mordechai, der mein Cousin sein sollte, hatte ich noch nie etwas gehört. Und Susa, der Sündenpfuhl, war ein wenig verlockendes Ziel. Dieser Cousin Mordechai mußte ein seltsamer Mann sein, wenn er dort unter den Heiden lebte, statt nach Hause zu kommen und seine eigene Nation aufzubauen. Vielleicht war er ein Feigling, oder er war selbst ein halber Heide. Ich war verzweifelt. Ich hatte meine Familie und meine beste Freundin verloren, und nun sollte ich auch noch mein Zuhause verlassen. Wie sehr ich auch bettelte oder wütete, es nützte nichts; mein Vater hatte seine Wünsche ganz klar gemacht.

Man überlegte, auf welchem Weg ich nach Susa reisen sollte, doch auch das war bald geregelt. Ein junges Ehepaar wollte in einer Woche dorthin zurückkehren, weil der Vater des Mädchens an einer langsam fortschreitenden, doch unausweichlich zum Tode führenden Krankheit litt. Es war ihr Wunsch, ihn vor seinem Tode noch einmal zu sehen. In der Zwischenzeit würde man Mordechai von meinem Kommen unterrichten; Jehoasar, der Statthalter, stand in regelmäßigem Kontakt mit der Verwaltung in Susa, und seine Kuriere würden Mordechai einen Brief von Gedalia bringen, in dem er berichtete, was geschehen war.

Ich versuchte, vor meiner Abreise mehr über Mordechai in Erfahrung zu bringen, doch keiner in Gedalias Haushalt wußte etwas. Ich fand nur heraus, daß sein Name eine hebräische Form von Mardukaja war. Seine Eltern hatten ihn also nach einem babylonischen Gott genannt. Das waren wohl kaum gute Voraussetzungen. In meinem Kopf machte ich mir ein bestimmtes Bild von ihm: Ich stellte ihn mir reich und dick und mit einem Haus voller kostbarer Einrichtungsgegenstände vor. Jede Nacht träumte ich von ihm, und ich wachte auf und bat Adonai, nicht zuzulassen, daß ich dorthin gebracht würde. Er antwortete jedoch nicht.

Ich überlegte, ob ich fortlaufen sollte, doch ich wußte nicht, wohin ich hätte fliehen können. Doch als ich das Ehepaar kennenlernte, mit dem ich reisen sollte, begann mein Zorn zu verebben. Sara und Juda wußten mich zu nehmen; sie waren verständnisvoll, aber fest und gaben mir ein Gefühl der Sicherheit. Und sie wußten einiges über Mordechai. Der Diener ihres Vaters kannte meinen Cousin vom Hörensagen. Dieser Diener würde mit uns nach Susa zurückkehren, und Sara legte ihm meine Fragen vor. Wie es schien, war Mordechai der Sohn eines gewissen Jair, eines Onkels meines Vaters. Jairs Vater hieß Schimi und sein Großvater Kisch. Sie waren Nachfahren von demjenigen Schimi, der König David verachtet und Kuhmist auf ihn geworfen hatte. Dieser Schimi wiederum war ein Nachfahre von Kisch gewesen, dem Großonkel Sauls. Mordechais Urgroßvater hatte den Fall Jerusalems durch die babylonischen Armeen erlebt und war von ihnen in die Verbannung geführt worden.

Die vielen Namen und Familienbeziehungen verwirrten mich vollkommen, obwohl ich wußte, daß ich mir die Mühe machen sollte, sie mir zu merken. Was Mordechai für ein Mensch war, hatte ich allerdings dadurch noch nicht erfahren.

Am Tag nach dem Leichenschmaus brachte mich Sara in unser Haus, damit ich alles für die Reise zusammenpacken konnte. Es war das erste Mal, daß ich es nach dem Überfall wieder betrat, und es würde gleichzeitig auch das letzte Mal sein. Die Überreste der Feier lagen immer noch herum. Mein Stuhl stand noch auf dem Podest, und die Tücher, mit denen der Hof ausgeschmückt worden war, flatterten verloren im Wind. Ich konnte es nicht ertragen, mich noch länger dort aufzuhalten, und so packte ich meine Kleider in einen Korb, zusammen mit dem Bronzespiegel, in dem ich mich an meinem Geburtstag bewundert hatte, und rannte nach draußen.

Eine Reise von Jerusalem nach Susa ist eine große Sache. Noch größer, wenn man bedenkt, daß ein einziger Mann über all die Dörfer, Felder und Berge herrscht, die man durchquert; von einem Ende des Weltreiches zum anderen würde man Jahre unterwegs sein, nicht Monate.

Wir wendeten uns zuerst nach Norden, zogen durch Syrien, das Land der bewaldeten Gebirge. Während wir hinter den Vorhängen des Wagens hervorspähten, erwartete ich jeden Augenblick von Räubern überfallen zu werden oder von Ungeheuern. Doch auf dem Weg gab es so viele persische Wachposten, daß sich keine Räuberbande lange halten konnte, berichtete der Diener aus Susa. Was die Ungeheuer betraf, er selbst hatte nie eines gesehen, doch wer konnte das schon sagen? Dann zwinkerte er mir zu, und ich war verstimmt, weil er mich neckte.

Je weiter wir kamen, desto heißer wurde es. Der Frühling ging in den Sommer über, und das üppige Grün wurde gelb. Wir hielten unser einfaches Passahmahl unter freiem Himmel ab, wie es vermutlich damals auch Mose in der Wüste getan hatte, und ich versuchte, nicht an die Feier im vergangenen Jahr zu denken.

Wir waren auf dem Weg zur Königsstraße, die König Darajawausch von Susa aus nach Sardis bauen lassen hatte und die erst vor kurzem fertiggestellt worden war. Wir mußten ein wenig von unserem Weg abweichen, um sie zu erreichen, doch auf ihr kam man schneller voran, konnte in anständigen Gasthäusern einkehren, und außerdem umging man die karge Wüste, die zwischen uns und unserem Ziel lag.

Nach dem Gebirge kam Weideland: Tag für Tag flache, karge Weiden, dann und wann unterbrochen von einem Kornfeld oder einem kleinen Wäldchen, in dem wir einen Wasserlauf durchquerten oder an einem Flußufer entlangfuhren. Ärmliche Lehmhütten standen an der staubigen Straße, eine wie die andere, und vor jeder spielten Kinder mit großen Augen, die ihre Spiele unterbrachen, um uns anzustarren.

Nachts lag ich häufig wach und lauschte auf die Unterhaltung der anderen, die am Lagerfeuer saßen und dachten, ich würde schlafen. Manchmal sprachen sie über mich, und dann hörte ich genauer hin. Juda seufzte gelegentlich und sagte, daß er mich noch nicht einmal hätte lächeln sehen; würde ich jemals überwinden, was passiert war? Konnte man das überhaupt erwarten? Dann bat Sara ihn, sich keine Gedanken zu machen. Tief in meinem Innern sei ich stark, sie könnte das in meinen Augen lesen. Trotz allem waren mir Saras Worte ein schwacher Trost. Wenn sie Stärke in mir zu sehen glaubte, dann mußte ich hoffen, daß sie auch da war.

An einem besonders heißen Tag erreichten wir Ninive.

Ehrfurchtsvoll flüsterte ich: „Das Ninive?"

„Ganz genau. Die Hauptstadt des mächtigen assyrischen Weltreiches, lang möge es verrotten! Die Stadt liegt in Ruinen; du wirst das noch sehen, wenn wir näherkommen", erklärte mir der alte Diener, mit dem ich mich sehr gut verstand.

Und so war es tatsächlich. Ich war sehr froh, daß wir nicht hierbleiben mußten. Die einst so stolzen Gebäude verfielen und versanken langsam in ihren eigenen Fundamenten. Schon bald würde es nicht mehr als ein formloser Hügel sein, genau wie die unzähligen anderen formlosen Hügel, die wir unterwegs gesehen hatten, die Gräber der vergessenen Städte der Vergangenheit.

„Warum so nachdenklich, Prinzessin?" fragte der Diener und packte mich am Kinn. „Der Ort hat es verdient, so auszusehen, und er sieht noch besser aus, als die Propheten vorhergesagt haben. Babylon wird eines Tages ganz genauso enden."

Dort traten wir die letzte Etappe unserer Reise an. Wir wendeten uns nun nach Süden, und die Hitze wurde immer unerträglicher. Auf der Straße herrschte nun mehr Verkehr, nur nicht um die Mittagszeit, wo man nichts anderes tun konnte als schwitzen und schlafen. Kaufleute und Soldaten waren unterwegs und königliche Beamte, die auf Pferden ritten und uns kaum beachteten, außer wenn sie unsere Papiere überprüften und unser Gepäck durchsuchten. Dann und wann überholte uns ein livrierter königlicher Kurier in halsbrecherischer Geschwindigkeit; sie ritten in Stafetten, so erzählte man mir, und konnten auf diese Weise in einem Tag eine Entfernung zurücklegen, für die ein einzelner Reiter viele Wochen gebraucht hätte.

Auf einmal lag die Königsstadt Susa vor uns, wie eine glänzende Krone auf einem Hügel, der sich majestätisch aus der Ebene erhob und stark war wie der Rücken des Ungeheuers Leviatan; neben dieser Stadt war Jerusalem wie ein Dorf, das von Kindern aus Lehm und Stöcken errichtet worden ist. Ich hielt den Atem an, da sagte Sara: „Das ist nur der Palast, Hadassa. Die Stadt liegt dahinter. Sie ist noch größer, und auf der heiligen Zitadelle brennt das Feuer Gottes, das niemals ausgeht."

„Glänzt er darum so? Brennen überall an den Wänden Fackeln?"

„Nein, der Palast ist mit glasierten Steinen verkleidet, die das Sonnenlicht wie Juwelen einfangen. Und die Wände sind mit Fresken in leuchtenden Farben bemalt. Löwen, Greife, Höflinge und Soldaten –"

„Und der Große König lebt ganz allein dort?"

„Der König von Persien ist niemals ganz allein. Er hat unzählige Frauen, Diener, Minister und Leibwächter. Der Palast ist eine Stadt für sich, mit Händlern, Buchhaltern, Ärzten und Handwerkern, wie man sie auch in anderen Städten findet."

„Und zu dieser Zeit des Jahres ist der König selbst vermutlich überhaupt nicht da", fügte Juda hinzu. „Wenn es zu heiß ist, zieht er sich mit seinem Hofstaat in seinen Palast in den Bergen zurück."

Die Hitze und Luftfeuchtigkeit waren so groß, daß man hinter dem glänzenden Gebäude nichts mehr erkennen konnte, doch links von uns flimmerten die braunen Zagros-Berge, und unter ihnen durchschnitten funkelnde Kanäle die Ebene wie Silberschwerter. Dazwischen befanden sich die königlichen Kornfelder, Obstgärten und Dattelpalmen; so viele Dattelpalmen, daß man zuerst kaum die Häusergruppen erkennen konnte, die sich in ihren Schatten schmiegten. Der Fluß, der westlich des Palastes verlief, war von Schilf gesäumt, das sich sanft im Wind wiegte, und dazwischen blühten große weiße Lilien, die ihre Blüten der Sonne entgegenstreckten. Man erzählt sich, daß in Susa so viele Lilienarten wachsen, daß die Einheimischen es die „Stadt der Lilien" nennen.

3

Von weitem hatte mich der Anblick Susas in Erstaunen versetzt; als ich mich erst einmal innerhalb der Stadtmauern bewegte, war ich überwältigt.

Neben Sara und Juda schienen die meisten Leute fremdartig und totenblaß, mit ihren feinen Gesichtszügen, dem glatten Haar und den schmalen Augenbrauen. Das waren vermutlich die einheimischen Perser; doch es gab auch dunkle Ägypter, hakennasige Nomaden, Assyrer, Babylonier, Phönizier und Griechen – zumindest schrieb ich den Menschen, die ich sah, diese Nationalitäten zu. Und dann waren da noch unzählige andere, deren Abstammung ich nicht einmal erraten konnte, darunter auch einige mit Gesichtern so schwarz und glatt wie gut gegerbtes Leder.

Und erst die Kleider! Es gab die unglaublichsten Kleidungsstücke zu sehen, zum Beispiel die kurzen Tuniken, die einige der Männer über seltsamen Beinkleidern trugen, die, wie ich später erfuhr, Hosen genannt wurden. Sie waren reichlich schamlos und zeichneten die Konturen des Oberschenkels und der Wade ab, anstatt züchtig bis zu den Knöcheln zu hängen. Da waren auch die barhäuptigen Arbeiterfrauen, die so gewöhnlich gekleidet waren wie die Männer, und vergleichsweise wenig verschleierte Damen – obwohl auch viele Sänften mit zugezogenen Vorhängen vorbeigetragen wurden, deren Insassen nicht zu sehen waren. Auch Soldaten waren nicht zu finden; eigentlich schienen alle unbewaffnet zu sein. Es gab keine Straßenverkäufer oder Stände am Straßenrand, und ich hatte auch noch keine Götzenstatue entdeckt.

Marmor gab es überall, und den meisten Leuten schien es recht gut zu gehen. Doch dann war ich tief erschüttert, als wir einen Blinden sahen, der in einer staubigen Ecke hockte und mit dünner Stimme um Almosen bettelte, während er mir eine schmutzige, rissige Schale direkt unter die Nase hielt. Einen Augenblick stand ich angewidert da; der Mann war so alt, daß er gut ein Großvater sein konnte, und ich war abgestoßen davon, daß er in der Gosse lag, wo überall um ihn herum so erstaunlicher Reichtum zu herrschen schien.

Sara zog mich weiter, und von da an entdeckte ich überall verkrüppelte Bettler und flachbrüstige Mütter mit weinenden Kindern auf dem Arm, die bettelnd ihre Hand ausstreckten.

Und dann gab es da zahlreiche untersetzt wirkende, kahlköpfige Burschen mit schlaffen, plumpen Körpern und alterslosen, bartlosen Gesichtern, die immer in Gruppen von drei oder vier auftraten und sehr kostbar gekleidet waren. Und noch seltsamer als sie waren die großen, mageren Gestalten mit langen, schwarzen, bis auf den Boden reichenden Mänteln mit riesigen Kapuzen.

Die Stadt war fremdartig wie ihre Bevölkerung. Einige der Häuser waren aus Lehmziegeln erbaut wie bei uns, doch alles war gerade und quadratisch, als wäre es an einem einzigen Tag geplant und erbaut worden und nicht wie die Stadt Davids, die über Jahrhunderte gewachsen war. Und dieser einzige Tag konnte noch gar nicht so lange zurückliegen, obwohl Susa einst die Hauptstadt von Elam gewesen war, einem Weltreich, das beinahe so alt war wie die Zeitrechnung. Die Assyrer hatten es in Schutt und Asche gelegt – der Schutt, aus dem nun der Hügel entstanden war, auf dem diese neue Metropole stand.

Es stellte sich heraus, daß die meisten Juden von Susa in einem eigenen Stadtteil wohnten. Es gab keinen Hinweis darauf, daß wir ihn betreten hatten, doch auf einmal wirkten die Gesichter nicht mehr so exotisch, die Kleider waren züchtiger, und ich konnte an den Türpfosten die bekannten kleinen Kästen erkennen, in denen sich unsere heiligsten Gebete befinden.

Keiner von uns wußte, wo Mordechais Haus zu finden war, doch als Juda einen Passanten danach fragte, wußte der Mann sofort, wen er meinte, und konnte genau erklären, wie wir gehen mußten. Wir verliefen uns trotzdem und mußten noch einmal fragen, und auch der zweite Passant wußte sofort, wer Mordechai war und wo er wohnte. Vielleicht war die jüdische Gemeinschaft so klein, daß jeder jeden kannte; doch aus dem Verhalten der beiden Passanten entnahm ich, daß mein Cousin kein gewöhnliches Mitglied der Gemeinschaft war.

Viel zu früh war die Suche vorüber.

Trotz der Ehrfurcht, die die Erwähnung von Mordechais Namen bei den Vorübergehenden hervorgerufen hatte, war sein Haus nichts Besonderes, zumindest von außen nicht. Von der Straße aus sah man nur ein bescheidenes Holztor, schmucklos bis auf den kleinen bronzenen Gebetskasten. Juda klopfte mutig an, während ich mich bemühte, die Furcht zu unterdrücken, die sich in mir breitmachte. Ich schloß meine Augen zum Schutz vor dem gleißenden Licht. Als ich sie wieder öffnete, blickte Cousin Mordechai auf mich herab.

Obwohl ich ihn mir einerseits als reichen, dicken Götzenanbeter vorgestellt hatte, so hatte ich doch andererseits gehofft, daß er zumindest ein klein wenig meinem Vater ähnelte. Immerhin hatten beide denselben Großvater gehabt. Mordechai hatte ganz bestimmt Vaters Augen: scharfsinnig, eindringlich, durchdringend. Doch hier endete die Ähnlichkeit. In Mordechais Gesichtszügen war nicht die leiseste Spur von Fröhlichkeit zu entdecken, und da ich Fröhlichkeit mit Freundlichkeit gleichsetzte, entdeckte ich kein Wohlwollen in Mordechais Haltung. Sein Mund schien wie eine schmale Linie in ein Gesicht geritzt zu sein, das bereits so viele Falten aufwies, daß man den Eindruck hatte, schon jahrelang würden die Sorgen der ganzen Welt auf Mordechais Schultern lasten. Er trug ein schmuckloses knöchellanges Gewand mit weiten Ärmeln und einer schlichten Wollschärpe und einen einfachen, aber tadellos geschlungenen Turban. Zwei gleich lange Locken hingen an den Schläfen herunter. Sein gekräuselter Bart war pechschwarz und der längste und breiteste, den ich je gesehen habe.

Er betrachtete mich von oben bis unten; dann blieb sein Blick an meinem Gesicht hängen, und er schenkte mir eine Art Lächeln. Mir schien es eher eine Grimasse zu sein, und ich beschloß, daß ich ihn vorbehaltlos haßte.

Im Innern des Hauses war es kühler, wenn auch nicht viel, und es war genauso kahl und spartanisch wie der Hof, abgesehen von einigen hebräischen Texten, die auf der weißen Wand aufgemalt waren. Ich wußte, was dort stand, wenn ich es auch nicht lesen konnte – zu jener Zeit wäre ich nicht einmal in der Lage gewesen, meinen eigenen Namen zu erkennen. Wir hatten Priester, die uns das Gesetz erklärten; Pioniere hatten keine Zeit für Bücher.

Als Sara und Juda aufbrechen wollten, verflüchtigte sich meine Verachtung, und Panik machte sich breit. Da ich vor Mordechai nicht weinen wollte, rannte ich nach draußen, weil ich wußte, daß Sara mir folgen würde.

Ich weinte und flehte sie an, mich nicht allein bei diesem Fremden zu lassen, und behauptete, daß sie genauso sei wie Gedalia und seine Leute und es kaum erwarten könnte, mich loszuwerden. Ich wollte sie verletzen, und das gelang mir auch. Wir trennten uns, ohne uns zu versöhnen.

Mordechai brachte mich in das für mich vorgesehene Zimmer und half mir beim Auspacken, was mir überhaupt nicht recht war. Doch ich war zu erschöpft, um mich zu wehren. Mißbilligend betrachtete er meine schönen Kleider, den Schmuck und den bronzenen Spiegel. Er sagte: „Eitelkeit ist eine Sünde, Hadassa, und es ist eine Sünde, einen anderen einer Versuchung auszusetzen. Ich werde dies für dich aufbewahren, zusammen mit dem Schmuck, den du trägst."

Fassungslos kniete ich auf dem Boden, während er mir meinen Schmuck abnahm und ihn in einer Tasche seines Gewandes verstaute. Dann wischte er mir mit seinem Ärmel den schwarzen Kajal von den Augen. Auch meine prächtigen Kleider nahm er mit.

Zusammengerollt lag ich auf meinem Bett und schluchzte mein Elend und meine Angst in mein Kissen. Ich war einsam, enttäuscht, verletzt und wütend, und ich begann mich zu fragen, ob ich etwa ganz allein mit Mordechai in diesem Haus leben sollte.

Doch meine Bedenken waren überflüssig. Als ich am Morgen aus meinem Raum kam, begegnete ich einer großen, sehr gesetzten Dame, die sich selbst als Mordechais Schwester vorstellte. Sie hätte sich gar nicht vorzustellen brauchen, ich hätte es auch so erraten. Ich seufzte ein wenig erleichtert auf und folgte ihr ins Wohnzimmer, wo offensichtlich das Frühstück wartete.

Und Mordechai; und er sah so aus, als hätte er bereits einige Zeit auf mich gewartet.

„Meine Schwester Ninlil hat sich großzügigerweise bereit erklärt, eine Weile bei uns zu bleiben", informierte er mich. „Es schickt sich nicht für ein junges Mädchen, in einem Haus ohne Frau aufzuwachsen, die ihr angemessene Führung zuteil werden lassen kann. Und jetzt hoffe ich, daß du dich herabläßt, mit uns zu frühstücken."

Ich nickte. Auf einmal erschien es mir zwecklos, mir unnötige Probleme zu schaffen. Ich würde gegen Mordechai nicht ankommen – und nach ihrem Aussehen zu urteilen, gegen seine Schwester auch nicht.

Außerdem war ich ausgehungert.

Im Laufe der folgenden Tage bekam mein Leben schnell einen festen Rhythmus – und das war vermutlich gut für mich. Nach den einschneidenden Veränderungen der vergangenen drei Monate brauchte ich ein wenig Stabilität, und obwohl die Routine der häuslichen Arbeiten langweilig war, hätte es schlimmer sein können. Ninlil weckte mich jeden Morgen – nur an meinem ersten Tag hatte ich einmal etwas länger im Bett bleiben können, um mich von der anstrengenden Reise zu erholen. Wenn ich aufgestanden war, mußte ich hart arbeiten: Brot backen, Fußböden kehren, Geschirr spülen. Doch sie war nicht unfreundlich, und es hatte den Anschein, als hätte sie keine Angst vor mir. Seltsamerweise fühlte ich mich dadurch sicherer.

Nachmittags sponnen oder webten wir, oder wir kümmerten uns um die Kräuter und die blühenden Blumen, die Mordechai auf einem kleinen Stück Land hinter dem Haus zog.

Ninlil war genauso distanziert wie ihr Bruder, doch wenigstens hatte ich bei ihr nicht das Gefühl, daß sie mich ablehnte wie ihr Bruder.

An den meisten Tagen ging Mordechai nach dem Frühstück aus dem Haus und blieb bis nach Sonnenuntergang fort. Ich fragte mich, was er die ganze Zeit tat; ich konnte ihn mir nicht als Feld- oder Bauarbeiter vorstellen. Ninlil erzählte mir, daß er in einer babylonischen Bank arbeitete.

Neben seiner Arbeit in der Bank setzte sich Mordechai für die ausländischen Gemeinschaften in der Stadt ein, und Ninlil erzählte mir, daß er häufig in den Palast gehe, um die Forderungen und Beschwerden seiner Klienten vorzubringen. Bei dieser Tätigkeit war er genauso angesehen wie in seiner Bank. Manchmal kamen diese Klienten abends zu ihm nach Hause, und Ninlil und ich zogen uns pflichtschuldig in ein anderes Zimmer zurück. Ich versuchte mir den finsteren Mordechai in dem strahlenden Palast vorzustellen, und ich wünschte mir, ich könnte ihn begleiten. Ich hatte den Palast oder die Berge nicht mehr gesehen; eigentlich hatte ich das Haus meines Cousins seit meiner Ankunft in Susa nicht ein einziges Mal verlassen. Das war zwar erst vor einigen Tagen gewesen, doch mir schienen es eher Wochen zu sein.

„Können wir nicht einmal weggehen?" jammerte ich eines Morgens, als wir in der Küche saßen und darauf warteten, daß der Teig aufging.

Ninlil zog die Augenbrauen in die Höhe. „Und was schlägst du vor, wo wir hingehen sollen? Ehrbare Frauen laufen nicht wie Hausierer auf den Straßen von Susa herum. Ich glaube nicht, daß Mordechai von dieser Idee angetan wäre."

Ich glaubte es auch nicht. Vermutlich hatte er Angst, ich könnte fortlaufen oder seinem guten Ruf schaden. Ich beschloß daher das Thema zu wechseln, nahm all meinen Mut zusammen und fragte Ninlil: „Was ist ein Eunuch?"

Sie zog die Augenbrauen in die Höhe, doch sie sah wohl keinen Grund, es mir nicht zu erklären. „Das ist ein Mann, der als Junge kastriert worden ist, damit er kein richtiger Mann wird und niemals Kinder bekommen kann."

Ich war schockiert. Stammelnd fragte ich: „Du meinst – wie ein Ochse?"

„Genau wie ein Ochse."

„Und – sieht er auch anders aus als andere Männer?"

„Natürlich. Wenn er jung ist, bleibt er schlank wie ein Mädchen und wird um die Schultern nicht breiter. Wenn er älter wird, neigt er zum Dickwerden, es sei denn, er ist sehr vorsichtig."

„Und wird er auch kahlköpfig?“ Auf einmal standen mir wieder diese dicken, kahlköpfigen, bartlosen Männer vor Augen, die ich in der Stadt gesehen hatte.

„Nicht unbedingt. Häufig werden die Köpfe der Eunuchen jedoch von ihren Herren geschoren – vermutlich damit sie nicht wie Frauen aussehen und damit man ihnen Respekt erweist. Eunuchen genießen hier ein hohes Ansehen, und früher gab es auch in Israel Eunuchen, wenn die Könige sie sich leisten konnten. Warum fragst du danach?“

Ich antwortete nicht. Ich hatte einen so großen Kloß in meinem Hals, daß ich glaubte, daran ersticken zu müssen. Schweigend arbeitete ich weiter, rollte den Teig so eifrig aus, daß er dünn wie ein Spinnennetz wurde. Ich mußte ihn erneut kneten und noch einmal von vorne anfangen. Schließlich brachte ich heraus: „Ich möchte so gerne einmal aus dem Haus gehen, Ninlil. Ich fühle mich hier wie eine Gefangene oder eine Sklavin. Zu Hause konnte ich hingehen, wohin ich wollte, wann immer mir danach zumute war.“ Ich dachte, wenn Adonai wollte, daß ich Pithon fand, würde ich ihn vielleicht sehen, wenn er einen Botengang für seinen Herrn erledigte.

Ninlil seufzte und wischte sich das Mehl an der Schürze ab. „Dann bist du also immer noch besessen von der Idee, wie eine Waschfrau durch die Straßen zu laufen.“

„Morgen ist Sabbat, Ninlil. Nimm mich zu deinen Verwandten mit. Du kannst doch Mordechai für mich fragen.“

„Zufällig habe ich das bereits getan“, sagte sie mit dem Anflug eines Lächelns. Doch dann sagte sie: „Freu dich nicht zu früh, junge Dame. Mordechai besteht darauf, daß du hierbleibst, denn er wünscht, den Sabbat mit dir zu verbringen. Er hat wegen dir seine Thoraklasse abgesagt, ebenso wie das Gebetstreffen, das abends bei uns stattfindet. Doch er sagt, daß du mich übermorgen zum Markt begleiten darfst.“

Bei diesem Zugeständnis klatschte ich vor Begeisterung in die Hände; allerdings konnte ich mir absolut nicht vorstellen, wie ein Sabbat mit Mordechai allein verlaufen sollte oder wie er ihn ausfüllen wollte.

Wie sich herausstellte, hatte er den Tag bis ins kleinste geplant. Das hätte ich mir eigentlich denken können, da er in allem sehr penibel war. Nach dem Frühstück sollten wir die Thora studieren, da Mordechai jeden Sabbatmorgen damit verbrachte. Am Nachmittag würde jeder auf sein Zimmer gehen, um zu beten, und vor Ninlils

Rückkehr zum Abendessen würden wir uns über unsere Familie und unseren Glauben unterhalten.

Das waren aus meiner Sicht durchaus keine Beschäftigungen, auf die man sich freuen konnte. Wir nahmen unser Frühstück ein, wobei wir uns höflich die einzelnen Dinge anreichten, uns aber kaum einmal ansahen; ich starrte statt dessen in die flackernden Flammen der Sabbatkerzen, die Ninlil am Abend zuvor bei Sonnenuntergang angezündet hatte.

Unser gemeinsames Thorastudium verlief nicht ganz so wie geplant, da Mordechai nicht in den Sinn gekommen war, daß ich vielleicht gar nicht lesen konnte. Er behauptete, es sei für jeden Juden eine Schande, das Gesetz Gottes nicht lesen zu können, und erst recht für seine Verwandten. Ich ließ seine Empörung über mich ergehen; er sagte, ich solle mir keine Gedanken machen, das würde bald geändert werden.

Dann las er mir den ganzen Teil vor, den wir sonst abwechselnd gelesen hätten. Es war nichts von Wiederaufbau oder Erneuerung zu hören, nicht einen Satz von Gottes Liebe und Fürsorge. Er las nur eine Liste von Regeln und Ordnungen vor, die sich darum drehten, daß man nicht Getreide auf demselben Feld anpflanzen sollte wie Wein, daß man einen Ochsen und einen Esel nicht gemeinsam vor einen Pflug spannen und keine Gewänder tragen sollte, die aus Wolle und Leinen gewebt waren.

Dann las er einen Vers vor, der besagte, daß niemand, der kastriert worden sei, zum Volk Gottes gehören könne, und danach rauschte alles an mir vorbei, ohne daß ich auch nur ein Wort mitbekommen hätte.

Die Zeit, die ich in meinem Zimmer verbringen sollte, hielt ich mich im Garten auf. Ich versuchte nicht einmal zu beten. Adonai schien mir plötzlich genauso distanziert und abweisend wie Mordechai, und außerdem konnte ich nicht sehen, wie ich etwas mit einem Gott zu tun haben konnte, der sich von meinem unschuldigen Bruder abwenden konnte. Ich saß in der glühenden Hitze und suchte Trost in der Schönheit der Blumen. Ich dachte, ein anderer Gott müßte sie gemacht haben, ein Gott, den ich nicht kannte. Meine Familie, mein Glaube, mein Selbstwertgefühl – alles war fort. Ich war ein Niemand, und niemanden interessierte es, ob ich lebte oder starb.

Als Mordechai mich im Garten fand, weil es Zeit für unsere Unterhaltung war, hatte die Sonne mich krank gemacht. Ich bemerkte das erst, als ich aufstand. Ich war so krank und schwach, daß er mich zu Bett bringen mußte, und dafür zumindest war ich dankbar.

Am kommenden Morgen erwachte ich, als sich Ninlils Hand auf meine Stirn legte. „So heiß wie eine Kohlenpfanne", verkündete sie. „Für dich wird es heute keinen Ausflug zum Markt geben. Du hast das Sommerfieber."

Ich richtete mich auf, um zu protestieren; und sofort wußte ich, daß sie recht hatte.

Das Sommerfieber ist eine in Susa häufige Krankheit. Die meisten Leute bekommen sie im Laufe ihres Lebens mehrmals; Kinder und ältere Leute sind besonders anfällig dafür. Manchmal verläuft diese Krankheit tödlich; Mordechais Frau war daran gestorben, hatte Ninlil mir erzählt, doch ich hatte nur eine leichte Form. Nach drei Tagen war ich bereits wieder gesund; am vierten nahm Ninlil mich endlich zum Markt mit.

Ich hatte erwartet, ein aufregendes Abenteuer zu erleben, doch es war so lange her, seit ich unter Menschen gewesen war, daß ich noch eingeschüchterter war als an dem Tag, an dem ich Susa zum ersten Mal betreten hatte. Der Markt war auf einen winzigen Teil der Stadt begrenzt. Er wurde Basar genannt; Ninlil erklärte mir, die wohlhabenden Perser würden die Händler verachten und sie deshalb alle auf einem begrenzten Gebiet zusammendrängen, damit sie ihnen nicht über den Weg liefen.

„Aber wo kaufen denn die Bewohner der persischen Städte ihre Nahrungsmittel?" fragte ich sie. „Schicken sie ausländische Sklaven?"

„Nur, wenn sie müssen, aber selbst das würden sie niemals zugeben. Die meisten von ihnen besitzen eigenes Land vor der Stadt und leben von den Erträgen. Sie beschäftigen Leute, die die Güter für sie verwalten. Manche gehen nie selbst hin, um nach dem Rechten zu sehen."

„Und ihre Kleider? Kaufen sie nicht einmal Kleider?"

„Sie halten sich selbst Schafe; und ihre Diener machen alles für sie – oder ihre Frauen, wenn sie nicht so reich sind. Der König kauft nicht einmal Schätze für seinen Palast. Wenn er ägyptisches Glas haben möchte, beauftragt er einen Ägypter, es für ihn herzustellen; jeder glasierte Ziegelstein in seinem Palast wurde extra für ihn von babylonischen Handwerkern hergestellt. Die Perser überlassen den

Handel den Phöniziern, das Bankwesen den Babyloniern und Juden und die Religion den Magi."

„Wer sind denn die Magi?"

„Das ist eine Priestersippe, die sehr viel Macht besitzt. Du erkennst sie überall an ihren schwarzen Kapuzenmänteln. Ihre Tradition reicht weit zurück in die Zeit, bevor Aufzeichnungen gemacht wurden – es gab Magi, bevor es überhaupt die Religion, wie sie die Perser jetzt haben und wie sie von den Königen praktiziert wird, gab."

„Aber was glauben sie denn? Wie kommt es, daß nirgendwo Götzenbilder herumstehen?"

„Weil die Perser keine Heiden sind, wie du meinst, Hadassa. Sie beten einen einzigen, unsichtbaren Gott an wie wir, nur nennen sie ihn Ahura Mazda, den Weisen Herrn. Die Magi waren in früheren Zeiten Götzenanbeter. Jetzt dienen sie dem Weisen Herrn, obwohl nicht alle mit ihnen einverstanden sind. Sie praktizieren seltsame Rituale und trinken Haoma, die Milch einer Planze, die bewirkt, daß sie Visionen haben."

Ich sagte: „Ahura Mazda, der Weise Herr; Adonai, der Herr ... ist das dann also derselbe Gott?"

„Laß so etwas nur Mordechai nicht hören", gab Ninlil kurz zur Antwort, doch bevor ich nach dem Grund fragen konnte, hatten wir den Fleischmarkt erreicht, und der Gestank verdrängte alles andere aus meinen Gedanken. Fliegen schwirrten zwischen den aufgeschnittenen Kadavern und um die Köpfe der Händler herum, doch diese schien das nicht zu stören; sie waren zu sehr darauf bedacht, ihre Ware zu verkaufen. Ich sah einen Burschen, der jüdisch aussah, doch er redete in einer fremden Sprache und verkaufte Fleisch, das nicht richtig ausgeblutet war. Ich machte Ninlil darauf aufmerksam, doch sie antwortete: „Er spricht Aramäisch – das ist die einzige Sprache, die alle hier verstehen. Und er ist kein Jude, sonst würde ich ihn kennen. Vielleicht kommt er aus Samaria. Viele sind von den Assyrern vor langer Zeit hierhergebracht worden, und seither haben sie nur wenig Achtung vor dem Gesetz Gottes."

Sehr leise sagte ich: „Die Samariter haben meine Eltern ermordet."

„Das ist nicht sicher, Hadassa. Mordechai wurde gesagt, niemand wüßte, wer dafür verantwortlich sei."

„Die Samariter haben bestimmt dahinter gesteckt. Sie sind für alles Böse verantwortlich, das uns passiert."

Um mich von all dem abzulenken, zählte Ninlil mir die anderen

Nationalitäten auf, die auf dem Basar vertreten waren. Mit meiner Zuordnung hatte ich ziemlich recht gehabt, nur erzählte sie mir, die Männer in den kurzen Tuniken und Hosen seien Meder und keine Perser, obwohl die beiden Völker sich zu einem vermischt hätten. Genaugenommen waren auch die Angehörigen der Königsfamilie eher Meder als Perser. Die Männer mit den schwarzen Gesichtern waren Kuschiter aus Afrika; dies war die südlichste Ausdehnung des persischen Weltreichs. Im Westen und Norden erstreckte es sich fast bis nach Griechenland, und im Osten gehörten Länder dazu, deren Namen ich nicht einmal aussprechen konnte.

„Und alle diese verschiedenen Rassen leben friedlich zusammen?“ rief ich. „Ich habe nicht einen einzigen Mann mit einem Schwert am Gürtel gesehen.“

„Waffen sind hier nicht erlaubt. Niemand außer den königlichen Soldaten darf sich bewaffnet in der Stadt zeigen.“

Nach dem Fleischmarkt kamen Obst und Gemüse, und Ninlil zählte mir die Namen der unterschiedlichen Sorten auf, die ich nicht kannte. Da gab es Aprikosen und Melonen, Granatäpfel, Orangen und Zitronen, und ich stand und staunte.

Schließlich kamen wir zu den Stoffständen. Die außergewöhnlichen Farben und prächtigen Stoffe hatten es mir angetan; ich konnte nicht widerstehen, sie zu berühren und sie mit dem rauhen Zeug zu vergleichen, das ich trug. Ninlil sah meinen sehnsüchtigen Blick, und einen Augenblick zeigte sich Mitleid in ihren Augen. Nur einen Moment, doch das reichte mir, um es auszunutzen.

„Könnte ich nicht ein wenig von diesem weichen, blauen, glänzenden Stoff für einen Schal bekommen?“ bettelte ich.

„Sei nicht töricht, Hadassa. Das ist Seide aus Ostindien. Davon kostet ein winziges Stück, das du kaum sehen kannst, einen ganzen Jahreslohn. Man sagt, sie würde von Engeln aus Wolken gesponnen.“

Ich lachte. „Aber Cousine Ninlil, das kannst du doch nicht wirklich glauben.“

„Es scheint mir nicht lächerlicher zu sein als die andere Vermutung, die ich neulich gehört habe, daß es von Würmern gesponnen wird. Wie auch immer, nur Könige und Fürsten können sich so etwas leisten, und sie haben keine andere Wahl, als viel Geld dafür zu bezahlen, da die Herstellungsart geheimgehalten wird.“

„Könnte ich denn nicht wenigstens ein Stück von diesem blauen Leinen dort bekommen? Ich fühle mich so schäbig.“

„Du hast doch so schöne Kleider.“

„Aber Mordechai erlaubt mir nicht, sie zu tragen. Er hat die schönsten weggepackt und zusammen mit meinem Schmuck versteckt."

„Dann wird er auch nicht zulassen, daß du einen blauen Leinenschal trägst."

„Ich würde ihn mit meinem Leben verteidigen, wenn er ein Geschenk von dir wäre, Ninlil."

Ich hatte das nur gesagt, damit sie nachgab. Doch sehr zu meinem Erstaunen nahm sie das für die Wahrheit, und noch erstaunter war ich zu sehen, daß sie gerührt war. „Sag ihm bloß nicht, von wem du es hast", murmelte sie und kaufte ein Stück, ohne sich die Mühe zu machen, mit dem Händler um den Preis zu feilschen. Hocherfreut legte ich ihn mir um die Schultern und kehrte stolz zum Haus zurück.

Diesen Abend verbrachte Mordechai mit einer Gruppe von ernst dreinblickenden Männern, die kurz nach dem Abendessen erschienen.

„Wer sind denn die, Ninlil?" fragte ich flüsternd, als wir den Raum verließen. „Sind das auch Klienten?"

„Nein, das sind die Ältesten und Gelehrten, die normalerweise am Sabbatabend kommen, um über die Thora zu sprechen. Wegen dir wurde die Sitzung verschoben."

Ich lächelte; ich hatte also den Zeitplan dieser hohen Persönlichkeiten durcheinandergebracht. Leise sagte ich: „Ich kann mir gar nicht vorstellen, was sie zu besprechen haben. Entweder man gehorcht der Thora, oder man gehorcht ihr nicht."

„Wenn es nur so einfach wäre", meinte Ninlil. „Auf jeden Fall", fuhr sie fort, „reden sie nicht nur miteinander, sie beten auch zusammen, und einige bitten Mordechai, ganz besonders für sie zu beten. Einige suchen seinen Rat in geistlichen Dingen, andere Heilung. Er ist ein sehr weiser Mann."

„Und er ist auch Arzt?"

„Nicht im babylonischen Sinne. Er weiß nicht über Arzneimittel oder Salben Bescheid. Er heilt in der Art der großen Propheten, obwohl nicht so häufig und nicht so dramatisch. Die Prophetie ist in unseren Tagen nicht so mächtig wie früher."

„Dann hält er sich also viele Stunden lang im Wohnzimmer mit ihnen auf?"

„Ja, so ist es immer."

„Dann, Ninlil ..." Ich holte den Schal aus seinem Versteck in meinem Gewand hervor und legte ihn liebevoll auf meinen Schoß. „Dann wollen wir in sein Schlafzimmer gehen, und du kannst mir helfen, meine Sachen zu suchen, die Mordechai versteckt hat."

Sie war entsetzt. „Ich sollte dich auspeitschen, daß du so etwas überhaupt vorschlägst! Stehlen ist eine Sünde."

„Wie kann ich etwas stehlen, das mir gehört?" Ich senkte den Blick, damit sie dachte, ich würde weinen. „Mein Schmuck ist alles, was ich als Erinnerung an meine Mutter habe."

„Es tut mir leid, Hadassa. Wenn du länger hier bist, werden wir gemeinsam zu Mordechai gehen und ihn bitten, ihn dir zurückzugeben. Vielleicht ist er einverstanden, wenn du dich gut benimmst und er überzeugt ist, daß deine Bitte nicht schädlich für dich ist."

Doch das reichte mir nicht. Ich hatte Ninlil überredet, mich in die Stadt mitzunehmen und mir den Schal zu kaufen. So allmählich bekam ich, was ich wollte, genau wie es zu Hause gewesen war, und jetzt wollte ich mich nicht abweisen lassen. Ich sagte gute Nacht und zog mich zur üblichen Zeit auf mein Zimmer zurück. Nachdem es dunkel geworden war, lauschte ich darauf, daß auch Ninlil zu Bett ging. Dann nahm ich meine Lampe – seit meiner letzten Woche in Jerusalem bis zu diesem Tag war ich nicht mehr zu Bett gegangen, ohne eine Lampe in Reichweite zu haben – und schlich mich leise zu Mordechais Zimmer.

Ich hatte es noch nie betreten. Eher aufgeregt als ängstlich blickte ich mich um. Der Raum war noch asketischer als der Rest des Hauses. Die Wände waren vollkommen kahl, nicht eine einzige Matte lag auf dem Boden. Es stand nur seine aufgerollte Schlafmatte und eine schlichte Holzkiste darin.

Ich biß mir auf die Lippe und probierte den Deckel. Er war nicht verschlossen und ließ sich leicht öffnen. Meine Sachen zu finden war leicht, denn sonst lag kaum etwas anderes darin: nur ein Ersatzgewand und mehrere Bahnen des Stoffes, den er für seinen Turban benutzte. Meine Halskette, die Ohrringe und der Spiegel waren in ein Stück Stoff eingewickelt und mit einer Kordel zugebunden.

Natürlich hätte ich die Kiste sofort schließen und das Bündel mit in mein Zimmer mitnehmen sollen. Doch mein Herz raste vor Aufregung, und ich genoß das Gefühl der Gefahr. Außerdem würde Mordechais Treffen noch Stunden dauern.

Als Mordechai hereinkam, saß ich mit gekreuzten Beinen auf der geschlossenen Kiste und betrachtete mich in meiner Pracht in dem Bronzespiegel.

Ich wußte, daß er wütend sein würde. Doch normalerweise handelte er sehr überlegt und kontrolliert. Sogar als ich Lea mein Essen auf den Schoß gekippt hatte, hatte er seinen Gleichmut bewahrt, darum nahm ich an, daß er auch jetzt ruhig bleiben würde.

Doch da hatte ich mich geirrt. Mordechai geriet vollkommen außer sich und stürzte sich wie ein Racheengel auf mich, wobei er so laut brüllte, daß Ninlil halbangezogen angerannt kam, während ihr Bruder über mich herfiel, mir ins Gesicht schlug und mir meine Halskette vom Hals riß, so daß die glänzenden Perlen im ganzen Zimmer umherflogen. Dann kamen meine Ohrringe an die Reihe, doch es gelang mir, den Kopf so schnell wegzudrehen, daß er sie nicht erreichte. Ich rannte zu Ninlil und klammerte mich an sie.

Er rannte auf uns zu, und einen Moment lang befürchtete ich, er würde auch seine Schwester schlagen, weil sie mich beschützte. Doch ein Blick auf ihr entsetztes Gesicht schien seinen Zorn verfliegen zu lassen. Er wandte sich ab und brüllte: „Raus!"

In verzweifelter Hast zerrte Ninlil mich in mein Zimmer, legte mich auf meine Matratze und redete auf mich ein. Sie wollte vorwurfsvoll klingen, verriet jedoch statt dessen ihre eigene Furcht.

„Was hast du dir dabei gedacht, du dummes, selbstsüchtiges Mädchen? Sieh dich nur an! Deine Wangen sind geschwollen, dein Hals ist rot und aufgeschürft ... oh, und deine Lippe blutet; laß mich mal sehen, ich werde sie säubern ..."

Sie nahm ihr Gewand, leckte es an und wollte damit meine Lippe abwischen, doch ich war nicht in der Stimmung, mich verarzten zu lassen. Ich schrie: „Wer ist schuld daran, daß ich so aussehe? Ich dachte, Mordechai sei ein weiser Mann! Ein Heiler! Er ist schlimmer als ein Samariter und hat ein Temperament wie ein Maultier!"

„Hadassa, still, er wird dich hören!"

„Das macht mir nichts aus! Ich hasse ihn, und ich hasse sein Haus, und ich hasse dich! Du hättest mir helfen sollen! Ich wollte doch nur die Sachen, die mir gehörten! Wieso interessiert ihn überhaupt, was ich trage? Reichtümer sind ein Zeichen des Segens Adonais, hat meine Mutter immer gesagt. Ich dachte, Mordechai sei Adonais Diener. Aber er ist böse! Er hat meine Halskette kaputtgemacht, die meine Mutter mir zum Geburtstag geschenkt hat! Aber meine Ohrringe wird er nicht bekommen, und meinen Spiegel auch nicht. Es sei denn, er tötet mich zuerst."

Wutentbrannt zog ich mich in mein Zimmer zurück und überlegte, was zu tun war. Schließlich faßte ich einen Entschluß. Ich würde meine wenigen Besitztümer zusammenpacken und gehen. Ich hatte keine Ahnung, wohin ich gehen würde, doch was immer mir zustoßen würde, es konnte nicht schlimmer sein als das, was zweifellos passieren würde, wenn ich blieb. Irgendwo in der Stadt waren Sara und Juda; und irgendwo war Pithon. Ich würde mich selbst der Gnade Adonais anbefehlen, und falls er sich als so gnadenlos erweisen würde wie sein Jünger Mordechai, nun, dann konnte ich es auch nicht ändern.

4

Wenn ich in Jerusalem fortgelaufen wäre, dann wäre ich nicht weit gekommen, bis der erste mich entdeckt und nach Hause gebracht hätte, ob ich nun Abihajils eigenwillige Tochter war oder nicht. Doch das jüdische Viertel in Susa war an diesem Sabbatnachmittag verlassen, genau wie die übrige Stadt, denn es war viel zu heiß, um sich freiwillig draußen aufzuhalten. Schon wünschte ich, ich hätte etwas Wasser mitgenommen, doch daran hatte ich nicht gedacht.

Allerdings hatte ich daran gedacht, mich als Junge zu verkleiden, denn immer wieder hatte Ninlil mir eingeschärft, daß ehrbare Mädchen niemals alleine in Susa herumlaufen. Doch im Endeffekt nützte die Verkleidung mir nichts. Als ich in einer offensichtlich leeren Gasse stehenblieb, um Atem zu schöpfen, tauchte wie aus dem Nichts eine Gruppe zerlumpter Straßenjungen auf. Ehe ich noch wußte, was geschah, stürzten sie sich auf mich, schlugen mich nieder und stahlen meine Sachen.

Ich glaube nicht, daß ich lange dort lag, obwohl ich vielleicht bewußtlos geworden war und jegliches Zeitgefühl verloren hatte. Schließlich kam jemand vorbei und blickte mir ins Gesicht, dann bückte er sich und hob mich auf. Es war mir egal, wer er war. Es war mir auch egal, daß ich meinen blauen Schal, die Ohrringe, den Spiegel und meine Ersatzgewänder verloren hatte. Mir war eigentlich alles egal, solange man mich nicht zu Mordechai zurückbrachte.

Ich mußte ohnmächtig geworden sein, denn das nächste, an das ich mich erinnere, ist, daß ich in einem niedrigen, dunklen Raum aufwachte und Stimmen hörte, die in einer mir unbekannten Sprache redeten. Ich richtete mich mühsam auf und sah, daß die Stimmen zu einer Frau Anfang Dreißig, zwei kleinen Kindern und einem Mädchen gehörten, das ungefähr in meinem Alter sein mußte. Sie alle waren blaß wie Perser, doch ihre Haare hatten die Farbe von reifem Korn. Sie mußten Griechen sein.

Sie fragten mich vermutlich, ob es mir jetzt besser ginge, doch ich konnte nicht ein Wort verstehen. Durch viele Gesten und Worte machten sie mir klar, daß die Frau Helena hieß und ihre älteste Tochter Iphigenia; dann fragten sie mich nach meinem Namen, dem Namen meiner Eltern und wo ich wohnte.

Ich machte ihnen klar, daß ich Hadassa hieß und daß meine Eltern tot waren; dann behauptete ich, daß mein Vormund mich haßte und aus seinem Haus geworfen hatte und daß ich nun auf der Suche nach meinem Bruder sei. Sie starrten mich verwirrt an, darum wiederholte ich alles noch einmal lauter und mit mehr Gesten, doch diesmal machte ich den Fehler, Mordechai beim Namen zu nennen. Ich hätte nicht gedacht, daß das von Bedeutung sein könnte; sicher hatte niemand außerhalb der jüdischen Gemeinschaft von ihm gehört. Doch ich hatte vergessen, daß er als sich als Sprecher auch für die anderen verschleppten Völker einsetzte. Mir wurde ganz schlecht, als mir klarwurde, daß sie ihn kannten und wußten, wo er wohnte.

Meine Verzweiflung mußte mir im Gesicht gestanden haben, denn auf einmal nahm Iphigenia, die immer noch neben mir saß, meine beiden Hände und drückte sie. Ich war verwirrter als je zuvor. Sie war eine Fremde, eine Heidin, und doch war sie der netteste Mensch, den ich seit Sara kennengelernt hatte. Von ganzem Herzen wünschte ich, daß ich ein wenig Griechisch oder auch nur Aramäisch sprechen könnte.

Dann forderte ihre Mutter mich zum Aufstehen auf und machte mir klar, daß ihr Mann mich nun nach Hause bringen würde. Ich überlegte, ob ich einen Rückfall in die Bewußtlosigkeit vortäuschen sollte, doch das hätte das Unausweichliche nur aufgeschoben.

Unser Heimweg dauerte sehr viel länger, als ich erwartet hatte. Es stellte sich heraus, daß die Griechen von Susa nicht in der Stadt selbst wohnten, sondern in einem unabhängigen Dorf außerhalb der Stadtmauern. Die Sonne ging gerade unter, als wir unser Ziel erreichten, und mir war vor Angst ganz elend zumute.

Doch es war Ninlil, die das Tor öffnete. Sie umarmte mich und murmelte: „Adonai sei gepriesen", und das sah ihr so überhaupt nicht ähnlich, daß es mich eher verwirrte als erfreute. Überschwenglich dankte sie auf Aramäisch meinem Retter, und ich glaube, sie bat ihn herein, doch er wollte wieder nach Hause, solange es noch nicht ganz dunkel war.

Und Mordechai schlug mich nicht. Ninlil brachte mich in das Zimmer, das er als Arbeitszimmer benutzte. Er bemerkte nicht, wie wir hereinkamen. Ninlil rief leise seinen Namen, und er nahm die Hände vom Gesicht.

Er wirkte so erleichtert, daß ich mich tatsächlich ein wenig schuldig fühlte, denn ich war sicher, daß er sich nicht nur über die Erhaltung seines guten Rufes freute. Doch er sagte nichts, weder ein Wort des Willkommens noch ein Wort des Vorwurfs; er nickte nur, und Ninlil brachte mich fort, um mich zu waschen.

Ich erwartete nun, daß alles noch schlimmer werden würde als zuvor. Natürlich wurde ich bestraft: Ich durfte zwei ganze Wochen lang das Haus nicht verlassen, nicht einmal mit Ninlil. Doch ansonsten behandelte mich Mordechai nicht strenger. Am darauffolgenden Sabbat ging Ninlil wieder aus; er las mir aus der Thora vor und unterrichtete mich weiter im Alphabet, doch mit keinem Wort erwähnte er mein kleines Abenteuer von der Woche zuvor.

Als Ninlil am Abend zurückkehrte, brachte sie mir einen neuen blauen Schal und einen Bronzespiegel mit. Sie flüsterte mir zu: „Erzähle bloß Mordechai nicht, daß ich sie am Sabbat gekauft habe."

„Als ob ich das tun würde." Ich gab ihr einen Kuß auf die Wange und lächelte über ihre schlecht verborgende Verlegenheit.

Mordechais mildes Verhalten gab mir den Mut, ihn auf meinen brennendsten Wunsch anzusprechen. Ich fragte ihn während des Abendessens, ein oder zwei Tage, nachdem mein vierzehntägiger Hausarrest zu Ende gegangen war: „Ich möchte den Leuten, die mich gerettet haben, ein Geschenk bringen. Darf ich?"

Ein langes, unbehagliches Schweigen folgte. Dann sagte Mordechai: „Das sind Griechen, Hadassa. Heiden."

„Ich weiß, daß sie Griechen sind. Doch sie waren freundlich zu mir. Es ist nur richtig, daß ich mich bedanke."

Bruder und Schwester sahen sich an; ich wartete, genoß beinahe die Spannung. Schließlich verkündete Mordechai: „Also gut. Du darfst einmal dorthin gehen. Was willst du ihnen bringen?"

Ich hatte keine Ahnung; ich war so damit beschäfigt gewesen, mich für die Schlacht zu rüsten, daß ich überrascht war, wie schnell sie gewonnen worden war. Darum fragte ich: „Was ist deiner Meinung nach angemessen?"

Nun war Mordechai verblüfft. Er war sehr wohl daran gewöhnt, von allen und jedem um Rat gefragt zu werden, doch nicht von mir. Ninlil sagte: „Alle Griechen in Persien sind arm. Ein Goldstück ist sicher angebracht. Sollen wir es morgen hinbringen?"

„Nein", antwortete ich. „Noch nicht. Ich möchte erst, daß du mir ein wenig Aramäisch beibringst."

Mordechai zuckte zurück. Er vermutete, daß ich sehen wollte, wie weit ich gehen konnte, und vermutlich hatte er recht. Ich sagte, wenn ich hier in Susa leben sollte, müßte ich auch die hier geläufige Sprache verstehen. Er gab nach, wenn auch widerstrebend. Zweifellos hielt er das für überflüssig für eine Frau, die einen guten jüdischen Ehemann heiraten und nie in ihrem Leben mit Heiden zu tun haben würde.

„Aber du sprichst doch Aramäisch", sagte ich später zu Ninlil. „Wie kommt es, daß du es gelernt hast?"

Noch bevor ich die Frage ausgesprochen hatte, wünschte ich schon, ich hätte sie nicht gestellt. Ninlils Gesichtsausdruck veränderte sich so heftig wie die Wolken bei einem Sommergewitter. Sie wirkte zornig, nervös, ängstlich und beschämt, alles zusammen, doch schließlich riß sie sich zusammen und antwortete mir.

„Unsere Eltern waren nicht besonders fromm, Hadassa. Was meinst du, warum sie uns Namen wie Ninlil und Mardukaja gaben? Sie kamen aus Babylon und wollten, daß wir von den Leuten hier akzeptiert wurden. Doch mein Bruder hat früher den Propheten und Rabbis zugehört, genau wie dein Vater. Und ich . . . ich wendete mich erst später Adonai zu." Ihr Gesichtsausdruck war so seltsam, daß nicht einmal ich so gefühllos war, noch weiter in sie zu dringen.

Während der folgenden sechs Wochen brachte mir Ninlil so viel Aramäisch bei, wie ich verkraften konnte – was eine ganze Menge war, da ich schon immer eine schnelle Auffassungsgabe gehabt hatte und lernen wollte. Ich freute mich darauf, Iphigenia wiederzusehen.

Am Morgen mieteten wir uns bei den Tagelöhnern einen Führer; Ninlil wußte, daß das griechische Dorf Arderikka hieß, sie wußte jedoch nicht, wie sie dorthin kam, und ich war auch nicht sicher, daß ich mich an den Weg erinnern würde.

Iphigenia öffnete uns die Tür, und ich probierte mein Aramäisch aus, stellte Ninlil vor und erklärte, daß wir der Familie ein Geschenk gebracht hätten. Iphigenias Aramäisch war nur wenig besser als meines, doch ihre Augen leuchteten, als sie entdeckte, daß wir uns diesmal besser verständigen konnten. Die Erwachsenen und Helenas beide kleine Schwestern blieben im Haus, während Iphigenia mich mit nach draußen in ihren winzigen Hof nahm und im Schatten eines kümmerlichen Weinstocks zwei Strohsäcke ausbreitete. Zögernd meinte Iphigenia: „Heute wirkst du fröhlich. Ganz anders. Das letzte Mal warst du traurig. Du hast auch mich traurig gemacht."

Mir fehlten die aramäischen Sprachkenntnisse, um ihr zu erklären, was ich empfand, darum lächelte ich nur und nahm Iphigenia in den Arm, eine Geste, die ich beim letzten Mal unterlassen hatte. Von diesem Augenblick an waren wir Freundinnen, obwohl wir in jeder nur denkbaren Weise unterschiedlich waren. Ich war eine Jüdin, dunkel und semitisch, aus einem guten Hause und von ehemals königlichem Geblüt; sie war eine Heidin, die in einer schmutzigen Hütte lebte, aber eine Alabasterhaut und Haare wie gesponnenes Gold hatte. Sie hatte das eigentümlichste und schönste Gesicht, das ich je gesehen hatte.

Als es Zeit für uns war zu gehen, mußte mich Ninlil gewaltsam mit sich fortzerren. Iphigenia fragte: „Wann kommst du wieder? Bald?" Und ich sagte ja.

Während der Abendmahlzeit nahm ich all meinen Mut zusammen und sagte zu Mordechai: „Ich habe heute nachmittag eine Freundin gefunden. Ich würde sie gern wiedersehen."

„Das griechische Mädchen? Das steht außer Frage. Du hast dein Geschenk abgegeben. Damit soll es genug sein. Du wirst bald eine Frau sein, Hadassa, und eine gottesfürchtige Frau verbringt ihre Zeit damit, das Haus in Ordnung zu halten und für ihren Mann und ihre Kinder zu sorgen. Das mußt du jetzt schon lernen."

„Aber ich werde noch lange nicht heiraten", protestierte ich; und das stimmte, obwohl, so viele Jahre waren es nun auch wieder nicht. Es ist nicht ungewöhnlich, daß ein jüdisches Mädchen mit zwölf verheiratet wird. „Und ich arbeite hart, fast jeden Tag. Aber ich bin einsam."

Ninlil schlug vor: „Wir könnten uns bei unseren Nachbarn erkundigen und einige ihrer Töchter von Zeit zu Zeit hierher einladen."

Mordechai öffnete den Mund, um zu widersprechen, doch dann schloß er ihn wieder; wenigstens würden das jüdische Kinder sein. Doch ich sagte: „Ich möchte nicht irgend jemanden zur Freundin haben. Meine Freundin ist Iphigenia."

Ich vermute, daß es mir genauso sehr um das Prinzip wie um den Menschen ging; ich wollte Iphigenia auch deshalb als Freundin, weil dies eine weitere Herausforderung an Mordechais Autorität war. Mit mühsam beherrschter Stimme sagte er: „Sie gehört nicht zu unserem Volk. Das wird Adonai nicht gefallen."

„Aber du hast doch auch mit Griechen zu tun. Und mit Babyloniern, Persern, sogar mit Samaritern! Und wenn die Griechen so böse sind, warum hat Adonai sie dann geschaffen? Warum hat er überhaupt andere Völker geschaffen? Ich dachte, er hätte uns alle nach seinem Bild geschaffen, so steht es in der Thora."

Ich glaube, daß Mordechai in diesem Augenblick wieder die Fassung verloren hätte, wenn Ninlil nicht ihre Hand auf seine gelegt hätte. „Geh in dein Zimmer, Hadassa", sagte sie schnell, und ich gehorchte. Ich wußte, daß sie über die Angelegenheit reden würden, wenn ich fort war, und daß Ninlil für mich sprechen würde.

Danach lebte ich für meine Besuche in Arderikka. Einmal in der Woche durfte ich mit Ninlil dorthin gehen, und ich glaube, sie freute sich genausosehr auf diese Besuche wie ich. Sie plauderte glücklich mit Helena und half ihr mit den Kindern.

Iphigenia und ich redeten und lachten, frisierten uns nach Art unseres jeweiligen Volkes und probierten die Kleider des anderen an.

Dabei lernten wir auch die Sprache des anderen, so daß es nicht lange dauerte, bis wir sagen konnten, was wir wollten, entweder auf Aramäisch, Griechisch oder Hebräisch oder in einer Mischung aus allen dreien. Ich erfuhr, daß die Griechen aus Arderikka alle aus einem Ort stammten, aus einer Stadt mit Namen Eretria, und daß sie von König Darajawausch, den sie Darios nannten, nach Susa deportiert worden waren. Sie und die Einwohner einer anderen Stadt, Athen, hatten einige andere Griechen aus Kleinasien bei ihrem Aufstand gegen die Perser unterstützt. Es war selten, daß die Perser Menschen deportierten; normalerweise gestatteten sie sogar den bereits verbannten Menschen nach Hause zurückzukehren, so wie das bei meinem Volk der Fall gewesen war. Doch andererseits kam es auch nicht so häufig vor, daß unterworfene Völker sich gegen so wohlwollende – und mächtige – Herren auflehnten.

Die Arderikkaner jedenfalls hielten die Perser durchaus nicht für wohlwollend. Sie hatten sich gefreut, daß Darajawauschs Expedition gegen Griechenland schließlich doch fehlgeschlagen und er nicht in der Lage gewesen war, das Land unter seine Herrschaft zu stellen; doch als seine Streitmacht geschlagen war, war es für Eretria bereits zu spät gewesen. Die Deportierten konnten sich noch glücklich schätzen. Viele andere hatten den Tod gefunden.

Ich erfuhr einiges über die griechische Religion und Geschichte. Doch es bestand nicht die Gefahr, daß ich über Nacht zu einer Heidin wurde, weil ihre Glaubenswelt mir so vollkommen fremd war. Es hatte den Anschein, als gäbe es fast ebenso viele Götter wie Griechen, und wenn man einen dieser Götter vernachlässigte, mußte man Opfer darbringen, doch trotzdem stand man noch in der Gefahr, auf irgendeine Weise niedergestreckt zu werden.

Ich erzählte ihr auch einiges von mir. Es war das erste Mal, daß ich über meine Vergangenheit sprach, und sie weinte mit mir. Doch von Pithon erzählte ich ihr nichts. Nicht einmal meine beste Freundin sollte erfahren, daß mein Bruder ein Eunuch war.

Und dann brach ein Tag an, der deutlich kühler war als die vorhergehenden. Der Herbst nahte, und damit der Monat Tischri, in dem drei der bedeutendsten jüdischen Feste gefeiert werden. Zuerst kam Rosch Haschana, wo wir der Schaffung der Welt gedenken, dann das Versöhnungsfest, wo wir Vergebung für jede Sünde erbitten, die wir im Laufe des Jahres begangen haben. Und schließlich feiern wir das Laubhüttenfest, wo wir der Wüstenwanderung Moses und der aus der Knechtschaft in Ägypten befreiten Kinder Israel gedenken. Sie hatten zu ihrem Schutz nur Zelte, und darum bauen wir in unseren Höfen, in unseren Gärten oder auf unseren Dächern provisorische Zelte auf und schlafen eine Woche lang darin.

Dieses waren die ersten Feste, die seit meiner Ankunft in Mordechais Haus gefeiert wurden, und er würde dafür sorgen, daß wir sie auch vorschriftsmäßig einhielten. Während Ninlil das Essen vorbereitete, hatte ihr Bruder mir geholfen, unsere Laubhütte in dem kleinen Vorhof aufzubauen; es war das erste Mal, daß ich ihn mit seinen Händen arbeiten sah. Einen großen Teil des Tages Seite an Seite mit Mordechai zu arbeiten, gab mir die Gelegenheit, ihm einige Fragen zu stellen, die mir schon seit langem auf der Seele brannten. Ich hatte genügend Zeit, Mut zu sammeln. Vorsichtig begann ich: „Warum bist du nicht ins verheißene Land zurückgekehrt, Mordechai? Warum baust du diese Hütte und trauerst, weil du noch in der Wüste bist, wo du doch heimgehen und Ninlil und mich mitnehmen könntest?“

„Weil“, erwiderte Mordechai grimmig und ohne den Blick von den Zweigen zu nehmen, die er miteinander verflocht, „Adonai uns einen König geben wird, wenn es für uns alle an der Zeit ist, zurückzukehren. Und er wird uns die Bundeslade wiedergeben. Was nützt uns ein Tempel ohne das Symbol der Gegenwart Gottes? Er ist leer – ein Greuel! Und er darf nur gebaut werden, weil die Priester bereit sind, für den König von Persien zu beten. Doch das ist den Pionieren egal, weil Adonai ihnen egal ist. Es geht ihnen um Politik und um den Nationalismus.“

Ich erwiderte: „Aber Kurasch wurde doch von Gott geschickt, um Babylon zu erobern und uns nach Hause zu entlassen. Alle Propheten haben das gesagt.“

„Und wenn die Pioniere den Propheten weiter zugehört hätten, dann hätte es vielleicht Hoffnung für ihr Unternehmen gegeben. Doch sie haben die Gesetze Gottes vernachlässigt, und ihre Nachkommen vernachlässigen sie noch immer. Darum werden sie nichts erreichen, und all ihr Mühen wird vergeblich sein, weil es hier wichtige Arbeit gibt, die sie tun könnten.“

„Was für Arbeit?“ fragte ich, und meine Stimme klang wegen meiner Zweifel und zerstörten Träume schärfer als beabsichtigt.

„Die Arbeit, die Juden von Persien zu retten.“

„Ich verstehe nicht.“

„Das habe ich auch nicht erwartet. Die Pioniere glauben, sie wüßten alles, doch sie sind so unwissend wie Kinder. Sie denken, Adonai habe außerhalb der Grenzen Israels keine Macht. Sie glauben sogar, sie würden Adonai kennen; sie stellen sich vor, daß sie Erleuchtete sind wie die heiligen Könige und Propheten der Vergangenheit. Sie glauben an ihre eigenen Lügen und lassen sich von ihrer Phantasie in die Irre führen.“

Tränen der Empörung funkelten in meinen Augen. „Die Leute von Jerusalem kennen Adonai sehr wohl! Meine Eltern kannten ihn! Ich kenne ihn! Und wenn du Adonai auch nur ein wenig kennen würdest, dann würdest du freundlicher zu mir sein. Ninlil sagt, du willst, daß ich glücklich bin, doch es gibt so viele Dinge, die du mir verbietest.“

„Du meinst, es wäre freundlich von mir, zuzulassen, daß du eine träge Schwatztante wirst, die ihre ganze Zeit mit Heiden verbringt, sich anmalt und mit Schmuck behängt wie die Königin von Saba? Es ist, wie ich gesagt habe, Hadassa: Das Volk Gottes muß vor sich selbst gerettet werden. Wir müssen uns von den Heiden unterscheiden, ihre Reichtümer verachten, ihr luxuriöses Leben. Wir müssen uns anständig kleiden, unseren Kopf bedecken und dürfen kein unreines Essen zu uns nehmen. Und doch habe ich gesehen, wie die Jungen, die ich unterrichte, ihre Kappen abnehmen, sobald sie mein Haus verlassen. Ich weiß ganz genau, daß sie in heidnischen Häusern essen, was ihnen angeboten wird, aus Angst, seltsam angesehen zu werden."

„Ich wüßte nicht, warum sie das fürchten sollten. Hier gibt es doch weniger Verfolgung als in Jerusalem. Ich habe nie gehört, daß Juden in Susa gesteinigt worden sind."

„Diejenigen, die Augen im Kopf haben, sehen, daß es hier sehr große Vorbehalte uns gegenüber gibt, unter der Oberfläche, und daß es sehr viele Leute gibt, die jeder Minderheit der Stadt Ärger machen würden, wenn sie die Gelegenheit dazu hätten."

„Warum? Wir tun ihnen doch nichts. Wer sind diese Leute?"

„Die Landlosen und Arbeitslosen, diejenigen, die du jeden Tag auf der Straße siehst, wo sie darauf warten, daß jemand sie anstellt. Sie sehen, wie die ausländischen Unternehmer im Palast arbeiten und aus der königlichen Schatzkammer bezahlt werden, und das ärgert sie. Und wenn nicht die Mildtätigkeit vieler reicher Juden wäre, würden sie verhungern."

„Du gibst ihnen Geld? Zu Hause sind Juden, die hungern! Warum schicken die reichen Juden von Susa nicht ihnen mildtätige Gaben?"

„Einige tun das: jene, die selbst gern zurückkehren würden und nicht den Mut dazu haben. Sie schicken Gold, um ihr Gewissen zu beruhigen, obwohl ich nicht glaube, daß viel davon sein Ziel erreicht. Doch das ist die reine Heuchelei. Sie sind irregeführt wie die Pioniere, die sie bewundern, und sie kennen Adonai auch nicht besser."

„Was bedeutet es denn, Adonai zu kennen?"

„Es bedeutet, daß du dich jedes Augenblicks erfreust, den du in seiner Gegenwart verbringst, Hadassa, und daß du, wenn du nicht betest, dich nach seiner Nähe sehnst, wie du dich danach zu sehnen scheinst, bei deiner Freundin aus Arderikka zu sein. Und es ist, wie der Prophet Jeremia sagte: Das Gesetz Gottes wird in dein Herz geschrieben, und es ist dir eine Freude, ihm zu gehorchen."

Diese letzten Worte waren mit solchem Eifer gesprochen, daß ich Angst hatte, noch weiter zu fragen. Ich schlich in mein Zimmer und fragte mich, ob man wirklich fromm, geizig und verdrießlich sein mußte, um etwas von Gott zu bekommen. Wenn das stimmte, dann wollte ich lieber gottlos sein. Mordechais Gott war nicht wie der, an den zu glauben ich in meiner Kindheit gelehrt worden war.

Auch Iphigenia verwirrte mich. Ich hatte immer geglaubt, Heiden seien böse; sie würden lügen, stehlen, betrügen, raufen und morden, ohne zu wissen, daß sie Böses taten. Doch Iphigenia und ihre Familie taten nichts dergleichen. Sie waren großzügig, ehrlich und liebenswert; mehr als viele des sogenannten Volkes Gottes. Ich begann mich zu fragen, ob ein Jude zu sein wirklich so etwas Besonderes war. Es schien mir nicht überraschend, daß die Jungen ihre Kappen versteckten und Schweinefleisch aßen, wenn Mordechai und seinesgleichen nicht hinsahen.

Während der Herbst fortschritt, wurde die Stadt von einer Welle der Aufregung erfaßt. Ich erfuhr, daß der Große König und sein Hofstaat von Ekbatana, dem Sommersitz in den Bergen, zurückkehren sollte. Man munkelte, der Sohn des Königs, der Kronprinz Kschajarscha, sei außerordentlich gutaussehend.

Ninlil meinte nur: „Der Kronprinz ist vielleicht schön, doch er ist auch sehr grausam. Er ist der Statthalter von Babylonien und dort sehr verhaßt, wie man sich erzählt."

Der Herbst wich dem Winter, und ich konnte nicht glauben, daß es in Susa so kalt sein konnte und so naß. Schneefall in den Bergen und Wolkenbrüche in den Ebenen verwandelten die Flüsse in reißende Ströme, die regelmäßig über die Ufer traten und die Hütten der Bauern zerstörten, die an den Ufern errichtet worden waren. Wir sahen Hagelkörner, die beinahe so groß waren wie Granatäpfel, und erlebten sogar einen Schneesturm in der Stadt.

Mein neunter Geburtstag kam und ging vorüber, denn Mordechai wollte solchen Gelegenheiten keine zu große Beachtung schenken. Ich war erleichtert; eine Feier jeglicher Art hätte zu viele schmerzliche Erinnerungen in mir geweckt.

Als der Sommer zurückkehrte, begann eine Zeit der Unruhe in Susa. Es wurde bekanntgegeben, der König plane einen weiteren Feldzug gegen Griechenland. Verständlicherweise wurden die Bewohner von Arderikka in Furcht und Verzweiflung gestürzt. Nach dem persischen Gesetz mußte der König, bevor er in den Krieg zog, seinen Nachfolger benennen. Obwohl alle Welt von Kschajarscha als Kronprinzen sprach und er auch sein ganzes Leben lang so behandelt worden war, hatte ihn Darajawausch offensichtlich nie offiziell zum rechtmäßigen Erben des Throns von Persien bestimmt. Jetzt erhob ein anderer Sohn Darajawauschs von einer anderen Frau Anspruch auf das Thronerbe, und am Hof brachen heftige Streitigkeiten aus.

Kschajarscha war anscheinend in seiner Position bestätigt worden, doch zu jener Zeit wußte ich nichts davon, weil ich wieder das Sommerfieber bekommen hatte. Tagelang lag ich im Fieberwahn. Dann eines Tages öffnete ich die Augen, und mein Blick fiel auf Mordechai, der an meinem Lager kniete, die Augen zum Himmel erhoben und seine Hände auf meine Stirn gelegt.

Er bemerkte nicht, daß ich erwacht war, darum verhielt ich mich still und beobachtete ihn. Er betete für mich mit einer Inbrunst, die so groß war, wie wenn er für sich selbst betete; Schweiß stand ihm auf der Stirn, und ich fragte mich schon, ob auch er vielleicht das Fieber hatte. Dann auf einmal brach er ab und blickte mich an. Plötzlich war nicht mehr nur seine Stirn feucht.

„Ninlil? Ninlil!" rief er. „Sie ist wach! Ihr Geist ist zu uns zurückgekehrt . . . Adonai sei Dank!" Und ohne auch nur ein Wort an mich zu richten, verließ er das Zimmer, um seine Schwester zu holen.

Als ich die Vorgänge außerhalb der vier Wände meines Krankenzimmers wieder wahrnahm, wurde mir klar, daß Mordechai durchaus Grund hatte, mehr Angst als gewöhnlich zu haben. Der große König Darajawausch aus der glorreichen hachamanischen Dynastie würde Griechenland niemals wieder bedrohen, da er selbst todkrank war.

Die Stadt war still wie ein Grab, während sich das Volk an den Gedanken gewöhnte, daß ihr mächtiger König, der die halbe Welt regiert hatte, genauso Krankheit und Tod ausgeliefert war wie jeder Mensch. Und eines Nachts hörten wir Wehklagen draußen in den Straßen, und wir wußten, daß seine Stunde gekommen war. Das Wehklagen wurde so laut, daß an Schlaf nicht mehr zu denken war; das Morgengrauen zog gerade herauf, darum kleideten Mordechai, Ninlil und ich uns schweigend an und gingen nach draußen.

Als die Sonne hoch am Himmel stand, waren alle Bewohner Susas auf den Straßen, und die Mauern hallten von ihrem Wehklagen wider. Ich staunte darüber, daß sie so viel Trauer für einen Mann zeigen konnten, den die meisten nie gesehen hatten.

Erst später erfuhr ich, daß sie um ihrer selbst willen trauerten. Darajawausch war gut zu seinen Untertanen gewesen, im großen und ganzen gnädig seinen Feinden gegenüber, ein Verfechter von Gerechtigkeit und ein Meister königlicher Verwaltung. Darüber hinaus hatte er Toleranz den vielen unterschiedlichen Religionen gegenüber gezeigt, die in seinem Königreich und innerhalb der Mauern seiner Hauptstadt praktiziert wurden.

Wenn die Zeit des Trauerns vorüber war, würde Kschajarscha, der mitleidlose junge Prinz, gekrönt werden, und wer konnte schon sagen, was dann aus uns werden würde?

5

Die Krönung fand nicht in Susa statt, sondern in der alten Stadt Pasagarda, wie es die hachamanische Tradition verlangte.

Alles in allem hatte unser neuer Herrscher genügend Grund zur Besorgnis, doch nichts davon zeigte sich auf seinem Gesicht, als er von den Ritualen in Pasagarda zurückkehrte, um seinen Platz auf dem großen Thron im Palast von Susa einzunehmen. Nicht, daß wir erwartet hätten, sein Gesicht zu sehen. Obwohl die Straßen, durch die er ziehen würde, von jubelnden Menschenmengen gesäumt waren, konnten sie nicht hoffen, mehr als einen Blick auf die königliche Sänfte mit den sorgfältig vorgezogenen Vorhängen zu werfen. Das schrieb die persische Sitte vor.

Doch es hatte den Anschein, als würde Kschajarscha sich wenig um die Tradition kümmern. Er beschloß, auf seinem Triumphwagen in die Stadt einzuziehen.

Kschajarscha war eine eindrucksvolle Erscheinung. Er hielt ein langes, goldenes Zepter in der Hand und trug eine hohe, steife Kopfbedeckung, die ihn größer erscheinen ließ, als er tatsächlich war. Sein Haar und sein Bart waren sorgfältig gelockt wie die der längst verstorbenen Könige Assyriens auf den Statuen. Sein karmesinrotes Gewand und der Umhang mit den weiten Ärmeln waren aus Seide gearbeitet und mit goldenen und purpurnen Rosetten bestickt; unter dem Gewand entdeckte ich seidene Hosen und blaue Lederschuhe.

Er war noch jung, doch sein Gesichtsausdruck war arrogant und steif wie sein Hut – er hätte ebenso gut eine Maske tragen können oder sich selbst in seiner Sänfte verstecken können.

Kschajarscha hatte eine gewisse Waschti, die Tochter eines bekannten Edelmannes aus Susa, eines Heerführers seiner Armee, zur Braut genommen. Diese Waschti sollte sehr schön sein, doch nicht einmal Kschajarscha würde zulassen, daß sie sich der Öffentlichkeit zeigte. Kein Perser aristokratischer Abstammung läßt zu, daß irgendein Mann außerhalb der engsten Familie das Gesicht seiner Konkubinen erblickt, geschweige denn das seiner eigenen Frau.

Iphigenia und ich unterhielten uns oft über das romantische Paar, das unsere Fantasie natürlich sehr beflügelte.

„Mutter sagt, daß Waschti, falls sie nicht sehr bald schwanger wird, eine ganze Weile wird warten müssen", sagte Iphigenia. „Der Große König wird nach Ägypten ziehen, um den Aufstand niederzuschlagen, weil er sonst auf das ganze Königreich übergreifen könnte."

„Muß der König denn höchstpersönlich dorthin ziehen?" fragte ich überrascht. „Arme Waschti! In meinem Volk gibt es ein Gesetz, daß kein Mann in den Krieg geschickt werden kann, der noch kein ganzes Jahr verheiratet ist. Das gilt von den ärmsten Bauern bis zum König – falls wir einen hätten."

Wir saßen eine Weile in nachdenklichem Schweigen nebeneinander, dann fragte Iphigenia: „Möchtest du eines Tages heiraten, Hadassa?"

„Ich denke schon. Ich habe noch gar nicht darüber nachgedacht." Und das hatte ich tatsächlich noch nicht; den Juden gilt es als selbstverständlich zu heiraten, und Kinderlosigkeit wird als Fluch gesehen. „Warum?" fragte ich zurück. „Du nicht?"

„Mehr als alles andere", antwortete sie begeistert. „Ich möchte jung heiraten, damit ich viele Kinder haben kann. Doch das hängt davon ab, was die Götter für mich vorgesehen haben. Vielleicht will die jungfräuliche Göttin Artemis mich ja zur Priesterin haben."

Ich war verblüfft. „Wie willst du das herausfinden?"

„Mein Vater wird ein Orakel wegen meiner Zukunft befragen, wenn er es sich leisten kann."

„Ein Orakel? Was ist denn das?"

„Ein Orakel ist eine Art Schicksalsvorhersage, wie die, die du auf dem Basar siehst, nur besser."

„Es gibt Hellseher auf dem Basar in Susa?"

„Natürlich. Hast du sie noch nicht gesehen? Du mußt ihnen etwas bezahlen, dann werfen sie Stöckchen in die Luft und lesen die Zukunft aus der Art, wie sie fallen. Oder sie fragen dich, wann du geboren bist, und lesen die Zukunft aus der Konstellation der Sterne am Tag deiner Geburt." Als sie merkte, daß ich nachdenklich geworden war, beugte sie sich vor und fragte: „Möchtest du deine Zukunft kennen?"

Ich zuckte die Achseln. „Ninlil würde mich nicht mit dir in die Stadt gehen lassen."

„Das ist auch gar nicht nötig, wenn du nur einen gewöhnlichen Seher befragen willst. Wir haben einen hier im Dorf, eine alte Frau, von der man sagt, sie sei damals in Eretria Priesterin des Apollo gewesen."

„Hat sie dir schon mal die Zukunft vorausgesagt?"

„Ein dutzendmal. Sie sagt, ich würde einen wundervollen Mann und vier Kinder bekommen, die alle am Leben bleiben würden. Doch das kann jeder behaupten. Sie kann die Dinge nicht so detailliert sehen wie das Orakel. Trotzdem, ich kann dich hinbringen, wenn du möchtest."

Ein Schauder überkam mich. „Nein, Iphigenia. Ich glaube nicht, daß ich das will."

Doch während der folgenden Tage mußte ich immer wieder darüber nachdenken. Noch nie hatte ich so richtig über meine Zukunft nachgedacht; bisher hatte ich genug damit zu tun gehabt, von einem Tag zum anderen zu leben. Doch nun begann ich mich zu fragen, wie es wohl sein würde, für immer in Mordechais Haus zu bleiben und die Böden zu fegen und Kleider zu waschen. Vielleicht würde er versuchen, einen Mann für mich zu finden, doch was für einen Mann würde jemand wie Mordechai für angemessen halten? Wenn ich meine Zukunft vorhergesagt bekam und sie so schrecklich war, wie ich sie mir vorstellte, konnte ich vielleicht etwas tun, um sie zu ändern. Und wenn die alte Frau aus dem Dorf wirklich solche Dinge sehen konnte, dann könnte sie mir vielleicht sagen, wo Pithon war.

Ich kam zu dem Entschluß, daß ich bei meinem nächsten Besuch bei Iphigenia die alte Frau wieder erwähnen würde. Doch an dem Tag, an dem Ninlil und ich gehen wollten, wachte ich auf und fand Blut auf meinem Bettlaken.

Entsetzen erfüllte mich. Ich war noch nicht einmal zehn Jahre alt, und niemand hatte mir erklärt, was es bedeutet, eine Frau zu werden. Ich dachte, ich würde sterben. Ich massierte mit einer Hand meinen schmerzenden Bauch und versuchte, mit der anderen das beschmutzte Laken zusammenzufalten. Als Ninlil hereinkam, wollte ich es gerade in meiner Kleiderkiste verstecken.

Sie erriet sofort, was passiert war, und versicherte mir, das sei etwas ganz Normales und Natürliches, und ohne das könnte ich niemals Mutter werden. Dann erklärte sie mir, daß ich sieben Tage lang in meinem Zimmer bleiben müßte, bis das Blut vollkommen versiegt sei, und danach müßte ich ein besonderes Bad nehmen, das mich wieder rein machen würde. Während der Zeit der Abgeschiedenheit dürfte ich keinen Kontakt mit Mordechai oder irgendeinem anderen Mann haben. Nach meiner Reinigung würde das Leben wieder normal verlaufen; außer daß ich mich von nun an nicht mehr ohne Schleier außerhalb des Hauses zeigen durfte. Und in jedem Monat würde sich das wiederholen.

Ich war entsetzt. „Aber du bleibst doch auch nicht jeden Monat sieben Tage lang auf deinem Zimmer! Und bei meiner Mutter war das auch nicht so!“

Ninlil antwortete leise: „Für mich ist es zu spät, Kinder zu bekommen. Ich habe meine Gelegenheit verpaßt. Was deine Mutter betrifft . . . Die Pioniere haben ihre eigene Art, damit umzugehen.“

In meinem dunklen Raum eingesperrt zu sein machte mich ganz verrückt. Die Juden in Susa waren in allem so streng – zumindest Mordechai, und wieder einmal verspürte ich den Wunsch, mich ihm zu widersetzen. Darum schlich ich mich an diesem Abend, als ich ihn mit Ninlil in seinem Arbeitszimmer reden hörte, aus meinem Zimmer und lauschte.

„Es ist bei ihr schon soweit?“ fragte Mordechai. „Ich dachte, die meisten Mädchen fingen erst mit elf oder zwölf oder sogar noch älter damit an. Andererseits ist sie für ihr Alter ungewöhnlich groß und gut entwickelt. Von jetzt an mußt du sie noch besser im Auge behalten. Diese ständigen Besuche in Arderikka zum Beispiel; hat dieses griechische Mädchen Brüder?“

„Nicht daß ich wüßte. Mordechai . . . verbiete ihr nicht, dorthin zu gehen, sonst wird sie noch rebellischer werden.“

Ich lächelte zufrieden und kehrte in mein Zimmer zurück.

Sobald die Zeit meiner Unreinheit vorüber war, bat ich Ninlil, mich nach Arderikka zu begleiten, obwohl es eigentlich nicht unser Besuchstag war; es war diese kurze, aber herrliche Zeit des Jahres, wo das Klima in Susa tatsächlich erträglich, sogar angenehm war.

Ich erzählte Iphigenia den Grund dafür, daß ich an mein Zimmer gefesselt gewesen war, und sie betrachtete mich ehrfürchtig. „Und du fühlst dich nicht – anders? Kein bißchen?"

„Ich weiß nicht. Wie sollte ich mich denn fühlen? Ich weiß gar nichts über das alles. Iphigenia . . . bin ich hübsch?"

„Die Königin selbst könnte nicht hübscher sein als du. Du solltest Schmuck und prächtige Kleider tragen und Kosmetik auflegen, dann würde jeder sehen, wie hübsch du bist. Wenn dein Cousin so reich ist, wie du sagst, sollte er dir diese Dinge geben. Wie sonst willst du einen guten Mann auf dich aufmerksam machen?"

„Ich soll auf niemanden anziehend wirken. Ich soll warten und sehen, ob der kluge Cousin Mordechai beschließt, mir einen Mann zu suchen, und nach unserer Hochzeit soll ich den Mann lieben lernen."

„Und wenn du nicht lernst, ihn zu lieben? Was wird dann passieren?"

„Oh, Iphigenia, ich weiß es nicht! Ich bin so verwirrt! Als ich in Jerusalem lebte, habe ich alles verstanden. Ich wußte, wie mein Leben verlaufen würde, wenn ich erwachsen war! Jetzt weiß ich gar nichts mehr! Manchmal denke ich, ich würde nichts lieber tun, als einen reichen, gutaussehenden Perser zu heiraten, in seinem großen Haus zu leben und mich mit Dutzenden von Dienstboten und Sklavenjungen zu umgeben. Ich würde tragen und essen, wozu ich Lust hätte, und würde vergessen, daß ich Jüdin bin; dann wieder . . . Iphigenia, ich möchte diese alte Frau besuchen, von der du mir erzählt hast. Ich möchte meine Zukunft wissen."

„Ich weiß nicht, wie klar sie sieht, Hadassa."

„Ich will hören, was sie sagt, und dann selbst urteilen. Laß uns noch heute nachmittag gehen, wenn alle anderen schlafen."

„Du willst allein dorthin gehen?" rief Iphigenia entsetzt. „Ohne Ninlil? Du wirst ausgepeitscht werden, wenn sie es herausfindet! Du wirst mich nicht mehr besuchen dürfen."

Doch an meinem entschlossenen Gesichtsausdruck sah sie, daß es keinen Sinn hatte, mir die Sache auszureden.

Und es ging auch alles ganz einfach. Ninlil und Helena waren beide fest eingeschlafen, als wir uns aus dem Haus schlichen, auch die Kinder schliefen. Die Straßen waren menschenleer. Doch als wir das Haus der Wahrsagerin betraten, wußte ich, daß wir nicht hätten kommen dürfen.

Es sah genauso aus wie die anderen Häuser – eine niedrige Lehmhütte, dicht an dicht mit den Nachbarhütten –, doch aus irgendeinem Grund, den ich nicht benennen konnte, liefen mir kalte Angstschauer den Rücken hinunter. Die Frau war genauso beängstigend wie ihr Heim, verschrumpelt und gebückt, und sie sah genauso aus, wie ich mir eine heidnische Zauberin vorstellte. Sie warf jedoch keine Stöckchen in die Luft, sie verbrannte auch keine Kräuter oder verfiel in Trance. Sie blickte mich nur sehr eindringlich an, und noch bevor ich ihr ein Silberstück in die Hand gedrückt oder meine Wünsche geäußert hatte, sagte sie, ein Mann, dessen Samen mich nicht gezeugt hätte, würde mich seine Tochter nennen, und ich würde Königin von Persien werden. Ich würde schuld sein am Tod von vielen Tausenden von Menschen. Dann verdrehte sie die Augen und sank bewußtlos zu Boden.

Iphigenia stieß einen Schrei aus und zerrte mich am Ärmel. Doch ich war wie festgewachsen, starr vor Entsetzen, und sie mußte mich erst auf die Wange schlagen, bevor ich bereit war, das Haus zu verlassen. Auf dem Heimweg sagte Iphigenia immer wieder, daß sie so etwas bei der Wahrsagerin noch nie erlebt hätte; die Frau sei vielleicht krank. Doch ich wußte, daß das nicht so war.

Als wir zurückkamen, schliefen Ninlil, Helena und die Kinder noch immer, und unser Verschwinden war nicht bemerkt worden. Doch tausend Ermahnungen von Ninlil oder sogar von Mordechai hätten mich weniger beunruhigt als die Worte der alten Frau. Ich konnte sie nicht mehr aus meinem Kopf bekommen, genausowenig wie dieses schrumpelige Gesicht mit den verdrehten Augen. Iphigenia holte heißen Wein und flößte ihn mir ein. „Hab keine Angst, Hadassa. Sie muß sich irren. Wie kannst du Königin von Persien werden?“

Gegen Abend kam ich wieder ein wenig zu mir. Die gewohnte Routine unseres gemeinsamen Abendessens und anschließenden Geschirrspülens ließ alles wieder normal erscheinen. Ausnahmsweise war ich einmal froh über die Hausarbeit, und die Vision dieses schrecklichen Gesichts verblaßte.

Danach ging ich hinaus in den Garten, um den lieblichen Duft der Blumen in der Abenddämmerung zu genießen. Ninlil kam und legte mir die Hand auf die Schulter. Sie sagte, Mordechai wünsche mich in seinem Arbeitszimmer zu sprechen.

Ich ging zu ihm, ein wenig ängstlich, daß er irgendwie von meinem Ungehorsam erfahren haben könnte. Doch er hatte etwas anderes auf dem Herzen, über das er mit mir sprechen wollte.

„Hadassa . . . ", begann er ein wenig verlegen. Sein Gesichtsausdruck war wohlwollend, fast ein Lächeln. „Hadassa, ich denke, es ist an der Zeit, dir einen Entschluß mitzuteilen, den ich in den vergangenen Tagen gefaßt habe. Schon lange habe ich die Angelegenheit in Betracht gezogen, doch da gab es eine Reihe von Faktoren zu berücksichtigen, die meinen endgültigen Entschluß hinausgezögert hatten. Zum einen war da dein Verhalten, das zu Anfang recht beunruhigend war und mit dem ich immer noch nicht ganz zufrieden bin. Außerdem gab es eine Menge rechtlicher Konsequenzen zu berücksichtigen, die ich zuerst abklären mußte."

Er zögerte, die Ellbogen auf den Tisch gestützt und die Fingerspitzen aneinandergelegt, so als würde er zu seiner Thoraklasse sprechen. Ich wünschte nur, er würde mir endlich sagen, was er auf dem Herzen hatte. Schließlich fuhr er fort: „Ich habe beschlossen, dich als meine Tochter zu adoptieren."

Mir wurde ganz schwindelig, und ich mußte mich an der Tischkante festhalten. Es war nicht so sehr die Abscheu vor der Aussicht, von nun an als die Tochter dieses Mannes betrachtet zu werden, für den ich weder Liebe noch Respekt empfand. Es war nicht einmal die Tatsache, daß man mich in dieser Angelegenheit gar nicht gefragt hatte. Es war etwas viel Schlimmeres.

Mordechai fragte mich, ob es mir nicht gut gehe, und ich war durch das Geheimnis, das ich mit mir herumtrug, so aufgewühlt, daß ich ihm die Wahrheit erzählte.

Er war eher ungläubig als zornig. Wie hatte ich so gottlos sein können? Wußte ich nicht, daß dies eine der schlimmsten und gefährlichsten Sünde sei? Anstatt mich Adonais Fürsorge anzuvertrauen, hatte ich mich bereitwillig den Mächten der Finsternis ausgesetzt.

Unter Tränen hörte ich mich protestieren, ich hätte mir nichts dabei gedacht, wir seien aus Spaß zu ihr gegangen, und was sie gesagt hätte, dürfe man nicht ernst nehmen.

„Aber sie hat dir gesagt, daß du adoptiert werden würdest?"

„Ja . . . ich meine, nicht genau, aber –"

„Was hat sie dir sonst noch gesagt?"

„Nichts! Nichts, das war alles!"

„Bist du ganz sicher?"

„Ja. Ja! Ich schwöre es!" Und ich weinte noch heftiger, weil das natürlich nicht alles gewesen war; es war das Unwichtigste von dem gewesen, was sie gesagt hatte, doch Mordechai nahm das alles so ernst, daß ich es nicht wagte, ihm noch mehr zu erzählen.

„Ich muß jetzt für dich beten. Wir müssen die Mächte der Finsternis bannen und den bösen Einfluß von dir nehmen, bevor er Wurzeln schlägt", sagte Mordechai. Dann rief er nach Ninlil.

Ich flehte ihn an, sie nicht dazuzurufen; ich hoffte immer noch, sie würde nicht herausfinden, daß ich sie hintergangen hatte. Doch Mordechai blieb hart, und als Ninlil erschien, zitterte ich am ganzen Körper.

Das nächste, an das ich mich erinnere, war, daß ich auf meiner Matratze lag, Ninlil an meiner Seite, und trotz meiner großen Müdigkeit fühlte ich mich wohl. Ich zitterte nicht mehr, mein Kopf war klar, und wenn ich es wagte, an die Wahrsagerin zu denken, hatte ich keine Angst mehr. Ich konnte mich sogar nicht mehr an das erinnern, was sie gesagt hatte. Es war, als hätte jemand jede Spur der Prophezeiung ausradiert.

Ich entschuldigte mich bei Ninlil und flüsterte: „Wo ist Mordechai? Was hat er mit mir gemacht?"

Sie antwortete brüsk: „Er ist zu Bett gegangen. Solche Gebete erschöpfen ihn immer."

„Was für Gebete? Was hat er getan?"

Doch sie antwortete nicht, sagte statt dessen, ich solle mir darüber keine Gedanken mehr machen, und fügte hinzu: „Du brauchst dir auch um die Zukunft keine Gedanken mehr zu machen. Mordechai sagt, er würde Adonai selbst fragen, was er mit dir vorhat, dann wirst du beruhigt sein."

„Woher weiß er, daß ich dann beruhigt bin? Das hängt doch davon ab, wie Adonais Antwort lautet."

„Nein, das tut es nicht, Hadassa. Adonai liebt uns und will immer nur das Beste für uns. Wieviel Leid wir auch erfahren, er führt alles zum Besten und verwandelt unser Leid in Freude, wenn wir ihm vertrauen."

Ich erwiderte nichts.

Am folgenden Tag war ich immer noch ruhig; tatsächlich empfand ich zum ersten Mal, seit ich hier in Susa lebte, wirklichen Frieden. Ich schaffte es, fast einen ganzen Monat mit Mordechai auszukommen, ohne daß ich ihm Widerworte gab oder das Gefühl hatte, fortlaufen zu müssen. Ohne mich zu beklagen, half ich Ninlil bei der Hausarbeit und unterhielt mich freundlich mit beiden während unserer Abendmahlzeiten.

Während eines dieser Gespräche erzählte Mordechai, daß König Kschajarscha wieder in der Stadt sei. Er hatte den Aufstand in Ägypten mit höchst wirksamer Grausamkeit niedergeschlagen.

„Auf jeden Fall werden sie sich so schnell nicht wieder auflehnen", bemerkte Ninlil. „Dieses harte Durchgreifen ermöglicht es ihm vielleicht, später mit leichterer Hand zu regieren."

„Du könntest recht haben", gestand Mordechai ihr zu. „Doch wie berichtet wird, war dies nicht der einzige Grund für sein Handeln. Sein Eifer für die Anbetung Ahura Mazdas kennt keine Grenzen, erzählt man sich, und er strebt danach, die Frömmigkeit seines Vaters bei weitem zu übertreffen."

„Dann können wir uns freuen, daß der Götzendienst zurückgehen wird, Mordechai. Der Kult des Weisen Herrn duldet keine Verehrung von Bildern."

„Auch darin könntest du recht haben, und ich hoffe, daß es so ist. Aber es beunruhigt mich, Ninlil. Nachdem er die Heiden nun unterworfen hat, könnte sich unser frommer König als nächstes den Hebräern zuwenden. Unser Glaube könnte ihm genauso verhaßt sein wie der jener Götzenanbeter."

Ninlil schlug ihm nur ruhig vor, sich in all diesen Sorgen Adonai anzuvertrauen, und er nickte und sagte, er werde sich dem Ratschluß des Herrn anvertrauen und seine Antwort abwarten.

Während des Abendessens sprachen wir nicht mehr über das Thema; tatsächlich sprachen wir mehrere Wochen oder sogar Monate nicht mehr darüber, so daß ich die Unterhaltung vollkommen vergessen hatte, als Mordechai endlich die Antwort erhielt, auf die er so geduldig wartete.

Sie kam im folgenden Frühling. Ich war gerade elf Jahre alt geworden und hielt mich nun schon seit fast drei Jahren in Susa auf.

Es passierte, als ich einige Tage mit Mordechai allein im Haus war. Die verwitwete Tante, die Ninlil und ich häufig besuchten, war krank geworden und dem Tode nahe, und Ninlil wollte bei ihr sein, wenn es mit ihr zu Ende ging.

In der vierten Nacht von Ninlils Abwesenheit wachte ich auf, als Mordechai schrie. Es war der schlimmste Schrei, den ich je gehört hatte. Noch nie hatte ich ihn lächeln sehen, geschweige denn weinen, doch jetzt schrie er so gequält, so verängstigt auf, und es hörte sich so an, als würde er gar nicht mehr aufhören. Entsetzt fuhr ich auf meinem Strohsack hoch. Mein Herz klopfte so laut wie seit jener Nacht des Massakers in Jerusalem nicht mehr. Alle meine schlimmsten Erinnerungen stürmten auf mich ein, und sie waren um so schrecklicher, weil ich so lange nicht von ihnen gequält worden war. Immer noch schrie er, und ich hatte keine Wahl; ich mußte zu ihm gehen.

Als ich mit meiner Lampe in sein Zimmer kam, saß er aufrecht auf seiner Matratze, barhäuptig und mit entblößter Brust. Er war naß geschwitzt und wiegte sich wie in Trance hin und her. Er schien mich nicht wahrzunehmen, obwohl seine Augen weit offenstanden und in meine Richtung starrten.

Mit zugeschnürter Kehle durchquerte ich das Zimmer so langsam ich konnte, immer hoffend, er würde aus seinem Zustand erwachen. Doch das tat er nicht, und ich konnte den Augenblick, in dem ich seinen Strohsack erreichte und meine Hand ausstrecken mußte, um ihn zu berühren, nicht mehr länger hinauszögern. Er zuckte krampfartig zusammen, dann rief er dreimal meinen Namen, klammerte sich an mich und weinte an meiner Brust. Zu Tode erschreckt stand ich wie eine Statue, ich konnte ihn weder festhalten noch zurückstoßen, während er mir stotternd und schluchzend von seinem Traum erzählte.

Da war ein Donner gewesen: ein Donner so laut, daß Blut aus seinen Ohren gelaufen war. Die Fundamente der Erde wurden erschüttert; dann waren zwei Drachen aufgetaucht, die durch Augen, Maul und Nasenlöcher Feuer spieen. Sie hatten sich hoch aufgerichtet, und um sie herum jammerten die Völker der Erde in Furcht und Schrecken. Dann wurden den Menschen Waffen gegeben, schreckliche Waffen von unaussprechlicher Vernichtungskraft, und auch sie erhoben sich zum Kampf; nicht gegeneinander, sondern zusammen gegen das erwählte Volk Gottes.

Mordechai schwieg einen Augenblick, nachdem er alles erzählt hatte, doch als ich dachte, der Alptraum sei für uns beide vorüber, rückte er von mir ab und begann erneut zu rufen. „Ihr Kinder Israel, ruft zu eurem Gott!“ schrie er verzweifelt, flehend, so daß ich erkannte, daß er immer noch in seinem Traum gefangen war und daß das gar kein Traum, sondern eine Vision von ehrfurchtgebietender Intensität war. „Kehrt um zu Adonai!“ flehte er. „Bereut! Liefert euch der Gnade des Allmächtigen aus.“

Danach fiel er auf einmal in sich zusammen; so abrupt, daß ich nicht die Zeit hatte, ihn aufzufangen, als er auf sein hartes Bett fiel. Er lag vollkommen still, und ich fragte mich, ob er vielleicht eine Gehirnerschütterung bekommen hätte, doch auf einmal rannen Tränen über sein Gesicht, und er lächelte tatsächlich. Da sei ein Strom lebendigen Wassers, sagte er, der aus dem Boden hervorquelle, und das Wasser habe das Feuer der Drachen und die flammenden Pfeile der Leute ausgelöscht. Das Jammern und Lamentieren habe aufgehört, und statt dessen sei das Singen von zehntausend Engeln zu hören, da Adonai triumphiert hätte und die Demütigen die Stolzen niedergeworfen hätten.

Ich wußte immer noch nicht, was ich tun oder sagen sollte, aber das machte auch nichts, weil er wieder einmal meine Anwesenheit vollkommen vergaß. Seine Augen schlossen sich wieder. Ich dachte, er sei zu erschöpft und wieder eingeschlafen, doch er war an einem viel tieferen und viel ruhigeren Ort, als wir in unseren Träumen gelangen können. Er lächelte immer noch, ein für mich so fremder Gesichtsausdruck. Er war vollständig verwandelt.

Ich zweifelte nicht daran, daß diese Vision von Adonai kam und daß Adonai jetzt in einer Art in ihm wirkte, die ich nie für möglich gehalten hätte. So wie die Wahrsagerin von Arderikka von einer äußeren und sehr viel dunkleren Macht besessen war, so wurde Mordechai von einer Macht überschattet, die so viel größer und gleichzeitig sehr viel heller und sanfter war als alles, was ich mir je hätte vorstellen können, so daß mir allein vom Miterleben schwindelig wurde. Ich mußte mich niedersetzen, und dann kam Mordechai wieder zu sich.

Ich glaube nicht, daß er genau wußte, was passiert war, denn er zwinkerte mit den Augen und blickte sich rastlos um – vielleicht war er von dem blendenden Licht, das er gesehen hatte, immer noch verwirrt. Als mir klar wurde, daß Mordechai wieder bei sich war, wollte ich gehen. Doch er hielt mich zurück.

„Hadassa, ich habe die Zukunft gesehen. Sie war schrecklich, doch wir müssen nicht verzweifeln, weil wir Überwinder sein werden."

Ich wandte mich schweigend ab. Ich wußte nicht, was ich dazu sagen sollte. Dies war nicht die Art von Zukunftsvisionen, die ich hatte hören wollen. Mich interessierte, ob ich reich und glücklich werden würde, ob ich einen gutaussehenden Mann und hübsche Kinder bekommen würde. Diese Art von Visionen war zu groß für mich.

Als ich mich wieder umdrehte, war Mordechai bereits fest eingeschlafen. Ich nahm meine Lampe und ging.

6

Kurze Zeit nach meinem zwölften Geburtstag wurden Mordechai, Ninlil und ich zu einem Bankett in den Palast eingeladen.

Meine Erfahrung mit Festen war immer noch begrenzt auf die schicksalhafte Feier meines achten Geburtstages, doch dies würde ein Ereignis ganz anderer Art werden. Zuerst einmal sollten die Feierlichkeiten sieben ganze Tage andauern; und außerdem sollte der Palast an fünf Tagen allen Einwohnern Susas offenstehen.

Am ersten Tag würde es ein spektakuläres Festmahl für Statthalter, Regierungsbeamte, Generäle und andere militärische und und zivile Würdenträger aus jedem Winkel des Weltreiches geben. Diese Würdenträger weilten bereits seit sechs Monaten zu politischen Besprechungen in Susa. Dazu gehörte die Planung eines weiteren Feldzuges nach Griechenland; Kschajarscha war entschlossen, jede Unternehmung, die Darajawausch auf die lange Bank geschoben oder aufgegeben hatte, zu Ende zu führen.

An den folgenden fünf Tagen konnten sich alle Bürger von Susa den Palast ansehen. Sie würden selbst die privatesten Zimmer betreten und sogar die königlichen Schätze bewundern können, die zum ersten Mal der Öffentlichkeit gezeigt werden würden.

Am siebten Tag schließlich sollte es ein weiteres offizielles Essen geben – diesmal für die illustren Mitglieder der Gesellschaft von Susa und die ausländischen Würdenträger und königlichen Funktionäre, die bereits an dem ersten Essen teilgenommen hatten. Zu diesem Festmahl am siebten Tag war Mordechai mit seiner engsten Familie eingeladen. Aus zwei Gründen war er dieser Einladung würdig erachtet worden: einmal wegen seines Rufes als Finanzmann, aber auch wegen seiner Rolle als Fürsprecher für die Minderheiten der Stadt.

Die ganze Angelegenheit war eine wohldurchdachte und äußerst teure Methode, um die eindrucksvolle persische Macht zu demonstrieren und Kschajarschas Untertanen klarzumachen, daß ihm schier unerschöpfliche Mittel zur Verfügung standen, um jede aufrührerische Bestrebung niederzuwerfen. Es wurde viel Aufhebens um die Ausstellung der Trophäen gemacht, die während der Unterwerfung Ägyptens erobert worden waren, ebenso wie um die Pläne für den massiven Feldzug, der gegen die Griechen geführt werden sollte.

Wie zu erwarten gewesen war, sah Mordechai dem Bankett durchaus nicht erwartungsvoll entgegen, und zweifellos hätte er die Einladung ausgeschlagen, wenn ihm nicht klargewesen wäre, wie unklug es war, die Großzügigkeit eines so großen Königs abzulehnen.

Um ehrlich zu sein, ich hätte eher alle Schweine in Persien verschlungen als die Gelegenheit versäumt, die Freuden der königlichen Tafel zu schmecken oder vielleicht sogar den König oder die Königin aus der Nähe zu sehen. Ich glaube, Ninlil dachte im Geheimen nicht anders; und Iphigenia war so eifersüchtig wie eine Katze unter Löwen.

Ninlil und ich fühlten uns selbst wie königliche Hoheiten, als wir mit Mordechai die Brücke über den Graben zwischen dem Residenzhügel und dem königlichen Hügel überquerten.

Vor uns erhoben sich die Palastmauern; sie bestanden aus glasierten Ziegeln in grün, blau, dunkelrot und gold. Heldenfiguren waren darauf dargestellt, die sich an Löwen heranpirschten, oder Stiere mit Flügeln, Greife, Wesen mit Ziegenhörnern, Löwenklauen, Löwenschwänzen und Adlerklauen, wo die Hintertatzen sein sollten. In regelmäßigen Abständen erhoben sich Türmchen auf der Mauer, und an jeder Seite neben dem hochragenden Tor stand eine riesige Statue eines hachamanischen Königs.

Nachdem wir das Tor durchschritten hatten, fanden wir uns in einem üppigen Terrassengarten wieder, der so groß und so dicht bewachsen war, daß man sich leicht hätte verlaufen können. Alles war in absoluter Symmetrie angepflanzt. Zwischen den Bäumen flossen künstlich angelegte Flüßchen, in denen Wasserlilien wuchsen und deren Ufer mit bunten Landlilien bewachsen waren. Die Luft war schwer von ihrem Duft.

Ich umklammerte Ninlils Hand und staunte mit offenem Mund alles an. Die Gäste trugen ihre schönsten Gewänder – selbst mir war gestattet worden, zu dieser besonderen Gelegenheit eines meiner Jerusalemer Gewänder zu tragen. Es war leicht, den Adel von den Leuten bescheidenerer Herkunft zu unterscheiden. Die adeligen Herren trugen geriffelte Hüte, die Damen Schleier, die bis zu ihren Knöcheln herunter reichten.

Mir war gar nicht klargewesen, wie viele reiche Bürger in Susa lebten; aber Mordechai erklärte mir, daß viele von ihnen Höflinge, die sogenannten „königlichen Verwandten“, seien. Es gab Tausende von ihnen, und viele verbrachten ihr ganzes Leben im Palast. Vergleichsweise wenige waren tatsächlich mit dem König verwandt.

Links vom Hof befanden sich die Ställe, ein eigener Palast in sich, denn niemand liebt Pferde mehr als die Perser. Kein Perser geht zu Fuß, wenn er reiten kann, und der Große König geht niemals zu Fuß, es sei denn innerhalb seiner eigenen vier Wände. Heute standen die Ställe allen offen, die die wundervollen Pferde des Königs bewundern wollten.

Rechts davon befand sich die königliche Schatzkammer, und auch sie war für die Öffentlichkeit zugänglich, wenn auch schwer bewacht. Im Innern befand sich so viel fein gearbeitetes Gold, daß man es kaum für möglich halten konnte. Es gab Schmuckstücke, Zeremonienwaffen und Insignien aus allen möglichen Ländern; Ninlil und ich waren erstaunt über die Schönheit der Stücke und Mordechai entsetzt wegen der schamlosen Verschwendung.

Ein eleganter Säulengang führte um den Hof herum, die Motive der glasierten Ziegel waren von den kostbaren Tüchern verdeckt. Eines der Motive war jedoch bewußt frei geblieben: es zeigte eine elegant beflügelte Sonnenscheibe über zwei Greifen mit menschlichen Köpfen. Mordechai erklärte, die Scheibe stelle den Weisen Herrn Ahura Mazda dar; überall sonst sei die Scheibe nur mit einer menschlichen Figur darin dargestellt, sagte er, und dieses Bild stehe für die Einheit des Königs mit seinem Gott.

Von dort brachte Mordechai uns in den Apadana, den Thronsaal des Königs. Man betrat ihn über eine riesige Steintreppe, denn er war höher gelegen als der übrige Palast. Er war so hoch, daß man zehn Häuser aufeinanderbauen könnte, um heranzureichen, und er war noch größer und breiter als der Diensthof. Sechsunddreißig Steinsäulen in regelmäßigen Abständen, deren Kapitelle zwei anmutige gehörnte Bullen darstellten, die Rücken an Rücken standen und von einem der Unsterblichen des Königs bewacht wurden, trugen das Dach. Der Boden bestand aus Marmor und erstreckte sich scheinbar endlos in jede Richtung.

Es war fast dunkel, als das Festmahl begann. Duftleuchten und Fackeln wurden im Garten und im Innern des Palastes entzündet, und ich bezweifelte, daß es im Himmel schöner sein konnte als hier. Mordechai begab sich in den großen Hof zu den Männern, während Ninlil und ich uns zu dem Empfang der Frauen auf den Weg machten.

Viele hatten bereits ihre Plätze eingenommen. Erwartung lag in der Luft, obwohl noch niemand an dem erhöhten Tisch saß. Wir wollten uns einen Platz am hinteren Ende des Raumes suchen, doch als wir nach unserem Namen gefragt wurden, schickte man uns weiter nach vorn; Mordechai mußte doch angesehener sein, als ich gedacht hatte.

Wir setzten uns auf die Kissen. Neben uns saßen andere jüdische Frauen, die Ninlil bereits kannte; ganz offensichtlich hatte man sich große Mühe mit der Platzverteilung gegeben. Dies waren die Frau, die Schwestern und Töchter eines gewissen Ruben, eines der Partner in Mordechais Bank; doch sie waren wie Perser zurechtgemacht, in Seide und Gold gekleidet. Finster überlegte ich, daß auch Ninlil und ich so prächtige und modische Kleidung hätten tragen können wie sie, wenn Mordechai es gestattet hätte.

Auf einmal ertönte die Fanfare; Waschti rauschte in den Saal und nahm an dem erhöht stehenden Tisch Platz. Sie wurde von einer älteren, hoheitsvoll aussehenden Frau begleitet. Ein Dutzend Zofen und ein weiteres Dutzend Pagen folgten ihr, alle in Purpur, Karmesinrot und Gelb gekleidet. Die ältere Frau sei die Königinmutter Hutaosa, flüsterte Ninlil mir zu; sie war Darajawauschs Witwe und wurde vom Volk genauso geliebt wie ihr verstorbener Mann.

Waschti selbst war noch schöner als Iphigenia, fand ich, mit stolzen, makellosen Gesichtszügen und einer so anmutigen und selbstsicheren Haltung, daß ich sie auch als Königin erkannt hätte, wenn sie in Sackleinen gekleidet gewesen wäre. Ihr Gesicht war sehr stark, doch geschmackvoll geschminkt, und ihre Figur glich einer anmutigen Amphore. Während ihr Hofstaat seine Plätze einnahm, bemerkte ich, daß sich einige barhäuptige Eunuchen hinter ihnen aufgestellt hatten.

„Man sagt, sie erwarte wieder ein Kind, obwohl man ihr ja überhaupt nichts ansieht", sagte Rubens Frau.

„Hmm. Sie sieht mehr wie ein Höfling aus, und nicht wie eine Frau und Mutter, so herausgeputzt und angemalt wie sie ist. Zwei Söhne hat sie bereits?"

„Ich habe gehört, es seien drei. Aber wie auch immer, sie hat Grund, fröhlich zu sein – und das ist sie anscheinend auch."

„Der König ist ebenfalls guter Laune, wie man hört. Ägypten ist unterworfen, und man sagt, die Verhandlungen wegen Griechenland liefen sehr gut, so wie die königliche Politik allgemein."

„Wen interessiert schon die königliche Politik? Mich würde sie ganz bestimmt nicht interessieren, wenn ich an einem solchen Ort wohnen und all diese Mädchen und Eunuchen hätte, die mich bedienen."

„Warum tun sie das?" fragte ich, und auf einmal blickten mich alle an, denn es war das erste Mal, daß ich den Mund aufgemacht hatte.

„Tun was, meine Liebe?" fragte Rubens Frau liebevoll.

„Männer zu Eunuchen machen? Das ist schrecklich."

Eine Stille entstand; Ninlil warf mir vernichtende Blicke zu, doch sie wollte mir hier keine Szene machen.

„Nun", antwortete Rubens Frau schließlich und starrte ihre kichernden Töchter finster an, „wenn du König wärst, würdest du deine Frauen dann Dienern anvertrauen, die richtige Männer sind? Vor allem, wo jene Frauen froh sein können, eine Nacht im Jahr mit ihrem Mann zu verbringen? Eine Frau kann damit unzufrieden sein, mußt du wissen."

Die Töchter lachten nun lauter, doch ich fragte weiter: „Kschajarscha hat also mehrere Frauen? Ich dachte, er hätte nur Waschti."

„Nach dem persischen Gesetz darf er so viele Frauen haben, wie er möchte. Doch du hast recht: Waschti ist nach dem Gesetz seine einzige Frau. Natürlich hat er viele Konkubinen."

„Und die Eunuchen leben auch im Harem?"

„Diejenigen, die den Frauen dienen, ja. Diejenigen, die den Männern dienen . . ."

Ich wollte fragen, warum Eunuchen auch die Männer bedienten; sicherlich könnten das doch auch Jungen übernehmen, die nicht kastriert worden waren? Doch ich hatte den Eindruck, daß das Gelächter der Mädchen mit diesen Fragen zu tun hatten, darum schwieg ich.

Ninlil sagte: „Männer, die keine Kinder haben können, gelten als zuverlässiger, loyaler, weil sie nicht immer versuchen, zugunsten ihrer Söhne zu intrigieren. Zu viele Könige sind von Männern ermordet worden, die ihre eigene Dynastie auf dem Thron sehen wollten. Ein Eunuch kann keine Dynastie gründen, und darum hegt er einen solchen Ehrgeiz nicht. Er kann sich nur Ehre erringen, indem er seinem König treu dient. Das ist alles."

Die Erklärung war logisch, doch da Rubens Töchter noch immer kicherten, hatte ich den Eindruck, daß das nicht alles war.

Durch eine unerwartete Störung an dem erhöht stehenden Tisch wurde ich jedoch von meinen Gedankengängen abgelenkt. Eine zweite Gruppe von Eunuchen hatte den Saal betreten. Sie trugen andere Kleidung als die Eunuchen der Königin und versuchten offensichtlich, die Königin zu überreden, mit ihnen den Saal zu verlassen. Obwohl sie ihre hochmütige Haltung beibehielt, konnte ich sogar von meinem Platz aus sehen, daß ihre Augen vor Wut Funken sprühten. Einige ihrer eigenen Eunuchen begannen eine Auseinandersetzung mit den Neuankömmlingen, die schließlich wieder gingen, jedoch nicht ohne nachdrückliche Aufforderung. Die Königinmutter Hutaosa blieb vollkommen ungerührt.

Nach dieser kurzen Unterbrechung ging das Fest weiter wie zuvor; viele der Gäste hatten den Zwischenfall vermutlich nicht einmal bemerkt. Doch als sich das Fest dem Ende zuneigte und wir wieder in den Diensthof zu den Männern gebracht wurden, hatte sich die Atmosphäre ganz offensichtlich verändert: Die Männer waren mißmutig und angespannt. Perser betrinken sich nur selten – unkontrollierte Trunkenheit betrachten sie als vulgär –, doch die meisten Männer sahen so finster und grimmig aus, daß sie eher an einer Beerdigung hätten teilnehmen können als an einem Fest. Nervös standen sie in kleinen Gruppen zusammen und tuschelten miteinander. Vom König war nichts zu sehen.

Aber Mordechai gab auf dem Heimweg keinerlei Erklärung dafür. Erst als wir im Haus waren und die Türen und Fensterläden fest verschlossen hatten, war er bereit, über das zu sprechen, was sich ereignet hatte.

Er hatte in der Nähe des Tisches des Königs gesessen und konnte ihn von seinem Platz aus gut beobachten. Irgendwann im Laufe des Abends hatte Kschajarscha sieben seiner Eunuchen mit dem Befehl losgeschickt, Waschti zu holen. Er wollte sie seinen männlichen Gästen vorstellen.

„Aber wozu denn?“ rief Ninlil. „Es ist doch unüblich, daß die Perser ihre Frauen zur Schau stellen.“

„So ist es jetzt, zumindest in der herrschenden Klasse. Aber du mußt wissen, daß das anders war, bevor Persien in Kontakt mit Babylon kam und sein Weltreich übernommen hat. Persische Frauen hatten durchaus Umgang mit Männern, mit denen sie nicht verwandt waren, bevor die Semiten unter ihren Untertanen Einfluß auf sie ausübten und dieses Fehlverhalten abstellten. In den unteren Klassen ist das jedoch immer noch Sitte. Es ist, wie ich gesagt habe, Ninlil: Kschajarscha will allen ausländischen Einfluß in jeder Gesellschaftsschicht auslöschen. Er hat ein Zeichen gesetzt, obwohl er keinen schlechteren Zeitpunkt hätte wählen können.“

„Aber was für ein Zeichen denn, du meine Güte? Alle hätten bestimmt gedacht, er würde seine Frau als ein hübsches Schmuckstück betrachten, das bewundert werden sollte wie die anderen Stücke seines Schatzes. Hat er seine Absichten laut verkündet?“

„Ja, das hat er; und genau so ist es auch. Dem Großen König von Persien bedeutet es sehr viel, eine schöne Frau und einen prächtigen Palast zu haben; aber wie kann man sich an beidem freuen, wenn es niemand bewundert? Die jungen Männer, die sein Ohr haben, hatten ihn geneckt und gesagt, daß er seit sechs Monaten nun schon seinen Reichtum zur Schau stelle, sein schönstes Stück jedoch noch nicht vorgezeigt habe. Sie haben gelärmt und gegrölt, und ihre Bemerkungen waren sehr provozierend.“ Mordechai erschauderte sichtlich vor Entrüstung. „Ich konnte jedes Wort verstehen.“

„War der König denn nicht böse?“ fragte ich erstaunt. „Er hätte sie doch für solche Anmaßung pfählen können, nicht?“

„Ich glaube nicht, daß Kschajarscha an so etwas dachte. Es ging das Gerücht um, er hätte vor dem Beginn des Festmahles Haoma getrunken.“

„Haoma?“ fragte ich. Ninlil hatte es mir gegenüber einmal erwähnt, doch ich hatte dem keine Beachtung geschenkt.

„Der heilige Trank der Magi. Sie verwenden es in ihren Ritualen; es läßt einen Mann Dinge sehen, die nicht da sind, so als würde man im wachen Zustand träumen, und er hält sich für unbesiegbar, unwiderstehlich und unsterblich. Niemand darf es trinken, es sei denn bei der Anbetung, und auch dann nur in sehr kleinen Mengen. Doch unser wagemutiger Kschajarscha kann es nicht ertragen, vom Gesetz oder der Tradition Beschränkungen auferlegt zu bekommen, Hadassa. Er ist der Meinung, ein König kann tun, was er will, und bei jeder Gelegenheit verstößt er gegen die Konvention. Bei den Persern ist das eine sehr gefährliche Angelegenheit für alle – auch für den König –, und jetzt hat er es vielleicht einmal zu oft getan. Es waren einige ältere Berater da, noch aus der Regierungszeit von Darajawausch. Sie versuchten ihn zu warnen, nicht auf Waschtis Erscheinen zu beharren. Doch er wollte nicht hören, genauso wenig wie auf die Stimmen der Vernunft, die ihn von seinem Feldzug gegen Griechenland abhalten wollen.“

„Was passierte, als die Eunuchen mit der Weigerung der Königin zurückkehrten?“

„Der König stürmte wütend davon und kam nicht mehr zurück.

Das ist nicht verwunderlich. Er will ein ganzes Volk erobern und hat nicht einmal Macht über seine eigene Frau."

Am folgenden Tag erfuhr ganz Susa, die offiziellen Ratgeber des Hofes – jeweils ein Angehöriger der sieben edelsten Familien der Aristokratie – hätten darauf bestanden, die Königin abzusetzen und sie in den Harem zu verbannen. Die Ratgeber waren junge Männer wie Kschajarscha, denn es war das Vorrecht des Großen Königs, seine Gefährten und Ratgeber selbst auszuwählen; offensichtlich schätzte er die Weisheit und Erfahrung der Älteren nicht.

Doch es war überall bekannt, daß Kschajarscha Waschti selbst ausgewählt hatte, so wie er sich seine Ratgeber selbst gewählt hatte, und alle hatten den Eindruck, daß das Paar sehr verliebt ineinander war. Niemand schien zu wissen, ob er sich von ihr hatte scheiden lassen, doch eine Proklamation erging in allen Sprachen an das ganze Weltreich, daß sie nie wieder vor dem König erscheinen sollte und daß in jedem Haushalt, der unter der Herrschaft des hachamanischen Hauses stand, der Mann Autorität über die Frau haben sollte.

All dies bot Iphigenia und mir bei meinem nächsten Besuch jede Menge Gesprächsstoff.

„Wie konnte Waschti es wagen, sich ihrem eigenen Mann so zu widersetzen, noch dazu in der Öffentlichkeit! Selbst wenn ihr Mann nicht der König gewesen wäre, hätte er sich von ihr scheiden lassen müssen", meinte Iphigenia.

„Ich bewundere sie", gab ich zurück. „Warum dürfen Männer ihre Frauen wie Pferde behandeln? Warum sollen sie alle Entscheidungen für uns treffen? In Jerusalem war es anders. Nun, zumindest hat sich meine Mutter anders verhalten."

In meinem Eifer hatte ich zu laut gesprochen, denn Iphigenias Mutter hatte uns gehört. „Du willst dein Verhalten doch wohl nicht nach dieser Schlange Amestris ausrichten", schnappte sie. Die Griechen schienen Waschtis Namen nicht anders aussprechen zu können. „Diese Frau ist entschlossen, daß einer von ihren Söhnen den Thron erbt, ob er nun geeignet dafür ist oder nicht. Ich bin auf jeden Fall froh, daß er sie fortgeschickt hat."

„Vielleicht nimmt er sich eine neue Frau und bekommt neue Erben", meinte ich.

„Vielleicht", stimmte Helena zu. „Anscheinend hat Amestris falsch eingeschätzt, wie weit sie bei ihm gehen kann. Das Wort des Königs ist Gesetz – falls er irgendeinen seiner Untertanen zu sich ruft, muß er angerannt kommen, was immer die Sitte auch vorschreibt. Doch er hat bereits drei Söhne, auf die er wohl sehr stolz ist. Es wird später nur Unfrieden geben, wenn er noch mehr von einer anderen Frau bekommt."

Ich dachte zurück an den Tag, an dem ich Kschajarscha gesehen hatte, wie er auf seinem Streitwagen nach Susa eingefahren war. Er wirkte so majestätisch, so unangreifbar, und er herrschte über das größte Weltreich aller Zeiten; doch wie war er unter dieser Kopfbedeckung und seinem exakt symmetrisch geschnittenen Bart? Ein Mann, der die Macht des Gesetzes gegen seine eigene Frau anwenden mußte, schien mir ein wenig bemitleidenswert. Und wenn er sie hatte fortschicken wollen, warum mußte er dann darauf warten, daß seine jugendlichen Ratgeber ihre Zustimmung gaben?

Kurz nachdem die Neuigkeit von Waschtis Absetzung im ganzen Königreich verbreitet worden war, brach in Babylonien ein Aufstand aus. Dies war die erste ernsthafte Revolte, seit Kurasch die hachamanische Dynastie großgemacht hatte; die Aufstände hatten in einer der reichsten Provinzen begonnen, die erschreckend nah an Persien selbst lag. Zwei Thronbewerber erhoben sich in schneller Folge; der erste ermordete den rechtmäßigen Statthalter und nannte sich „König von Babylon", dann entledigte sich der zweite seiner auf ähnliche Weise.

Kschajarschas Armeen rückten ein, unterwarfen die Aufständischen und unterdrückten die Provinz mit unvorstellbarer Grausamkeit. Der junge König wollte seinem Ruf, ein grausamer Herrscher zu sein, alle Ehre machen. Die Festungen des einst so großen Nebukadnezar wurden niedergerissen, die Tempel und heiligen Stätten geplündert, die Anwesen der reichsten Bürger konfisziert und Persern übereignet. Babylonien verlor seine Privilegien und wurde mit enorm hohen Steuern belegt. Kschajarscha nannte sich nicht mehr König von Persien, Babylonien und Ägypten, ein Titel, der den beiden anderen Nationen, die selbst einmal königliche Mächte gewesen waren, wenigstens ein wenig Selbstachtung gelassen hätte. Jetzt war er nur noch König von Persien und Herrscher über alle anderen Provinzen.

Diese harte Politik Kschajarschas stand in krassem Gegensatz zu der des milden Kurasch, der vor allem vor der glänzenden Vergangenheit Babylons großen Respekt gehabt hatte. Doch Kschajarscha ließ die heilige Statue von Marduk einschmelzen. Ein Priester, der vor dem Standbild protestierte, wurde getötet.

„Wie kann er es wagen?“ keuchte ich, als Mordechai mir davon erzählte. „Hat er denn gar keine Furcht vor dem Himmel?“

Mordechai sah die Sache anders. „Marduk ist ein Götzenbild, von Menschen geschaffen; doch der Mensch ist ein Geschöpf Adonais. Entscheidend ist, daß die Prophezeiung nun erfüllt ist: Babylon ist verwüstet worden.“

Bald wurde klar, daß es Kschajarscha nicht reichte, nur den Götzendienst in Babylon auszulöschen. In Persien gab es immer noch Schreine für falsche Götter; es war an der Zeit, auch diese zu zerstören und statt dessen die Anbetung von Ahura Mazda zu fördern. Überall erschien nun das Symbol der geflügelten Sonne, zusammen mit Inschriften, die Kschajarschas Frömmigkeit priesen.

Nachdem er diese Sache in Ordnung gebracht hatte, lenkte Kschajarscha seinen Blick auf Griechenland. Die Vorbereitungen für seinen Feldzug dauerten drei ganze Jahre. Ein großer Kanal und Brücken wurden gebaut, damit die Flotte und die Streitkräfte die lange Reise sicher zurücklegen und in Blickkontakt bleiben konnten, während sie der Küstenlinie folgten. Ausgedehnte Verhandlungen wurden mit den Völkern geführt, deren Territorien durchquert werden mußten, und Vorbereitungen wurden getroffen, um Karthago, den mächtigsten Staat im Westen, auf Persiens Seite zu ziehen. Sie sollten die griechischen Kolonien in Italien und Sizilien daran hindern, dem Vaterland zu Hilfe zu eilen. Riesige Vorratslager wurden unterwegs angelegt, falls die Nachschublinien durch feindliche Aktivitäten abgeschnitten werden sollten.

Dieser Organisationsaufwand wurde betrieben, um die Fallgruben zu umgehen, in die Kschajarschas Vater Darajawausch gefallen war, als er zehn Jahre zuvor nach Griechenland marschiert war. Mardunija, der kriegslustige Cousin des Königs, wußte über solche Dinge Bescheid, weil er eine persische Flotte kommandiert hatte, die elendiglich in der Nähe des Athos gestrandet war und nicht einmal in die Nähe Griechenlands gekommen war. An diesem Ort wurde der große Kanal gebaut, damit die Schiffe das Vorgebirge umfahren konnten. Mardunija konnte es kaum erwarten, seinen guten Ruf wiederherzustellen, und man munkelte, daß er Statthalter von Griechenland werden wollte, wenn es erst einmal erobert war. Das würde er wohl auch schaffen, denn er und Kschajarscha standen sich näher als Brüder.

Es hatte den Anschein, als hätten die Verantwortlichen an alles gedacht und für jeden Fall eine Lösung parat. Und doch hing eine Wolke der bösen Vorahnung über Susa, die dicker und schwärzer wurde, je näher das Datum der Abreise rückte. Es war bekannt, daß einige Ältere am Hof dem Unternehmen negativ gegenüberstanden, vor allem Artabanusch, ein überaus kluger und vorsichtiger Mann. Er und seine Gefährten hatten das Gefühl, daß der voreilige junge König mehr abbiß, als er kauen konnte.

Im Herbst, nachdem ich vierzehn geworden war, verließ Kschajarscha Susa, um in Sardis in Kleinasien, dem Griechenland am nächsten gelegenen königlichen Stützpunkt, zu überwintern. In Sardis und nördlich davon begann seine Armee mit der Musterung – einem Vorgang, der Monate in Anspruch nehmen würde. Seine sieben Ratgeber blieben zurück, um in Susa zu regieren, und Baumeister wurden losgeschickt, um eine Brücke über den Hellespont, die Wasserstraße, die Kleinasien vom Festland trennt, zu schlagen. Ihre ersten Bemühungen wurden von einem heftigen Sturm verwüstet; in Susa wurde berichtet, daß Kschajarscha befohlen hätte, die Baumeister zu enthaupten.

Neue Leute bauten eine neue Brücke, und die Armee brauchte zwei Tage, um sie zu überqueren, denn es war die größte Armee, die je zusammengestellt worden war. Sie umfaßte Hunderttausende – einige behaupteten sogar Millionen – Soldaten aus sechsundvierzig Nationen.

Zuerst lief im großen und ganzen alles recht gut für Kschajarscha; die Perser fielen ins Land ein und töteten alles, was sich bewegte, zerstörten alle Tempel, Altäre und heiligen Anbetungsstätten. Athen wurde eingenommen und geplündert und einige seiner berühmtesten Kunstwerke nach Susa gebracht.

Doch im Herbst, als ich fünfzehn war, verlor die persische Flotte eine schreckliche Schlacht in der Nähe der Insel Salamis. Die Kommandeure waren von den Griechen überlistet und zu einer Schlacht an einem ungünstigen Ort herausgefordert worden. Tausende von Kschajarschas besten Männern fanden den Tod.

Ganz allmählich wurde das wahre Ausmaß dieser Katastrophe bekannt. Griechenland war nicht nur nicht erobert worden; auch die ganze persische Provinz Thrakien im Norden Griechenlands hatte sich erhoben und war verloren. Kschajarscha selbst sei verzweifelt, wie man berichtete, und befinde sich auf dem Weg zurück nach Sardis. Er und die verbleibenden Truppen würden diesmal ohne die Unterstützung der Flotte und ohne Vorratslager, die an verschiedenen Stationen des Weges auf sie warteten, die unendlich lange Heimreise antreten müssen. Für den Rückzug war keine Vorsorge getroffen worden, weil niemand auch nur einen Augenblick damit gerechnet hatte, daß Persien von einer Nation mit so kümmerlichen und so weit auseinanderliegenden Städten geschlagen werden könnte, deren Führer sich unter normalen Umständen nicht einmal auf den Preis für eine Fliege einigen konnten. Krankheit, Ruhr und Hunger würden Kschajarschas Begleitung auf dem langen Weg nach Hause sein.

Gegen den Rat seiner Mitgeneräle blieb der eigensinnige Mardunija mit so vielen Divisionen, wie der König ihm zugestand, in Griechenland. Er hatte die Absicht, dort zu überwintern und den Feldzug im Frühling fortzusetzen. Doch kurz vorher wurde er in einer Schlacht in der Nähe der Stadt Plataea vernichtend geschlagen; man erzählte sich, er sei den Heldentod gestorben. Zu etwa derselben Zeit – vielleicht sogar am selben Tag – wurden die Überreste der persischen Flotte zerstört.

Es war vielleicht ganz gut für Kschajarscha, daß er nicht sofort nach Susa zurückkehrte. Die öffentliche Meinung war gegen ihn; er hatte eine ganze Generation persischer Männer auf dem Altar seines Ehrgeizes geopfert, aus dem verdrehten Wunsch heraus, König Kurasch und Darajawausch ebenbürtig zu sein.

Für mich verlief diese Zeit ereignislos. Und dann, gerade als ich zu glauben begann, mein Leben würde sich ewig so eintönig hinziehen, rief mich Mordechai in sein Arbeitszimmer und sagte mir, es sei an der Zeit, mir einen Mann zu suchen. Als er mir eine Liste der Eigenschaften vorlas, die ihm bei einem in Frage kommenden Kandidaten wichtig seien, rannte ich in mein Zimmer und hämmerte mit den Fäusten gegen die Wand. Ich war nun beinahe sechzehn Jahre alt, und er behandelte mich immer noch wie die unterwürfige Waise, die er so gern in mir gesehen hätte, ohne eigene Meinung, ohne Träume, ohne andere Gefühle außer maßloser Dankbarkeit ihm gegenüber, weil er mich aufgenommen und wie seine eigene Tochter aufgezogen hatte. Das würde sich auch nie ändern, weil ich eine Frau war, und einer jüdischen Frau in Susa war es nicht gestattet, mündig zu werden.

7

Kurz nach meinem sechzehnten Geburtstag kehrte Kschajarscha nach Susa zurück. Es dauerte eine Weile, bis die Leute davon erfuhren; er kam ganz heimlich in die Stadt und lebte wie ein Einsiedler in den Privatgemächern des Palastes. Seine sieben Ratgeber regierten noch immer das Weltreich.

Nicht nur das Scheitern des Feldzuges gegen Griechenland war für Kschajarschas Depression verantwortlich, obwohl es zweifellos der Hauptgrund war. Als seine überlebenden Generäle mit eingezogenem Schwanz in die Heimat zurückkehrten, warteten wenigstens ihre Frauen auf sie, um sie zu Hause willkommenzuheißen. Sie freuten sich, daß ihre Männer noch am Leben waren. Doch Kschajarscha hatte nur seine Mutter Hutaosa; und sie war die Frau von Darajawausch, dem Großen, gewesen, dessen prächtige Standbilder auf ihn herabblickten, wann immer er durch sein Tor trat, und ihn daran erinnerten, daß er in Ägypten verhaßt, in Babylon verabscheut und in Griechenland verachtet war.

Darum rieten Kschajarschas Ratgeber ihm, so bald wie möglich wieder zu heiraten und seine neue Frau an Waschtis Stelle als Königin von Persien einzusetzen.

Es hätte ihm ein leichtes sein sollen, eine geeignete Frau zu finden. Der König war jung und gutaussehend, außerdem unvorstellbar reich und mächtig – theoretisch hätte er jedes schöne Mädchen aus gutem Hause haben können. Doch praktisch sah die Sache ganz anders aus. Darajawausch hatte gesetzlich festgelegt, daß die persischen Könige ihre Frauen aus den sieben edelsten Familien Susas wählen sollten – aus den Familien seiner sieben Ratgeber –, doch schon bald wurde deutlich, daß die Beziehungen zwischen den Oberhäuptern dieser Familien und Kschajarscha durchaus nicht die besten waren. Das, was mit Waschti geschehen war, hatte die Beziehung des Königs zu den jüngeren Vertretern ihrer Familien, den Ratgebern des Königs, ziemlich belastet. Wenn Kschajarscha eine ihrer Töchter einmal gedemütigt hatte, wer konnte dafür garantieren, daß dies nicht auch ein zweites Mal passierte?

Außerdem machte Kschajarscha klar, daß in den sieben Familien nicht eine junge Frau zu finden war, mit der er sein Bett auch nur für eine Nacht teilen würde, geschweige denn seinen Thron für den Rest seiner Regierungszeit. Er schien seine Lektion in bezug auf eine Abkehr von der Konvention noch nicht gelernt zu haben – aber Waschti war stolz, schön und intelligent gewesen, und er hatte sie leidenschaftlich geliebt; einen geeigneten Ersatz zu finden war ein Ding der Unmöglichkeit.

Was Frauen betraf, die nach dem Gesetz nicht in Frage kamen, sah die Sache ganz anders aus. Es hatte Gerüchte gegeben, während seines Aufenthalts in Sardis hätte er die Frau seines eigenen Bruders zu seiner Geliebten gemacht, und dies war nicht das erste Mal, daß er seinen Samen auf das Feld eines anderen Mannes gesät hatte. Obwohl diese Gerüchte von Seiten des Palastes niemals bestätigt wurden, hatten sie den Angehörigen der Regierung vermutlich zusätzlichen Grund zur Vorsicht gegeben. Es war eine Sache, wenn der König Söhne mit seinen Konkubinen zeugte; königliche Nachkommen im ganzen Weltreich verstreut zu haben war eine ganz andere. Solange die Bastardsöhne des Königs im Palast aufwuchsen, konnte man sie gut im Auge behalten, doch welche Ideen sie außerhalb des Palastes ausheckten, darauf hatte man keinen Einfluß.

Eine ganze Zeitlang wurde keine Lösung gefunden, und es war kaum abzusehen, wie die Zwangslage überwunden werden sollte. Dann wurde vom Palast verkündet, Kschajarscha habe den Weisen Herrn Ahura Mazda befragt und den Weg gezeigt bekommen, den er beschreiten sollte. Abgesandte des Hofes würden das Persische Weltreich auf der Suche nach freigeborenen, unverheirateten, unbefleckten Mädchen bereisen, die Schönheit, Intelligenz und einen guten Ruf besaßen; Reichtum, gesellschaftliche Stellung und sogar die Nationalität seien ohne Bedeutung; nur die Erscheinung und die Eigenschaften des Mädchens seien die wichtigen Kriterien. Mädchen, die diesen Ansprüchen genügen würden, sollten in den Palast gebracht werden, und diejenigen, die des Königs Gunst erringen würden, sollten eine Nacht im Bett des Königs verbringen. Aus ihrem Kreis würde Kschajarscha seine Braut auswählen und damit sicherstellen, daß er das begehrenswerteste Mädchen Asiens und Nordafrikas heiraten würde. Denn wie könnte der König jemals zufrieden sein, wenn er annehmen müßte, daß irgendwo in seinem Königreich ein Mann lebte, der eine noch lieblichere Frau hatte?

Wie vorauszusehen war, fand Mordechai diese Ankündigung abscheulich. „Adonai hat uns als Mann und Frau erschaffen!“ donnerte er während des Abendessens. „Das bedeutet, ein Mann für eine Frau! Wer ist Kschajarscha, daß er glaubt, er könnte die Töchter von hundert, vielleicht sogar tausend verschiedenen Männern nehmen und entjungfern? Er ist ein Sterblicher, wie wir alle, und dem Zorn Adonais unterstellt."

Schnippisch meinte ich: „Israels größter König, David, hatte ein halbes Dutzend Frauen und unzählige Konkubinen, und in der Schrift heißt es, daß er ein Mann nach dem Herzen Gottes war." Doch Mordechai ignorierte mich.

„Was wird mit den armen Mädchen passieren, die Kschajarscha verschmäht?" fragte Ninlil vorsichtig. Ich hatte den Eindruck, daß sie besorgt klang und ungewöhnlich blaß wirkte: fast so, wie sie immer aussah, wenn es um ihre Vergangenheit ging.

„Diejenigen, die bei der ersten Besichtigung durchfallen, werden nach Hause geschickt – zu Tode betrübt, das bezweifle ich nicht, doch sie haben Glück. Der Rest wird im Harem als seine Konkubinen bleiben; kein Mann wird sie heiraten wollen, nachdem sie ihre Jungfräulichkeit verloren haben. Und falls sie vom König schwanger werden, dürfen sie nirgendwo hingehen, wo sie nicht streng überwacht werden können."

„Und falls ein Vater nicht bereit ist, seine Tochter herzugeben?"

„Wie viele Väter werden es wagen, sich dem Großen König zu widersetzen? Außerdem wird Kschajarscha einen hohen Preis für sein Vergnügen zahlen, und er erwartet keine Mitgift. Viele Eltern werden froh sein, eine Tochter weniger versorgen zu müssen."

Ninlil war noch blasser geworden. „Wie werden die Gesandten des Königs diese Mädchen finden? Werden sie von Haus zu Haus gehen und fordern, daß alle Jungfrauen sich vor ihnen aufstellen? Muß jedes Mädchen im Weltreich für Waschtis Sünde bezahlen, indem es wie eine Stute untersucht und beurteilt wird?"

„Das glaube ich nicht. Viele Väter werden nur zu gern bereit sein, ihre Töchter vorzustellen. Außerdem gibt es noch Onkel und Großväter, die die Initiative ergreifen werden, wenn sie sehen, daß ihre Verwandten zu bescheiden in bezug auf die Attribute ihrer eigenen Töchter sind. Und dann ist da noch der Nachbar, der es aus Zorn tun wird oder für ein Bestechungsgeld, die Mutter, die den Namen der Rivalin ihrer Tochter um die Hand eines in Frage kommenden Edelmannes preisgeben wird, um sie aus dem Rennen zu schlagen. Die Möglichkeiten sind unbegrenzt."

Ich hörte ihm nur noch mit halbem Ohr zu, denn die Suche nach der geeigneten Frau für Kschajarscha beschäftigte mich plötzlich nicht mehr nur ganz allgemein. Meine Gedanken überschlugen sich. Tatsache war, daß die Suche nach einem geeigneten Ehemann für mich Fortschritte machte, und ich konnte wenig dagegen tun. Mehrere aufgeblasene Geschäftsleute hatten ihr Interesse bekundet und waren zu uns gekommen, um mich zu begutachten, manchmal mit ihren Müttern; ich war frech zu ihnen oder rümpfte die Nase oder gab vor, Nissen zu haben. Es gelang mir auch tatsächlich, ihren Eifer zu dämpfen.

Doch der letzte, ein gewisser Benjamin ben Kaleb, wollte sich nicht abschrecken lassen. Er verstand nur zu gut, warum ich mich so wehrte, doch er war fest davon überzeugt, daß ich meinen Widerstand im Laufe der Zeit überwinden würde, wenn ich mich erst einmal an den Gedanken einer Heirat gewöhnt hatte. Mit seinem milden Lächeln und seinem väterlichen Gehabe war er der schlimmste von allen; für ihn schien es unvorstellbar zu sein, daß ich einen Mann nicht mögen könnte, der so großzügig, nachsichtig und gutmütig war wie er, vor allem, da sein Bankkonto recht gut angefüllt war. Was mich betraf, ich hätte einen öligen Lumpen attraktiver gefunden als ihn, doch ich hatte keinen anderen Weg gesehen, als mich in das Unausweichliche zu fügen.

Bis jetzt.

Als Mordechai vom Tisch aufgestanden war, um seine Abendgebete zu verrichten, sagte ich zu Ninlil: „Ich möchte morgen nach Arderikka gehen."

„Das ist doch gar nicht unser Tag, Hadassa."

„Das macht nichts. Ich muß mit Iphigenia sprechen. Wenn du mich dorthin begleitest, verspreche ich, daß ich das nächste Mal zu Benjamin nicht unhöflich sein werde. Und wenn du es nicht tust, werde ich die ganze Zeit Griechisch sprechen und seiner Mutter erzählen, ich würde die Zehn Gebote nicht kennen und hätte noch nie in meinem Leben Brot gebacken oder gewebt."

Wieder einmal bekam ich meinen Willen.

Iphigenia hatte ebenfalls von der Ankündigung gehört, und ich erwartete, daß sie das genauso faszinierend finden würde wie ich. Auch sie war in letzter Zeit von Verehrern bedrängt worden, von denen die meisten nicht attraktiver waren als Benjamin ben Kaleb. Doch je mehr ich redete, desto unruhiger und unaufmerksamer wurde sie, bis ich sie endlich fragte, was los sei.

„Ich soll verheiratet werden."

„Ich weiß, daß du heiraten wirst. Aber –"

„Nein, du verstehst nicht. Ich soll bald verheiratet werden. Der Heiratsantrag ist bereits ausgesprochen worden. Sein Name ist Nikias, und ich glaube, ich liebe ihn."

Ich war wie vor den Kopf geschlagen. Ich war auch eifersüchtig, verzweifelt und wütend, alles gleichzeitig. Schließlich brach es aus mir heraus: „Warum hast du mir das nicht gesagt? Ich denke, ich bin deine beste Freundin! Noch nie habe ich von diesem Nikias auch nur gehört; du hast ihn mir gegenüber nie erwähnt!"

„Ich habe ihn doch gestern erst kennengelernt. Er kam mit seiner Tante her, weil seine Eltern tot sind. Darum ist er auch nach Arderikka gezogen – seine einzigen Verwandten leben hier. Er hat bisher in Griechenland gelebt, Hadassa! Er könnte mich dorthin zurückbringen! Und er ist so scheu und sanft und still –"

„Das klingt ja, als sei er ein Fisch! Du willst also wirklich einen fremden, weichköpfigen Mann heiraten? Ich glaube, ich heirate nie! Ich möchte etwas tun, das wirklich bedeutungsvoll ist!"

„Ist Kinder zu haben und sich um sie zu kümmern denn nicht wichtig, Hadassa?"

„Natürlich ist das eine wichtige Aufgabe – wenn du ihnen ein angemessenes Leben bieten kannst. Aber was hätte ich schon vorzuweisen?"

„Ich – ich weiß es nicht." Iphigenia wirkte verwirrt; es war offensichtlich, daß sie nicht die leiseste Ahnung hatte, wovon ich sprach, und ich war nicht sicher, daß ich es selbst wußte. Sie fragte: „Was hat deine Mutter dir geboten?"

„Eine Vision!" gab ich zurück. „Eine Vision, an die ich glauben und an der ich teilhaben konnte. Die Vision, unsere Stadt und unsere Nation wiederaufzubauen."

„Aber das kannst du doch immer noch. Du und dein Mann, ihr könntet zusammen nach Jerusalem zurückkehren."

„Aber das will ich ja gar nicht mehr! Ich sehe keinen Sinn darin. Es war alles für Adonai, doch er erhört meine Gebete nicht. Und seine Jünger hier sind alle wie Mordechai . . . oder wie die Perser. Sie vertrauen Gott in ihrem Herzen nicht mehr, als ich es tue. Oh, Iphigenia . . . ich möchte wieder jemand sein. Ich möchte glücklich sein."

Auf einmal verstand sie. „Du willst Königin sein."

Ich starrte sie an. „Das habe ich nicht gesagt, Iphigenia."

„Aber das hast du gemeint. Darum bist du so fasziniert von der

Vorstellung, daß der Große König sein Königreich nach einer Braut absucht. Du willst zu den ausgewählten Mädchen gehören."

„Wie könnte ich als Kandidatin ausgesucht werden? Ich bin nicht so hübsch wie du." Mich das aussprechen zu hören hatte meine Begeisterung gedämpft. Ich hatte nicht wirklich daran gedacht, ich könnte Kschajarschas Braut werden. Eine Nacht in seinem Bett und dann ein Leben im Luxus in seinem Harem, wo ich nie mehr spinnen, nähen oder saubermachen müßte, wo ich meine Tage damit zubringen könnte, in den wundervollen Säulengängen und den prächtigen Palastgärten spazierenzugehen, das entsprach eher meinen Vorstellungen. Doch auf einmal erschien das Ganze selbst mir unwahrscheinlich. „Ich kann nicht einmal annehmen, überhaupt ausgewählt zu werden, in den Palast zu gehen. Mordechai hält das alles für ein Greuel: den Harem, die Dekadenz des Hofes, alles."

„Aber dir wurde doch vorausgesagt, daß du Königin werden würdest, erinnerst du dich nicht?" Ein verlegenes Lächeln umspielte Iphigenias Lippen.

„Was?"

„Du mußt dich doch daran erinnern! Es ist schon einige Jahre her, kurz nachdem du angefangen hast, immer hierher zu kommen. Die alte Wahrsagerin . . ."

„Ich – weiß nicht." Ich schüttelte den Kopf, um ihn klarzubekommen; so viele Gedanken gingen mir im Kopf herum, und allmählich begann er zu schmerzen. „Ich erinnere mich, daß ich zu ihr gegangen bin, ja. Aber danach . . . ich glaube, ich hatte Angst, und Mordechai hat für mich gebetet, daß ich es vergesse."

„Und du hast es vergessen, einfach so?"

„Nein; ich meine . . . ja, aber . . . ach, ich weiß es nicht. Erinnerst du dich denn daran? Hat sie wirklich gesagt, ich würde Königin von Persien werden?"

Ich muß noch verwirrter ausgesehen haben, als ich mich fühlte, denn Iphigenias Lächeln verschwand auf einmal, und sie sagte: „Es war doch nur ein Spaß, Hadassa, nichts weiter. Du darfst deine Hoffnungen nicht auf törichte Träume aufbauen. Wir müssen hier leben, in der Welt, wo die Götter uns hingestellt haben. Wir können nicht in Träumen leben."

In den nächsten Tagen dachte ich jedoch mehr und mehr an Kschajarscha, bis meine Phantasien zur Besessenheit wurden. Wenn ich eine Mutter gehabt hätte, mit der ich hätte reden können, hätte sie mir gesagt, daß das, was ich durchlebte, keine Liebe war, nicht einmal einzigartig oder prophetisch. Es war Verblendung, Bewunderung, wie sie fast jedes junges Mädchen für einen Menschen empfindet, der mächtig, berühmt und unerreichbar ist.

Ich flüchtete mich in meine Phantasien, ob ich schlief oder wach war, und dort war ich wieder einmal, als eines Tages um die Mittagszeit Ninlil in mein Zimmer kam und mir sagte, Benjamin ben Kaleb sei mit seinen Eltern gekommen.

„Ich will sie nicht sehen. Sag ihnen, ich sei krank."

„Hadassa ... du mußt sie empfangen. Sein Vater ist hier, nicht nur seine Mutter. Das kann nur eines bedeuten."

Ich starrte sie an.

„Du meine Güte, Hadassa! Du bist jetzt sechzehn Jahre alt; du kannst eine Heirat nicht ewig aufschieben. Sie sind gekommen, um die Verlobung zu arrangieren, wenn dein Vater seine Zustimmung gibt."

„Ich will nicht, daß du ihn meinen Vater nennst! Er ist es nicht, und er wird es nie sein! Aber wenn du willst, daß ich Benjamin sehe, dann werde ich es tun. Ich werde mit ihm sprechen, und danach wird er mich nie wieder sehen wollen!"

Soviel zu dem Versprechen, das ich in bezug auf mein Verhalten Benjamin gegenüber gegeben hatte. Ich sprang vom Bett auf und stapfte so, wie ich war, ins Wohnzimmer hinüber. Ich war unverschleiert und trug nichts weiter als ein dünnes Gewand aus selbstgesponnenem Stoff, das Iphigenia mir zum Geburtstag geschenkt hatte; es war angenehm zum Schlafen, weil es meine Arme, Schultern und Knöchel freiließ; für alles andere war wenig Vorstellungskraft erforderlich.

So gekleidet platzte ich ins Empfangszimmer, wo Benjamin und seine Eltern saßen und sich höflich mit Mordechai unterhielten. Sie verstummten, als sie mich erblickten, mit offenem Haar und blitzenden Augen. Der armen Mutter blieb der Mund offenstehen.

Ich sagte kein Wort; das war auch gar nicht nötig. Benjamin war so verlegen, daß er nicht wußte, wie er sich verhalten sollte. Sein Vater, der mich noch nie zuvor gesehen hatte, wußte es dagegen sehr genau. Er stand auf, und die Familie verließ sofort das Haus.

Nur einmal habe ich erlebt, daß Mordechai so sehr die Kontrolle über sich verlor, wie es der Fall war, nachdem seine Gäste gegangen waren. Ich hatte eine Belehrung über Schamlosigkeit und Ungehörigkeit erwartet, und daß er mir sagte, Benjamin und sein Vater seien geschätzte Kunden; ob mir denn der Ruf meines Adoptivvaters egal sei.

Statt dessen griff er mich körperlich an. Das hatte er nicht mehr getan, seit ich ein kleines Mädchen gewesen war; jetzt war ich beinahe so groß wie er, denn im Laufe der Jahre war immer deutlicher geworden, daß ich tatsächlich mit Sauls Statur gesegnet war. Er versuchte, mich ins Gesicht zu schlagen, doch bevor es ihm gelang, mich zu schlagen, schlug ich ihn, und er war so entsetzt, daß er seinen Griff lockerte und ich entkam.

Ich rannte auf die Straße, und meine Füße trugen mich automatisch nach Arderikka.

Selbst in meiner aufgelösten Verfassung bemerkte ich sofort, daß in Iphigenias Haus irgend etwas nicht stimmte. Niemand kam zu mir und tröstete mich, als ich in die Hütte platzte und zu Boden sank. Als ich durch mein wirres Haar aufblickte, bemerkte ich Helena in zerrissener Kleidung und mit tränennassem Gesicht.

Ich versuchte zu fragen, was los sei, ob jemand gestorben sei, doch ich brachte kein Wort heraus. Schließlich stammelte Helena leise: „Die Gesandten des Königs sind hiergewesen. Iphigenia wird fortgeholt werden."

Ich war wie vom Donner gerührt. Natürlich, wir hatten über diese Sache gesprochen, und ich hatte davon geträumt, ausgewählt zu werden, aber es war eben nicht mehr als das gewesen: ein Traum. Ich hatte nicht wirklich damit gerechnet, daß etwas davon Realität werden würde, und schon gar nicht, daß es Iphigenia treffen würde. Es war wie ein Schlag ins Gesicht. Ich weinte wie ein kleines Kind, und mein haltloses Weinen ließ Helena erkennen, daß Iphigenia nicht die einzige war, auf die eine ungewisse Zukunft wartete; so zusammenhängend wie ich es vermochte, berichtete ich ihr, was gerade in Mordechais Haus passiert war, und sie erzählte mir, was sich am Tag zuvor in Arderikka ereignet hatte.

Die Gesandten des Königs waren kurz nach Sonnenaufgang im Dorf erschienen und geradewegs zu ihnen gekommen. Sie hatten die Höflichkeit an den Tag gelegt, die ein Kennzeichen von Persern aus gutem Haus war, doch ihre Botschaft war sehr deutlich gewesen. Man hätte sie darauf aufmerksam gemacht, daß Helena und Philos eine Tochter von außerordentlicher Schönheit hätten, und sie würden sie gern sehen. Je nachdem wie ihr Urteil ausfallen würde, würden sie ein Treffen mit Fürst Memuchan, dem ersten Berater des

Großen Königs, und Schaaschgas, dem Hüter des Harems Seiner Majestät vereinbaren, damit sie sie kennenlernten. Memuchan kannte offensichtlich den Geschmack des Königs sehr gut.

Die Gesandten verhielten sich genau so, wie jeder andere Bewerber um die Gunst Iphigenias sich verhalten hätte, doch jeder andere Verehrer hätte ohne große Schwierigkeiten abgewiesen werden können. Kschajarscha war jedoch nicht irgendein Bewerber, darum wurde Iphigenia geholt. Ihre beiden jüngeren Schwestern – jetzt acht und neun Jahre alt – hingen an ihren Rockzipfeln. Sie wurde inspiziert und befragt und noch weiter inspiziert. Notizen wurden gemacht, und schließlich verbeugten sich die Männer und versprachen, am nächsten Morgen mit ihren Vorgesetzten wiederzukommen, die autorisiert seien, die nötigen Vorbereitungen für ihre Übersiedlung in den Palast zu treffen. Wenn Iphigenia erst einmal in den Palast gebracht worden war, würde ihre Familie sie nie wiedersehen; sie konnte genauso gut tot sein; einem Mädchen aus dem Dorf war dies bereits passiert, und man hatte seither nichts mehr von ihr gehört.

Ich sagte: „Sicher gibt es etwas, das wir tun können?"

„Niemand kann etwas tun, um mich zu retten, Hadassa."

Ich hatte nicht gehört, wie Iphigenia hereingekommen war; vermutlich hatte sie die ganze Unterhaltung vom Schlafzimmer aus verfolgt. Ich entwand mich der Umarmung ihrer Mutter und sah meine Freundin im Türrahmen stehen, mit rotgeweinten Augen und totenblaß. Ich hörte, wie ich auf sie einredete, sie bedrängte, sich zu wehren, bevor es zu spät war.

„Es ist bereits zu spät", sagte sie und blickte durch mich hindurch. „Ich war so glücklich. Zu glücklich. Ich habe die Götter eifersüchtig gemacht. Sie werden dafür sorgen, daß der schlimmste Schmerz schnell kommt. Gegen den Himmel kommen wir nicht an."

„Wer weiß schon, was der Himmel bestimmt hat? Kschajarscha haßt die Griechen; alles könnte mit dir passieren, wenn du in den Palast gehst. Hast du daran nicht gedacht?"

„Natürlich habe ich daran gedacht. Meinst du, das würde mir etwas ausmachen? Ich würde lieber ins Grab gehen als in das Bett dieses Metzgers. Ich würde mir selbst auf der Stelle das Leben nehmen, wenn ich nicht sicher wäre, daß meine Eltern morgen, wenn die Gesandten des Königs mit Memuchan zurückkommen, dafür teuer bezahlen müßten."

Ärgerlich stieß ich sie von mir. Wie konnte sie so resigniert, so passiv sein? Ich an ihrer Stelle hätte allein gegen die Armee von Persien gekämpft, bevor ich mich in ein Schicksal gefügt hätte, das ich fürchtete. Es war alles so schrecklich ironisch: Sie, die einen anderen liebte, sollte zum König gebracht werden, während ich mit einem Mann verlobt werden sollte, den ich verachtete, und mir in meinen Träumen vorstellte, mit Kschajarscha zusammenzusein.

Auf einmal hatte ich eine Idee; meine Gedanken wurden klar wie fließendes Wasser. Ich verkündete: „Du wirst das nicht tun müssen, Iphigenia. Ich werde an deiner Stelle in den Palast gehen."

Es entstand ein ungläubiges Schweigen, während die anderen zu begreifen versuchten, was ich gesagt hatte. Dann fuhr Helena mich an: „Du törichtes Kind! Das wirst du nicht tun! Für die arme Ninlil würde es den Tod bedeuten, ebenso wie für Mordechai, dessen Fürsorge dein Vater dich anvertraut hat. Außerdem wurde Iphigenia ausgewählt."

„Willst du damit sagen, daß ich nicht schön und intelligent bin und einen guten Ruf habe?"

„Natürlich will ich das nicht sagen. Aber wenn sie dich sehen, nehmen sie dich vielleicht auch noch mit, und was machen wir dann?"

„Sie werden Iphigenia nicht nehmen, wenn sie keine Jungfrau mehr ist", gab ich zurück und wünschte mir, ich würde ein wenig besser verstehen, was das bedeutete. „Und sie werden nicht ärgerlich sein, vorausgesetzt, daß sie nicht mit leeren Händen zurückzukehren brauchen. Ich muß fort aus Mordechais Haus. Ihr wißt nicht, wie er ist. Wenn er mich mit Benjamin verheiratet, werde ich sterben. Iphigenia, weiß Nikias, was morgen passieren wird?"

„Natürlich." Auf einmal waren ihre Augen nicht mehr trocken. „Ich habe mit seiner Schwester gesprochen. Sie sagt, ihm würde das Herz brechen. Oh, Hadassa, auch er liebt mich."

„Dann holt ihn doch heute her. Liege heute neben ihm. Heirate ihn noch heute."

„Ich traue mich nicht! Selbst wenn das arrangiert werden könnte, würden die Männer des Königs mich und meine Eltern töten, sobald sie herausfinden, daß wir sie überlistet haben."

„Du könntest sagen, es sei nicht deine Schuld gewesen. Sag einfach, Nikias hätte dich gezwungen."

„Und was wird dann mit ihm passieren? Hadassa, ich würde lieber tausend Tode sterben, als daß ich zusehen könnte, wie Nikias etwas zustößt." Sie unterdrückte ein Schluchzen.

Ich schüttelte hilflos frustriert den Kopf. Für mich war es unbegreiflich, daß sie in einer Zeit wie dieser so selbstlos sein konnte.

Darum sagte ich: „Warum denkst du nicht auch einmal an mich anstatt an deinen kostbaren Nikias? Du hast doch selbst gesagt, daß ich mir im geheimen wünschte, Königin zu werden."

Sie wußte keine Antwort; Helena ergriff leise das Wort: „Und was willst du Mordechai sagen, Hadassa? Wie willst du ihn überreden, die Vereinbarungen mit den Beauftragten des Königs zu treffen?"

„Er würde keine Vereinbarungen zu treffen brauchen. Ihr könntet das übernehmen. Ihr könntet sagen, ich sei eure Tochter."

Iphigenia lachte bitter. „Du könntest nicht eher meine Schwester sein als eine pechschwarze Kuschiterin. Außerdem glaube ich nicht, daß der König Juden weniger haßt als Griechen. Und man erzählt sich schreckliche Geschichten von seiner Grausamkeit denen gegenüber, die er haßt. In seinen Augen sind wir alle Untreue; nur die Arier geben Ahura Mazda die Ehre. Weißt du nicht, daß er reinrassigen Persern Gold gibt, wenn sie reinrassige Perserinnen heiraten und reinrassige persische Kinder zeugen? Er würde wohl kaum eine semitische Frau für sich aussuchen."

„Ahura Mazda hat ihm gesagt, er solle sich die lieblichste Frau suchen, die er finden könne, erinnerst du dich nicht? Er hat nichts von ihrer Rasse oder ihrer Religion gesagt. Und ihr könntet ihm ja sagen, ich sei adoptiert. Das stimmt sogar. Und ihr könntet so tun, als sei ich eine Perserin – mein Vater sagte immer, ich könnte als Perserin durchgehen." Ich wendete mich an Helena. „Wenn wir es so machen, könntet ihr den Brautpreis behalten, den ihr für Iphigenia bekommt. Mordechai braucht ihn ganz bestimmt nicht."

Iphigenia flüsterte: „Du würdest in den Palast gehen, ohne es ihm auch nur zu erzählen? Wie? Willst du bis morgen hierbleiben und nicht nach Hause gehen?"

„Nein; ich werde nach Hause gehen müssen, um meine guten Kleider zu holen. Und ich werde ihnen sagen müssen, daß ich von den Beauftragten ausgewählt worden bin, sonst werden sie mich Wochen und Monate suchen, und wenn sie herausfinden, wo ich bin, werden die Männer des Königs die Wahrheit über mich erfahren, und wir alle werden bestraft werden."

Ich hielt inne, um in ihren Mienen zu lesen. Hoffnung keimte in ihnen. Aufgeregt fuhr ich fort: „Ich werde Mordechai sagen, die Leute des Königs hätten mich gesehen und würden wiederkommen, um mich in den Palast zu bringen. Doch ich werde ihm sagen, ich hätte ihnen einen anderen Namen genannt, damit sie nicht erführen, daß ich Jüdin sei, und er solle verkleidet nach Arderikka kommen, um das Geld für mich in Empfang zu nehmen. Ich werde sagen, ich hätte gelogen, weil ich ihnen nicht Grund geben wollte, das jüdische Viertel zu betreten, damit sie nicht auch dort noch nach anderen Mädchen suchen. Und ich werde ihm sagen, meine Verabredung mit Memuchan sei übermorgen. Dann bin ich schon fort, wenn er herkommt, und es wird zu spät sein. Macht euch keine Gedanken um den Brautpreis; sein Stolz wird es ihm nicht erlauben, ihn von einer Familie zu fordern, die ärmer ist als er. Außerdem wird er viel zu wütend sein. Aber er wird euch nichts tun. Ihr könnt ihm ja sagen, die Beauftragten des Königs seien zu früh gekommen, weil sie befürchtet hätten, wir würden sie hintergehen, wenn sie uns zu lange Zeit lassen würden, uns einen Weg auszudenken, mich vor ihnen zu retten."

Doch meine Zunge war zu schnell gewesen. Ich hatte die ganze Sache nicht richtig durchdacht, und noch während ich sprach, sah ich, wie Helenas schwacher Hoffnungsschimmer erlosch. Es war der Gedanke, daß Mordechai wütend an ihrer Tür erscheinen könnte, da bin ich sicher; ich hätte sagen müssen, ich würde dafür sorgen, daß er nicht nach Arderikka kam. Sie sagte: „Nein, Hadassa, ich verbiete es. Ich hätte dir verbieten sollen, solche törichten Dinge überhaupt auszusprechen. Iphigenia hat recht, wir alle müssen annehmen, was die Götter uns zugedacht haben."

Doch ich konnte sehen, daß Iphigenia sich immer noch an die Hoffnung klammerte, die ich in ihr geweckt hatte. Ich nahm sie beiseite und sagte: „Gib nicht auf. Ich werde morgen zurückkommen, und wir werden einen Weg finden, sie zu überreden. Sag ihr, daß Mordechai bestimmt nicht hierherkommen wird. Dafür werde ich sorgen."

Ich war so davon überzeugt, daß ich Erfolg haben würde, daß mich sofort daran machte, meine Pläne in die Tat umzusetzen. Ich klopfte an Mordechais Holztor, als würde ich von einem Löwen gejagt; als Ninlil mir öffnete und sich daran machen wollte, mir Vorwürfe zu machen, daß ich mich so schlecht verhalten habe und dann auch noch wie ein wertloser Sklave davongelaufen sei, täuschte ich eine Hysterie vor und schlug mit den Fäusten gegen ihre Brust. Ich heulte, etwas Schreckliches sei passiert, etwas, das viel schlimmer sei als alles, was ich mir je hätte vorstellen können. Ich weigerte mich, ihr zu erzählen, was es war, jammerte nur weiter, bis sie ihren Bruder holte. Als sie zusammen zurückkehrten, lag ich im Vorhof auf dem Boden, und mein offenes Haar war von Staub überzogen. Sie durften nicht auch nur eine einzige Sekunde den Verdacht hegen, daß ich nicht vollkommen fassungslos sei.

Ich wollte ihnen immer noch nicht sagen, was los war, darum zerrte Ninlil mich auf die Beine und schob mich ins Haus. Sie legten mich auf eine Couch, doch ich setzte mich auf, klammerte mich an Ninlil und bohrte mein Gesicht in ihr Gewand.

Zwischen tiefen Schluchzern erzählte ich meine Geschichte. Die königlichen Beamten hätten mich ausgewählt, daran sei nichts mehr zu ändern. Sie seien gekommen, als ich bei Iphigenia gewesen war, und dort würden sie mich auch wieder abholen, am übernächsten Tag.

Genau wie ich gehofft hatte, waren Mordechai und Ninlil genauso durcheinander, wie ich zu sein vorgab. Wie vorauszusehen war, äußerte sich Mordechais Kummer in Wut; er marschierte im Raum umher, bombardierte mich mit Fragen und ließ mir keine Zeit, auch nur eine davon zu beantworten. Wie kamen die Beauftragten des Königs dazu, über die Zukunft der Tochter eines Mannes zu entscheiden, wenn der Mann nicht einmal zugegen war? Warum hatte ich ihnen nicht meinen und seinen Namen genannt und sie aufgefordert, in Mordechais Haus zu kommen und mit ihm zu sprechen?

Ich sagte ihm, ich hätte zuviel Angst gehabt; sie hätten angenommen, ich wäre Iphigenias Schwester, und wir alle wären zu verängstigt gewesen, um diesen Irrtum aufzuklären. Mir war bewußt, daß meine Erklärung alles andere als überzeugend war, doch ich wußte, daß das kaum etwas ausmachte, weil Mordechai zu erregt war, um vernünftig zu denken.

Nachdem sich sein Zorn ein wenig abgekühlt hatte, ging er; zweifellos wollte er allein mit seinem Kummer fertigwerden. Mittlerweile war ich zuversichtlich, daß mein Plan gelingen würde, und ich begann, mich zu freuen. Ich beschloß, ein leichtes Fieber vorzutäuschen, allerdings nichts Ernstes; damit sie mich bis zum Morgen schlafen ließen und nicht zu früh nach mir sahen. Auf diese Weise sollte mir genügend Zeit bleiben, nach Arderikka zu entkommen, bevor sie nach mir suchten. Die Beauftragten des Königs wollten vor Mittag kommen, es würde also Zeit genug bleiben.

Lange vor Tagesanbruch wachte ich auf und packte meine beiden neuesten Sabbatkleider ein, zusammen mit dem blauen Schal und dem Bronzespiegel, den ich vor langer Zeit von Ninlil bekommen hatte. Meine übrigen Sachen packte ich zu einem Bündel zusammen, legte sie auf meine Matratze und deckte eine Decke darüber; von weitem machte es den Eindruck, ich läge dort.

Als ich an Mordechais Schlafzimmer vorbeikam, hätte ich meinen ganzen Plan beinahe aufgegeben. Er weinte; ich konnte ihn von draußen sehr gut hören. Törichterweise zögerte ich, und um die Ecke seines Türrahmens konnte ich sehen, daß seine Lampe angezündet war. Er lag auf den Knien, hatte sich den Gebetsschal über den Kopf gezogen. Doch ich hatte einen Entschluß gefaßt und mußte ihn nun auch durchführen.

Ich kam jedoch nicht gegen die Schuldgefühle an, die auf dem Weg nach Arderikka unerwartet in mir hochstiegen. Brachte ich Schande über den Namen meiner Familie? Was hätte mein Vater von dem gehalten, was ich tat – mein wirklicher Vater, nicht Mordechai? Sicherlich hätte er den Weg, den ich beschritten hatte, nicht für mich ausgewählt. Und doch hatten er und meine Mutter mir immer gesagt, ich sollte meinen Kopf hoch erhaben tragen, selbständig denken und mich daran erinnern, daß ich etwas Besonderes war. Sie konnten nicht wirklich von mir erwarten, daß ich meine Jugend und meine Schönheit vergeudete, entweder in Mordechais oder in Benjamins Haus. Immerhin floß königliches Blut in meinen Adern; vielleicht würde ich durch meine Täuschung tatsächlich auf einem Thron sitzen können. Welchen besseren Weg gab es, Sauls Andenken gerecht zu werden, als sein Blut an Generationen persischer Könige weiterzugeben? Denn Israel war dem Untergang geweiht. Im Gegensatz dazu war Persien mächtig, herrlich und ohnegleichen, und seine Könige waren unglaublich reich. Ja; ich tat das Richtige.

Sobald ich jedoch Iphigenias Hütte betrat, bemerkte ich, daß meine Probleme längst noch nicht gelöst waren. Helena bestand nicht nur darauf, daß ich nicht mit den Leuten des Königs ging, sie hatte auch Iphigenia von ihrer Meinung überzeugt. Als ich hereinkam, war sie angemessen gekleidet – sie trug das Kleid, das ich ihr vor Jahren gegeben hatte. Es war weit geschnitten, darum paßte es ihr immer noch, obwohl es mittlerweile recht kurz geworden war. Sie trug Armreifen und Ohrringe, die einzigen, die sie besaß, und eine unechte Halskette. Ihr Haar war mit Bändern zu einer Krone auf dem Kopf geflochten, und dünne Löckchen umrahmten ihr bleiches Gesicht. Um den Kopf trug sie einen Kranz aus susischen Lilien. Sie wirkte wie ein Opferlamm, das zum Altar schritt; ja, wie ihre Namensvetterin in der alten griechischen Legende, die sie mir einmal erzählt hatte.

Sie sagte: „Hilf mir, mein Gesicht zu schminken, Hadassa. Wenn ich meinem Schicksal gegenübertrete, will ich wenigstens so gut wie möglich aussehen. Auf diese Weise werden meine Eltern einen besseren Preis für mich erzielen."

Ich redete unaufhörlich auf sie ein, doch sie war fest entschlossen. Ich versuchte alles, sagte ihr sogar, sie sei schrecklich selbstsüchtig, weil sie ihre beste Freundin um die Hoffnung auf Freiheit brachte, und weil sie mich veranlaßt hätte, Mordechais Zorn umsonst auf mich zu ziehen. Ich hatte ihn belogen; was würde er mit mir tun, wenn er erfuhr, daß man mich gar nicht ausgewählt hatte?

Aber ich hätte genausogut einen Stein anflehen können, und schließlich half ich ihr, ihr Gesicht zu schminken, wie sie mich gebeten hatte.

Danach konnten wir nichts weiter tun als warten. Und dieses Warten schien mir ewig zu dauern, denn mit jeder Stunde, die verging, befürchtete ich, daß Mordechai oder ein von ihm geschickter Diener auftauchen könnte. Als die Sonne schließlich hoch am Himmel stand und wir schon dachten, die königlichen Beauftragten würden nicht mehr kommen, betraten sie das Dorf.

Es war eine richtige Prozession. Vorne und hinten gingen Wächter mit Speeren, ein halbes Regiment; dazwischen ritten vier Adelige auf Pferden, und ein halbes Dutzend Sänften wurden auf den Schultern von kostbar gekleideten Sklaven getragen. Vorneweg marschierten Trompeter und vertrieben die Kinder und Hunde von der Straße.

Als die Besucher näherkamen, ging ich wieder hinein, stellte mich neben Iphigenia, hielt ihre Hand, während ihre Mutter die andere nahm. Auch Philos, ihr Vater war da; sein Gesicht war versteinert und vollkommen ausdruckslos. Draußen wurde eine Tür geöffnet. Eine kultivierte Stimme kündigte in tadellosem Griechisch die Ankunft der königlichen Abordnung an. Dann wurde um Erlaubnis gebeten, daß Memuchan, der erste Berater des Königs, zusammen mit Schaaschgas, dem Hüter des Harems, eintreten dürfe.

Philos gestattete es, und sie kamen herein, gefolgt von ihren Pagen und den drei Gesandten, die Iphigenia zuerst begutachtet hatten. Eine Handvoll Wächter stellten sich an jeder Seite der Tür auf.

Memuchan war außergewöhnlich groß und noch ziemlich jung, etwa eines Alters mit dem König, dessen Vertrauter er war. Er trug den für den persischen Adel charakteristischen Hut und gekräuselten Bart, dazu ein kostbares Purpurgewand und einen Umhang mit weiten Ärmeln; ein Bauer würde fünf Jahre arbeiten müssen, um soviel Purpurwolle kaufen zu können, und nur der Große König gab einem Mann die Erlaubnis, es zu tragen.

Schaaschgas stand hinter Memuchan: ein häßlicher Bursche mit einem dicken, bartlosen, alterslosen Gesicht und einer schlaffen Figur, deren Formlosigkeit nicht einmal seine weiten Gewänder verdecken konnten. Schaudernd wurde mir klar, daß er ein Eunuch war, und danach konnte ich nicht anders, als ihn anzustarren. Es war nun bereits so lange her, daß ich Pithon gesehen oder auch nur an ihn gedacht hatte. Angenommen, er war wirklich nach dem Tod meiner Eltern in den Palast gebracht worden? Vielleicht konnte Iphigenia etwas über ihn herausfinden?

Ich war so gedankenversunken, daß ich einige Minuten lang gar nicht mitbekam, was um mich herum passierte. Ich kam erst wieder zu mir, als mir Iphigenia ins Ohr flüsterte: „Antworte ihm, Hadassa! Bist du taub?" Ich riß meinen Blick von dem Eunuchen los und bemerkte Memuchan, der unmittelbar vor mir stand und mich mit zusammengekniffenen Augen anstarrte.

„Es – es tut mir leid, mein Herr. Ich habe nicht gehört, was Ihr gesagt habt."

„Dein Name, Kind", fragte er ungeduldig auf Griechisch. „Ich habe dich nach deinem Namen gefragt."

Ich öffnete den Mund, um „Hadassa" zu sagen, doch gerade rechtzeitig hielt ich mich zurück. Denn jetzt starrten mich alle an, sogar Schaaschgas. Während Memuchan auf meine Antwort wartete, ging der Eunuch um mich herum, legte die Hand auf meinen Kopf, ließ seine Finger durch mein Haar gleiten, zog die Linie meines Halses, meines Rückens, meiner Wirbelsäule nach. Ich dachte: Das ist es, das ist meine Chance. Trotz allem habe ich sie bekommen. Bereit, nicht zusammenzuzucken, während Schaaschgas mich begutachtete, hielt ich Memuchans Blick stand und sagte fest: „Myrsine." Das ist das griechische Wort für Myrte. Helena, Philos und Iphigenia waren zu verblüfft, um etwas zu sagen.

Memuchan fragte mich nach meinem Alter, und ich sagte es ihm, und ob ich je bei einem Mann gelegen habe, und ich verneinte. Dann fragte er mich nach dem Namen meiner Eltern, und ich sagte: „Bitte, mein Herr . . . ich bin die Schwester von Iphigenia hier. Ihre Eltern haben mich bei meiner Geburt adoptiert."

Eine schreckliche Stille folgte, die nur von Helena durchbrochen wurde, die nach Luft schnappte. Memuchan wirbelte herum, um sie anzusehen. Er wollte wissen, warum man ihm nicht vorher von mir erzählt hätte; seine Untergebenen hätten bei ihrem ersten Besuch doch alle Angaben zur Familie aufgenommen. Helena stammelte irgendeinen Unsinn, sie war durch sein Verhalten und seine Erscheinung zu eingeschüchtert, um etwas Sinnvolles herauszubringen. Darum sagte ich mit abgewendeten Augen: „Mein Herr, ich war in der Stadt und habe Freunde besucht. Meine Mutter wußte nicht, wann ich zurückkommen würde; sie hatte Angst, Ihr würdet mich sehen wollen, wenn sie Euch von mir erzählte, und sie konnte mich nicht verständigen."

Memuchan nickte. Er strich sich über den Bart und kniff die Augen zusammen, doch seine Mundwinkel umspielte ein Lächeln. Er stützte das Kinn in einer Hand ab und betrachtete mein Gesicht. Unsere Blicke trafen sich erneut.

„Du hast keine Angst", bemerkte er. „Das ist bemerkenswert. Genauso bemerkenswert wie dein Gesicht und alles andere an dir. Du könntest eine zehn Jahre jüngere Ausgabe von Waschti sein, ist es nicht so, Schaaschgas? Ich kann es kaum glauben."

Wenigstens verstand ich jetzt, warum sie Iphigenia übergangen hatten, als sei sie eine Spinne an der Wand. Mein Gesicht war nicht geschminkt, mein Haar zerzaust und immer noch staubig. Ich trug keinen Schmuck, und mein Kleid war so gewöhnlich wie ein Kornsack. Aber das alles zählte nicht. An der Art, wie Memuchan mich ansah, bemerkte ich, daß der Geschmack des Königs sein eigener war.

Danach wurde noch mehr geredet, und er stellte noch mehr Fragen an Philos und Helena. Ich sei für eine Griechin ziemlich dunkel: konnten sie das erklären? Und es sei seltsam, daß ein so gut gebautes und schönes Mädchen wie ich noch nicht verheiratet sei; war ich auch bestimmt noch Jungfrau? Sie hatten nun keine Wahl, als meine Geschichte zu bestätigen, denn mich als Lügnerin darzustellen hätte für alle große Schwierigkeiten zur Folge gehabt. Ja, ich sei sehr dunkel für eine Griechin, doch sie hätten mich ausgesetzt gefunden; meine Eltern könnten Perser gewesen sein, soweit sie wußten. Und ja, sie hätten versucht, einen Mann für mich zu finden, doch ich sei sehr eigensinnig und hätte jeden Bewerber, der Interesse gezeigt hätte, abgewiesen. Das wenigstens stimmte, und Memuchan zog die Augenbrauen hoch, als er das hörte. Ich war nicht sicher, ob das seine Entscheidung, mich zu nehmen, negativ oder positiv beeinflußte; Waschtis Willensstärke war eine der Eigenschaften, die Kschajarscha höchst attraktiv gefunden hatte, doch letztendlich hatte sie dazu geführt, daß er sie zurückgewiesen hatte.

Ich hätte mir keine Sorgen zu machen brauchen. Memuchans Entschluß war bereits gefaßt, auch Schaaschgas war entschlossen, obwohl ihn das nicht davon abhielt, mich noch eingehender zu untersuchen, um ganz sicher zu sein. Ich ließ es geduldig über mich ergehen, während Memuchan den Wächtern und Sklaven Befehle zurief: Die Sänfte sollte zur Tür gebracht und bereit gemacht werden. Es würde nur eine benötigt; Iphigenia würde zu Hause bleiben, und nein, ihre Eltern sollten sich keine Sorgen machen, sie würde von jetzt an in Frieden gelassen werden. Es sei nicht Kschajarschas Art, zwei Schwestern in sein Bett zu holen, auch würde er einer Mutter nicht ihre beiden heiratsfähigen Töchter nehmen. Ein Sklave kam mit einem goldenen Kästchen auf einem purpurnen Kissen herein. Der Brautpreis wurde bezahlt.

Ich weiß bis heute nicht, wieviel es war, doch Helena sah aus, als würde sie jeden Augenblick ohnmächtig werden, und sogar der versteinerte Philos mußte sich setzen. Danach kamen zwei weitere Eunuchen herein; einer legte mir einen safrangelben Mantel um die Schultern. Iphigenia warf die Arme um meinen Hals, dankte mir, segnete mich, gab mir einen Kuß, wünschte mir Glück und sagte, wie sehr sie mich vermissen würde.

Doch ich blickte bereits über ihre Schulter hinweg auf die goldene Sänfte, die mit zurückgezogenen Vorhängen vor der offenen Tür auf mich wartete.

Beth

„Aber sie wollten nicht aufmerken
und kehrten mir den Rücken zu
und verstockten ihre Ohren, um nicht zu hören."

Sacharja 7,11

8

Als ich durch die Straßen von Susa getragen wurde, fühlte ich mich bereits wie eine Königin. Die Sänftenträger waren so gut ausgebildet, daß die Sänfte kaum hin und her schaukelte. Ich lag zwischen Kissen, die mit weichen Federn ausgestopft waren; es war, als würde man von einer leichten Brise auf einer weißen Wolke vorangetrieben. Zwischen den Vorhängen hindurch konnte ich sehen, wie die Leute aus dem Weg sprangen, wenn die Trompeten die königliche Fanfare bliesen. Sogar die würdigen Kaufleute und Geldverleiher mußten Platz machen – für mich, ein Waisenkind aus dem hintersten Winkel des Weltreichs, in meinem selbstgesponnenen Gewand, mit staubigem Haar.

Vor meiner Sänfte ritten Memuchan und seine drei Untergebenen; in den anderen Sänften hinter mir wurden Schaaschgas und seine Eunuchen und Pagen getragen. Als wir schließlich zum Palast kamen, wurde ich zum ersten Mal, seit ich mich auf mein überstürztes Abenteuer eingelassen hatte, ein wenig nervös; doch es war eine angenehme Art von Nervosität. Schauer der Erregung gingen über meinen Körper hinweg, jeder stärker als der vorhergehende, bis sie zu Wellen angewachsen waren, die so stark waren, daß ich befürchtete, sie kaum aushalten zu können.

Wir überquerten die Höfe, die ich vier Jahre zuvor bestaunt hatte; heute waren sie nicht von Feiernden erfüllt, sondern leer und still; die Stille des Nachmittags wurde nur durch das Plätschern der Fontänen und die widerhallenden Schritte der Palastdiener durchbrochen, die ihrer Arbeit nachgingen.

Ich hatte erwartet, sofort in den Harem gebracht zu werden, an dessen fest verschlossene Tore ich mich noch erinnerte. Statt dessen wurde ich durch eine Reihe kühler Gänge und winziger Höfe zu einem Bereich im äußersten Südwesten des Palastes gebracht. Dies war der Flügel, in dem die neuen Frauenquartiere eingerichtet worden waren. Bisher war noch kein Mädchen hier, weil noch keines die Vorbereitungszeit abgeschlossen hatte, obwohl sich einige bereits seit vielen Wochen im Palast aufhielten.

Meine Sänfte wurde abgestellt; die Vorhänge wurden geöffnet, und einer von Schaaschgas' Eunuchen forderte mich auf herauszutreten. Schaaschgas selbst war nirgends mehr zu sehen, auch Memuchan und seine Männer nicht. Der Eunuch forderte mich auf, ihm zu folgen, und wir drangen durch eine Reihe von Korridoren immer weiter in das Innere des Palastes vor.

Der Eunuch führte mich in einen großzügigen Raum. An drei Wänden standen gepolsterte Sofas, die vierte öffnete sich in einen eigenen Hof. Dies sei der Empfangsraum, sagte man mir. Ich solle hier auf Hegai warten, den Hüter der Jungfrauen des Königs; er würde mir ein Quartier und einen Diener zuweisen. Es könne eine Weile dauern, bis er zu mir käme, da er sehr beschäftigt sei. Der Eunuch verbeugte sich, und ich war allein.

Eine Zeitlang stand ich reglos in der Mitte des großen Raumes. Der Boden bestand aus poliertem Marmor; ich wagte kaum darauf zu treten, weil meine Ledersandalen so schäbig waren. Der Eunuch hatte weiche Ziegenlederpantoffeln getragen, die kein Geräusch machten und keine Spur hinterließen. Die Kissen auf den Sofas waren so sauber und glatt, daß sie aussahen, als hätte sich noch nie jemand darauf niedergelassen, und ganz bestimmt würde auch ich es nicht wagen.

Doch Hegai kam und kam nicht, darum zog ich nach einer ganzen Weile meine Sandalen aus und trat barfuß vorsichtig in den Hof hinaus, wo zwei bunte Schmetterlinge fröhlich um einen sorgfältig beschnittenen Busch mit purpurnen Blüten tanzten. Wo war dieser Hegai, und warum ließ er mich so lange warten? Man hatte mir nicht einmal etwas zu essen oder trinken angeboten . . . und doch hatte Memuchan mich glauben lassen, ich sei etwas Besonderes. Ließ er vielleicht jedes Mädchen, das er auswählte, in diesem Glauben? War dies seine Art, sicherzustellen, daß sie gefügig wurden? Hatte ich vielleicht einfach nur ein Leben einsamer Einkerkerung gegen ein anderes eingetauscht?

Doch allmählich wurde mir bewußt, daß ich gar nicht allein war. Ich hatte das unbestimmte Gefühl, daß ich beobachtet wurde; ich wirbelte herum und erwartete, Hegai zu erblicken. Statt dessen hielten sich drei Mädchen im Empfangsraum auf. Sie hatten sich wie selbstverständlich auf die Sofas gelegt und betrachteten mich geringschätzig. Alle drei waren in hauchdünne, fließende Gewänder gehüllt, die mit Juwelen bestickt und mit gesponnenem Gold gesäumt waren. Ihr Haar war fein und glänzend wie schwarze Seide, und ihre langen Augenwimpern waren pechschwarz getuscht. Neben ihnen fühlte ich mich grob und ungeschickt und häßlich und unwissend, genau wie an meinem ersten Tag in Susa. Ich versuchte mir einzureden, daß ich die Tochter eines königlichen Hauses sei und daß ich Ähnlichkeit mit der jungen Waschti hatte – doch das nützte nichts.

Sie begrüßten mich in einem überaus korrekten Aramäisch, doch es lag keine Freundlichkeit in ihrem Gruß. Bevor ich noch antworten konnte, begannen sie, sich über mich zu unterhalten. Ich müßte das neue Mädchen sein; ich sei ziemlich dunkel für eine Arierin, und warum war mein Haar so staubig, und ob das wirklich das schönste Gewand sei, das ich für eine solche Gelegenheit gefunden hätte? Jedoch war keine ihrer Fragen an mich gerichtet; sie benahmen sich, als wäre ich eine ziemlich abgerissen aussehende Puppe.

Ich fragte sie nach ihren Namen und wie sie in den Palast gekommen seien, und wie lange ich würde warten müssen, bis ich dem König vorgestellt werden würde. Doch die einzige Reaktion auf meine Fragen war verächtliches Gelächter. Schließlich ließ sich eine von ihnen dazu herab, mich darüber zu informieren, daß noch viele, viele Mädchen vor mir dran seien, sie wüßten nicht, wie viele, doch jemand hatte gesagt, es seien über hundert, vielleicht sogar eher zweihundert. Alle würden der Reihe nach drankommen; das Protokoll müsse streng eingehalten werden, und der König würde uns genau in der Reihenfolge sehen, in der wir in den Palast gekommen seien. Was mich beträfe, würde es sicherlich lange Zeit erfordern, mich präsentabel zu machen – falls dies überhaupt möglich sei –, also müsse ich mich wohl auf zwei Jahre Wartezeit einstellen, bis ich Seine Majestät sehen würde.

Danach verhandelten sie untereinander, wer von ihnen nun bereits am längsten im Palast weilte; ich wußte nicht, ob ich erleichtert oder entsetzt darüber sein sollte, daß sie offensichtlich untereinander eine genauso große Abneigung hegten, wie sie sie mir entgegenbrachten. Soviel zu meiner Vorstellung vom Palastleben als einer endlosen Reihe von Festen, Bädern und Spielen in der Gemeinschaft von vergnügten, geselligen und fröhlichen Damen, die alle meine Interessen teilten und sich an meiner Gesellschaft freuten.

Ohne Vorwarnung verstummten sie plötzlich, wanden sich von ihren Sofas und verschwanden leise auf ihren in Pantoffeln steckenden Füßen. Überrascht starrte ich auf die Tür, durch die sie verschwunden waren und durch die die absolut bemerkenswerteste Gestalt hereinkam, die ich je gesehen hatte.

Ich hatte mir vom Aussehen Hegais keine Vorstellung gemacht, doch wenn ich es getan hätte, so wäre sie sicher weit an der Realität vorbeigegangen. Mit Gold behängt und in Seide gekleidet, war er so gertenschlank und anmutig wie die Mädchen, die bei seinem Eintreffen so hastig den Raum verlassen hatten.

Abgesehen von seinen safrangelben Pantoffeln war er von Kopf bis Fuß in Magenta gekleidet, sein fließendes Gewand war mit Gold- und Silberfäden bestickt. Seine Finger und Fußknöchel zierten Schmuckstücke, die noch erlesener waren als die in der Schatzkammer des Königs. Sein Haar und seine Ohren waren unter einer kegelförmigen Kappe versteckt, und um die Kappe war ein farbenprächtiger Turban gewunden, der um seinen Mund und sein Kinn führte, über seine schmalen Schultern fiel und am Rücken endete. Von seinem Gesicht konnte ich nur die Augen mit ihren schmal gezupften Augenbrauen, den geschwärzten Wimpern und einen Teil seiner schmalen Nase sehen. Seine dunklen Augen funkelten, und er schien nicht älter zu sein als ich.

Seiner kostbaren Kleidung und seinem mühelosen Benehmen nach zu urteilen, lebte er schon lange am Hof, und er schien stolz darauf zu sein. Kein Wunder, daß eine monatelange Behandlung nötig war, damit ein Mädchen vor dem König erscheinen konnte. Sogar seine männlichen Bediensteten in den oberen Rängen mußten in jeder Beziehung vollkommen sein.

Er kam auf mich zu und betrachtete mich von oben bis unten, wie es die Mädchen getan hatten. Die Veränderung seines Verhaltens war kaum wahrnehmbar, doch sie war da. Er betrachtete mich nun mit zur Seite gelegtem Kopf und gerunzelten Augenbrauen. Ich war nicht sicher, wie ich ihm meine Ehrerbietung zeigen sollte, so neigte ich den Kopf, aber nur ein wenig, und ich wendete meinen Blick nicht von ihm ab. Ich konnte es einfach nicht.

Er begrüßte mich höflich, stellte sich vor und erkundigte sich nach meinem Wohlergehen. Dann fragte er nach meinem Namen; seine Stimme war klangvoll und melodisch. Ich gab ihm dieselbe Antwort wie Memuchan.

„Myrsine?“ Er lachte laut und warf dabei seinen Kopf in offensichtlich müheloser Eleganz zurück, doch bestimmt hatte er diese Geste stundenlang geübt. „Mindestens ein Dutzend griechische

Mädchen haben dort gestanden, wo du jetzt stehst, doch keine von ihnen hat so wenig griechisch ausgesehen wie du."

Ich schwieg. Was dachte dieses Muster an stolzer Schönheit denn, wie ich aussah? War auch er der Meinung, daß ich Ähnlichkeit mit Waschti hatte?

Er fuhr fort: „Wenn du einen Grund dafür hast, deine wahre Identität zu verbergen, dann war es unter den gegebenen Umständen bestimmt nicht sehr klug, eine griechische anzunehmen"

Ich behauptete eigensinnig: „Sie haben mich aus Arderikka geholt, mein Herr. Dort leben nur Griechen."

Er neigte den Kopf. Er hatte gemerkt, daß ich ihn täuschen wollte, doch er machte mir das nicht offen zum Vorwurf. Statt dessen sagte er: „Nun, du wirst es nicht lange unter den anderen Mädchen aushalten, wenn du ihnen das erzählst. Die meisten von ihnen sind Perserinnen durch und durch, und viele haben ihre Väter oder Brüder bei dem Feldzug gegen deine aufrührerischen Landsleute verloren. Wir werden einen neuen Namen und einen neuen Hintergrund für dich finden müssen – Myrsine." Wieder lachte er leise.

Ich nickte stumm. Er fragte mich, ob ich Hunger oder Durst hätte und klatschte in seine schlanken, edelsteinverzierten Hände, um ein Sklavenmädchen herbeizurufen, das auch sofort angerannt kam. Sie war so häßlich und gewöhnlich, wie Hegai schön und elegant war. Er wies sie an, Wein und Süßigkeiten zu holen. Er sprach sehr höflich mit ihr, doch sie zitterte und war außerordentlich nervös. Anscheinend hatte sie schreckliche Angst vor ihm, und Hegai war es gewohnt, daß man ihm gehorchte. Als er sich mir wieder zuwendete, sah ich, wie sein Blick über meine Figur glitt. Ich fühlte mich grober, ungeschickter, häßlicher und unwissender als je zuvor.

Nach kurzer Zeit kam das Sklavenmädchen zurück, verneigte sich und stellte ihr Tablett ab. Hegai goß Wein für uns beide ein, doch er trank seinen nicht. Der Wein war sehr viel stärker als der, den ich bisher getrunken hatte. Als mein Becher leergetrunken war, hatte ich Hegai meinen richtigen Namen verraten, wenn ich auch nicht gesagt hatte, daß ich jüdischer Abstammung war.

„Wie ich mir gedacht hatte", bemerkte er zufrieden. „Eine Semitin. Der Name ist doch semitisch, nicht?"

Ich nickte.

„Und doch bist du für eine Semitin zu blaß und für eine Griechin zu dunkel. Und ich fürchte, eine semitische Abstammung ist nur unwesentlich besser als eine griechische."

„Warum?"

„Es gibt Leute hier, denen das nicht gefallen würde."

„Der Große König?"

Er antwortete mir nicht direkt, sondern sagte statt dessen, viele Männer in einflußreichen Positionen hätten Grund, die semitische Rasse zu fürchten. Ich bemerkte, daß er es nicht gewohnt war, Fragen zu beantworten; es war seine Aufgabe, sie zu stellen. Und doch schien ihm das nicht zu mißfallen.

„Hadassa ist ein schöner Name", bemerkte er und goß mir noch mehr Wein ein. „Was bedeutet er?"

„Er bedeutet Myrte." Und als er wieder verwirrt die Augenbrauen runzelte, erklärte ich: „Myrtenbäume wachsen auf den Bergen, die meine Heimatstadt umgeben. Sie tragen kleine weiße Blüten, die aussehen wie Sterne, und blaue Beeren, die für Parfüm verwendet werden."

An dem trockenen Lächeln, das ich durch das dünne Tuch vor seinem Mund erkennen konnte, merkte ich, daß er sehr genau gewußt hatte, was ein Myrtenbaum war, und er sagte: „Das schließt also Ägypten und Mesopotamien aus."

„Wie bitte?"

„Als Geburtsort."

Der Wein hatte mein Selbstvertrauen wiederhergestellt. Provozierend sagte ich: „Ich dachte, der Große König suche nach Mädchen, die schön und intelligent sind, und ihre Nationalität sei egal."

Sein Lächeln wurde noch breiter. Er wußte nur zu gut, daß ich ihn beinahe neckte, doch er schien nicht verärgert zu sein. „Sie müssen schön und intelligent sein und einen guten Ruf haben", korrigierte er mich. „Wie soll ich deinen Ruf bewerten, wenn ich nichts über dich weiß?"

„Du könntest entscheiden, wer ich deiner Meinung nach sein soll."

„Sehr gut. Dein Name wird Esther sein; das ist ein persischer Name und bedeutet Stern, die Form der Myrtenblüte. Er ist auch mit dem babylonischen ‚Ischtar' verwandt, der Name meiner Lieblingsgöttin. Du bist die jüngste Tochter einer adeligen, aber verarmten Familie, und du bist genauso persischer Abstammung wie König Kschajarscha selbst, möge er ewig leben."

„Esther . . . Esther." Ich sprach den Namen drei- oder viermal laut aus, um mich an den seltsamen Klang zu gewöhnen. „Aber ich werde nie wie eine Perserin sprechen."

„Das wird schon gehen, wenn du bereit bist, Seiner Majestät vorgestellt zu werden. Vieles an dir wird ihn sehr viel mehr interessieren als die Reinheit deiner Sprache."

Jetzt war er derjenige, der mich neckte, doch das machte mir genauso wenig aus wie ihm. Ich ignorierte den Unterton seiner Bemerkung und sagte: „Ischtar ist eine semitische Göttin, mein Herr, und Hegai ist ein semitischer Name. Meinst du, ich sollte vielleicht auch für dich eine neue Identität schaffen?"

Immer noch lächelnd erhob er sich und sagte: „Genieße diese Süßigkeiten, Esther. Ich muß dafür sorgen, daß deine mürrischen Schwestern sich heute nachmittag anständig benehmen. Ich werde ein Zimmer für dich vorbereiten lassen und dir ein Mädchen zuweisen, das dich dorthin bringen wird."

„Wo sind denn all die anderen Mädchen?" fragte ich. Es tat mir leid, daß er schon gehen wollte. „Ich habe nur drei gesehen, und sie waren nicht gerade sehr freundlich."

„Oh, vermutlich schlafen sie oder schwatzen miteinander in ihren Zimmern. Je weniger du mit diesen unangenehmen Frauen zu tun hast, desto besser. Die meisten haben Angst vor ihrem eigenen Schatten und sehen in jedem Becher Gift und das Messer einer Rivalin hinter jedem Vorhang. Die anderen sind Miststücke. Sie werden sehr gut in den Harem Seiner Majestät passen."

Ich war schockiert über die Schärfe seiner Ausdrücke, zumal sich sein Gesichtsausdruck nicht verändert hatte. Auch erstaunte mich die Andeutung, daß das Leben unter den Konkubinen nicht glücklicher war als das unter den Jungfrauen. Bevor ich mein Erstaunen überwunden hatte, beugte er sich über mich, küßte mir ganz unerwartet durch sein Turbantuch hindurch die Hand – und verschwand.

Ich stellte mich auf eine lange Wartezeit ein, hatte jedoch nur zwei weitere Süßigkeiten genommen, als nicht ein Sklavenmädchen, sondern sieben hereinkamen. Alle waren unansehnlich und entweder spindeldürr oder sehr fett. Die Zofen der Jungfrauen des Königs wurden genauso sorgfältig ausgewählt wie die Herrinnen, denen sie dienten, doch nach gegensätzlichen Kriterien; keine potentielle Braut Kschajarschas durfte sich durch die Reize ihrer eigenen Dienerin bedroht fühlen. Auch durfte die Klugheit ihrer Dienerin ihr keinen Grund zur Vorsicht geben; und diese sieben sahen so aus, als verfügten sie über keinerlei Eigeninitiative, und selbst ein Kieselstein schien mehr Leben in sich zu haben, als ich in ihren Augen entdecken konnte.

Sie verbeugten sich gleichzeitig, die Finger an die Stirn gelegt, dann stellte sich eine von ihnen als Fara vor und forderte mich auf, ihr zu dem mir zugewiesenen Zimmer zu folgen. Wo seien meine Sachen? Sie würde sie mir tragen. Mir wurde auf einmal klar, daß ich sie in meiner Aufregung vergessen hatte; vermutlich waren sie immer noch bei Iphigenia. Ach, was sollte es. Sie würden ihr vermutlich nützlicher sein als mir hier im Palast. Mein schönstes Kleid wirkte hier wie die Lumpen eines Bettlers.

Ich erwiderte, ich besäße nichts außer meinen Sandalen, die ich nun wieder anzog. Da ich erwartete, eine der winzigen Zellen zugewiesen zu bekommen, die ich vorher bereits gesehen hatte, war ich überrascht, als Fara mich eine Steintreppe hinauf in ein schönes Zimmer führte, das einen eigenen Balkon besaß, den ich mir sofort ansah. Von dort konnte ich auf einen kleinen Hof hinuntersehen. Das Zimmer war sonnenüberflutet, ein kostbarer Teppich lag darin, und Sofas standen an den Wänden, ein niedriger Tisch davor, und es hatte auch ein eigenes Bad. Außerdem stand ein Bett aus Zedernholz darin auf vier geschnitzten Füßen. Nie zuvor hatte ich auf etwas anderem als einem Strohsack geschlafen.

Ich schnappte nach Luft und sagte: „Fara, warum wurde mir ein besonderes Zimmer zugewiesen? Und warum seid ihr zu siebt, wo Hegai sagte, ich würde nur eine Dienerin haben?"

„Ich weiß es nicht, Herrin. Du mußt seine Gunst errungen haben."

„Gibt es noch andere Zimmer wie dieses?"

„Keines, Herrin."

„Und noch kein Mädchen vorher ist so behandelt worden?"

„Nie."

Nachdenklich ging ich zu einem der Sofas und legte mich so darauf, wie die drei eingebildeten Mädchen gelegen hatten. Ich war nicht sicher, womit ich Hegai beeindruckt hatte – vielleicht war es nur meine Ähnlichkeit mit Waschti –, aber ganz bestimmt mußte ich dafür sorgen, daß es so blieb.

Fara und ihre sechs Gefährtinnen warteten geduldig neben meinem Sofa, und mir dämmerte, daß sie nichts tun oder sagen würden, ohne daß ich sie dazu aufforderte. Also befahl ich Fara, meine Badewanne mit heißem Wasser zu füllen und Öl und Parfüm zu holen. Die anderen sollten mir saubere Kleidung beschaffen, die ich hinterher anziehen konnte. Sie gehorchten, ohne zu zögern.

Ich zog also mein rauhes Gewand aus und verbrachte den Rest des

Tages in meiner Badewanne. Nacheinander schickte ich meine Sklavenmädchen, um mir frisches heißes Wasser zu holen. Als die Dämmerung hereinbrach und meine Lampen angezündet wurden, klopfte es an meine Tür. Fara berichtete mir, es sei Hegai.

Ich trug ihr auf, ihn zu bitten, er möchte ein wenig warten, während die anderen Mädchen mich schnell anzogen und mein Haar frisierten. Verschiedene Gewänder, die mir zur Auswahl gebracht worden waren, lagen auf dem Bett und dem Teppich, doch es war keine Zeit mehr, sie fortzuräumen. Hegai wurde hereingebeten.

Er schien beeindruckt, daß ich so schnell die Autorität über die sieben Sklavenmädchen angenommen hatte. Nachdem er sich davon überzeugt hatte, daß alles zu meiner Zufriedenheit war, klärte er mich über meinen zukünftigen Tagesablauf auf, der mit dem folgenden Morgen beginnen würde.

Nach dem Frühstück würde ich ein Bad nehmen – aber ein kurzes und in Milch, nicht in Wasser, weil Milch Fett enthielt und die Haut nicht so austrocknete. Dann sollte ich leichte Übungen machen, um meinen Körper geschmeidig zu halten; Fara war sorgfältig ausgebildet und würde mir zeigen, was ich tun sollte. Als nächstes würde ich eine Massage bekommen, unter Verwendung von Myrrhenöl; nach drei bis sechs Monaten würde es durch das sehr viel teurere Balsamöl ausgetauscht werden. An die Massage würden sich Maniküre und Pediküre anschließen.

Danach würde ich eine lange Mittagsruhe halten, um der größten Hitze zu entgehen und damit ich abends nicht müde war. Wenn ich erwachte, sollte ich einen leichten Imbiß bekommen, mich anziehen und meine Haare frisieren lassen für den Fall, daß ich Besuch bekam. Wenn ich wollte, könnte ich mein Zimmer verlassen und selbst Besuche machen, falls ich weibliche Gesellschaft anregender finden sollte als die meiner Dienerinnen. Männliche Gesellschaft würde mir gänzlich versagt bleiben, damit ich nicht in Versuchung geführt würde. Wenn ich mich im Freien aufhielt, müßte ich darauf achten, mich vor der Sonne zu schützen, weil sie meine Haut altern lassen und bräunen würde, was nicht erwünscht war.

Am frühen Abend würde ich meine Hauptmahlzeit bekommen – viel Fisch, rohes Obst und Gemüse, aber kein fettes Fleisch und keine süßen Sachen, auch würde ich nicht mehr als einen Schluck Wein bekommen. Meine Diät würde sorgfältig überwacht werden. Nach meiner Mahlzeit würde ich Unterricht bekommen: in Redegewandtheit, Hofetikette, Körperhaltung, Kosmetik und so weiter. Es täte ihm leid, daß der Tagesablauf so reglementiert sei, doch es läge nur in meinem eigenen Interesse, willig mitzuarbeiten, sagte Hegai.

Ich dankte ihm und versicherte ihm, ich würde mich fügen. Ein solches Leben sei das reinste Vergnügen im Vergleich zu dem, was ich bisher kennengelernt hätte. Ich erwartete, daß er sich entschuldigte und mich zu Bett gehen ließ, denn so vieles war an diesem Tag passiert, daß ich sehr erschöpft war. Doch er hatte keine Eile; es hatte den Anschein, daß man mir seine männliche Gesellschaft nicht verweigerte. Vielleicht war es nicht gut für ein Mädchen, gar keinen Mann zu sehen. Aber aus welchem Grund war er allein vertrauenswürdig? Ich konnte jedoch nicht weiter spekulieren, weil er wieder begann, mir Fragen zu stellen.

„Du hattest nichts dagegen herzukommen, Esther, nicht?"

„Nein."

„Darf ich nach dem Grund fragen?"

„Ich sollte mit einem Mann verlobt werden, den ich nicht wollte."

„Gab es einen anderen, den du geliebt hast?"

Er blickte mir direkt in die Augen, und einen Augenblick lang konnte ich nicht antworten. Sein Blick war so rätselhaft, und es lag so viel Belustigung darin; hatte er vielleicht vor, mich selbst in Versuchung zu führen? War dies eine Art Prüfung meiner Treue zu Kschajarscha, bevor ich auch nur eine Nacht mit ihm verbracht hatte? Ich hielt es für klug, so schnell wie möglich das Thema zu wechseln, darum antwortete ich: „Nein", und ohne nachzudenken fügte ich hinzu: „Und ich dachte, ich würde vielleicht meinen Bruder finden."

„Dein Bruder ist hier im Palast?"

Innerlich verfluchte ich mich; wie konnte ich so unvorsichtig sein, das zu sagen? Ich murmelte: „Ich weiß nicht, ob er hier ist. Doch ich wußte nicht, wo ich sonst suchen sollte."

„Du hast ihn also verloren? Wurde er als Sklave verkauft?"

„Vielleicht." Schließlich konnte ich kaum erwarten, es auszusprechen, da es sowieso gesagt werden mußte. „Als ich acht Jahre alt war, fand ein Überfall auf unser Haus statt; Pithon war neun. Sie nahmen ihn mit, und ich habe ihn nie wiedergesehen. Er war sehr hübsch. Alle sagten, daß er vielleicht als Eunuch verkauft worden ist."

Hegai war nicht im mindesten schockiert, obwohl ich einen Augenblick meinte, aufrichtige Traurigkeit in seinem Blick zu entdecken. Er sagte: „Es ist möglich, daß er in den Palast gebracht worden ist, wenn er so hübsch war wie du."

Ich fuhr zurück, verblüfft über die Tatsache, daß ein so unvergleichliches Wesen wie Hegai mich hübsch finden könnte. Er redete weiter. „Ich kann nicht sagen, daß ich seinen Namen gehört habe, aber das hat nichts zu bedeuten. Allein im Harem sind mehr als hundert Eunuchen beschäftigt; weitere hundert bedienen die Männer, und zwei Dutzend arbeiten unter mir bei den Jungfrauen. Ich kann um deinetwillen nur hoffen, daß er das Messer überlebt hat. Viele haben nicht soviel Glück."

Ich überlegte, ob ich ihn bitten sollte, sich nach Pithon zu erkundigen, doch ich wagte es nicht; vor allem, weil ich Angst vor dem hatte, was er vielleicht herausfand. Ich wollte die Hoffnung nicht verlieren.

Am nächsten Morgen weckte mich Fara frühzeitig; ich sollte mir nicht angewöhnen, lange im Bett zu bleiben, damit ich mittags schlafen konnte.

Eine meiner Zofen brachte mir mein Frühstück, das sehr leicht war und aus Brot, Früchten und Joghurt bestand. Ich frühstückte in meinem Nachtgewand, denn Fara überwachte bereits die Zubereitung meines Bades mit Milch. Ich fragte sie, ob alle Mädchen in Milch badeten oder ob das ein weiteres meiner Privilegien sei. Sie antwortete, nein, Milchbäder seien für alle Mädchen. Der König würde genügend Kühe und Ziegen besitzen, daß mehrere tausend Mädchen täglich in Milch baden könnten, wenn er das wünsche.

Alles in allem war Fara recht gut über das Palastleben informiert, andererseits wußte sie nichts über das Leben außerhalb der Palastmauern, da sie nie draußen gelebt hatte. Ich seufzte und begann, Iphigenia zu vermissen.

Nach einer gewissen Zeit gab ich den Versuch auf, eine Unterhaltung mit einer der Dienerinnen zu führen. Ich ließ sie die rauhe Haut an Ellbogen und Füßen mit Bimsstein abreiben und Öl auf die weiche Haut darunter reiben. Danach kamen die Übungen; Fara zeigte mir, wie ich mich beugen, strecken und drehen sollte. Anschließend war es Zeit für die Massage; ich mußte mich auf den Boden legen, und sie kneteten und bearbeiteten mich mit ihren geübten Händen, als wären sie Bäckerinnen und ich ein Teigklumpen. Es gefiel mir trotzdem; es war so wundervoll, seinen Körper spüren zu können, ohne ihn als eine Art heidnischen Tempel voller gefährlicher Leidenschaften und Begierden betrachten zu müssen. Ich lächelte, als Fara an meinen Brüsten arbeitete – um sie fest und rund zu erhalten, sagte sie –, und stellte mir vor, was Mordechai gesagt hätte, wenn er mich hätte sehen können. Mittlerweile würde er wissen, daß ich ihn getäuscht hatte, und der Gedanke daran erfüllte mich mit Genugtuung.

Als nächstes kamen Maniküre und Pediküre. Fara und drei ihrer Helferinnen arbeiteten gleichzeitig an meinen Händen und Füßen, formten die Nägel mit winzigen Feilen und schoben die Nagelhaut zurück.

Gegen Mittag legte ich mich wieder auf mein Bett, und ich schlief sofort ein, träumte von Düften und Seide und von Kschajarscha ... oder war es vielleicht Hegai? Als ich aufwachte, wünschte ich mir auf jeden Fall, er würde mich wieder besuchen, weil Fara und die anderen so unterhaltsam waren wie ein ausgetrockneter See, während er mich faszinierte. Er hatte einen semitischen Namen, wie kam er in den Dienst des Königs? Und wie hatte er es geschafft, in so jungem Alter einen so hohen Rang zu bekleiden? Vielleicht war er der Sohn einer verbannten königlichen Familie von Babylon und wurde für die Führung einer Provinz ausgebildet?

Doch er kam nicht, und es gab viele Stunden zu füllen, bevor ich mit meiner Abendmahlzeit rechnen konnte. Fara brachte mir zum Mittagessen ein wenig Brot und Obst, dann zog sie mich an und frisierte mein Haar. Ich hätte ausgehen können, wenn mich die unangenehme Begegnung mit den drei Mädchen nicht abgeschreckt hätte. Außerdem wollte ich da sein, falls Hegai doch kommen sollte.

Schließlich klopfte jemand an meine Tür, und mein Herz tat einen Sprung, doch es war nicht Hegai. Es war eine andere der Jungfrauen, eine, die ich noch nicht gesehen hatte. Im Gegensatz zu ihren Schwestern lächelte sie mich an, und sie brachte mir ein Geschenk in einem kleinen, mit Edelsteinen besetzten Kästchen.

Ich öffnete es erfreut und fand ein Paar Ohrringe. Sie waren exquisit gearbeitet und bestimmt sehr wertvoll.

Das Mädchen war sehr freundlich, und ich freute mich über die Gesellschaft. Eine Zeitlang plauderten wir miteinander, und die meiste Zeit sprach sie von den Privilegien, die mir von Hegai zugestanden worden waren, und von meiner, wie sie es nannte, „dunklen Wüstenschönheit“. Sie bewunderte das Gewand, in das Fara mich gehüllt hatte, und wollte den Stoff fühlen, aus dem es gemacht war. Ich gestattete es ihr, doch als sie begann, ihre Finger durch meine Locken und schließlich an meinem Hals entlanggleiten zu lassen, fühlte ich mich alarmiert und sagte ihr, sie solle gehen. Sie wollte nicht, und wenn ich nicht sieben Dienerinnern gehabt hätte, von denen drei sehr stämmig waren, hätte sie vielleicht Schwierigkeiten gemacht.

Als sie fort war, war ich vollkommen aufgelöst, und mein Herz klopfte zum Zerspringen. Ich stammelte: „Fara, was wollte sie?"

Fara schien erstaunt zu sein, daß ich das nicht wußte. „Aber, Herrin, vermutlich wollte sie eine Gunst von Hegai, und sie meinte, sie könnte dich dazu bringen, sie für sie zu erbitten."

„Dann brachte sie mir die Ohrringe also als Bestechungsgeld?"

„Vermutlich, Herrin."

„Aber wie sie mich berührt hat . . . warum hat sie das getan?"

„Weil du sehr schön bist, Herrin. Jeder sagt das. Sie möchte deine Freundin sein."

Ich verstand es immer noch nicht. Fara muß mich für unglaublich naiv gehalten haben. Sie mußte mir genau erklären, was sie mit „Freundin" meinte, und endlich wurde mir klar, wie die Mädchen im Haus der Jungfrauen und im Harem die langen Zeiträume ohne Mann überbrückten.

Während des restlichen Nachmittags fühlte ich mich ganz elend. Als Fara und ihre Gefährtinnen mein Abendessen brachten – ein wahres Festmahl auf Silbertabletts, mit silbernem Besteck und Silbertellern und -schälchen –, war ihm eine Notiz auf einem Wachstäfelchen beigefügt. Die Handschrift war außerordentlich sauber und kontrolliert, und die aramäischen Buchstaben ähnelten den hebräischen. Ich hatte keine Schwierigkeit, sie zu entziffern. Es war Hegais Bitte, mit mir speisen zu dürfen.

Aufgeregt trug ich Fara auf, ihm zu sagen, daß ich mich freuen würde. Ihre Gefährtinnen ordneten mein Haar und arbeiteten immer noch mit Kämmen und Bürsten an meiner Frisur, als er hereinkam. Er mußte bereitgestanden haben und zuversichtlich gewesen sein, daß er nicht abgewiesen werden würde. Ich war nicht sicher, ob ich mir das hätte erlauben können.

Er trug diesmal andere Kleidung, doch wieder in Magentarot. Wir setzten uns auf Kissen neben den niedrigen Tisch, und er wickelte den unteren Teil seines Turbans zum Essen auf.

Mir stockte der Atem. Ich hatte mir nicht vorstellen können, daß ein menschliches Gesicht so schön sein konnte. Seine olivbraune Haut war glatt, die Umrisse seines Kinns makellos, aber fest, seine Lippen voll und seine weißen Zähne ebenmäßig wie eine Perlenschnur. Dazu die gerade Nase und die wunderschönen dunklen Augen . . . sein Gesicht war wie eine überirdische Komposition. Jeder Teil war in sich vollkommen, doch alles zusammen war geradezu überwältigend. Ich war von seinem Anblick so fasziniert, daß ich gar nicht darüber nachdachte, warum einem Mann gestattet wurde, in meinem Zimmer zu dinieren; auch überlegte ich nicht, ob ich mir selbst gestatten sollte, unreines Essen zu mir zu nehmen.

Denn unrein war es, nach jüdischen Maßstäben. Da lagen Austern und Krabben, Schalentiere jeglicher Art; uns waren nur Meerestiere mit Gräten und Schuppen erlaubt. Hegai mußte mir zeigen, wie man Austern und Krabben aß. Ich fragte mich, ob meine anfängliche Unbeholfenheit meine Herkunft verriet, doch er sagte nichts dazu, und ich achtete darauf, daß ich genügend von den aufgelegten Speisen aß, daß er keinen Verdacht schöpfte. Er sagte, die Meerestiere würden jeden Tag vom persischen Golf gebracht, weil sie die Lieblingsspeisen des Großen Königs seien, und kein anderer aus Susa könnte sich solchen Luxus leisten. Ich hätte also gar nicht wissen können, wie ich mit diesen Speisen umgehen sollte, selbst wenn ich einen heidnischen Hintergrund gehabt hätte.

Nach der Mahlzeit entschuldigte sich Hegai. Er erklärte, er sei heute abend beschäftigt, weil ein weiteres Mädchen angekommen sei und er dafür sorgen müsse, daß es gut untergebracht würde. Ich bemerkte, daß ich unvernünftigerweise schrecklich eifersüchtig wurde. Man mußte es mir angemerkt haben, denn er küßte meine Hand und sagte: „Mach dir keine Gedanken, Esther. Sie ist schüchtern, hat Heimweh und spricht kaum; und ganz bestimmt kann sie nicht lesen. Außerdem wirst du heute abend sowieso keine Zeit haben, an etwas anderes als deinen Unterricht zu denken. Anahita wird gleich kommen."

„Anahita?" Ich wollte noch mehr fragen, doch er ließ sich nicht mehr länger aufhalten.

Als er fort war, fragte ich Fara: „Ist er nicht einfach großartig? Hast du je in deinem Leben so faszinierende Augen gesehen?"

Fara räumte mit purpurrotem Gesicht unsere Teller ab, und ich begann sie zu necken, daß sie wohl ein schlechtes Gewissen habe. Doch ich verstummte, als sie verzweifelt aufsah und flehte: „Bitte, Herrin, sag niemals wieder solche Dinge! Der Herr Hegai hat große Macht; er würde mich töten lassen, wenn solches Gerede an seine Ohren dringen würde."

„Hegai würde dich töten lassen? Das meinst du doch nicht im Ernst."

„O doch, Herrin." Sie blickte sich um, um sicherzugehen, daß keines der anderen Mädchen uns zuhörte; sie brachten gerade die Tabletts mit den übriggebliebenen Speisen fort, die ausreichten, um eine Familie eine ganze Woche lang zu ernähren. Dann flüsterte sie: „Eines der Küchenmädchen wurde ertappt, als sie mit einem jungen Mann gesprochen hat, der in das Jungfrauenhaus gebracht wurde, um eine Wasserleitung zu reparieren. Hegai ließ sie pfählen – und den Mann ebenfalls. Es war schrecklich. Es dauerte Stunden, bis sie starben. Und er hätte das auch getan, wenn das Mädchen eine der Schwestern und der Mann ein Eunuch gewesen wäre."

Ich lachte laut auf. „Ich kann das nicht glauben. Hegai ist so sanft wie eine Taube. Und warum um alles in der Welt sollte ein Mädchen bestraft werden, wenn es mit einem Eunuchen spricht?"

„Es gibt solche und solche Eunuchen, Herrin, das mußt du doch wissen. Einige können Dinge, die andere nicht können. Der Herr Hegai kann sehr grausam sein. Wenn er seine Pflichten im Palast vernachlässigte, würde er schließlich selbst am Pfahl enden. Der Eunuch, der vor Schaaschgas die Aufsicht über das Frauenhaus Seiner Majestät hatte, wurde gepfählt, weil eine der Frauen unter seiner Obhut von einem anderen als dem König schwanger wurde."

Ich wollte nicht mehr länger über das Thema sprechen. Darum fragte ich: „Wer ist diese Anahita, die gleich kommen wird, um mir Unterricht zu geben? Wird auch sie jeden Tag kommen?"

„Auch sie ist eine mächtige Dame, Herrin. Sie war die zweite Konkubine von König Darajawausch, möge er in Frieden ruhen, und als er starb, schwor sie, bei keinem anderen Mann mehr zu liegen. Sie hat die Verantwortung für alle Konkubinen Seiner Majestät, und sie ist die Hebamme des Frauenhauses."

„Unterrichtet sie alle . . . ‚Schwestern'?"

„Sie gibt allen die erste Stunde." Fara wendete den Blick ab, doch ich dachte mir nichts dabei. „Danach wird sie dir jemanden zuteilen. Am besten machst du dich bereit, um sie zu empfangen, Herrin. Sie ist sehr streng. Ich werde deine Sachen aufräumen."

Es dauerte noch eine ganze Weile, bis besagte Anahita erschien; lange genug, daß ich große Angst vor der Begegnung mit ihr bekommen hatte. Fara hatte um die Erlaubnis gebeten, mich zu verlassen; auch ihre Gefährtinnen würden fortbleiben, bis die Stunde vorüber war. Ich saß auf meinem Balkon, und zum ersten Mal kamen mir ernsthafte Zweifel, ob es richtig gewesen war, an Iphigenias Stelle hierherzukommen.

Ich war weit fort mit meinen Gedanken, als Anahita hereinkam. Sie klopfte nicht an und bat auch nicht um die Erlaubnis, eintreten zu dürfen; bevor ich wußte, wie mir geschah, marschierte sie in mein Zimmer, als sei es ihr eigenes, und stellte Gefäße, Ampullen, Zangen, Rasiermesser, Pinzetten und andere Instrumente, die ich nicht kannte, bereit. Dann breitete sie ein Leinentuch über die Kissen eines meiner Sofas und befahl mir, mich auszuziehen und hinzulegen.

Ich war entsetzt, unfähig, mir vorzustellen, was sie mit mir tun wollte. Sie war sehr groß – sogar noch größer als ich – und sehr kräftig gebaut, mit dicken Handgelenken und Knöcheln, großen Händen und dem härtesten Gesicht, das ich je gesehen hatte. Ich wich an die Balustrade des Balkons zurück, doch sie forderte mich erneut auf, mit solcher Autorität, daß ich ihr gehorchte. „Du mußt untersucht werden", verkündete sie. „Wir müssen sicher sein, daß du gesund und daß du noch Jungfrau bist. Das Wohlergehen Seiner Majestät, des Großen Königs von Persien, darf nicht dem Zufall überlassen werden."

Wenn Schaaschgas' Untersuchung mir das Gefühl vermittelt hatte, billig zu sein, so verspürte ich bei Anahitas den Wunsch zu sterben. Ich lag mit zugekniffenen Augen auf dem Sofa und kämpfte gegen die Tränen, die Furcht, die Erniedrigung an. Ich konnte mir nicht vorstellen, warum sie so grob sein mußte. Vielleicht wollte sie klarstellen, daß ihr das Ganze durchaus keine Freude machte.

Als sie fertig war, gestattete sie mir, mich wieder anzuziehen, und hielt mir einen Vortrag über die Bedeutung von Körperpflege und Hygiene in einer großen und engen Gemeinschaft – mit den Prinzipien war ich vollkommen vertraut, da wir Juden besser als andere darüber Bescheid wissen. Die Regeln stehen in unserer Thora. Aber es war gut, daß ich es bereits wußte, denn ich hätte nicht ein einziges Wort aufnehmen können, was sie sagte. Nach einer Weile verkündete sie, ich hätte für den ersten Tag genug gelernt und verließ mich.

Nachdem sie fort war, weinte ich und konnte nicht wieder aufhören. Ich wollte ein Bad nehmen, den Schmutz dieser heidnischen Frau abwaschen; ich war wund, wo sie mich rasiert hatte, und innerlich verletzt. Wenn es so sein würde, bei Kschajarscha zu liegen, würde ich nie wieder wagen, in seine Nähe zu gehen, und anstatt mich wie früher mit romantischer Naivität darauf zu freuen, begann ich es allmählich zu fürchten. Ich war in den Palast gekommen, um

Mordechais und Ninlils Bevormundung zu entfliehen, doch keiner von ihnen hätte mich jemals so grob behandelt, und wenn sie es versucht hätten, wäre es ihnen nicht gelungen.

Auf einmal klopfte es an der Tür. Erstarrt vor Angst, Anahita wäre zurückgekommen, hörte ich auf zu weinen und saß mit der Hand vor dem Mund auf der Couch. Doch ich hätte daran denken müssen, daß Anahita sich nicht die Mühe machte zu klopfen. Wieder wurde geklopft, dann öffnete sich die Tür einen Spalt, und ich sah, daß es Hegai war.

Es war keine Zeit, die Spuren meiner Tränen zu beseitigen. Als er sich meiner Couch näherte, saß ich zusammengekauert da und hatte die Arme um meine Knie geschlungen. Doch er sagte nichts, und ich mußte aufblicken. Er hatte sich neben mich gesetzt. Einen kurzen Augenblick lang erkannte ich in seinem glatten Äußeren einen Funken Mitleid. Obwohl seine schlanken Finger in seinem Schoß gefaltet waren, hatte ich das verwirrende, doch sichere Gefühl, daß er seinen Arm viel lieber um mich gelegt hätte.

„Bitte, Esther. Du darfst dich nicht entmutigen lassen. Anahita war sehr angetan von dir. Du bist das erste Mädchen, das mit dem Weinen bis nach der Untersuchung gewartet hat. Du kannst deine Gefühle gut verbergen, das ist wichtig am Hof."

Ich wußte nicht, was ich sagen sollte; ich war so verwirrt, so aufgewühlt. Schließlich brachte ich heraus: „Du hättest mich warnen müssen. Fara hätte mich warnen müssen. Und tu nicht so, als ob du es nicht gewußt hättest."

„Nichts dergleichen wird dir je wieder geschehen, das kann ich dir versichern. Doch wenn du lieber nach Arderikka zurückkehren und den Mann heiraten möchtest, den du nicht liebst, so kann ich versuchen, das für dich zu arrangieren."

Ich wußte nicht, was ich wollte. Ich sagte nein, dann ja, dann wieder nein, dann stand ich wütend auf und marschierte auf meinen Balkon hinaus, wo die Abendluft angenehm kühl war und nach Rosen und Jasmin duftete. Natürlich konnte mich Hegai nicht zurückschicken, was immer ich wollte; er würde in der Angelegenheit nicht mehr zu sagen haben als ich. Er kam mir nach und versprach mir: „Du wirst dich bald an Anahita gewöhnen, wenn du sie ein wenig besser kennenlernst. Kein Mädchen wird vor ihrer Untersuchung gewarnt. Was wäre gewonnen, wenn du den ganzen Tag in Furcht davor verbracht hättest? Du hast sie beeindruckt, und das ist nicht leicht. Überhaupt nicht leicht."

Ich blickte ihn nicht an, doch ich konnte spüren, daß sein Blick an meinem Gesicht hing; widerstrebend sah ich auf, und ich erkannte, daß auch er immer noch von mir beeindruckt war, mehr als zuvor. Ich fauchte: „Ich habe nicht die Absicht, Anahita noch einmal wiederzusehen."

„Das wirst du nicht umgehen können. Sie hat beschlossen, deine Ausbildung selbst zu übernehmen." Er hielt inne und wartete, bis ich den Schock überwunden hatte, dann sagte er: „Glaube mir, Esther, du weißt nicht, was das bedeutet."

Es war mir ziemlich egal, was es bedeutete, doch ich murmelte: „Was bedeutet es denn?"

„Es bedeutet, daß sie der Meinung ist, du könntest diejenige sein, auf die wir alle warten. Sie war die Hauptkonkubine von Darajawausch, Esther. Sie weiß genauso gut wie Memuchan, welche Eigenschaften eine königliche Gemahlin haben muß. Und wie ich."

Eine sanfte Brise wehte aus der Dämmerung zu uns herüber; sie verfing sich in dem herunterhängenden Zipfel seines Turbans und preßte ihn an seine Schultern. Auf einmal wirkte er beinahe zerbrechlich. Im Gegensatz zu Anahita war er nicht größer als ich. Ich versuchte mir vorzustellen, wie er den Befehl gab, einen Mann zu pfählen, und mußte beinahe lachen. Doch statt dessen sagte ich: „Nein, Hegai. Ich glaube nicht, daß ich so weitermachen kann. Ich habe vielleicht nicht den ganzen Tag in Furcht verbracht, doch ich werde in Furcht leben, bis ich meine Nacht mit dem König verbracht habe."

Ich biß mir auf die Lippen, damit ich nicht noch mehr preisgab, und machte mir Vorwürfe, daß ich das überhaupt gesagt hatte, noch dazu vor einem Mann. Doch er lächelte nur – ich konnte es seinen Augen ansehen – und berührte meine Hand; ich umklammerte die Balustrade, als hätte ich Angst, hinunterzufallen.

„Nicht doch", beruhigte er mich, „du machst dir viel zu viele Gedanken. Es wird noch viele Monate dauern, bevor du überhaupt an Kschajarscha zu denken brauchst. Die Götter geben uns immer nur ein Problem nach dem anderen zu bewältigen, Esther. Und nur so können wir mit dem Leben fertigwerden."

9

So taumelte ich von der langweiligen Routine des Lebens in Mordechais Haus in das dekadente Tagesprogramm des Jungfrauenhauses Seiner Majestät. Da ich so vergnügungssüchtig war, hätte ich es genießen müssen, und zu Anfang hatte ich das auch geglaubt. Doch so war es nicht.

Ich mußte jeden Tag zum Frühstück dicken, stark riechenden Joghurt essen, und es machte mich allmählich krank. Mein Milchbad hinterher erinnerte mich an den Joghurt, und mehr als einmal mußte ich mich tatsächlich übergeben.

Nach meinem Bad wurden sofort Lotionen auf meine Haut gerieben, damit sie nicht austrocknete und schuppig wurde; außer an den Tagen, wo man Wachs auf meine Arme und Beine auftrug, um die Haare zu entfernen. Meine Haare wurden alle drei Tage gewaschen, und man rieb meine Kopfhaut mit Öl ein.

Danach kamen die Turnübungen an die Reihe, die sich immer wiederholten und bald langweilig wurden. Meine Morgenmassage war eine Tortur und keine Freude. Wann immer meine Dienerinnen ein wenig zu grob mit mir umgingen, wurde ich an Anahitas Untersuchung erinnert, waren sie zu sanft, stellte ich mir das ölige medische Mädchen vor, das seine Finger über meinen Hals gleiten ließ.

Nachdem ich angezogen und frisiert war, gab es bis zur Abendmahlzeit nichts zu tun, denn da war niemand, den ich besuchen wollte, und niemand wollte mich besuchen.

Nach meinem Abendessen kam Anahita zum Unterricht. Sie begann mit Benehmen und Sprechtechnik. Sie sagte mir, wie ich mich halten sollte, um meine beneidenswerte Figur am besten zur Geltung zu bringen, und wie ich meine Vokale aussprechen sollte, um für eine persische Dame gehalten zu werden. Dann erläuterte sie mir den Gebrauch von Henna, und wie ich es auf meine Finger- und Fußnägel auftragen sollte; obwohl ich immer Dienerinnen haben würde, die das für mich tun würden, mußte ich in der Lage sein, ihnen die richtigen Anweisungen zu geben.

Als nächstes war die Unterweisung in der Verbesserung meines Aussehens an der Reihe: Verschiedene Cremes konnten verwendet werden, um tote Haut zu entfernen oder meine Poren zu verengen, und von einer schrecklich riechenden Substanz behauptete sie, sie würde meine Haut heller machen, wenn ich sie einige Monate lang jeden Tag auftragen würde. Dann erklärte sie mir, wie ich mein Gesicht nach der neuesten persischen Mode schminken und mein Haar nach der Art der am meisten bewunderten Konkubinen frisieren sollte.

Sie machte mich auch mit dem riesengroßen und verwirrenden Gebiet der persischen Hofetikette vertraut. Für mich hatte es den Anschein, daß man sich niemals mehr zu überlegen brauchte, was man zu jemandem sagen sollte, wenn man die Etikette beherrschte. Es gab eine Vorschrift, wie man jeden einzelnen Menschen entsprechend seines jeweiligen Ranges korrekt ansprach; vor einem adeligen Herrn oder einer adeligen Dame mußte man sich immer verbeugen, vor einem Statthalter einen Kniefall machen, und man mußte sich immer nach dem Wohlergehen eines jeden Menschen erkundigen, dem man über den Weg lief, bevor man über irgend etwas anderes sprach. Wenn der Betreffende einem bereits bekannt war, mußte man ihn oder sie küssen: auf die Hand zum Zeichen seiner Unterwürfigkeit, auf jede Wange zum Zeichen der Gleichheit oder Gleichwertigkeit, auf die Stirn bei Höhergestellten und auf den Mund bei enger Freundschaft oder tieferen Gefühlen. Ich erinnerte mich daran, daß Hegai mir die Hand geküßt hatte.

Wenn man ein Geschenk angeboten bekam, mußte man zweimal ablehnen und durfte es erst dann annehmen. Man durfte sich im Palast niemals unangemessen gekleidet zeigen, und eine Frau mußte immer verschleiert sein, falls ihr irgendwo ein Mann begegnete; man durfte in der Öffentlichkeit niemals betrunken sein, sich übergeben oder sich in der Gegenwart eines anderen Menschen erleichtern, und so weiter und so weiter.

In bezug auf die Person des Großen Königs gab es jedoch doppelt so viele Regeln wie alle anderen zusammengenommen. Abgesehen davon, daß jede Sekunde seines eigenen Lebens von eisernen Regeln bestimmt war, mußten seine Untergebenen unendlich viele Dinge beachten. Man mußte vor ihm auf die Knie fallen und den Boden zu seine Füßen küssen. Man durfte ihn nur als Seine Majestät, König aller Könige, ansprechen, und wenn sich jemand anmaßte, in seiner Gegenwart zu erscheinen, ohne gerufen worden zu sein, konnte er mit der Todesstrafe belegt werden.

Nachdem ich mich vier Tage im Palast aufgehalten hatte, bat Hegai erneut darum, mir beim Abendessen Gesellschaft leisten zu dürfen. Mein Herz tat vor Freude einen Sprung; ich vergaß alles, was ich über die Etikette gelernt hatte und verkündete offen heraus, wie froh ich sei, ihn zu sehen. Er machte mir indirekte Vorhaltungen und sagte, Anahita müsse ihren Unterricht vernachlässigt haben, doch er konnte die Tatsache nicht verbergen, daß er gerührt war. Ich war mir ziemlich sicher, daß er sich gern in meiner Gesellschaft aufhielt. Das Ganze war höchst mysteriös; ich konnte mir nicht vorstellen, daß ein so einflußreicher und begehrenswerter junger Mann nicht eine Schar hochgeborener Freunde hatte, mit denen er lieber zusammen war. Sobald wir gegessen hatten, verabschiedete er sich; doch der Duft seines Parfüms blieb in der Luft, ebenso die Erinnerung an sein Lächeln.

Und er kam tatsächlich wieder. Eigentlich speisten wir jeden Abend zusammen, obwohl er es nie versäumte, vorher meine Erlaubnis einzuholen. Doch trotz der Stunden, die wir in fröhlicher Unterhaltung verbrachten, fand ich nichts über ihn heraus, und er erfuhr nur sehr wenig über mich. Die persischen Konventionen machten es möglich, stundenlang zu reden, ohne wirklich etwas zu sagen; nur in seinen Augen erblickte ich ab und zu einmal den wirklichen Hegai, doch das war sehr selten. Was meine eigenen Gefühle betraf – ich wagte kaum, mich eingehender mit ihnen zu beschäftigen. Ich hielt mich nur aus einem einzigen Grund im Palast auf: um das Bett mit Kschajarscha zu teilen, vielleicht einmal, vielleicht für immer. Auch nur an einen anderen Mann zu denken war, als würde ich mit dem Feuer spielen.

Aber Hegai muß das doch wissen, dachte ich. Merkt er denn nicht, daß er mich in Versuchung bringt, er, dessen Aufgabe es ist, jegliche Versuchung von mir fernzuhalten? Warum kommt er Abend für Abend her und plaudert mit mir, als wäre er mein Bruder?

Den ganzen Tag lang freute ich mich auf seinen Besuch, und nur die Aussicht darauf machte mir das Leben erträglich. Während sich die Tage und Wochen dahinschleppten, mußte sich meine Lustlosigkeit auf meinem Gesicht gezeigt haben, denn Hegai fragte mich ständig nach meinem Befinden. Ich gestand Hegai gegenüber, daß ich mich zu Tode langweilte, wenn er nicht da sei, und daß ich meine Freundin aus Arderikka vermißte.

Er erkundigte sich nach ihr, und zu spät erkannte ich, daß ich von ihr als meiner Schwester hätte sprechen müssen. Doch er hatte sowieso gewußt, daß ich die königlichen Beauftragten angelogen hatte.

„Möchtest du dieses Mädchen wiedersehen? Ich bin sicher, daß ich das arrangieren könnte, falls das deine Laune aufbessert."

„Iphigenia könnte mich hier besuchen?"

„Ja, wenn sie bereit dazu ist. Ich könnte jemanden hinschicken, um sie abzuholen."

„Vielleicht sollte ich ihr zuerst eine Einladung schicken, damit sie sich darauf einstellen kann. Sie hat vielleicht Angst, daß sie nicht wieder nach Hause darf, wenn sie erst einmal hier ist."

„Dann ist auch sie schön, intelligent und von gutem Ruf?"

„Ja." Eine Welle der Eifersucht stieg wieder in mir hoch, doch ich unterdrückte sie.

Hegai und ich formulierten zusammen die Einladung. Viele Tage vergingen, aber Iphigenia schickte keine Antwort.

„Wir sollten ihr eine zweite Botschaft schicken", beruhigte mich Hegai. „Vielleicht hast du recht: Das arme Mädchen hat bestimmt schreckliche Angst. Vielleicht vermutet sie irgendeinen Trick. Diesmal mußt du etwas Persönlicheres schreiben, etwas, das niemand außer dir wissen kann, damit sie sicher sein kann, daß der Brief von dir kommt."

Ich nickte und folgte seinem Rat, doch wieder vergingen viele Tage, ohne daß sie eine Antwort schickte. Wir schickten ihr eine dritte und letzte Botschaft, und Hegai versprach, daß er sie diesmal holen lassen würde, ob sie nun wollte oder nicht.

„Bedeute ich dir denn so viel, großer Herr Hegai?" fragte ich provozierend. Doch er sagte nur, daß ihm alle Jungfrauen des Königs am Herzen lägen, und es sei seine Aufgabe, dafür zu sorgen, daß die Schönheit, die die Natur über sie ausgegossen habe, durch seine Dienste gesteigert und nicht geschmälert würde. Ich sagte, es sei so lange her, seit ich irgend etwas von der Natur gesehen habe, es sei ein Wunder, daß ich nicht vollkommen verwelkt sei wie eine Blume, die kein Wasser bekommt.

„Dann magst du also die Natur? Du bist eine bessere Perserin, als ich gedacht habe. Kschajarscha wird dich anbeten. Morgen werde ich im Palastgarten einen Spaziergang mit dir machen, wenn du gestattest."

„Ob ich es gestatte? Ich werde jeden Augenblick genießen! Würdest du mich wirklich dorthin mitnehmen? Ist das denn erlaubt?"

„Alles, was zum Wohl einer meiner Schützlinge beiträgt, ist nicht nur erlaubt, sondern obligatorisch."

„Wann werden wir gehen?"

„Am Nachmittag, nach deinem Mittagsschlaf."

„Aber dann werden die anderen Jungfrauen uns sehen und noch eifersüchtiger werden."

„Nicht so eifersüchtig, wie sie sein werden, wenn sie erfahren, daß du Besuch von außerhalb bekommst." Seine Augen lächelten. „Ich hätte nicht gedacht, daß dir das Kopfzerbrechen bereitet, Esther."

„Das tut es auch nicht." Ich blickte ihn geradewegs an und fügte hinzu: „Ihre Billigung oder Freundschaft sind mir nicht wichtig, solange ich deine habe."

Ich wußte, mit dieser Bemerkung hatte ich ihn verlegen gemacht, weil er danach sehr sachlich davon sprach, was für eine Kopfbedeckung und welchen Schleier ich tragen sollte, um mein Gesicht vor der Sonne zu schützen, damit wir nicht die ganze Arbeit an der Farbe meiner Haut zunichte machten.

Am folgenden Tag kam er, bevor ich von meinem Mittagsschlaf erwacht war. Fara führte ihn herein, und zum ersten Mal ignorierte er die konventionelle Art der Begrüßung und verkündete statt dessen: „Ich habe eine Überraschung für dich, Esther."

Hinter seinem Rücken holte er einen breitkrempigen Strohhut und ein Wachstäfelchen hervor. Ich ignorierte den Hut, nahm das Wachstäfelchen und brach das Siegel auf. Doch die Nachricht war auf Griechisch geschrieben, und ich konnte sie nicht verstehen. Hegai schickte nach dem Eunuchen, und in der Zwischenzeit setzte ich den Hut über meinen Schleier, rückte ihn zurecht, und er begutachtete ihn mit zur Seite gelegtem Kopf.

„Ausgezeichnet", verkündete er. „Und deine Erscheinung wird von dem Tag noch erhellt werden, ich schwöre es." Er legte seine Hand an meine Wange – irgendwie professionell, wie ein Bäcker, der sein Brot befühlt. Doch die Liebkosung war ein wenig sanfter und dauerte ein wenig länger, als nötig gewesen wäre, da war ich sicher.

In diesem Augenblick erschien jedoch der Eunuch und sagte uns, Iphigenia würde am nächsten Tag kommen, falls sie jemand abholen könnte. Hegai sagte, es würde erledigt werden, und wir machten uns auf den Weg zum Palastgarten.

Ich hatte gedacht, er würde darauf bestehen, daß Fara uns begleitete, als Anstandsdame sozusagen, doch als ich ihr befahl, sie solle sich bereitmachen, fragte Hegai mich überrascht, ob ich sie wirklich dabeihaben wolle. Ich öffnete den Mund und wußte nicht so recht, was ich sagen sollte, und bevor ich mir noch etwas überlegen konnte, hatte er sie fortgeschickt und meinen Arm genommen.

Ich schwebte wie auf einer Wolke neben ihm dahin. Wir kamen an mehreren meiner Schwestern vorbei, die allein oder zu zweit spazierengingen; sie hielten in ihrer Unterhaltung inne, um mich mißbilligend anzustarren, doch ich lächelte sie nur freundlich an.

Der Sommer war mittlerweile weit fortgeschritten, und unten in den Ebenen würde die Vegetation dürr und gelb sein. Hier lief eine Armee von Gärtnern mit riesigen Wasserkrügen auf ihren Schultern in den Gärten umher und bewässerte die Pflanzen. Alles war üppig und grün wie in einer Oase, der Duft der Blüten war schwer und überwältigend.

Es dauerte nicht lange, bis ich feststellte, daß sich Hegai genauso für die Natur erwärmte wie ich. Doch während meine eigene Leidenschaft mehr allgemeiner Art war, kannte er die Namen von jedem Baum und jeder Blume, und er wußte auch, in welcher Gegend des Weltreiches jede Pflanze zu Hause war. Wenn er es mir erzählte, konnte ich sehen, daß er mein Gesicht auf eine Reaktion hin beobachtete; er versuchte immer noch meine Herkunft zu ergründen.

Es war jedoch ganz allein meine Schuld, daß ich beinahe entdeckt worden wäre. Ich blieb stehen, um einige flammendrote Mohnblumen zu bewundern, die am Wegrand blühten, und er erzählte mir, daß sie in vielen unserer Provinzen wachsen würden; der König selbst hatte diese Art aus Samen gezogen, den ihm der Statthalter von Juda geschickt hatte. Ich versuchte, höfliches Interesse zu zeigen, und wollte weitergehen, doch Hegai hielt mich zurück.

„Weißt du", sagte er, „die Blumen dieser Art blühen nur einen oder höchstens zwei Tage. Und man kann den Samen essen . . . Sieh nur." Er bückte sich und schüttelte eine der anmutigen Blüten; einige Samen fielen in seine Hand, und er streckte sie mir entgegen. Ich wollte nicht; ich wußte, daß die Pionierfrauen in Jerusalem aus den unreifen Mohnblumen ein wirksames Mittel zur Schmerzbetäubung herstellten, und ich hatte Angst, daß dieser Samen vielleicht die Kraft hatte, die Zunge zu lösen.

Hegai war sichtlich enttäuscht. „Es ist eine Schande, daß du sie nicht magst, Esther. Mohnblumensamen gehören zu Kschajarschas Lieblingsdelikatessen." Er lächelte seltsam. „Wir haben sie früher immer zusammen aus den Blüten geschüttelt, wenn wir abends hierherkamen. Er sagte dann immer, es gäbe nichts auf der Erde, das ihn glücklicher und trauriger mache als die Mohnblume aus Juda; glücklich, weil kein Mann so hart sein könnte, daß er kein Gefallen an ihr finden würde, und doch traurig, weil ihre Schönheit nur so kurzlebig ist. Er sagte, sie erinnere ihn an seine eigene Sterblichkeit; daß er, der mächtigste Mann der Welt, sterben müsse wie alle anderen auch, und daß die menschliche Schönheit noch vergänglicher sei als der Lebensfunke."

Ich war erstaunt, nicht nur über seine philosophischen Ideen. „Ich – ich hatte keine Ahnung."

„Keine Ahnung wovon?"

„Daß du den König persönlich kennst."

„Ich war sein Kämmerer. Wie könnte es anders sein?"

„Ich . . ." Doch ich hatte plötzlich Angst, wieder einmal meine Unwissenheit zu zeigen. Ich hatte keine Ahnung, welches die Pflichten eines Kämmerers waren. Und wenn Hegai den König persönlich kannte, hatte er vermutlich auch die Frau des Königs gekannt . . . ich stammelte, bevor mein Mut mich verließ: „Dann mußt du auch die Königin Waschti gekannt haben. Der Herr Memuchan hat gesagt, ich würde aussehen wie sie. Stimmt das?"

Hegai ließ den Mohnblumensamen auf den Boden rieseln. Er blickte mich an und nahm meine beiden Hände in seine. „Nein", antwortete er. „Du hast ihre Augen, ihre Nase, ihren Mund. Aber du siehst nicht aus wie sie, und dafür solltest du dankbar sein."

„Ich verstehe nicht."

„Waschti ist nicht schön, Esther. Oh, früher war das so. Sie war unvergleichlich. Doch die Eifersucht hat ihre Lippen schmal gemacht und ihre Stirn runzelig. Ihr Gesichtsausdruck ist bitter und hart. Das darf dir nie passieren. Niemals."

Es war das erste Mal, daß ich ihn so nachdrücklich über etwas sprechen hörte. Bestimmt hatte das etwas zu bedeuten.

Doch er sagte nur: „Wenn Kschajarscha dich zu seiner Braut machen soll, mußt du ihn an Waschti erinnern, wie sie war, als er sie heiratete, nicht wie sie geworden ist. Tatsächlich wäre es sogar besser, wenn er in Verbindung mit dir gar nicht an Waschti denken würde, oder daß die Verbindung nur in seinem Herzen hergestellt wird und nicht in seinem Kopf. In seinem Kopf sollte er an jemand anderes denken, wenn er dich sieht."

Ich war verwirrt und wußte, daß ich mich in immer tieferes Wasser vorwagte. „Ich glaube nicht, daß ich seine Braut sein möchte, Hegai."

„Wegen Anahita, und weil sie dir so wehgetan hat?"

„Nein . . . doch, aber . . ." Wie konnte ich ihm den Aufruhr meiner Gefühle erklären? Er hielt meine Hände immer noch in seinen, und seine eigenen waren so warm und fest und sanft; und seine Augen waren so dunkel, so besorgt. Was taten wir hier zusammen, ohne Anstandsdame? Warum hatte er mich hergebracht? Als die Stille zu lang wurde, sagte ich lahm: „Ich möchte nicht darüber nachdenken, seine Braut zu sein, damit ich mir keine Hoffnungen mache."

„Wenn das deine Furcht ist, dann ist sie unbegründet. Du hast keine ernsthafte Rivalin hier."

„Vielleicht noch nicht. Aber Memuchan und seine Männer sind doch immer noch auf der Suche."

„Nein, nicht mehr."

„Was?"

„Ich habe die Empfehlung ausgesprochen, die Suche einzustellen. Es ist nicht notwendig, daß das Leben von noch mehr Mädchen ruiniert wird, indem sie gegen ihren Willen hierhergebracht werden, es ist unnötig, daß noch mehr Familien auseinandergerissen werden. Ich will nicht für unnötige Grausamkeit verantwortlich sein, und so, wie die Lage ist, werde ich bereits von genügend weiblichen Wesen gehaßt."

Ganz plötzlich war der Himmel über mir sehr drückend, und es war nicht nur wegen der Nachmittagshitze. Ich sagte: „Hegai, ich muß mich hinsetzen."

Hegai fragte, ob ich krank sei; die Hitze würde mir bestimmt zu schaffen machen, und wir sollten zurückgehen. Nein, sagte ich, es sei nicht die Hitze. Es sei alles; die Trennung von meinen Verwandten und dem Leben, das ich kannte, auch wenn ich es gehaßt hatte; in dieser Zwischenwelt zu leben und nicht zu wissen, ob ich von dort aus in die Dunkelheit und Nutzlosigkeit des Harems gehen würde – ohne daß er mich länger vor dem Neid und den bissigen Bemerkungen der anderen beschützen würde – oder zu Ruhm und Ehre; und falls durch ein Wunder zu Ehre, ob ich in der Lage sein würde, die Strapazen auszuhalten, für den Rest meiner Tage von furchterregenden Frauen wie Anahita umgeben zu sein oder von den fetten, häßlichen Eunuchen wie Schaaschgas, dem Halbmann, dessen Fleisch wabbelte, wenn er lief, der in den Augen jedes respektablen Menschen eine Abscheulichkeit war und der mich unablässig schmerzlich daran erinnerte, was die persische Unterdrückung meinem Bruder angetan hatte.

Das alles sprudelte unzusammenhängend aus mir heraus, und mir fiel gar nicht auf, wie schweigsam Hegai geworden war. Als ich jedoch aus meinem Selbstmitleid erwachte und es bemerkte, stand er auf, ohne ein Wort zu sagen, und ging den Weg zurück, den wir gekommen waren. Ich rannte ihm hinterher und fragte zitternd, was los sei und wie ich ihn beleidigt hätte. Doch er antwortete nicht, hielt seinen Blick stur geradeaus gerichtet und ging so schnell, daß ich fast laufen mußte, um mit ihm Schritt halten zu können. So legten wir den ganzen Weg zurück zu meinem Zimmer. Als wir unser Ziel erreicht hatten, verließ mich Hegai, ohne ein Wort zu sprechen, und an diesem Abend speiste ich allein.

Am nächsten Morgen wollte ich nicht aufstehen. Fara versuchte, mir Vorwürfe zu machen, mir zuzureden, mich zu drängen, doch nichts funktionierte; sie war immerhin meine Dienerin, und ich brauchte ihr nicht zu gehorchen.

Etwa um die Zeit, zu der ich mich zu meinem Mittagsschlaf hätte hinlegen sollen, wurde an meine Tür geklopft, und Fara bekam panische Angst; vermutlich befürchtete sie, es könnte Hegai sein, und wenn er entdeckte, wie die Dinge standen, würde er zornig werden, weil er nicht gerufen worden war.

Doch es war nicht Hegai. Es war ein Eunuch, der sagte, meine Freundin sei hier und wolle mich sehen. Ob er sie hereinführen solle?

Iphigenia! Sie hatte ich vollkommen vergessen. „Ja", sagte ich, „schick sie sofort herein", obwohl ich noch in mein Schlafgewand gekleidet und mein Haar vollkommen zerzaust war.

Sie hatte ihr bestes Kleid angezogen – mein altes Gewand aus Jerusalem – und trug allen Schmuck, den sie besaß, doch sie wirkte trotzdem wie ein verlorenes kleines Waisenkind, das am Tisch eines reichen Mannes bettelte. Überwältigt und mit totenblassem Gesicht stand sie im Zimmer. Dann erblickte sie mich und keuchte auf Griechisch: „Hadassa, bist du krank? Mögen die Götter mir vergeben, ich hätte früher kommen sollen. Ich wußte es nicht."

Ich versuchte ihr klarzumachen, daß ich nicht krank sei und daß sie sich keine Sorgen zu machen brauche, doch sie glaubte mir nicht. Und ich versuchte ihr zu sagen, sie solle mich Esther nennen, denn es sei wirklich beinahe genauso schlimm, hier Jüdin zu sein wie Griechin.

„Ich hätte nie zulassen dürfen, daß du meinen Platz einnimmst", brach es aus ihr heraus.

„Nein, nein, es ist nicht schlimm hier. Du hast nur einen schlechten Tag erwischt. Ich will es dir erklären." Doch je mehr ich ihr von meiner Schönheitsbehandlung und meinem Unterricht erzählte, desto mehr erschien es mir selbst, daß ich das Leben in einem Gefängnis beschrieb.

Schließlich sagte sie: „Hadassa – ich meine, Esther –, es ist nicht nur all das. Es ist auch Mordechai, dein Cousin. Er ist verzweifelt."

Meine Gedankengänge gerieten ins Stocken und stürzten schließlich in sich zusammen. Ich flüsterte: „Was meinst du damit?"

„Am Tag, nachdem du fort warst, kam er zu uns; er wußte, daß du ihn hintergangen hattest. Er sagt, sein Leben sei ruiniert."

„Wahrscheinlich eher sein Ruf." Ich fühlte mich ein wenig besser, denn ich spürte allmählich, wie süß meine Rache an ihm gewesen war. „Seine eigene Adoptivtochter, und dazu noch eine Tochter Abrahams, ist ihm davongelaufen . . . in den Palast eines heidnischen Königs –"

„Nein, verstehst du denn nicht? Er macht sich keine Gedanken um seinen Ruf. Er sagt, er würde seinen ganzen Reichtum und seinen Status hingeben, wenn es möglich wäre, dich dadurch zurückzuholen. Er muß dich sehr lieben."

Ich lachte laut auf. „Das hat Ninlil mir auch immer erzählt. Und was ist mir ihr? War sie nicht bei ihm?"

„Nein, meine Mutter hat nach ihr gefragt, und er sagte, sie sei krank."

„Das kann ich mir vorstellen. Sie ist krank, weil sie niemanden mehr hat, der ihr bei all den langweiligen und schmutzigen Arbeiten im Haus hilft."

Iphigenia schwieg; sie stand im Zimmer und starrte auf ihre Hände, denn ich hatte ihr nicht einmal einen Platz angeboten. Ich entschuldigte mich, stand auf und führte sie zu einer Couch. Fara brachte ein Tablett mit Süßigkeiten; ich fragte Iphigenia, was sie dachte. Nach einer Weile stammelte sie: „Ich denke, daß du vielleicht wirklich so selbstsüchtig bist, wie Mordechai sagt. Du hättest sein Gesicht sehen sollen, Esther. Es war grauer als sein Haar; und er ist so dünn."

Ich konnte mich nicht einmal erinnern, ob sein Bart grau gewesen war. „Wie auch immer", sagte ich heftig, „es ist sowieso zu spät. Ich kann nicht mehr zurück, und er weiß das genauso gut wie ich. Die Suche ist vorüber, weil Hegai der Meinung ist, daß Kschajarscha von mir entzückt sein und mich als seine Braut nehmen wird."

Wieder schwieg Iphigenia.

„Hast du dazu gar nichts zu sagen? Freust du dich nicht? Das sieht dir gar nicht ähnlich, mein Glück nicht zu teilen."

„Esther, ich wünschte, daß du bei meiner Hochzeit gewesen wärst, doch du hast sie verpaßt. Darum hat es auch so lange gedauert, bis ich auf deine Einladung reagiert habe."

Jetzt war es an mir, sprachlos zu sein. „Du bist bereits verheiratet? Mit Nikias?"

Sie drehte sich zu mir herum, war so uncharakteristisch verbittert, daß sie keinerlei Ähnlichkeit mehr mit sich hatte. „Wozu sollte ich warten, wo ich doch wußte, was ich wollte? Das hast du selbst gesagt. Und wir hatten nur das Wort eines Persers, daß die Beauftragten nicht zurückkommen würden, um auch mich zu holen, nachdem sie dich mitgenommen hatten."

„Ein persischer Edelmann ist an sein Wort gebunden, Iphigenia. Lügen ist eines der schlimmsten Verbrechen, das ein Mann in ihren Augen begehen kann, beinahe noch schlimmer als Mord." Nach einem langen Schweigen fragte ich leise: „Iphigenia . . . wie ist es?"

„Wie ist was?"

„Verheiratet sein. Die erste Nacht, meine ich." Ich schluckte wieder. „Tut es sehr weh?"

Sie fuhr sich über das Gesicht; mein unausgesprochenes Zugeständnis, daß es mir an ihrer Erfahrung mangelte und ich ihren Rat brauchte, ließ sie zu sich selbst zurückfinden. Sie schniefte und erwiderte: „Nicht so sehr. Und kaum noch nach dem ersten Mal. Mutter sagt, es müsse ein wenig wehtun, um uns auf die Schmerzen der Geburt vorzubereiten."

„Aber die Geburt eines Kindes muß doch genauso aufregend wie schmerzhaft sein. War es nicht auch schön?"

„Schön?" Ganz offensichtlich hatte sie keine Ahnung, was ich meinte; es war ihr nicht in den Sinn gekommen, daß so etwas schön sein sollte. Ich glaube nicht, daß sie jemals empfunden hat wie ich, wenn ich auf meinem Bett gelegen und von Kschajarscha geträumt hatte, oder wie ich vielleicht Hegai gegenüber empfunden hätte, wenn ich verrückt genug gewesen wäre, mir das zu gestatten. Sie brachte nichts weiter heraus, als daß sie es kaum erwarten könnten, ein Kind zu bekommen, damit ihre Liebe vollkommen sei.

Ich versuchte, mir Iphigenia als Mutter vorzustellen; es war abwegig, sie war noch viel zu jung. Doch eigentlich war sie das nicht, und ich auch nicht . . . Wir saßen auf der Couch, sahen uns schweigend an und wußten ganz genau, daß unsere Freundschaft zu Ende war. Unsere Erwartungen vom Leben waren so unterschiedlich, wie die zweier Mädchen eines Alters nur sein konnten.

Ihre waren einfach und klar umrissen, meine verworren wie ungekämmte Wolle.

Schließlich entschuldigte sie sich und ging, und mir tat es nicht einmal leid. Ich saß draußen auf meinem Balkon, starrte hinauf in den wolkenlosen Himmel und fühlte mich verloren, entwurzelter als je zuvor, und ich wußte immer weniger, wer ich eigentlich war.

10

Es dauerte mehr als einen Monat, bis ich Hegai wiedersah, und mein Leben wurde zu einer Bürde – so schwer, daß ich glaubte, sie nicht mehr tragen zu können.

Der Sommer war wieder heiß und trocken, und der Große König und sein unmittelbarer Hofstaat zogen in den kühleren Bergpalast in Ekbatana um. Kschajarschas sogenannter unmittelbarer Hofstaat bestand aus vielen tausend Höflingen, Eunuchen und Frauen; außerdem Ratgeber, Magier, Ärzte, Masseure, Kosmetiker, Schneider, Wäscherinnen, Vorkoster, Köche, und Köche, die für die Köche kochten. Doch keine der Jungfrauen ging mit ihnen, da noch keine bereit war, dem König vorgestellt zu werden.

Eines Abends brachte Fara aus heiterem Himmel zusammen mit meinem Abendessen das vertraute, versiegelte Wachstäfelchen mit einer Botschaft.

Hegai machte in seiner Nachricht nicht die geringste Andeutung auf unser Mißverständnis im Garten – was immer es gewesen sein mochte –, auch nicht auf die lange Zeit, die wir uns nicht gesehen hatten. Er bat nur um die Erlaubnis, mit mir in meinem Zimmer zu dinieren; er gebrauchte dieselben Worte wie immer.

Ich machte mir nicht die Mühe, eine Antwort zu schicken; ich sprang auf und lief selbst zur Tür, da ich wußte, daß er draußen warten würde. So war es auch, er stand mit verschränkten Armen vor der Tür und trommelte mit den Fingern nervös auf seine Oberarme. Als er meine Freude bemerkte, machte sich Erleichterung auf seinem Gesicht breit. Doch er machte keine Andeutung zu unserer Entfremdung, und während des Essens sprachen wir über unwichtige Dinge;

ich wagte es nicht, das Thema anzuschneiden, da er es nicht tat, denn das mußte bedeuten, daß er nicht darüber sprechen wollte. Doch als er gehen wollte, fragte ich vorsichtig: „Kommst du morgen wieder?" und er sagte ja.

Die folgenden drei Abende verliefen ähnlich, und am vierten beschloß ich, das Risiko einzugehen und ihn zu fragen, was los gewesen sei. Doch er antwortete nicht und ging früh, erklärte, er fühle sich unwohl.

„Was stimmt bloß nicht mit ihm?" fragte ich Fara. „Er wirkte immer so beherrscht, so kühl. Und jetzt ist er so angespannt wie eine Harfensaite und so scheu wie eine Eidechse."

„Mit Verlaub, Herrin . . . den anderen Jungfrauen gegenüber ist er barscher als je zuvor, und seinen Eunuchen gegenüber auch. Er hat einen der Eunuchen dabei erwischt, wie er sich vor seinen Pflichten gedrückt hat. Er hat ihm eigenhändig dreißig Peitschenhiebe versetzt."

Das alles machte keinen Sinn. Aber ich würde nichts mehr sagen, nicht, wenn es bedeutete, daß ich ihn wieder wochenlang nicht sehen würde.

Wie sich jedoch herausstellte, sollte ich ihn sehr viel häufiger sehen, nicht weniger. Als der Hochsommer überschritten und die Mittagshitze nicht mehr ganz so unerträglich war, verkündete Hegai, er würde von jetzt an meinen Unterricht übernehmen.

„Aber warum?" rief ich ungläubig. „Habe ich jetzt auch Anahita beleidigt?"

„Ganz und gar nicht. Du hast alles gelernt, was sie dir beibringen kann. Jetzt muß dich jemand unterweisen, der den König besser kennt als sie, das ist alles." Er sprach so kühl, daß ich nicht wagte, weiter in ihn zu dringen.

Und seltsamerweise mußte ich feststellen, daß mir sein Unterricht genausowenig Spaß machte wie der von Anahita. Unsere Themen wurden von Stunde zu Stunde delikater, und doch wurde er immer distanzierter, und es war, als wünschte er, wir wären ganz woanders.

„Du mußt Fara veranlassen, deine Wangen und Lippen noch stärker zu färben", sagte er mir brüsk. „Unsere Lippen und Wangen röten sich, wenn wir mit Begierde erfüllt sind, und diesen Eindruck mußt du Kschajarscha vermitteln. Auch unsere Pupillen erweitern sich, wenn wir erregt sind, darum wirken unsere Augen dann dunkler. Geschicktes Schminken wird denselben Eindruck vermitteln.

Nimm nicht ein so leichtes Parfüm; es ist nicht vielversprechend genug. Versuche ein etwas würzigeres, aufregenderes. Und dein Haar mußt du auch weicher tragen – vielleicht ist das modern so, wie du es frisierst, aber es wird dem König nicht gefallen. Dasselbe gilt für deinen Puder: Vergiß, was modern ist. Du brauchst an den Wangenknochen einen helleren Puder, um ihre Konturen zu unterstreichen."

Man hätte denken können, er hielte einen Vortrag über das Mischen von Mörtel für eine Ziegelwand. Ich lauschte seinem Vortrag und überließ mich seinen geschickten Fingern, die die Anregungen gleich in die Tat umsetzten, und meine bereits aufgewühlten Gefühle wurden noch mehr aufgepeitscht. Doch sein Gesichtsausdruck blieb die ganze Zeit ausdruckslos.

Als er fertig war, trat er zurück, um das Ergebnis zu betrachten, dann reichte er mir einen Spiegel. Ich preßte die Hand vor den Mund, denn wir hätten Zwillinge sein können.

In dieser Nacht lag ich stundenlang wach. Ich konnte nicht einmal in meinen Gedanken Hegais Namen aussprechen, ohne daß mir das Blut in die Wangen stieg, wie er es beschrieben hatte, und ich stellte mir vor, wie meine Pupillen sich erweiterten, bis meine Augen ganz schwarz waren. Doch die Freundschaft, die wir einmal gehabt hatten, war wie die ausgedörrten Felder draußen vor der Stadt, die schweigend um die ersten Regenfälle bettelten. Ich beschloß, daß es so nicht mehr weitergehen konnte, und nachdem ich den Entschluß gefaßt hatte, konnte ich auch schlafen.

Als Hegai zu unserem Abendessen kam, lag eine gesunde Röte auf meinem Gesicht, die ihre Existenz nicht irgendwelchen Kosmetika verdankte. Ich küßte ihn einmal auf beide Wangen, wie die Sitte es erlaubte; dann noch einmal, etwas, das nicht vorgesehen war. Er wich nicht zurück, darum küßte ich ihn wieder, ein wenig länger. Ich bat ihn, am folgenden Nachmittag wieder im Garten mit mir spazierenzugehen, und er stimmte zu, ein wenig widerstrebend, doch nicht ohne offensichtliches Vergnügen, daß ich es vorgeschlagen hatte.

Als die für unseren Spaziergang festgesetzte Stunde kam, trank ich einen großen Schluck Wein; Hegai kam, um mich abzuholen, und ich küßte ihn durch seinen Turban hindurch auf die Lippen. Nachdem wir uns in der Abgeschiedenheit des Gartens befanden, nahm ich seine Hand, und als wir uns auf den umgefallenen Baumstamm setzten, rückte ich so dicht an ihn heran, daß der Arm, mit dem er sich abstützte, halb auf meinem Rücken lag. Ich legte ihn ganz um mich herum, und er ließ ihn dort liegen.

Kurz, er widerstand keinem meiner Annäherungsversuche; doch er wurde immer angespannter. Ich kümmerte mich nicht darum; ich war so entflammt, und ich wußte, daß er diese Spannung nicht mehr lange würde aushalten können.

Nachdem wir in mein Zimmer zurückgekehrt waren und gegessen hatten, schickte ich Fara und die anderen fort und trug ihnen auf, nicht zurückzukommen, bis ich sie rufen ließ. Dann setzte ich mich neben Hegai und legte meinen Arm um seine Schulter. Er zitterte wie ein Mann, der aus eiskaltem Wasser gerettet worden war.

„Deine Hand ist kalt, Hegai, und du zitterst. Vielleicht wird ein wenig Wein dich wärmen." Ich nahm einen Becher, den ich bereits gefüllt hatte, und stellte ihn in Reichweite. Dann stützte ich seinen Kopf mit einer Hand und führte den Becher an seine Lippen. Ich konnte sehen, wie die sanfte Wärme des Weines die Spannung von seinem Gesicht nahm; doch es trat keine Zufriedenheit an seine Stelle. Ich flüsterte: „Warum bist du so traurig, mein liebster Hegai? Ist es mein Fehler? Wenn du ja sagst, machst du auch mich schrecklich traurig."

Er betrachtete eindringlich mein Gesicht. Dann sagte er: „Ich bin nicht traurig, Esther. Ich bin glücklicher, als ich je erwartet hätte. Aber es wird nicht andauern."

Wenn ich nur sicher gewesen wäre, was er meinte, hätte ich es riskiert zu sagen, daß es andauern könnte, solange wir es wollten. Doch bevor ich mich entschlossen hatte, ergriff er wieder das Wort.

„Esther ist der richtige Name für dich. Du bist wie Ischtar, die Göttin, die alles riskiert hat, um ihrem geliebten Tammuz zum Haus der Finsternis zu folgen und ihm sein Leben zurückzugeben. Und doch wußte sie nicht, was sie tat, und du weißt es auch nicht."

Verwirrt wartete ich, daß er weitersprach, berührte mit meinen Fingerspitzen seine feinen Wangenknochen und streichelte sie. Er fragte mich, ob ich die Geschichte kennen würde, und ich bejahte. Ich überlegte nicht, was ich sagte; ich konnte an gar nichts denken, denn das Feuer in meinem Herzen und in mir fraß mich langsam auf.

„Jedes Jahr liegen die Felder tot da, während Tammuz tot ist und Ischtar in der Unterwelt nach ihm sucht. Dann triumphieren die Liebenden, und es gibt neues Leben für die Ernte und für die Menschen, so wie du dich bemüht hast, mir neues Leben zu bringen."

„Dann werde ich Esther sein, und ich werde dich von heute an Tammuz nennen, wenn es dich glücklich macht“, verkündete ich, obwohl ich nicht verstand, warum dieses ganze Gerede von heidnischen Gottheiten ihm auf einmal so wichtig war. Schließlich warf ich alle verbleibende Vorsicht über Bord und sagte: „Der Große König kann von mir aus ewig warten, es interessiert mich nicht. Du bist es, mein lieber Tammuz, den ich begehre. Ich liebe dich.“

Danach lernte ich für einen flüchtigen Augenblick die Ekstase kennen. Hegai wendete sich nicht ab, als ich mich zu ihm herunterbeugte und seine Lippen mit meinen berührte. Ich öffnete seine Schulterbrosche und ließ meine Hand in sein Gewand gleiten. Mittlerweile hatte ich die Augen geschlossen, doch als ich sie wieder öffnete, sah ich, daß er weinte.

Verwirrt hielt ich inne; und schließlich begann er mit zitternder Stimme Antworten auf die Fragen zu geben, die ich ihm schon lange hatte stellen wollen: Er erzählte mir seine ganze Lebensgeschichte. Doch je mehr er mir erzählte, desto weniger wollte ich zuhören.

Er war der Sohn eines babylonischen Ziegelmachers, also genauso semitischer Herkunft wie ich, doch ebenso ein Angehöriger der heidnischen Stämme, die vor so langer Zeit Jerusalem zerstört und meine Vorfahren in die Verbannung geführt hatte. Sein Vater war reich gewesen, denn er hatte keine Lehmziegel hergestellt, sondern die teuren glasierten, aus denen die Zierstreifen im Palast des Großen Königs gearbeitet waren.

Doch dann hatte sich Babylon gegen die persische Herrschaft aufgelehnt, und alle Babylonier, die in Susa lebten, schwebten auf einmal in tödlicher Gefahr. Hegai und seine Eltern waren geflohen, doch bald wurde offensichtlich, daß der Aufstand nicht erfolgreich sein würde. Ein Schatten lag über der einst so stolzen Nation, dann wurde sie zerschlagen. Bei der Zerstörung der Stadt Babylon wurde ganze Arbeit geleistet. Weder Kurasch, der Begründer des hachamanischen Weltreichs, noch der große Darajawausch hätten jemals solche unaussprechlichen Dinge getan, denn die Perser sind von Natur aus tolerant, respektieren die religiösen Traditionen anderer und bewundern Schönheit und Kultur, wo immer sie sie finden. Die Schönheit Babylons wurde zerstört, die eleganten Gebäude dem Erdboden gleichgemacht, die herrlichen Tore und Friese mit ihren gelb gemauerten Löwen, die in langer Reihe über die blau gemauerten heiligen Straßen marschierten, wurden verunstaltet und geplündert. Auch fand ein riesengroßes Massaker statt; anscheinend blieben nur die Menschen am Leben, die einen guten Preis auf den Sklavenmärkten erzielen konnten.

Hegais Eltern waren gefoltert und dann vor seinen Augen erhängt worden. Er selbst war vierzehn Jahre alt gewesen, insofern noch ein Kind, als daß er noch nicht in den Stimmbruch gekommen war, und er hatte nie auch nur einen Tag in seinem Leben gearbeitet. Er war der einzige Sohn seiner Mutter gewesen und die Freude ihres fortgeschrittenen Alters; verwöhnt und beschützt, fürchtete er sich beinahe mehr vor niedriger Arbeit als vor dem Tod.

Schließlich hatte ihn keines dieser Schicksale ereilt, aber er konnte sich nicht überwinden, mir zu erzählen, was ihm passiert war. Während seines Berichts war seine Stimme immer leiser geworden, doch nun versagte sie ihm vollends.

Nicht einmal in diesem Augenblick hatte ich die Wahrheit über ihn erraten. Im nachhinein bin ich erstaunt, wie ich so naiv hatte sein können, doch selbst Anahita, die sich sehr detailliert über meine „Vorstellung" beim Großen König ausgelassen hatte, hatte mir nichts davon erzählt, was passieren würde, wenn er mich in sein Bett holte. Ja, ich wußte, was ein Eunuch war und wie man jemanden dazu machte, doch ich hatte gedacht, alle Eunuchen wären fett, kahl und abstoßend. Ich hatte vollkommen vergessen, daß Ninlil mir einmal gesagt hatte, Eunuchen würden in jungen Jahren so schlank wie Mädchen bleiben. Und ich hatte nie verstanden, warum Rubens Töchter gelacht hatten, als ich nach den Eunuchen auf Waschtis Fest gefragt hatte.

So saß ich sprachlos da, bis Hegai gezwungen war, es auszusprechen: „Sie haben mir meine Männlichkeit genommen, um Himmels willen! Verstehst du denn nicht, ich bin wie Schaaschgas, dessen Fleisch wabbelt, wenn er geht, und der in den Augen jedes respektablen Menschen ein Greuel ist . . ."

Ich erkannte die Worte, die ich bei unserem ersten Besuch im Garten zu Hegai gesagt hatte. Ich konnte nichts anderes denken als: „O nein! O nein", und ich sagte es in Gedanken immer und immer wieder. Ich wußte nicht, ob ich wütend, verzweifelt oder entsetzt sein sollte. Hegai lag immer noch auf meinem Schoß, mit beiden Armen bedeckte er sein Gesicht, um sich vor meinem Blick zu schützen; ich sah ihn ganz bestimmt nicht an, hielt ihn auch nicht mehr im Arm. Ich wäre von ihm abgerückt, wenn ich es gekonnt hätte, doch er lag wie Blei auf meinen Beinen.

Ich hörte mich fragen, warum er mir das nicht gesagt hätte, doch noch während ich sprach, wußte ich, daß die Frage überflüssig war. Ich war so blind gewesen, weil ich es gewollt hatte.

„Ich dachte, du hättest es wissen müssen", krächzte er. „Alle wissen, daß es nicht kastrierten Männern, die über das Kindesalter hinweg sind, nicht erlaubt ist, im Frauenhaus des Palastes zu erscheinen. Nur der König und seine Söhne dürfen das. Und du mußt doch gesehen haben, daß ich nicht einmal den Schatten eines Bartes habe, und gehört haben, daß meine Stimme immer noch hoch ist, auch wenn ich mich bemüht habe, sie zu verstellen."

Im Laufe der Zeit wäre es ihm immer klarer geworden, daß ich es tatsächlich nicht wußte; obwohl er sich dem erst hätte stellen müssen, als ich ganz offen meine Verachtung für Männer wie Schaaschgas ausgesprochen hätte, sagte er mir. Er hatte sich bis dahin eingeredet, daß ich es wüßte, doch daß ich im Gegensatz zu jedem anderen Mädchen, das sich durch seinen Anblick abgestoßen fühlte, unter die Oberfläche sehen und die Freundschaft des Menschen gesucht hätte. Er hatte jedoch Angst gehabt, mir die Wahrheit zu erzählen, weil er befürchtete, ich würde nicht mehr mit ihm sprechen wollen, und dann wäre seine schöne Illusion zerstört.

„Dieser Tag draußen im Garten . . . ich wußte, ich war töricht, es mußte aufhören. Doch in den darauffolgenden Wochen vermißte ich dich; ich vermißte dich so sehr. Ich mußte zurückkommen, doch auf einmal erkannte ich, daß du mich nicht nur zum Freund wolltest. Du fandest mich – attraktiv. Ich hatte es für unmöglich gehalten, daß eine Frau mich je mögen könnte, und es war wie im Paradies. Doch so kann es nicht weitergehen. Ich kann niemals so für dich empfinden, wie ein Mann empfinden sollte, noch viel weniger dich lieben. Sie haben mich zu früh geschnitten, und zu dicht."

Er strich sein Gewand glatt, befestigte seine Brosche und richtete mit zitternden Fingern seinen Turban. Erleichtert, sein Gewicht nicht mehr auf meinen Beinen zu spüren, rückte ich von ihm ab. Ungewollt erschauderte ich bei dem schrecklichen Gedanken, daß ich einen Mann begehrt hatte, der gar kein Mann war, daß ich mir selbst gestattet hatte, mich durch seine Berührung zu beschmutzen.

Auf einmal wurde mir klar, daß seine Zurückhaltung kein Zeichen von Arroganz war, sondern von Furcht; seine Grausamkeit war notwendig, um ihm und den anderen zu beweisen, daß er kein Schwächling war; seine ausgezeichneten Manieren waren ein Schutzschild, mit dem er sich vor den spitzen Zungen jener hütete, die ihn haßten, und vor seinem eigenen Gefühl der Unvollkommenheit und Niedrigkeit. Er mußte unvorstellbar einsam sein.

Darum nahm ich ihn wieder in die Arme, und zum ersten Mal in meinem Leben erfuhr ich die Freude, einem anderen Menschen wirklichen Trost zu spenden; und dieser andere war ein Eunuch, in den Augen Adonais ein Greuel ... Während er sich an meiner Schulter ausweinte, begann ich ihm von meinem Bruder zu erzählen, wie ich ihn geliebt hatte, und dann von meinen Eltern und meiner Schwester und unserem idyllischen Leben in Jerusalem, wo wir die Übriggebliebenen Gottes gewesen waren, die für den Wiederaufbau der heiligen Nation sorgten. Ich erzählte ihm, daß ich Jüdin war, weil es mir falsch schien, etwas vor ihm zurückzuhalten, wo er bereit gewesen war, mir sein ganzes Leben zu offenbaren, und das alles war um so unvorstellbarer, weil unsere beiden Völker seit mehr als einem Jahrhundert die schlimmsten Feinde waren.

Je mehr ich ihm von mir erzählte, desto stärker hatte ich das Gefühl, über einen anderen Menschen zu sprechen. Seit Wochen hatte ich unreines Essen zu mir genommen, ohne auch nur darüber nachzudenken, ich hatte vollkommen den Überblick verloren, wann Sabbat war, und in der ganzen Zeit war es mir nicht einmal in den Sinn gekommen zu beten. Schlimmer noch, ich wußte aus Mordechais Thora-Stunden, daß das arme Wesen, das ich im Arm hielt, genauso unrein war wie die Austern, Hummer und Krebse, die wir zusammen an meinem Tisch gegessen hatten; ein Eunuch durfte niemals als einer des Volkes Gottes angenommen werden. Ich verlor den Faden meiner Geschichte, darum fuhr er mit seiner fort.

Inmitten der rauchenden Ruinen seiner Stadt war er unter Drogen gesetzt und kastriert worden, von dem Kaufmann, der ihn von denen gekauft hatte, die mit dem Verkauf der Beute des Großen Königs beauftragt worden waren. Wenigstens waren die Instrumente sauber gewesen; seine Wunden verheilten gut, und von diesem Zeitpunkt an war er eine außergewöhnlich kostbare Ware: ein bildhübscher Eunuch.

Er wurde für einen sehr hohen Preis an einen medischen Kaufmann verkauft, der dem König einen Dienst erweisen wollte. Der Kaufmann brachte seine teure Ware nach Susa und schenkte sie Kschajarscha, der bekannt dafür war, daß ihm vor allem griechische Jungen gefielen. Für viele war es sehr erstaunlich, daß Seine Majestät intimen Umgang mit Angehörigen eines Landes haben konnte, das er entschlossen war zu unterwerfen. Und doch war das typisch für Kschajarscha: Er war fasziniert von den Dingen und den Leuten, die er behauptete zu verachten, und er fand schöne Nichtarier unwiderstehlich.

Hegai wurde also zum zweiten Mal Eigentum des Königs, und während er ihm früher im rechtlichen Sinne gehört hatte, so gehörte er ihm jetzt persönlich – sehr persönlich. Er wurde sofort zum Kämmerer gemacht – mit anderen Worten, zum Hüter des Schlafzimmers –, und da er ein Sklave war, war er für alle persönlichen Bedürfnisse des Königs verantwortlich. Dazu gehörte, daß er den König abends zu Bett brachte, ihm morgens beim Aufstehen half und ihm zwischendurch Gesellschaft leistete.

An diesem Punkt der Geschichte hielt Hegai inne, um meine Reaktion zu überprüfen. Aber ich sagte nichts; mittlerweile hatte ich den Schock überwunden.

Kschajarscha hatte Gefallen an ihm gefunden; es war sogar mehr als nur Gefallen. Bald wurde offensichtlich, daß er von seinem schönen Diener betört war, und er begann ihm kostbare Kleider und Juwelen zu schenken. Obwohl er theoretisch immer noch ein Sklave war, gehörte er doch bald zu den reichsten und einflußreichsten Leuten im ganzen Weltreich. Es war nicht nur der König, der ihn mit Geschenken überhäufte; ebenso viele erhielt er von Leuten, denen der König eine Gunst erweisen sollte und die hofften, Hegai würde seinen Einfluß geltend machen.

Seine Gefühle jedoch waren in Aufruhr. Er hatte sich mit der Tatsache abgefunden, daß er, der in der Erwartung aufgewachsen war, eines Tages zu heiraten und Kinder zu zeugen, das Bett mit einem Mann teilte. Dies war nicht irgendein Mann, sondern der mächtigste Mann der Welt, der, wenn auch indirekt, für den Tod seiner geliebten Eltern verantwortlich war. Doch Kschajarscha behandelte ihn so liebevoll, daß Hegai nicht in der Lage war, den König zu hassen, und häufig sogar in seinen Armen weinte. Denn seit der Operation flossen die Tränen sehr schnell, und Hegai wurde allmählich gezwungen, die Tatsache zu akezptieren, daß nicht nur der körperliche Aspekt seiner Männlichkeit fort war.

Von da an beschloß er, mit aller Entschlossenheit, die er aufbringen konnte, gegen die fortschreitende Verweiblichung anzukämpfen. Er trug einen Turban mit Tuch, um seine Bartlosigkeit zu verdecken, und ganz bewußt sprach er mit tieferer Stimme. Er verbarg seine verweichlichten Gefühle und bemühte sich verzweifelt darum, niemals in Gegenwart anderer Menschen zu weinen; das war ihm bis zu diesem Tag auch gelungen. Wenn andere Höflinge ihn neckten, so rannte er nicht mehr zum König, um sich zu beschweren, sondern tat die Beleidigung ab. Und falls er von einem Untergebenen verspottet wurde, so ließ er den Betreffenden auspeitschen.

Doch kaum hatte Hegai begonnen, mit sich selbst und seinem pervertierten neuen Leben Frieden zu schließen, wurde alles wieder aufgewühlt. Es zeigte sich, daß er Waschtis Eifersucht erregt hatte, weil er ihrem Mann offensichtlich so nahestand.

Es war nicht so sehr die Tatsache, daß Hegai Kschajarschas Bett teilte, die sie zornig machte; immerhin hatte der König Hunderte von Konkubinen. Er hatte auch genügend andere gutaussehende Eunuchen; die besiegten Babylonier waren verpflichtet, den Hof mit fünfhundert pro Jahr zu versorgen. In Griechenland hätten seine Freunde nicht entmannt werden oder Sklaven sein müssen, doch die Entmannung von freigeborenen jungen Männern, die sich freigeborene Frauen nehmen und Kinder bekommen würden, wäre in Persien nicht akzeptabel gewesen, und nicht einmal Kschajarscha wagte es, sich über diese Tradition hinwegzusetzen. Nein, es war nicht die Untreue ihres Mannes und auch nicht die besondere Ausrichtung seiner sexuellen Gelüste, die Waschti zornig machte, sondern die Tatsache, daß er Hegai auf einer sehr viel tieferen Ebene liebte.

Darum beschloß sie, sich ihres schönen jungen Rivalen zu entledigen. Sie verbreitete Lügen über ihn, die so raffiniert waren, daß einige sehr einflußreiche Leute am Hof auf die bösartigen Andeutungen ansprangen. Kschajarscha mußte Hegai von seinem Posten entfernen, um seinen eigenen Ruf zu retten.

Ich sagte: „Aber bestimmt war Waschti zu der Zeit doch selbst bereits in den Harem geschickt worden? Warum hat Kschajarscha auch weiterhin auf sie gehört?"

„Esther, du darfst niemals den Fehler machen zu glauben, Waschti habe zusammen mit dem Thron auch ihre Macht verloren. Sie ist eine kluge und außergewöhnliche Frau, die viele Fäden zieht, und du wirst gut daran tun, sie im Auge zu behalten. Sie hat sämtliche Eunuchen und Konkubinen korrumpiert, und die waren leichte Beute für sie, weil sie ohnehin auf mich eifersüchtig waren."

„Mich sollte es nicht wundern, wenn du schöner als sie alle bist", meinte ich und strich ihm vorsichtig über die von Kajalstift verschmierte Wange. Er blickte auf meine Hand herab, dann nahm er sie in seine und schloß die Augen. Er schluckte und fuhr in seiner Geschichte fort.

Kschajarscha hatte ihn trotzdem geliebt und gewußt, daß die Gerüchte falsch waren, daher konnte er sich nicht überwinden, Hegai zu töten, ihn zu verkaufen oder auf die Straße zu setzen.

Darum wurden ihm niedrige Arbeiten am Hof zugewiesen; er wurde von allen, mit denen er zu tun hatte, als eine Abnormität betrachtet; er war weder Sklave noch frei, weder Höfling noch Bürger, weder Mann noch Frau. Als dann die Suche nach einer neuen Braut für Kschajarscha begann, war Hegai als Hüter der Mädchen, die die Beauftragten in den Palast brachten, ideal gewesen. Schließlich wußte außer Waschti keiner so gut wie er, was dem König gefiel.

Hegai verstummte. So vorsichtig es ging, fragte ich: „Und du liebst ihn noch immer, mein armer, einsamer Tammuz? Hast du je aufgehört, ihn zu lieben?"

Er zuckte hilflos die Achseln. „Ich weiß es nicht. Ich war so verwirrt. Aber ein Teil von mir liebt ihn noch immer, ja; wie könnte es anders sein, wo ich doch alle verloren habe, die mir etwas bedeutet haben, und sogar die zweite Hälfte meines eigenen Ichs? Welche andere Chance hatte ich denn, Frieden oder Liebe zu finden? Und Kschajarscha war wirklich freundlich zu mir, er hat mich nicht nur benutzt. Er hatte sogar einen Kosenamen für mich. Er hat mich immer Tischtrya genannt, das ist der strahlende weiße Stern, der über allen anderen Sternen steht und der am Neujahrsabend für zehn Nächte in Gestalt eines wunderschönen jungen Mannes erscheint. Wenn er hört, daß dein Name Stern ist, wird er sich wieder daran erinnern. Darauf müssen wir hoffen."

Ich flüsterte: „Der Große König kann warten, Tammuz, wie ich gesagt habe. Wir wollen nur heute abend so tun, als sei nichts von alledem passiert." Und ich küßte ihn lange und liebevoll, genau so, wie ich es gewollt hatte.

Der Sommer ging in den Herbst über; Kschajarscha und sein Hofstaat kehrten nach Susa zurück; der Herbst wich dem Winter, und die Regenfälle brachten den durstigen Ebenen das ersehnte Wasser. Hegai und ich verbrachten auch weiterhin unsere Abende zusammen; er war mein Tammuz, und ich war Esther, sein kleiner Stern. Im Laufe der Zeit liebte ich ihn immer mehr, doch meine Liebe für ihn hatte sich verändert. Ich begehrte ihn nicht mehr; aber es war so lange her, seit ich etwas, das auch nur im entferntesten selbstloser Liebe glich, für jemanden empfunden hatte. Ich hatte vergessen, was das war. Es war auf seltsame Weise befreiend: für mich und auch für Hegai. Wie Fara mir erzählte, verteilte er keine harten Strafen mehr, wenn er sah, daß seine Würde mißachtet wurde, und er hatte begonnen, von seinen Untergebenen Respekt zu fordern und nicht Furcht oder Verachtung.

Und unsere gegenseitige Liebe war viel weniger sinnlos, als sie gewesen wäre, wenn Hegai ein richtiger Mann gewesen wäre. Keinesfalls hätte es für uns eine gemeinsame Zukunft geben können, bestenfalls eine kurze, heimliche Affäre, um dann gleichzeitig gepfählt zu werden.

Im Laufe der Wochen erzählte ich ihm mehr von mir und von dem Leben, das ich in Mordechais Haus und in Jerusalem geführt hatte. Als ich ihm den Namen der Schwester meines Vormunds nannte, zog er seine Augenbrauen hoch.

„Ninlil? Aber Ninlil war von Kindheit an eine Tempelprostituierte, die sich dem seltsamen religiösen Kult zugewendet hat, dem ihre Großeltern angehört hatten und den auch ihr Bruder noch immer praktiziert. Die ganze Stadt hat davon gehört. Meinst du, daß wir wirklich über dieselbe Person sprechen?"

„Nein", antwortete ich lachend, doch gleichzeitig wurde ich nachdenklich. Immer wieder hatte Ninlil eingestanden, daß ihre Eltern keine gläubigen Juden gewesen seien; sie und ihr Bruder waren nach babylonischen Gottheiten benannt. Wenn ihre Eltern sie für unschickliche Rituale benutzt hatten, so würde das ganz sicher erklären, warum sie nach dem jüdischen Gesetz nicht mehr heiraten konnte und warum sie nur so widerwillig über ihre Vergangenheit gesprochen hatte. Auf einmal empfand ich großes Mitleid für sie, und ich fragte mich, ob sie sich wohl von der Krankheit erholt hatte, von der Iphigenia gesprochen hatte.

Und dann erzählte mir Hegai eines Abends, die ersten Mädchen hätten erfahren, wann sie sich dem König vorstellen sollten, und auf einmal schien alles so schrecklich nah zu sein. Jeder Tag flog dahin wie Blütenblätter, die vom Wind fortgetragen wurden; jeder Augenblick, den ich mit Hegai verbrachte, war kostbar wie Gold, denn bald würde unsere gemeinsame Zeit vorbei sein. Nach und nach lenkte er das Gespräch auf Kschajarscha, obwohl ich zuerst in einem nutzlosen Versuch, die Realität zu verdrängen, bestrebt war, das Thema zu wechseln.

„Wie ist er wirklich?" fragte ich, nachdem ich akzeptiert hatte, daß es kein Entkommen gab. „Ich habe so viele Gerüchte gehört. Ich habe gehört, er sei grausam, aber sanft; eigensinnig, aber schwankend; starrsinnig, aber zu sehr unter dem Einfluß seiner Ratgeber; übereilt und doch zu vorsichtig; brutal und doch sanftmütig. Was ist denn nun die Wahrheit?"

„Alles ist zutreffend, und auch nichts. Er ist der mächtigste Mann der Welt – und das lastet auf ihm. Er will genauso groß sein wie seine Vorgänger. Darum meint er, er müsse manchmal Stärke zeigen, dann wieder die Liebe seiner Untertanen gewinnen. Und er ist viel fanatischer in seiner Hingabe an Ahura Mazda als seine Vorgänger. Er ist der Meinung, der Weise Herr habe ihm sein Weltreich gegeben und dieser Gott allein könne ihm helfen, es zu erhalten. Darum denkt er, es sei seine Pflicht, alle anderen Religionen auszulöschen. Doch soweit ich weiß, gelingt es nur selten, die Religion zu unterdrücken."

„Was ist mit den Juden? Wir sind keine Götzenanbeter. Will er auch unseren Glauben ausrotten?"

„Das weiß ich nicht, mein kleiner Stern. Aber du brauchst keine Angst um dich selbst zu haben. Sei versichert, daß ich dein Geheimnis niemandem verraten werde."

Paradoxerweise weckte seine Versicherung Furcht in mir. Mir war gar nicht klar gewesen, daß Kschajarschas Unterdrückung des Heidentums vielleicht die Vernichtung der Heiden beinhalten könnte, nicht nur die Zerstörung ihrer Altäre.

Als meine Vorstellung bei Kschajarscha unausweichlich näherrückte, begann Hegai offener über die Pflichten zu sprechen, die er als Kämmerer gehabt hatte, und mir Andeutungen zu machen, wie ich die Begierde Seiner Majestät wecken könnte.

Jeden Abend, bevor Kschajarscha sich zurückzog, mußte Hegai ihn nach einem vorgeschriebenen Ritual entkleiden: Zuerst stand er dicht hinter seinem königlichen Herrn und löste seinen Umhang und seine Schärpe, dann setzte sich der König auf sein Bett, während Hegai vor ihm kniete, um ihm seine Pantoffeln auszuziehen; dabei stand Kschajarschas Fuß auf seinem Schoß. Mit abgewendetem Blick zog Hegai dem König die Hosen aus und half ihm in sein Nachgewand; seine Tunika und Unterhose zog der König selbst aus. Ich lachte leise; es war verrückt, wie weit diese Perser gingen, um zu vermeiden, daß sie entkleidet von denen gesehen wurden, mit denen sie intim waren. Verwirrt fragte ich: „Muß ich auch all das für Kschajarscha tun, wenn ich zu ihm geschickt werde?"

Hegai lächelte verlegen. „Nein, das wird nicht von dir erwartet. Er hat einen neuen Kämmerer, der dich bitten wird, draußen zu warten, bis sein Herr im Bett liegt. Doch der Kämmerer ist ein Sklave und du nicht; du kannst ihn fortschicken, bevor der König fertig ist, und diese Aufgabe selbst übernehmen. Dann wird Kschajarscha wissen, daß du meine Zustimmung hast."

Ich nickte nachdenklich und ließ seine Worte auf mich einwirken. Dann fragte ich zögernd: „Tammuz, bist du nicht eifersüchtig auf mich? Wie kannst du mich so bereitwillig auf eine Rolle vorbereiten, die einmal dir vorbehalten war? Du mußt mich doch mehr als irgend jemanden auf der Welt hassen."

Hegai blinzelte und wendete den Blick ab. „Vielleicht liebe ich ihn so sehr, daß ich ihn glücklich sehen möchte. Und ich weiß, er könnte mit dir sehr glücklich werden."

„Darum hast du von Anfang an meine Freundschaft gesucht?"

„Ja."

„Du hast das damals schon gesehen?"

„Ja."

„Wenn nun aber eines der Mädchen, das vor mir kommt, ihm auch gefällt? Wenn ich niemals die Gelegenheit habe, ihm zu gefallen? Was wird dann mit mir geschehen? Werde ich dann zu Mordechai zurückgeschickt?"

Hegai nahm mein Kinn in die Hand und küßte mich auf die Lippen. Er sagte: „Nie, seit du hergekommen bist, habe ich dich nervös erlebt, kleiner Stern – bis jetzt. Du brauchst keine Angst zu haben. Vor allem dein Geist hat dich von deinen Schwestern unterschieden. Weshalb bist du so aufgeregt?"

Ich zuckte die Achseln und antwortet nicht; die Wahrheit war, daß ich, obwohl ich freiwillig in den Palast gekommen war, nun keine Kontrolle mehr über mein Schicksal hatte.

Zum Glück bestand er jedoch nicht auf einer Antwort. Statt dessen sagte er: „Du solltest wissen, daß du dir keine Gedanken zu machen brauchst. Keines der anderen Mädchen wird wagen, den Kämmerer des Großen Königs fortzuschicken. Sie werden nicht einmal daran denken." Er lächelte wieder. „Es ist, wie ich dir erklärt habe, kleiner Stern. Im Palast kann man auf tausend Arten Einfluß ausüben. Waschti hält mich vom König fern, obwohl sie keine Königin mehr ist, während ich ihm auch ohne Täfelchen oder Botenjunge Nachrichten übermitteln kann."

Ich dachte einen Augenblick nach und fragte ihn dann: „Was wird mit Waschti passieren, Tammuz, falls ich – falls jemand an ihrer Stelle gekrönt wird? Was wird mit ihren Kindern passieren?"

Hegai hob die Hände. „Wer kann das schon sagen? Vielleicht wird es einen blutigen Bürgerkrieg geben, wenn es soweit ist. Solche Dinge liegen bei den Göttern und müssen auch ihnen überlassen bleiben."

Das brachte mir nur wenig Trost. „Es gibt keine Götter, Tammuz, oder sie kümmern sich nicht um ihre Geschöpfe ..." Ich schwieg und war betrübter als je zuvor. Doch er widersprach mir nicht; wie könnte er, wenn er sein eigenes Leben betrachtete?

„Ich glaube, daß Kschajarscha Waschti immer noch liebt, trotz allem. Er hat mich nur geliebt, weil ich ihr so ähnlich war." Dann riß er sich zusammen und drehte sich zu mir um. „Er wird dich aus demselben Grund lieben, kleiner Stern. Da bin ich sicher."

In der kommenden Woche fielen die ersten Regenfälle. Ich stand mit Hegai in der Abenddämmerung auf meinem Balkon. Arm in Arm beugten wir uns über die Balustrade, lachten und ließen uns die Tropfen über unsere Hände und unser Gesicht rinnen. Geborgen in der Wärme unserer Freundschaft konnte ich beinahe glauben, daß niemand sonst existierte, daß wir auch für den Rest unseres Lebens sorglos und zusammensein konnten. Doch mitten in unser Gelächter ertönte ein dringliches Klopfen an meiner Tür, und ein hochmütiger junger Eunuch kam in mein Zimmer, ohne auf eine Aufforderung zu warten.

Vermutlich haben wir so schuldbewußt ausgesehen wie Kinder, die beim Stehlen auf dem Basar ertappt worden sind; nicht einmal Hegai konnte so schnell seine Fassung wiedergewinnen. Sein aufgelöster Turban hing über seine Schulter und sein Haar mischte sich mit meinem. „Was ist los, Aschpamithra? Konntest du nicht warten, bis du mich morgen siehst?"

Er ging ins Zimmer und zog den Boten in eine Ecke, wo sie eine Weile miteinander flüsterten, während ich zitternd und mit einer bösen Vorahnung auf dem Balkon stehenblieb. Dann schickte Hegai den jungen Mann fort und sagte: „Esther, komm her und setz dich."

Dann begann er leise: „Sicher weißt du, wer das war?"

„Nein. Woher sollte ich das wissen?"

„Das war Aschpamithra, der neue Kämmerer des Königs."

„Wirklich?" Ich verstand immer noch nicht, was sein Besuch bedeutete; vielleicht wollte ich es auch einfach nicht verstehen. Hegai ergriff meine beiden Hände.

„Du wirst in der ersten Nacht von Tebet zum König gehen, das ist in weniger als einem Monat. Das Warten ist fast vorüber, Esther."

„Nein, Tammuz. Da muß ein Fehler vorliegen. Ich kann doch noch nicht an der Reihe sein. Es müssen noch Dutzende Mädchen vor mir dran sein –"

„Kschajarscha kann nehmen, wen er möchte, wann er möchte, kleiner Stern. Vielleicht haben ihn bereits Berichte über deine erstaunliche Schönheit erreicht."

Ich hätte ihm vielleicht Vorwürfe gemacht, daß er mich neckte, wenn ich nicht plötzlich bemerkt hätte, wie krank er aussah. Der Kämmerer des Königs hatte uns beide gesehen, wie wir ausgelassen gewesen und uns berührt hatten wie Kinder, wie Liebende . . . Welchen Bericht würde Aschpamithra seinem Herrn jetzt geben?

Hegai schien wie so oft meine Gedanken gelesen zu haben. „Je mehr Aschpamithra berichtet, desto gespannter wird Kschajarscha auf dich sein, kleiner Stern. Er wird fasziniert sein; er wird aufgeregt sein – wenn er das nicht bereits ist. Alles wird in Ordnung kommen, Esther; bestimmt. Du mußt nur daran glauben."

Doch ich tat es nicht, weil ich wußte, daß er es selbst nicht glaubte; ich hatte gesehen, wie blaß er geworden war. Auch wußte ich nur zu gut, daß er mich genausosehr brauchte wie ich ihn.

Unsere letzten gemeinsamen Wochen waren ein einziger Alptraum. Nie hatte ich den Schmerz eines bevorstehenden Verlustes so empfunden wie in dieser Zeit; als ich befürchtete, durch Iphigenias Verlobung mit Nikias von ihr getrennt zu werden, hatte ich nur um mich selbst Angst gehabt, während ich nun Angst um Hegai hatte. Er würde wieder einsam sein und sich zurückziehen. Kschajarscha würde mich nie so brauchen wie Hegai; ich würde nie den Eindruck haben, daß ich ihm wichtig war, außer als Bettgefährtin oder Mutter seiner Söhne.

Doch wir redeten nicht darüber. Wir verbrachten unsere Abende, indem wir immer wieder die Einzelheiten des Protokolls durchgingen und er mir viele intime Dinge anvertraute: ein sanfter Hinweis nach dem anderen, was Kschajarscha gern hatte. Ich fragte mich, wie viele Nächte bittersüßer Erfahrung hinter ihm lagen, in denen er all diese Techniken gelernt hatte.

Doch trotz all unser guten Vorsätze schien alles schiefzugehen, während die schicksalhafte Nacht immer näherrückte. Meine Periode verzögerte sich, und ich hatte Angst, daß sie gerade dann einsetzte, wenn ich dem König vorgestellt werden sollte. Eine schreckliche kleine Milbe gelangte unter meine Gewänder und biß mich am ganzen Körper, und außerdem bekam ich noch Pickel an der Stirn, die durch keine Salbe geheilt oder verdeckt werden konnten. Nur noch eine Woche lag vor uns, doch Hegai bekam eine Erkältung und hielt sich von mir fern, damit ich mich nicht ansteckte. So hatte ich niemanden außer Fara, der ich meine wachsende Furcht anvertrauen konnte.

Zwei Tage vor dem großen Tag wurde mir ein versiegeltes Täfelchen gebracht, das von außerhalb des Palastes kam.

Die Botschaft war auf Aramäisch geschrieben und steckte voller Fehler; ich konnte nicht verstehen, warum Iphigenia nicht auf Griechisch geschrieben hatte, da sie wußte, daß ich es hätte übersetzen lassen können. Aber nachdem ich den Inhalt gelesen hatte, war nur zu offensichtlich, warum Iphigenia nicht wollte, daß irgend jemand außer mir dies zu Gesicht bekam.

Sie hatte gehört, daß Mordechai zum königlichen Schatzmeister berufen worden sei, und sie vermutete, daß ich das noch nicht wüßte. Mit anderen Worten, er hatte seine einträgliche Partnerschaft in der Bank gegen eine Stellung bei der Regierung eingetauscht, die er verachtete. Vermutlich war dies in der Hoffnung geschehen, Zugang zu mir zu bekommen, nahm Iphigenia an, weil er mich liebte.

Laut fluchend warf ich das Täfelchen auf den Boden. Mordechai liebte mich nicht. Er liebte es, mich zu kontrollieren, das war alles. Selbst jetzt noch stellte er sich vor, er könnte alles zunichte machen, was ich erreicht hatte. Doch das würde ihm nicht gelingen. Dafür würde ich sorgen.

II

Der erste Tag von Tebet war kalt, feucht und grau, doch selbst der verhangene Winterhimmel war nicht so überschattet wie meine Seele. Zum letzten Mal lag ich in meinem Bett und blickte mich in dem Zimmer um, in dem ich fast ein Jahr gelebt hatte. Ich hatte es nie geliebt, doch nun schien es mir der schönste Ort auf der Welt zu sein, und ich wünschte, ich brauchte es nie mehr zu verlassen.

Seit der Erkrankung Hegais hatte ich ihn nicht mehr gesehen, doch am vergangenen Abend hatte ich eine Nachricht erhalten, daß es ihm besser ging und er am Vormittag kommen würde, um sicherzustellen, daß alles in Ordnung war.

Schließlich kam er, und ich forderte ihn auf, mit mir zu frühstücken, doch keiner von uns brachte auch nur einen Bissen herunter. Er schickte meine Dienerinnen fort, doch auch als wir allein waren, taute er nicht auf. Mir wurde klar, daß ich ihn bereits verloren hatte; er hatte die Zeit unserer Trennung genutzt, sich innerlich von mir zu lösen. Er war wieder der kühle, höfliche und distanzierte Eunuch, dessen Liebeserfahrung seine Handelsware war.

Unser Frühstück stand noch immer unberührt auf dem Silbertablett, als er mich in herrlich cremiger Milch badete, die von einem ganzen Zug von Dienern in vergoldeten Amphoren gebracht wurde. Er arbeitete schweigend, und seine Berührung war kein bißchen sinnlicher als die eines Arztes.

Meine täglichen Übungen fielen aus; statt dessen bestand er darauf, meinen Körper haargenau zu untersuchen, damit nicht ein Fleckchen rauhe Haut, nicht ein einziges Härchen an Armen oder Beinen oder der kleinste Riß in meinen Nägeln zu finden war. Hegai machte mich früh für meinen Mittagsschlaf fertig und sagte, es sei von größter Bedeutung, daß ich die ganze Nacht wachbleiben könne, falls dies erforderlich sei.

Ich erwiderte, daß ich bestimmt nicht schlafen könne, doch er gab mir einen schrecklich bitter schmeckenden Trank, in dem bestimmt Mohnblumensamen oder so etwas war, weil ich stundenlang wie eine Tote schlief. Als ich erwachte, verbrachte er den Rest des Nachmittags mir mir und erklärte mir, wie meine Vorstellung bei dem König vonstatten gehen sollte. Ich hörte zu und nahm das meiste davon in mich auf, doch mein Magen krampfte sich von Stunde zu Stunde mehr zusammen. Nachdem ich ein paar Bissen gegessen hatte, sagte Hegai, ich sollte mich nun fertig machen; Memuchan hatte gesagt, ich solle mein Lieblingsgewand anziehen; Seine Majestät sah es gern, wenn seine Frauen einen guten Geschmack hatten und man ihnen nicht vorschreiben mußte, was sie tragen sollten. Schließlich würde Hegai selbst mich und meine sieben Dienerinnen zum Apadana bringen.

„Zum Apadana?“ fragte ich erstaunt. „Werde ich in den Thronsaal gebracht? Warum nicht in die Privatgemächer des Königs?“

„Jede Jungfrau wird zuerst zum Thronsaal geführt, wo sie die Zustimmung Seiner Majestät erhalten muß. Niemand außer ihm kann letztendlich entscheiden, ob ein Mädchen geeignet ist, sein Bett zu teilen."

Meine Besorgnis wuchs. „Warum hast du mir das nicht gesagt? Ich könnte es nicht ertragen, wenn er mich wie eine Bettlerin abweisen würde."

„Die Bewegungen des Königs sind immer von einem Schleier der Geheimhaltung umgeben, Herrin. Das ist eine Sache der Vorsicht, der Sicherheit. Offizielle Geheimhaltung ist überall in Persien verbreitet; das mußt du doch gemerkt haben."

„Wieso muß ich? Warum meint jeder hier, ich müßte das gesehen, das erkannt und das andere gewußt haben? Sprich nicht so hochtrabend mit mir! Und hör auf, mich Herrin zu nennen. Mein Name ist Esther; du selbst hast ihn mir gegeben. Oder hast du das vergessen?"

Mit erzwungenem Gleichmut antwortete er: „Ich habe dir doch gesagt, du brauchst keine Angst zu haben. Sobald er dich erblickt, wird er dich wollen. Dafür werden wir schon sorgen. Komm; ich werde dir zeigen, wie du dich anmutig vor ihm auf den Boden werfen mußt." Er nahm meinen Arm und zog mich zu Boden. Dann erhob er sich, stieß an meinen Schultern herum und drückte sie noch weiter nach unten. Schließlich war er zufrieden. Ich erhob mich, doch er warnte mich, daß ich das keinesfalls im Thronsaal so machen dürfe, bevor der König nicht sein Zepter gegen mich ausgestreckt hätte. Ich sollte dann seine Spitze berühren, um die Freundlichkeit Seiner Majestät anzuerkennen.

Während die Wintersonne am Himmel verschwand, begann Hegai, mein Gesicht genau so zu schminken wie sein eigenes. Er steckte meine Locken lose auf, mit goldenen Klammern, die er zu diesem Zweck mitgebracht hatte. Dann begab er sich zur Tür und schnippte mit den Fingern. Einer seiner Eunuchen kam mit einem Arm voller Gewänder herein und legte sie auf das Bett.

„Möchtest du, daß ich diese trage?" fragte ich Hegai, nachdem der Junge gegangen war. „Ich dachte, ich sollte selbst auswählen."

„Natürlich kannst du selbst auswählen, wenn du möchtest, Herrin. Aber du tätest gut daran, diese hier zu tragen." Er hüstelte unsicher und fügte hinzu: „Sie sind mein Hochzeitsgeschenk an dich."

Der Stoff war der weichste, dünnste und teuerste, den ich je gesehen oder angefaßt hatte. Er war so fein gewebt, daß er aussah, als sei er das Werk von Engeln, und die Stickerei darauf mußte eine Ewigkeit in Anspruch genommen haben. Auf dem Bett lag eine weite Hose, die an Taille und Knöcheln mit einem Goldband zusammengefaßt war. Dann kam eine ärmellose Weste und ein weitärmeliges Gewand, das darübergezogen wurde; von dem steifen, goldenen Nackenband führten mehrere Stränge und gestickte Verzierungen nach unten, ähnlich denen der Hose. Außerdem lagen noch ein Umhang mit einem weiten Kragen, weiche Pantoffel mit nach oben gebogener Spitze und schließlich ein Schleier da, der so leicht war, daß er, als ich ihn an mein Gesicht hielt, in der Luft schwebte, obwohl kein Lüftchen ging. Und die Farbe der ganzen Kleidungsstücke war tiefes, dunkles Magentarot.

Hegai ging auf den Balkon, während ich mich umzog, als ob das etwas ausgemacht hätte; ich war den halben Tag in seiner Gegenwart nackt gewesen. Doch die Distanz zwischen uns wurde mit jeder Minute größer; es war, als wollte er, daß wir als vollkommen Fremde vor den König traten.

Schließlich legte er den Schleier vor mein Gesicht und schickte nach meinen sieben Dienerinnen. Wir begaben uns zum Apadana. Hegai ging vor mir, Fara und ihre Gefährtinnen hinter mir. Ich setzte alles um, was Anahita mich über Haltung gelehrt hatte, und hielt meine Augen fest auf Hegais Turban gerichtet. Ich konnte die prüfenden Blicke der Herumstehenden spüren, auch ohne daß ich sie sah. Ich hatte mir vorgenommen, mich der Öffentlichkeit auszusetzen, und nun mußte ich die Konsequenzen tragen.

Am Eingang des Apadana trafen wir auf eine riesige Abordnung von Speerträgern, die alle in derselben königlichen Livree gekleidet waren und in Hab-Acht-Stellung standen, den Speerschaft auf den vorgestellten Fuß gestützt. Der Befehlshaber über sie war der Hasarapatisch, der Erste Diener, mit Namen Artabanusch, dessen Aufgabe es war, die Besucher des Königs anzukündigen. Hegai unterrichtete ihn von unserem Anliegen – als ob er das nicht bereits wüßte. Er verwendete das zeremonielle Altpersisch und wiederholte vermutlich eine Formel, die er unter ähnlichen Umständen bereits sehr häufig gesprochen hatte. Artabanusch gab ihm eine ebenso formelle wie unverständliche Antwort, auf die Hegai etwas erwiderte; zweifellos war die ganze Unterhaltung genauso überflüssig wie traditionell, denn sowohl der Hasarapatisch als auch der Hüter der Jungfrauen hätten auch ohne ein Wort genau gewußt, wie sie sich verhalten mußten.

Artabanusch stieg die riesige Steintreppe hinauf; oben waren schwere Vorhänge von sehr feiner Webart und mit einem reich gestalteten Muster angebracht. Er zog sie auf und hinter sich schnell wieder zu. Hegai stand auch weiter vor mir; ich sah nur seinen kerzengeraden Rücken.

Es dauerte eine Ewigkeit, bis Artabanusch zurückkehrte. Die Blicke der Speerträger bohrten sich in mich hinein. Ich stand wie eine Statue und hoffte, daß die vielen Gewänder das heftige Zittern meiner Knie verbargen.

Schließlich öffneten sich die Vorhänge, und Artabanusch erschien. Er stieg die Stufen schneller herunter, als die Sitte vorschrieb. Sofort sprang Hegai vor, um mit ihm zu sprechen, diesmal auf Aramäisch, aber zu leise, als daß ich etwas hätte verstehen können.

Schwarze Funken tanzten mir vor den Augen, und die Gesichter der Speerträger, die durch den magentaroten Schleier sowieso schon eine seltsame Farbe hatten, erschienen mir noch seltsamer zu sein und begannen vor meinen Augen zu verschwimmen. Ich mußte geschwankt haben, denn Hegai warf einen Blick auf mich und nahm meinen Ellbogen, um mir Halt zu geben, während jemand einen Stuhl brachte. Nachdem ich versorgt war, trug er Fara auf, sich um mich zu kümmern, während er selbst sein Gespräch mit Artabanusch fortsetzte. Sie wurden immer lauter, so daß ich unweigerlich verstand, was gesagt wurde. Artabanusch verweigerte Hegai die Erlaubnis, den König zu sehen oder ihm eine Botschaft zu senden; Hegai verkündete nun, er würde auch ohne Erlaubnis hineingehen.

Ich wußte sehr gut, was Hegai riskierte. Anahita hatte es mir sehr genau erklärt: Jeder, der sich anmaßte, ohne Aufforderung vor den König zu treten, lief Gefahr, sein Leben zu verlieren, wenn der König sich nicht aus irgendeinem Grund herabließ, sein Leben zu verschonen. Ich war gezwungen, mit tiefem Entsetzen zuzusehen, wie der einzige Mensch, der mir seit dem Massaker in Jerusalem etwas bedeutete, langsam eine Stufe nach der anderen hochstieg, die in seinen sicheren Tod führten.

Das nächste, an das ich mich erinnere, ist, daß Hegai mein Kinn hochhob und sagte: „Komm, Herrin. Wie oft muß ich dir noch sagen, nicht so furchtsam zu sein?“ Kschajarscha mußte tatsächlich immer noch sehr an ihm hängen.

Zusammen stiegen wir die Stufen hoch, Arm in Arm jetzt, während Fara die Schleppe meines Umhangs trug und ihre sechs Gefährtinnen ihr schweigend folgten. Der Vorhang wurde für uns beiseitegezogen, und wir erblickten die Gestalt des Großen Königs von Persien. Ehrfürchtig schritten wir an den hochaufragenden Säulen mit den Stierköpfen vorbei, die alle von livrierten Speerträgern bewacht wurden.

Kschajarscha saß reglos wie ein Stein, seine Füße ruhten auf dem Schemel. In der einen Hand hielt er eine Lotosblume, das Wappen des hachamanischen Hauses, in der anderen das Zepter, das Hegais Leben gerettet hatte. Die Falten seiner Gewänder und sogar die Locken seines Bartes hätten aus Stein gemeißelt sein können. Mir fiel auf, daß seine Augen geschlossen waren; doch dann zog mich Hegai am Arm, und wir warfen uns zu Boden, Magenta-Schleier neben Magenta-Turban, Magenta-Gewänder und -Umhänge auf dem polierten Marmor des Apadana-Bodens ausgebreitet.

Bald wurde mir die mit einem Edelstein verzierte Spitze des Zepters entgegengestreckt; ich berührte sie und erhob mich, das Zepter kurz über meinem Kopf, als würde es mich magnetisch nach oben ziehen. Hegai nahm meine Hand, doch der König sah es nicht. Er schien überhaupt nichts zu sehen, denn seine Augen waren tatsächlich geschlossen, und sein Gesicht war blaß, selbst für einen Perser, und selbst für einen, der sehr stark geschminkt war.

Lange Zeit sprach keiner ein Wort. Nur der König hatte das Recht, dies zu tun, und wenn er von diesem Recht nicht Gebrauch machte, könnten wir alle bis zum Ende unserer Tage zum Schweigen verurteilt sein.

Ich ließ meinen Blick von seinem Gesicht über seine Kleidung wandern. Jede Falte seines mit Rosetten besetzten Umhangs mit den weiten Ärmeln schien genau symmetrisch drapiert worden zu sein.

Hinter seiner Schulter stand ein hübscher Sklavenjunge, der bestimmt nicht älter als zehn Jahre alt war; ich fragte mich, ob er bereits das, was ihn eines Tages zu einem Mann machen würde, verloren hatte. Er hielt einen Schirm, den er öffnen und über den Kopf des Königs halten würde, falls er unter dem Baldachin hervortreten sollte, der über dem Thron angebracht war. Ein zweiter Junge stand mit einem Zeremonienstab neben ihm, um die Fliegen zu verscheuchen, trotz der Tatsache, daß es Winter war und sich nicht eine einzige Fliege zeigte.

Schließlich gestattete ich mir einen Seitenblick auf Kschajarschas Hofstaat: Da war der hochmütige Aschpamithra, Hegais Nachfolger, und neben ihm standen noch sieben weitere Diener, alle jung, alle gutaussehend, doch vermutlich hätten sie nicht ganz so jung ausgesehen, wenn ihre Jungenhaftigkeit nicht künstlich erhalten worden wäre.

Und immer noch hatte der König kein Wort gesagt. Schließlich beugte sich Aschpamithra, der dem königlichen Ohr am nächsten stand, zu ihm herunter und flüsterte etwas hinein, nachdem er einen Blick mit seinem Vorgänger ausgetauscht hatte. Kschajarschas Augen öffneten sich, und er sah mich zum ersten Mal an.

Von diesem Augenblick an begann alles so zu laufen, wie Hegai gehofft hatte. Welche Krankheit Kschajarscha auch hatte, seine Aufmerksamkeit wurde von ihr abgelenkt, und die Farbe kehrte auf seine Wangen zurück. Er blickte von mir zu Hegai und wieder zurück – vielleicht dachte er, er sei so krank, daß er doppelt sähe. Er forderte uns auf, näherzutreten, noch näher, bis wir direkt vor dem Thronpodest standen. Hegai sollte dort stehen bleiben, während Aschpamithra die Anweisung erhielt, mich die Stufen zum Thron heraufzuführen. Ich stand nun nah genug beim König, daß ich seinen Atem auf meinem Gesicht spüren konnte; er roch nicht besonders gut, und es war seltsam tröstlich zu wissen, daß auch Seine Majestät, der Große König von Persien, einen schlechten Atem hatte, wenn er krank war.

Obwohl mein Schleier so durchsichtig war, daß er meine Gesichtszüge sehr deutlich erkennen konnte, reichte er Aschpamithra seinen Lotos und sein Zepter und nahm ihn mir ab. Einige seiner Diener schienen sehr bestürzt zu sein; den Schleier zu entfernen gehörte nicht zum vorgeschriebenen Ritual. Auch nicht das Berühren meines Gesichts oder meiner Locken mit seinen bloßen Fingern.

Ohne seine Augen von mir abzuwenden, sagte der König etwas auf Altpersisch; einer seiner Eunuchen übersetzte es ins Aramäische: „Kämmerer, tu deine Pflicht", und Aschpamithra begann auf Aramäisch seine Standardliturgie, in der er die Erhabenheit Seiner Majestät Kschajarschas, des Sohnes von Darajawausch, des Königs der Könige, oberster Herrscher über Persien und sein Weltreich, das erwählte Werkzeug Ahura Mazdas, pries und dann das göttliche Dekret des Weisen Herrn wiederholte, in dem er verordnet hatte, daß sein königlicher Diener die schönste und tugendhafteste Jungfrau in seinem riesigen Reich auswählen und zur Frau nehmen sollte. Während der ganzen Zeit betrachtete Kschajarscha mich sehr eindringlich.

Ich wußte sehr gut, daß ich eigentlich meine Augen abgewendet halten sollte, doch ich konnte es nicht. Ich starrte direkt in die des Königs, und ich wußte, daß er deswegen nicht böse war. Im Gegenteil, mein Wagemut schien ihm zu gefallen. Wie sehr ich mich auch vor der Begegnung mit ihm gefürchtet hatte, so hatte ich mich doch nun, da das Warten vorüber war, wieder vollkommen unter Kontrolle; ich wurde sogar ziemlich aufgeregt.

Denn Kschajarscha war in Wirklichkeit genauso attraktiv, wie ich ihn mir in meinen mädchenhaften Träumen vorgestellt hatte. Dies war kein aufgeschwemmter, dickbäuchiger Faulpelz mittleren Alters. Kschajarscha war jung und gut gebaut, und ich wollte, daß er mich erwählte.

Aschpamithras Rede neigte sich dem Ende zu; er schloß sie mit einer sehr ausgeschmückten Frage an Hegai, deren Inhalt zusammengefaßt ungefähr lautete: Hatte der erlauchte Hüter der Jungfrauen des Königs eine geeignete Kandidatin für den König gebracht, und konnte besagter Aufseher dafür garantieren, daß das Mädchen der einzigartigen Ehre würdig war, die ihm zuteil werden würde? Ich wußte nicht, was Hegai eigentlich hätte antworten müssen, doch er sagte nur: „Ja“, und das so einfach, so direkt, so sicher, daß alle, die um den Thron herumstanden, hörbar die Luft einzogen.

Dann befahl Kschajarscha: „Komm her, mein Liebling“, und er meinte damit nicht mich oder Aschpamithra. Hegai mußte den Blick des Königs verstanden haben, denn er trat neben mich, kniete nieder und legte den Kopf in den Schoß Seiner Majestät. Unterdrücktes Murmeln wurde laut, und ich beobachtete, wie Aschpamithra dunkelrot wurde. Kschajarscha nahm Hegais Kinn in die Hand und liebkoste seine Wange durch den Turban hindurch. „Du hast mich nicht im Stich gelassen, Tischtrya, nicht? Wie heißt das Mädchen?“ Und Hegai, dessen Kosename Stern bedeutete, sagte, mein Name sei Esther, was ebenfalls Stern bedeutet, und der Zauber, den er auf den König ausübte, war vollkommen.

Kschajarscha erhob sich und zog Hegai mit sich hoch. Hegai reichte ihm kaum bis an die Schulter. Dann schnippte er mit den Fingern: „Abagtha, hole die Geschenke, die ich bereitgestellt habe. Schnell.“ Und während besagter Abagtha loseilte, nahm Kschajarscha Hegais Tuch vom Gesicht und küßte ihn sanft auf die Lippen. „Du bist der kostbarste Edelstein in meiner Krone, Tischtrya. Trotz der harten Schläge, die das Schicksal dir erteilt hat, hegst du keinen Groll gegen mich und bemühst dich sogar noch darum, mir Glück zu bescheren. Aschpamithra? Paß gut auf; ich möchte, daß du deinen Blick auf diesem Jungen ruhen läßt und ihn dir zum leuchtenden Vorbild nimmst.“

Aschpamithra blickte Hegai ein wenig finster von der Seite her an. Abagthas schnelle Schritte näherten sich, und er stieg auf das Podest, warf sich Kschajarscha zu Füßen und überreichte Hegai einen Ballen Magentastoff und ein kleines goldenes Kästchen. Hegai wehrte zweimal wie im Protokoll vorgeschrieben ab, dann nahm er den Stoff an, reichte aber das offene Kästchen mit einem gewinnenden Lächeln an Aschpamithra weiter und verkündete, er wolle seinen Nachfolger damit ehren. Aschpamithras Lippen kräuselten sich zu einem Lächeln, denn das Kästchen war voller wertvoller Edelsteine.

Kschajarscha lobte seine Großzügigkeit, dann wendete er sich mir zu und verkündete, auch für mich stünde ein besonderes Geschenk bereit, und ich sollte es zu gegebener Zeit erhalten. Vermutlich hatte er sich jedoch zu rasch umgewandt, denn er preßte seine Hand kurz an seinen Bauch und verzog kaum merklich das Gesicht. Abrupt setzte er sich wieder auf seinen Thron und befahl, daß Aschpamithra mich fortbringen solle.

Fara nahm meinen Umhang, als ich vom Podest stieg; ihre Gefährtinnen schlossen sich ihr an, und wir schritten feierlich zu den Privatgemächern des Königs.

Das bedeutete, daß wir den ganzen Palastkomplex durchqueren mußten, da sich die Gemächer des Königs im Südflügel befanden. Die erste Prüfung hatte ich bestanden, doch es würden noch viele andere folgen, die sehr viel schwieriger sein würden.

Zwei Eunuchen von der alterslosen, dicken Sorte hielten am Eingang zu Kschajarschas Gemächern Wache. Ich konnte sehen, daß einem von ihnen ein Ohr und dem anderen einige Finger fehlten. Ich hatte von den brutalen Strafen am persischen Hof gehört, doch bisher hatte ich noch keinen Beweis für die Wahrheit dieser Gerüchte gesehen, bis jetzt. Zweifellos hatte einer bei einer Gelegenheit zuviel gehört, und vermutlich hatte der andere seine Hand in die königlichen Truhen gesteckt.

Aschpamithra begrüßte die beiden beim Vorübergehen, und wir wurden durch ein Vorzimmer in einen sehr geräumigen Empfangsraum gebracht. Hier forderte Aschpamithra uns auf zu warten. Mir fiel auf einmal auf, wie hoch seine Stimme war, und im Gegensatz zu Hegai schien er stolz darauf zu sein.

Auf einem niedrigen Tisch stand ein goldenes Kästchen mit dem

Geschenk, das für mich vorgesehen war: eine zarte, goldene Halskette mit kostbaren Steinen, die Aschpamithra mir umlegte.

Dann verbeugte er sich und verließ den Raum. Nachdem ich allein war, hatte ich Gelegenheit, meine beeindruckende Umgebung zu betrachten.

Wenn mein Zimmer bei den königlichen Jungfrauen luxuriös war, so war dieses Zimmer unvorstellbar prächtig. Es war taghell erleuchtet durch unzählige Lampen und Kerzen. Jeder Zentimeter der Wände war mit leuchtend bunten, zarten Teppichen in blau, purpur, safran und karmesinrot behängt; jede Säule und jedes Möbelstück war mit Gold verziert, wenn sie nicht sogar aus purem Gold bestanden, die Sitze der Sofas waren herrlich weich gepolstert, und die Luft war schwer und süß vom Duft der Räucherstäbchen.

Neben üppigen Pflanzen standen silberne Käfige mit bunten Vögeln, die sich gegenseitig ihren Kummer darüber zuträllerten, daß sie ihrer Freiheit beraubt waren.

Ich hatte mich auf eine weitere lange Wartezeit eingestellt und war erstaunt, als ich schon recht bald die Stimmen des Königs und Aschpamithras aus dem Vorzimmer hörte. Der Kämmerer fragte den König, ob es ihm jetzt besser ginge oder ob er wünsche, daß das Mädchen fortgeschickt werden sollte.

Doch damit hatte er wohl seine Grenzen überschritten und den Jähzorn Kschajarschas und die Intensität seines Interesses für mich unterschätzt. Ich hörte den Eunuchen in plötzlichem Schmerz aufschreien, und danach wurde er fortgeschickt.

Ich nahm an, daß der König nun sofort zu mir kommen würde, doch das tat er nicht; vielleicht hatte er mich vergessen oder war bewußtlos geworden. Ich blickte Fara fragend an, doch sie starrte nur halb verzweifelt zurück.

Gerade als ich beschloß, all meinen Mut zusammenzunehmen und zu ihm zu gehen, erschien Kschajarscha im Türrahmen. Ich hielt den Atem an, denn er hatte nicht nur die Zeremoniengewänder und seine Krone abgelegt, sondern auch seinen Bart; ich hätte mir denken können, daß ein so junger Mann wie er nicht einen so langen und dichten Bart haben konnte.

Allerdings war er ganz bestimmt kein Eunuch. Ein dunkler Schatten zog sich an seinen Wangen bis zum Kinn hinunter, und dunkles Haar zeigte sich auf seiner Brust, wo er seine Tunika geöffnet hatte. Sein Haar war lang und fiel in gleichmäßigen Locken auf seine breiten und muskulösen Schultern. Er war nicht so schön wie

Hegai, doch er war auf seine Weise sehr gutaussehend – und sehr männlich.

Er lehnte sich an den Türpfosten und betrachtete mich lange Zeit, ohne sich zu bewegen oder zu sprechen; auf einmal erinnerte ich mich daran, daß ich mich vor ihm auf den Boden hätte werfen müssen. Ich fiel auf die Knie und legte meinen Kopf auf den Boden und hoffte inständig, daß ich es mit Anmut tat, so wie Hegai es mir gezeigt hatte. Hinter mir spürte ich, daß meine Dienerinnen dasselbe taten.

Kschajarscha kam näher und blieb vor mir stehen. Fast beiläufig sagte er: „Du weißt, der unvergleichliche Hegai hat sein Leben für dich aufs Spiel gesetzt. Du mußt ein außergewöhnliches Mädchen sein."

Ich hatte keine Ahnung, was er von mir erwartete. Die Prüfungen hatten bereits begonnen; es gab keine Regeln des Protokolls mehr, die mir vorschrieben, was ich auf eine so unorthodoxe Begrüßung zu antworten hatte. „Das hat er mir gesagt, Euer Majestät, und zwar sehr häufig", stammelte ich.

„Aha, dann kennt ihr euch also sehr gut? Wie faszinierend." Doch er forderte mich immer noch nicht auf, mich zu erheben. Statt dessen ging er dreimal um mich herum, blieb dann und wann unvermittelt stehen, um dann, wenn ich bereits befürchtete, er hätte einen Makel an mir entdeckt, einfach weiterzugehen. Schließlich sagte er: „Du bist wirklich außergewöhnlich; wenigstens vom Aussehen her zu urteilen. Exquisit. Du könntest seine Schwester sein. Zu denken, daß meine Beauftragten das ganze Königreich durchsucht haben, und dabei hat ein solch fehlerloses Exemplar wie du die ganze Zeit hier in Susa gelebt. Aber vielleicht ist das auch alles, was du bist: eine schöne Hülle. Gott, wie habe ich schöne Frauen so satt."

Verwirrt über die plötzliche Heftigkeit in seiner Stimme blickte ich auf; er hatte sich auf ein Sofa geworfen und die Augen wieder geschlossen. Nicht einmal Hegai hätte voraussagen können, daß der König sich so vor mir aufführen würde, noch mir einen Rat geben können, wie ich darauf reagieren sollte. Während ich ihn beobachtete, verzog Kschajarscha wieder das Gesicht, wie er es bereits im Thronsaal getan hatte, und legte seine Hand auf den Magen. Vorsichtig fragte ich: „Kann ich Euch etwas bringen, Euer Majestät?"

Der Schmerz ging vorbei, und er entspannte sich. Mit einem Seufzer antwortete er: „Wie wäre es mit einer friedlichen Nacht? Oder einen ganzen Tag, an dem ich nicht auf das Jammern meiner verdrießlichen Höflinge hören muß? Oder bist du nicht so außergewöhnlich?"

Ich reagierte nicht, und er seufzte wieder, so als wollte er sagen: Ach, du bist genau wie alle anderen. Doch ich hatte nicht die Absicht, mich zum Narren zu machen, indem ich mich für meine Existenz entschuldigte, wie Aschpamithra es getan hatte, und ganz bestimmt würde ich nichts von mir preisgeben, bis ich herausgefunden hatte, welches Spiel er mit mir spielte.

Auf dem Tisch stand ein Krug mit Wein und einige Becher. Ich stand auf, ohne auf eine Aufforderung zu warten, und goß ihm etwas unvermischten Wein in einen Becher. Aus den Augenwinkeln sah ich, daß Fara immer noch auf dem Boden lag und mich entsetzt anstarrte. Ich brachte den gefüllten Becher zu Kschajarscha und kniete mich neben die Couch; er öffnete die Augen und sah mich vor sich. Ich schenkte ihm ein Lächeln, das, wie ich hoffte, Hegais ähnelte. Ich sagte: „Dann gibt es also Dinge, die nicht einmal ein König erreichen kann."

Nun war es an ihm, verwirrt zu sein. Während er einen Schluck aus dem Becher nahm, betrachtete er mein Gesicht und bemerkte dann: „Für eine Ausländerin sprichst du außergewöhnlich fließend Aramäisch, meine Liebe."

Auf einmal überschlugen sich meine Gedanken: Was genau hatte Hegai dem König über meinen Hintergrund erzählt?

Kschajarscha lachte leise, als ich schwieg, und fragte: „Wie alt warst du, als du adoptiert wurdest? Komm schon, das ist doch eine leicht verständliche Frage, nicht? Oder kannst du nur auf schwierige antworten?"

Einen schrecklichen Augenblick lang dachte ich, daß jede mögliche Antwort falsch sein würde. Darum flüsterte ich nur: „Ich weiß nicht, wie alt ich war, Euer Majestät."

„Du warst zu jung, um dich an deine wirklichen Eltern zu erinnern?"

„Ja, Euer Majestät. Ich – ich glaube, ich wurde ausgesetzt."

„Du wurdest ausgesetzt? Hier in Susa?"

„Ich – ja, Euer Majestät. Ich glaube, so war es."

„Noch faszinierender." Er nahm noch einen Schluck Wein. „Weil, siehst du, Babys auszusetzen ist eigentlich keine persische Sitte. Sie haben die unangenehme Angewohnheit, zu sterben und die Erde mit ihren verwesenden Körpern zu verschmutzen. Dies ist eine Art von

Barbarismus, die nur von Griechen ausgeübt wird, soweit ich weiß, und selbst dann nur von den ärmsten und unwissendsten."

Ich war verwirrter als je zuvor, vor allem weil ein trockenes Lächeln seinen Mund umspielte. Ich kniff die Lippen zusammen, damit ich nicht in die Versuchung kam, etwas zu sagen, das ich später bereuen würde.

„Oh, man braucht sich nicht zu schämen, Grieche zu sein", verkündete er schließlich. „Ich hasse nicht alle Griechen, durchaus nicht. Es gibt viele an meinem Hof, einige von ihnen sind bekannte Philosophen, die intelligentesten Menschen, die ich kenne."

Ich schauderte zusammen, da ich nur zu gut wußte, daß Kschajarscha ganz Arderikka in Grund und Boden stampfen und jeden seiner Einwohner massakrieren konnte, wenn er es wollte. Doch seine offensichtliche Freude an meinem Unbehagen machte mich eher ärgerlich als ängstlich.

Ganz ohne Vorwarnung schoß er plötzlich vor und packte mich am Hals. Ich würgte und keuchte, Tränen traten in meine Augen. Er zischte mir ins Gesicht: „Weißt du nicht, daß ich dir bei lebendigem Leib die Haut abziehen lassen könnte, weil du mich belogen hast, du kleines Flittchen? Ich weiß sehr gut, daß du aus einer armseligen Hütte aus Arderikka hergebracht wurdest, während in deinen Aufzeichnungen steht, du seist Arierin wie ich. Nicht nur das; der Name, den du als den deines Vaters angegeben hast, ist in keiner unserer Aufzeichnungen zu finden. Hältst du meine Beauftragten und meine Spione und meine Beamten für Narren?" Als ich ihm keine Antwort gab – weil ich es gar nicht konnte –, fragte er: „Oder bin ich es, den du für einen Narren hältst?" Damit stieß er mich mit aller Kraft zu Boden.

Ich kauerte mich zusammen und rieb meinen Hals, doch ich weinte nicht; ich war zu wütend. Ich dachte: *Wenn deine Spione keine Narren wären, würden sie meine Identität kennen. Und wenn du wirklich ein Mann mit großer Autorität wärst wie dein Vater Darajawausch, würdest du es nicht nötig haben, mich wie ein Sklavenhändler körperlich anzugreifen.*

Ich fürchtete, die Tatsache, daß ich nicht weinte, könnte ihn noch wütender machen, doch sein Gesichtsausdruck sagte mir, daß das nicht der Fall war. Er war überhaupt nicht wütend gewesen, nicht einmal, als er so getan hatte, als wolle er mich erwürgen; das hatte alles zur Prüfung gehört. Er sagte leise: „Mein cleverer und beharrlicher Tischtrya hatte also auch darin recht: Es gibt herzlich wenig auf dieser Welt, das dir Angst macht. Komm her, meine Liebe, und trinke von meinem Wein.“ Er hielt mir seinen Becher hin; ich erhob mich, schritt mit aller Würde, die ich aufbringen konnte, zu seiner Couch und kniete mich wieder hin, damit er den Becher an meine Lippen führen konnte. Dabei fragte ich mich, wie Hegai einen solchen Mann je hatte lieben können.

Doch irgendwie schien er meine Gedanken gelesen zu haben, vielleicht aus dem Funkeln meiner Augen und meinen fest zusammengekniffenen Lippen, denn er sprach sie Wort für Wort laut aus. Dann schloß er mit dem Versprechen, ich würde Hegais Motive noch selbst herausfinden, nahm mich in seine muskulösen Arme und küßte mich auf den Mund.

Ich war wütend über seine Anmaßung, doch nur eine Sekunde lang. Die Kraft seiner Arme und seine Brust an meinem Körper öffneten eine Tür in der Tiefe meiner Seele und setzten eine Flut von Erregung frei, wie ich sie selbst in meinen wildesten Träumen nicht erlebt hatte.

Bevor ich noch wußte, was ich tat, hatte ich meine Arme um seinen Hals geschlungen und grub meine Nägel in seine seidene Tunika, während seine Lippen meine verzehrten. Ich war sofort davon überzeugt, daß mein ganzes Wesen sich mein ganzes Leben lang auf diesen einen herrlichen Augenblick vorbereitet und seinen wahren Sinn darin gefunden hatte. Ich wollte nichts als ihn neben mir, um mich herum, in mir haben. Die Furcht, die sich durch Anahitas Untersuchung und durch meine eigene Unwissenheit aufgebaut hatte, verpuffte wie der Morgennebel auf den Ebenen Susas.

Für einen solchen Kuß war ganz sicher kein Raum in der persischen Hofetikette; es lag ein Hunger darin, auf den ich mit meinem ganzen Sein reagierte.

Doch dann endete alles genauso plötzlich, wie es begonnen hatte. Er versuchte, mich auf die Couch neben sich zu ziehen, doch als er mich hochhob, kehrte der Schmerz zurück; er schrie auf und ließ mich fallen. Einen Augenblick lang lag ich da und konnte nur frustriert keuchen. Dann rappelte ich mich wieder hoch und erblickte durch das Gewirr meiner Haare sein schmerzverzerrtes Gesicht. „Ihr seid wirklich krank, Euer Majestät. Laßt mich nach Aschpamithra schicken.“

Doch er schüttelte den Kopf und streckte eine Hand aus, als wolle er mich davon abhalten. „Es . . . wird vorübergehen. Es geht immer vorüber. Da ist . . . Medizin in dieser Flasche . . . auf der Kommode bei der Tür.“

Ich stand auf, um sie zu holen, dann hielt ich ihm die Flasche an die Lippen, und er nahm zwei große Schlucke. Es schien ihm Erleichterung zu bringen; er lag eine Weile still da und preßte die Hände auf seinen Magen, und ich legte meine Hände auf seine. Dann keuchte er heftig und sagte mit unverhülltem Groll: „Nach all dieser Zeit habe ich eine Frau gefunden mit der Anmut und Klugheit meines geliebten Tischtrya und dem Geist und der Leidenschaft meiner Waschti . . . und ich kann sie nicht nehmen. Ich, der Große König von Persien und Herrscher über die halbe Welt . . ."

Ich fragte: „Geht das schon lange so?"

„Oh, sehr lange, meine süße Esther, so lange . . . seit ich gezwungen war, mich mit den Überresten meiner Armee von Griechenland zurückzuziehen, und wir hatten tagelang kaum etwas anderes zu essen als Gras. Auch heute noch ist es am schlimmsten, wenn ich mich nicht richtig ernähre." Er lachte bitter. „Und mein babylonischer Arzt sagt, ich würde mir zu viele Gedanken machen und meine Besorgnis würde meinen Magen vergiften. Kannst du das glauben? Diese Quacksalber können mir alles erzählen, und ich habe keine Wahl, als zu schlucken, was sie sagen – und ihre übelschmeckende Medizin dazu. Gib mir noch etwas von dem Wein, obwohl ich ihn eigentlich nicht trinken sollte. Aber vielleicht nimmt er den Geschmack fort. Ich habe gute Tage und schlechte Tage. Dies ist einer der schlimmsten . . . bis du gekommen bist." Er lächelte wieder, wenn auch ein wenig abwesend. „Weißt du, daß meine Mutter mich, wenn ich als Kind krank war, genauso im Arm gehalten hat wie du jetzt, und daß sie mich genauso besorgt angesehen hat? Solche Vollkommenheit . . . und du mußt mich so sehen."

„Euer Majestät, bitte vergebt mir. Vielleicht hätte ich heute wirklich nicht kommen sollen. Es war selbstsüchtig von mir und unbedacht von Hegai, daß er mir meinen Willen gelassen hat."

„Nein, meine Liebe, ich muß dich um Vergebung bitten. Und Tischtrya ist niemals unbedacht – nicht mir gegenüber. Er wußte, daß du mir guttun würdest, sogar heute. Und was deine Selbstsüchtigkeit betrifft: Du willst mir doch nicht sagen, daß du heute herkommen *wolltest?*"

Erst in diesem Augenblick wurde mir klar, daß er vermutlich der einzige Mann war, der praktisch jedes Mädchen haben konnte, das er wollte, daß aber nicht eine dieser Frauen freiwillig zu ihm gekommen war. Darum sagte ich: „Ich nehme an, Hegai hat Euch erzählt, daß ich aus freiem Willen in den Palast gekommen bin."

Offensichtlich hatte Hegai das nicht getan, denn einen Augenblick lang war der Große König sprachlos.

„Und sieh nur, wie du diese großartige Nacht verbringst! Sie haben dich dazu ausgebildet, mich zu verführen, und jetzt mußt du meine Krankenschwester sein."

„Für Verführung wird später noch genügend Zeit sein, Euer Majestät, wenn der Schmerz fort ist. Die Nacht ist noch jung, und ich bin geduldig."

Noch während ich sprach, wurde mir klar, daß es an diesem Tag keine Erfüllung geben würde. Kschajarschas Augenlider wurden schwer. Er murmelte etwas davon, daß er vergessen hatte, wie schläfrig ihn seine Medizin machte, vor allem wenn er Wein dazu trank. Schließlich sank er in einen unruhigen Halbschlaf. Ich versuchte, meinen Arm fortzuziehen, ohne ihn aufzuwecken, doch seine Augen öffneten sich, und er setzte sich mühsam auf. Die Hände gegen seine Wangen gepreßt, sagte er: „Du brauchst nicht hierzubleiben, Kind; schicke eine deiner Dienerinnen nach Aschpamithra . . . er wird dir eine angemessene Unterkunft für die Nacht zuweisen. Ich werde dich morgen wieder holen lassen, wenn es mir besser geht. Aschpamithra wird für mich sorgen."

Ich wußte genau, was ich zu tun hatte; Hegais bedachte Vorbereitung war doch nicht umsonst gewesen. Ich sagte: „Ihr braucht nicht nach Aschpamithra zu schicken, Euer Majestät. Ich kann das Notwendige tun."

Es gab eine zweite Tür aus dem Empfangsraum, derjenigen gegenüber gelegen, durch die wir eingetreten waren. In der Annahme, daß sie in das Schlafzimmer des Königs führte, half ich ihm auf und bedeutete Fara, mir zu helfen. Wir hatten einen ziemlich weiten Weg zurückzulegen, denn wir mußten einige Speise-, Wohn- und Ankleidezimmer und einen Raum durchqueren, der nur zum Waschen und Baden bestimmt war, bevor wir das Schlafgemach fanden. Dann entließ ich Fara und die anderen.

Ich machte mich an das Ritual, den König auszukleiden, genau so, wie Hegai es mir beschrieben hatte. Er war zu betäubt, um sich mir zu widersetzen oder sonstwie zu reagieren. Doch dann wurde er wieder etwas lebendiger und rief mich zurück, als ich gerade aus der Tür schlüpfen wollte. Gehorsam kniete ich neben dem hohen Bett, das genauso mit einem goldenen Baldachin gekrönt war, wie ich es mir vorgestellt hatte, und fragte mich mit entwaffnender Einfachheit: „Esther . . . ist Tischtrya glücklich?"

„Eure Majestät?"

„Ach, komm schon, meine Liebe. Er hat sein Leben für dich aufs Spiel gesetzt; er hat dir seine intimsten Geheimnisse anvertraut. Du mußt ihm näher gestanden haben als jeder andere, seit er mich verlassen hat. Du mußt wissen, ob er glücklich ist."

„Ich bin – nicht sicher, Euer Majestät. Ich denke, er war glücklich, als er mit mir zusammen war."

Kschajarscha sagte: „Du bist wirklich ein außergewöhnliches Mädchen, Esther. Noch nie zuvor habe ich eine Frau getroffen, die nicht entweder eifersüchtig auf meinen Tischtrya oder angewidert von ihm war. Du hast ihn nicht nur angenommen, du hast dich sogar mit ihm befreundet; obwohl du sehr genau wußtest, was er mir bedeutet hatte."

Es gab nichts, das ich hätte sagen können. Seine Worte machten mich zu einem Vorbild; wie konnte ich zugeben, daß ich mich in erster Linie aus eigennützigen Gründen mit Hegai befreundet hatte, und weil er mir gefallen hatte, und weil ich nicht wußte, was er war?

Kschajarscha interpretierte mein Schweigen jedoch als Bescheidenheit. Er flüsterte: „Esther, du hast Tischtrya die Liebe gegeben, die er verdient und gebraucht hat und die ich ihm nicht geben konnte. Allein aus diesem Grund würde ich dich lieben. Aber du bist auch noch schön, lebendig und leidenschaftlich. Esther, unter dem Bett befindet sich ein Kasten; der Schlüssel dafür liegt in der Obstschale auf dem Tisch beim Fenster. Ich möchte, daß du den Kasten holst, ihn öffnest und mir das Kästchen reichst, das darin liegt."

Als ich das Kästchen gefunden hatte und aufstand, um es dem König zu reichen, hatte er sich im Bett aufgerichtet. Seine Augen funkelten, aber nicht vom Fieber.

Er öffnete das Kästchen; es enthielt eine goldene Tiara, mit Saphiren, Smaragden und Lapislazuli verziert, von so leuchtenden Farben wie das Gefieder seiner Pfauen. Ein passendes Halsband lag daneben und Armreifen, Ohrringe und Fußbänder, alles im selben Stil gearbeitet. Noch bevor ich auch nur einmal ablehnen konnte, hatte Kschajarscha die Tiara herausgenommen und auf meinen Kopf gesetzt.

„Esther", verkündete er, „diese Krone und dieser Schmuck wurden für Waschti gearbeitet, und ich schenkte sie ihr an dem Tag, an dem ich sie zu meiner Frau und meiner Königin erwählte. Nun werden sie und ich dir gehören, wenn du uns annimmst."

Mein Herz machte Freudensprünge. Es war mir vollkommen

gleichgültig, warum der König mich ausgewählt hatte oder ob seine Freude an mir gerechtfertigt war. Ich rief: „Euer Majestät, ich nehme an", denn wie hätte ich auch ablehnen können, da dies die Erfüllung meiner kühnsten Träume war?

„In diesem Fall", sagte er, „braucht es uns nicht leidzutun, wie der Abend verlaufen ist, denn voreheliche Keuschheit ist meinen Untertanen sehr wichtig. Nichts könnte ihnen mehr gefallen, als zu erfahren, daß ich meine Braut als Jungfrau in die Ehe führe. Und das werde ich tun, meine Liebe; hierin wenigstens werde ich mich an die Sitte halten. Ich habe so lange auf die richtige Braut gewartet, und du hast so lange darauf gewartet, zu mir gebracht zu werden; es kann uns nicht schaden, noch ein wenig länger zu warten."

12

An diesem Abend schickten wir nicht mehr nach Aschpamithra. Nachdem Kschajarscha mir seine Verlobungsgeschenke gegeben hatte, schlief er ein.

Eine Weile kniete ich noch neben ihm und beobachtete ihn, zum Teil, weil ich mir Sorgen um ihn machte, daß er so viel Medizin geschluckt hatte, und weil es wirklich gefährlich war, dann auch noch Wein dazu zu trinken. Doch noch größer war meine Angst, daß ich feststellen müßte, daß ich alles nur geträumt hätte.

Irgendwann muß ich aber doch eingeschlafen sein. Aschpamithra weckte mich lange nach Tagesanbruch. Sonnenlicht aus dem Privathof des Königs strömte ins Zimmer hinein, in dem ich mich allein befand.

„Seine Majestät möchte dir durch mich versichern, daß es ihm heute morgen sehr viel besser geht, Herrin. Er hat sich in den Thronsaal begeben, um sich der Tagesgeschäfte anzunehmen."

„Werde ich ihn später sehen?" fragte ich eifrig.

„Nein, Herrin. Du wirst ihn für einige Zeit nicht sehen. Wenn du gefrühstückt und dich erfrischt hast, werde ich dich in deine Räume bringen. Deine Dienerinnen werden dich dorthin begleiten, und du wirst alles bekommen, was du brauchst."

Ein düsterer Schatten legte sich auf meine Freude. Instinktiv ergriff ich Aschpamithras Hand, als wenn er Hegai wäre, und stammelte: „Seine Majestät hat seine Meinung doch nicht geändert? Gestern abend . . ." Ich berührte die Tiara; sie war noch immer da, ich hatte damit geschlafen.

„Nein, Herrin. Er hat seine Meinung nicht geändert." Aschpamithra sprach mit Überzeugung, aber auch mit einer gewissen Bitterkeit, die durchaus verständlich war. Er hatte mehr als einen Grund, eifersüchtig auf mich zu sein, so wie er auf Hegai eifersüchtig war. Der neue Kammerdiener entzog mir seine Hand und fuhr steif fort: „Seine Majestät kann Wein vertragen. Niemals bringt er ihn dazu, unüberlegte Entscheidungen zu treffen."

Er brachte mir Brot und Joghurt zum Frühstück. Dann reichte er mir einen riesigen Umhang mit einem schweren Schleier, den ich über das ziehen mußte, was ich trug. Die Sitte schrieb vor, daß niemand außer den weiblichen Angehörigen der königlichen Familie und ihren Dienerinnen die Braut des Königs vom Zeitpunkt der Verlobung bis zum Hochzeitstag zu Gesicht bekommen dürfte, sagte er mir.

Als ich fertig war, brachte er mich zu einer Suite im westlichen Flügel des Palastes; der, obwohl er genaugenommen nicht zum Harem oder dem Jungfrauenhaus gehörte, doch mit den beiden verbunden war. Dort sollte ich wohnen, bis die Vorbereitungen zur Hochzeit getroffen worden waren.

Meine sieben Dienerinnen erwarteten mich bereits. Vermutlich waren sie bereits kurz nach Sonnenaufgang gerufen worden. Sie betrachteten mich mit großer Ehrfurcht und verbeugten sich tief, als sei ich bereits die Königin.

Ich hatte zwei Räume – einen Empfangssalon und ein Schlafzimmer – und sogar einen eigenen kleinen Hof, der kaum größer war als eine Treppenstufe. Alles war verschwenderisch dekoriert, doch ein wenig beengt, und ich hoffte, daß ich nicht zu lange hier würde ausharren müssen. Nachdem meine Sachen eingeräumt waren, befahl ich den Mädchen, mit meiner täglichen Routine fortzufahren. Obwohl der König seine Zufriedenheit mit meinem Aussehen geäußert hatte, durfte ich bis zur Hochzeit nicht nachlässig werden. Ich hätte auch gar nicht gewußt, was ich sonst mit mir anfangen sollte.

Nach meinem Mittagsschlaf klopfte es an der Tür, und herein trat eine sehr große, elegante Frau; vielleicht sollte ich sagen, eine Dame, denn diesen Eindruck vermittelte sie durch ihre stolze Haltung, ihre teure, doch schlichte Kleidung und ihre stille Würde. Erst als sie ihren Schleier ablegte, erkannte ich, daß sie alt genug war, um meine Großmutter zu sein. Sie stand sehr aufrecht, und um ihre Figur hätte sie manches junge Mädchen beneidet.

Sie sagte, ihr Name sei Hutaosa, und auf einmal erkannte ich sie von Waschtis Festmahl her. Sie war Kschajarschas Mutter, die Witwe von Darajawausch, von ihrem Volk geliebt und verehrt. Wenn man sie ansah, konnte man leicht verstehen, warum das so war. Obwohl ihr Gesichtsausdruck ernst war und ihre Züge von geduldigem Ertragen und Leiden sprachen, las ich in ihren Augen Frieden und eine tiefgehende Heiterkeit; sie strahlten Ruhe, Wärme, Weisheit und Erfahrung aus.

Ich verbeugte mich fast bis zum Boden und küßte ihre Hand; sie nahm mich in die Arme und küßte mich auf beide Wangen.

„Dann ist es also wahr, Herrin. Ich werde Euren Sohn heiraten und Königin von Persien werden."

„Ganz bestimmt wirst du das, meine Tochter; und von heute an sollst du mich Mutter nennen." Dann küßte sie mich wieder und drückte mich an sich. „Worte können nicht ausdrücken, wie ich mich für dich freue, noch viel mehr für meinen Sohn. Er trauert noch immer um Waschti, doch er kann sie nie mehr zurücknehmen, worüber ich, wie ich sagen muß, nicht traurig bin. Er braucht so dringend eine Frau, die ihn vergessen läßt. Du bist diejenige, der das gelingen kann, wie ich gehört habe."

„Ihr habt bereits von mir gehört? Aber von wem?" Ich konnte nicht anders, ich mußte sie geradeheraus fragen; ihre Offenheit ermutigte mich dazu.

„Von Hegai, mit dem du dich so großzügig angefreundet hast. Seit du in den Palast kamst, hat er mir mindestens zweimal pro Woche von deinen Fortschritten berichtet. Wir beide hatten von Anfang an große Hoffnungen in dich gesetzt, und ich glaube nicht, daß du uns enttäuschen wirst."

„Ich hoffe nicht, Herrin."

„Du meinst: ‚Ich hoffe nicht, Mutter'", korrigierte sie mich und ließ es mich wiederholen. Ich tat es und errötete dabei.

Sie hatte mir Süßigkeiten mitgebracht, und nach dem obligatorischen zweimaligen Ablehnen griff ich beherzt zu, da ich solchen Luxus seit meiner Ankunft im Palast im Rahmen meines Schönheitsprogramms nicht mehr hatte genießen dürfen. Hutaosa sagte: „Ich freue mich, daß du mein Geschenk schätzt, doch von jetzt an darfst du niemals Essen oder Trinken von jemandem annehmen, den du nicht kennst und dem du nicht vollkommen vertraust. Nimm einmal an, ich wäre nicht die, die ich zu sein behaupte? Oder nimm einmal an, ich stünde mit Waschti im Bunde?“

Ich hatte gerade eine weitere Köstlichkeit in den Mund stecken wollen, doch nun hielt ich inne. Hutaosa lächelte über mein Erschrecken, wurde dann aber wieder ernst.

„Du kannst es ruhig essen, Esther; es ist in Ordnung, glaube mir. Ich habe die Herstellung selbst überwacht. Aber du kannst nicht vorsichtig genug sein, nun, da öffentlich bekannt gemacht worden ist, daß du Königin wirst. Gegen Abend werden alle im Harem davon gehört haben, daß die Verlobungssuite eine neue Bewohnerin hat. Dann wird jede Konkubine in diesem Palast dich hassen, und Waschti mehr als alle anderen.“

Ich hatte plötzlich keinen Appetit mehr.

„Wir werden eine Vorkosterin für dich finden“, fuhr Hutaosa fort. „Und du wirst nichts mehr in den Mund stecken, das sie nicht zuerst probiert hat. Aber auf jeden Fall werde ich den größten Teil des Tages hier bei dir verbringen. Du wirst noch viel zu lernen haben, vor allem die Formalitäten der Hochzeitszeremonie. Bis dahin wird dir kein Mann unter die Augen kommen, nicht einmal ein Eunuch, damit deine Leidenschaft in eurer Hochzeitsnacht groß sein wird.“

„Und wird diese Nacht bald kommen?“

„Eure Hochzeit wird von heute an in neunzig Tagen stattfinden, und deine Krönung wird ein Teil dieser Zeremonie sein. Dies wird die größte Staatsfeier seit der Rückkehr meines Sohnes aus Griechenland sein. Das Volk braucht dringend einen Grund zum Feiern.“

„Neunzig Tage! Aber das ist so lange! Ich soll drei ganze Monate lang wie eine Gefangene hier gehalten werden? Wie soll ich das ertragen?“

„Du wirst es ertragen, weil du es mußt, meine liebe Tochter, und weil es eine einfache Tatsache ist, daß Könige und Königinnen viel weniger Freiheiten haben als ihre Untertanen in diesem riesigen Weltreich. Das Volk stellt bestimmte Erwartungen an seine Fürsten, und diese Fürsten wiederum stellen bestimmte Erwartungen an ihren Souverän. Wenn diese Erwartungen erfüllt werden, werden unsere Mauern dem wildesten Ansturm standhalten können.“ Sie seufzte tief. „Ich wünsche mir nur, daß mein geliebter Sohn das begreift. Nur ein großer Herrscher kann das Erbe bewahren, das ihm anvertraut wird, ohne Armeen, Land oder seinen Ruf zu verlieren, und nur ein noch größerer Herrscher wird es erfolgreich ausdehnen oder Neuerungen einführen, ohne Unglück über sich oder die Menschen zu bringen, für die er verantwortlich ist."

„Und Ihr denkt nicht, daß Euer Sohn diese Größe besitzt?" fragte ich vorsichtig.

Doch Hutaosa war bei unserer ersten Begegnung nicht bereit, eine solche Frage zu beantworten. Sie tat sie mit einer Handbewegung ab und zählte mir statt dessen die Gründe für die neunzigtägige Wartezeit bis zur Vermählung auf.

Der wichtigste Grund war, daß Einladungen zu den Statthaltern auch der entfernt gelegensten Provinzen gesandt werden mußten. Zweitens standen die Neujahrsfeierlichkeiten bevor, und vorher war keine Zeit mehr, eine königliche Hochzeit zu planen und durchzuführen. Neujahr ist das wichtigste Ereignis im persischen Kalender, das ist schon seit Jahrhunderten so. Drittens mußten meine Hochzeitsgewänder entworfen und hergestellt werden, und ich hatte noch unglaublich viel zur Etikette und dem Protokoll zu lernen. Im Vergleich zu dem, was ich noch zu lernen hatte, wußte ich nicht mehr als ein Kind, das gerade ein paar Tage zur Schule gegangen ist.

Ich knirschte also mit den Zähnen und beschloß, alles zu ertragen, da ich ja keine Alternative hatte; und damit begann eine weitere langweilige Ewigkeit des Wartens, das mir nur durch die Weisheit, den sanften Verstand und die stille Billigung Hutaosas erträglich gemacht wurde. Sie war eine überzeugte Verehrerin von Ahura Mazda, und ihr Glaube schien ihr Handeln wirklich zu beeinflussen. Ich hielt sie in jeder Beziehung für vollkommen, und der geringe Glaube, den ich noch an Adonai hatte, begann zu zerbröseln.

Am Tag nach ihrem Besuch nahmen Hutaosas Zofen mir die Maße für meine Hochzeitsgewänder ab und für die meiner Dienerinnen. Ich hatte keine Vorstellungen von dem, was ich wollte, doch ich bestand darauf, daß ich Magenta tragen wollte. Ansonsten überließ ich alles den anderen, da ich keine Ahnung von den Feinheiten eines Hochzeitsgewandes hatte. Ich konnte nicht verstehen, warum ich nicht einige der Dinge tragen sollte, die mir Hegai für meine Vorstellung bei Kschajarscha geschenkt hatte, doch offensichtlich durfte eine künftige Königin niemals zweimal in denselben Kleidern gesehen werden. Hutaosa informierte mich darüber, daß die gesamte

Bevölkerung mehrerer Städte die Aufgabe hatte, die Garderobe der Königin zu liefern, und von mir würde erwartet werden, diese auch zu tragen.

Je besser ich Hutaosa kennenlernte, desto mehr mochte ich sie. Sie verstand mich so gut, daß ich vieles gar nicht sagen mußte; sie kannte die Enttäuschungen und die Langeweile des Palastlebens wie keine andere. Wenn ich mich langweilte, was sehr häufig vorkam, unterhielt sie sich mit mir, oder sie ließ ihre Dienerinnen mir etwas auf der Flöte vorspielen. War ihr Repertoire erschöpft, forderte mich Hutaosa zu einem Brettspiel heraus, Dame oder Schach.

Schnell wurde mir klar, daß nur wenig im Palast Kschajarschas vorging, von dem Hutaosa nichts wußte. Doch sie setzte ihre Intelligenz nicht ein, um ihren Sohn oder seine Ratgeber zu manipulieren oder ihrem eigenen Ehrgeiz Befriedigung zu verschaffen. Ihr Vater war kein anderer als der edle Kurasch gewesen, der Begründer des hachamanischen Weltreiches, und er hatte sie zu edler Selbstbeherrschung erzogen. Trotz seiner glorreichen Eroberungen hatte er seine Truppen persönlich in den Krieg geführt und sich freiwillig den Entbehrungen unterworfen, die seine Truppen zu erdulden hatten. Hutaosa war mit seinem Nachfolger Kambujet verheiratet worden, und als dieser starb, wurde sie Darajawausch zur Frau gegeben, der am Ende eines blutigen Bürgerkrieges an die Macht kam. Es hatte den Anschein, als hätte sie in diesen dynastischen Verkuppelungen wenig zu sagen gehabt, doch in ihr war keine Bitterkeit. Ich, die sich immer sehr stark dagegen wehrte, wenn ein anderer über mich verfügen wollte, fand es erstaunlich, daß eine so selbstsichere Frau wie sie sich wie eine Schachfigur so hatte hin- und herschieben lassen. Ich fragte mich sogar, ob ihr Glaube an Ahura Mazda ihr eine innere Zufriedenheit gegeben hatte, die ich von Adonai nicht erwartete. Auch Kschajarscha selbst nahm die Anbetung des Weisen Herrn Ahura Mazda offensichtlich sehr ernst, und einmal fragte ich Hutaosa, ob er von seinem Vater zu seiner außergewöhnlichen Frömmigkeit erzogen worden sei.

Sie schüttelte den Kopf. „Nein, sein Vater war nicht besonders fromm, obwohl er Ahura Mazda vor den Göttern der alten Religion den Vorzug gab. Der Prophet Zarathustra, der die Religion des Weisen Herrn in unserem Volk verbreitet hat, blieb ein wenig am Hof von Darajawauschs Vater Wischtaschpa. Darajawausch wurde also dazu erzogen, seiner Lehre zu folgen, doch das ging nie sehr tief bei ihm, und er gestattete es nur zu bereitwillig, daß andere Religionen in seinem Weltreich praktiziert wurden, genau wie mein Vater Kurasch. Sie beide waren der Überzeugung, die Götter der Nationen seien im Grunde genommen Ahura Mazda, trügen nur einen anderen Namen. Was mich betrifft, ich habe Ahura Mazda mein ganzes Leben lang angebetet, doch nicht so wie Kschajarscha."

„Woher kommt denn dann seine Frömmigkeit?" Ich war fasziniert, konnte mir einfach nicht vorstellen, daß jemand ganz von allein so außergewöhnlich fromm werden konnte, beinahe von Kindesbeinen an.

„Der Same war immer in ihm; vielleicht hat Ahura Mazda ihn in seine Seele gesät, als ich ihn empfing."

Sie erklärte mir dann ausführlich die Lehren des Zarathustra, da ich nichts darüber wußte, und das war ein Ding der Unmöglichkeit, wenn ich ihren frommen Sohn heiraten wollte. Es hatte den Anschein, als gäbe es im Kult Zarathustras keine Tieropfer, kein Tempelritual, keine Götzen, eigentlich kaum etwas, was man als Religion anerkennen konnte. Die einzige für seine Jünger obligatorische Zeremonie war die Anbetung des Feuers, des reinsten Symboles Gottes; mindestens alle zwei Tage besuchte Kschajarscha den Feueraltar südlich des Palastes.

„Und die Magi?" fragte ich, als sie eine Pause machte. „Was ist mit ihnen? Ich habe gehört, daß sie früher selbst Heiden gewesen seien, und doch sagst du, daß sie die alte Religion auslöschen wollen."

„Die Magi hat es gegeben, solange es den Menschen gibt, meine Tochter. Sie haben ihre Ursprünge in der Priestersippe der Meder, die existierte, lange bevor die Aufzeichnungen begannen. Und sie sind Priester eines jeden Gottes gewesen, der je verehrt wurde. Aber als Ahura Mazdas Licht alle anderen ausstach, hatten sie Angst, ihr Einfluß würde zusammen mit den Gottheiten ihrer Vorfahren schwinden, und sie verkündeten ihre Hinwendung zu dieser Religion, alle zusammen. Sie durchdringen jede Gesellschaftsschicht mit ihrer Lehre, behaupten sogar, der Weise Herr habe ihnen allein Kenntnisse offenbart und andere müßten sich an sie wenden, wenn sie ebenfalls erleuchtet werden wollten. Doch ich möchte nicht wissen, was die meisten von ihnen in ihren Herzen glauben, noch welche Riten sie in der Abgeschlossenheit ihrer Häuser praktizieren. Ich würde nur sehr wenigen von ihnen vertrauen. In seinen besseren Tagen hat Kschajarscha das auch nicht getan."

„Warum entledigt er sich ihrer nicht?"

„Weil er sie fürchtet, meine Tochter, wie alle. Ihre Augen sind überall, in alles mischen sie sich ein, und sie besitzen geheimnisvolle Kräfte, gegen die Waffen nichts ausrichten können. Sie lesen in den Sternen und sehen in die Zukunft, verurteilen einen Menschen durch ihre schwarzen Künste oder auch einfach durch einen Fluch zum Tode."

„Können sie das wirklich? Glaubst du das?"

„Ich glaube, daß ihre Macht sehr begrenzt werden könnte, wenn ehrliche Männer und Frauen sie nicht fürchten würden. Aber Kschajarscha ist so leicht zu beeindrucken; er ist nur allzu bereit, auf jeden zu hören. Weißt du, meine süße Esther, immer wieder habe ich den Alptraum, daß ein böser politischer Ränkeschmied aus Kschajarschas Regierung aufsteht und ihm Größe verspricht, wenn er einen unehrlichen Weg einschlägt, und mein armer Sohn hört auf ihn, weil er seine Idee mit religiösen Gründen belegt und sie als den Willen Ahura Mazdas darstellt. Wer weiß, wie viele tausend unschuldige Menschen leiden werden, und Kschajarscha selbst wird mehr leiden als sie alle zusammen." Unerwartet griff sie nach meiner Hand. „Esther . . . wer ist dein Gott? Willst du nicht auch eine Tochter des Lichtes werden?"

Sie meinte, ob ich nicht auch Ahura Mazda anbeten wolle. Aber was konnte ich antworten? Es war so lange her, daß ich überhaupt zu einem Gott gebetet hatte. Als das Schweigen zu lang wurde, gestand ich ein, daß die ganze Angelegenheit mich verwirre; mein Vormund hätte mich ermutigt, seinen Gott anzubeten, doch diese Religion sei nicht die, in der ich geboren sei, so daß ich mich wie ein Boot fühle, das auf rauher See hin- und hergeworfen werde und nicht wisse, in welchen Hafen es einlaufen solle. Jedoch verriet ich nicht, von welchem Gott oder welcher Religion ich sprach. Ich wußte nur eines: Ich konnte Adonai nicht durch Ahura Mazda ersetzen. Etwas in mir widersetzte sich diesem Gedanken. Ich war wie eine Frau, die ihren Mann nicht mehr liebt, nicht einmal mehr mit ihm spricht, jedoch keinesfalls daran denken könnte, mit einem anderen fortzugehen. Nicht einmal für Hutaosa konnte ich das Andenken meiner Eltern verraten, nicht einmal für Kschajarscha.

Hutaosa schien zum Glück mit dieser Anwort zufrieden zu sein, denn plötzlich fragte sie: „Esther, denkst du, daß du Kschajarscha lieben können wirst? Deine Aufgabe wird so viel leichter und deine Zukunft so viel angenehmer sein, wenn die Zuneigung, die du ihm entgegenbringst, echt ist und nicht gezwungen oder vorgetäuscht."

Ich antwortete aufrichtig: „Ich glaube, ich liebe ihn bereits. Schon seit vielen Jahren träume ich von ihm."

Hutaosa nickte, ohne zu lächeln, doch ich war sicher, daß meine Antwort ihr gefiel. „Das ist gut", sagte sie. „Sehr gut. Denn manchmal, wenn ich mit Hegai gesprochen habe, hatte ich den Eindruck und die Befürchtung, daß du *ihn* liebst."

Als ich mich von meinem Schreck über ihre Direktheit erholt hatte, machten sich Schuldgefühle in mir breit, und ich konnte Hutaosa nicht in die Augen sehen, als ich murmelte: „Vielleicht hätte ich Hegai lieben können, wenn jeder von uns eine andere Vergangenheit gehabt hätten. Aber so hatten wir keine gemeinsame Zukunft. Wir beide wußten es. Und Kschajarscha –"

„Kschajarscha ist ein Mann", unterbrach mich Hutaosa leise, aber sehr betont, und ich fühlte mich gemeiner als je zuvor. Und doch lächelte sie mich an, als ich aufblickte. „Verlangen nach einem Mann zu empfinden ist nichts Schlechtes", versicherte sie mir. „Der Weise Herr hat alle Kreaturen so geschaffen, damit sie sich verbinden und die Erde, den Himmel und das Meer mit Leben erfüllen."

Ich wußte nicht, ob dies die Lehre Zarathustras war; aber ganz sicher erinnerte mich das an Worte aus dem Buch Mose, die ich zusammen mit Mordechai gelesen hatte

„Du scheinst auf einmal bekümmert zu sein, meine Tochter." Hutaosas Stimme durchbrach meine Gedankengänge. „Komm, du darfst nicht verlegen sein, wenn wir über so etwas sprechen. Da du unter Griechen gelebt hast, solltest du das doch eigentlich wissen."

„Wie bitte?"

„Nun, die Griechen sagen doch, die Liebe sei ein jungenhafter Gott, der uns mit seinen Pfeilen durchbohrt und kleine Wunden in unser Fleisch reißt, nicht? Solche Wunden heilen schnell, wenn man sie frischer Luft und dem Licht aussetzt. Aber wenn sie zugedeckt werden, dann eitern sie und entzünden sich leicht, dann vergiften sie uns, und wir sterben daran."

Auch ich lächelte, und rot vor Verlegenheit begann ich ihr zu erzählen, was ich bei Kschajarschas Kuß empfunden hatte.

Hutaosa ergriff meine Hände und erklärte mir die Zusammenhänge und Feinheiten der körperlichen Liebe. Und schließlich hatte ich das Gefühl, daß ich ein wenig mehr davon verstand und nicht nur auf Vermutungen angewiesen war. Ich wußte, daß die Gefühle, die ich für Hegai und für Kschajarscha empfunden hatte, nicht nur nicht böse, sondern eigentlich sogar beneidenswert waren.

Und dann sei da natürlich das Thema Kinder, fuhr Hutaosa fort: Denn wenn ich bereit zur Ehe sei, müßte ich auch bereit sein, Kinder zu gebären und aufzuziehen – am liebsten natürlich Söhne – für meinen Herrn, den Großen König. Konnte ich mir mich selbst als Mutter des künftigen Herrschers vorstellen?

Doch ich umging die Antwort, indem ich fragte: „Was wird aus Waschtis Söhnen, wenn ich dem König andere gebäre? Werden ihre zugunsten meiner übergangen werden? Wird das ihren Haß auf mich nicht noch schüren?"

„Natürlich wird es das, falls das passiert. Aber wenn du mit Söhnen gesegnet wirst – und ich hoffe, daß dies so sein wird, zu unserem und Persiens Besten –, können wir nicht sicher sein, daß Kschajarscha einen von ihnen zu seinem Nachfolger bestimmt, so sehr wir uns das vielleicht wünschen. Ich wäre gar nicht glücklich, wenn die Brut dieser Schlange den Thron Kuraschs besteigen würde, doch sie sind genauso Kschajarschas Söhne wie ihre, und er liebt sie alle drei."

„Wie alt sind sie jetzt?"

„Darajawausch ist sieben, Tithrauschta sechs und Artakschathra beinahe vier. Aber es gibt keine Regel für die Thronfolge in Persien, meine Tochter. Der Erbe sollte ein Sohn des regierenden Königs und vorzugsweise während seiner Herrschaft geboren sein. Kinder gehören hier rechtmäßig dem Vater, nicht der Mutter. Selbst wenn sich Kschajarscha offiziell von Waschti scheiden lassen würde, würden ihre Kinder im Palast bleiben und auch weiterhin als seine aufgezogen werden."

„Dann hat er sich also bis jetzt noch nicht von ihr scheiden lassen. Dann bin ich nur seine Zweitfrau."

„Seine zweite Frau, meine Liebe. Wenn du deine Rolle geschickt und mit Hingabe erfüllst, wird er Waschti keinen weiteren Gedanken mehr widmen. Doch er hat keinen Grund, sich von ihr scheiden zu lassen. Es würde nur noch mehr Gerede geben; der König hat das Recht, so viele Frauen zu haben, wie er möchte. Außerdem ist Waschti hier im Harem viel leichter im Auge zu behalten, als wenn sie außerhalb des Palastes lebte."

„Wie ist sie? Hegai sagte, ihre Bosheit hätte ihre Schönheit ruiniert, und du selbst hast mich vor ihr gewarnt. Und doch habe ich bisher weder gehört noch gespürt, daß sie auch nur das geringste Interesse an mir hat. Wenn ich nicht von ihr gehört hätte, würde ich denken, sie existiert nicht mehr."

„Oh, sie existiert sehr wohl noch, leider. Und wenn sie noch kein Interesse an dir gezeigt hat, dann nur deshalb, weil sie auf den richtigen Zeitpunkt wartet, bis sie mehr über dich in Erfahrung gebracht hat und herausfindet, wo deine Schwächen liegen. Sie ist leidenschaftlich, gerissen, rachsüchtig und skrupellos. Doch so weit es in meiner Macht liegt, werde ich dafür sorgen, daß sie dir nicht schadet."

Das war durchaus keine erfreuliche Aussicht, und ein würgendes Gefühl schnürte mir die Kehle zu.

Nur wenige Tage nach dieser Unterhaltung brachte mir Fara eine Nachricht auf einem dünnen Holztäfelchen, das unter meiner Tür hindurchgeschoben worden war. Darauf wurde mir Glück und Fruchtbarkeit gewünscht, doch die Nachricht war sehr zweideutig formuliert, und es wurde deutlich, daß genau das Gegenteil gemeint war. Und die Andeutung in bezug auf meine Fruchtbarkeit war einfach nur obszön. Das Siegel auf dem Täfelchen gehörte Waschti.

Als ich es Hutaosa zeigte, wurde sie schrecklich wütend. Einer der vielen Eunuchen, die meine Räume bewachten, mußte von Waschti bestochen worden sein. Zweifellos bereitete es ihr ein perverses Vergnügen, uns zu beweisen, daß sie in jede Gesellschaft eindringen konnte, wenn sie es wollte.

Ein weiteres ihrer Ziele war vermutlich, mir Angst einzujagen, und auch dies war ihr gelungen. Ich war so erschüttert, daß ich begann, allen zu mißtrauen. Soviel zu meiner angeblichen Furchtlosigkeit! Hundertmal am Tag wanderte mein Blick zu dem Teppich bei der Tür, auf dem das schreckliche Täfelchen gefunden worden war, und ich ließ alles Essen, was mir gebracht wurde, von der Frau kosten, die Hutaosa mir zur Verfügung gestellt hatte.

Ich fühlte mich ein wenig schuldig dabei, denn die Frau, früher Hilfsköchin in der Palastküche, hatte versehentlich ein verdorbenes Gericht auf den königlichen Tisch gebracht. Obwohl ihr keine böse Absicht unterstellt werden konnte, war das Todesurteil ausgesprochen worden. Dies war umgewandelt worden, weil sie drei Kinder hatte und ihrem Richter schöne Augen gemacht hatte, und nun mußte sie also Vorkosterin spielen. Doch eigentlich war das dasselbe wie ein Todesurteil, denn früher oder später würde es zu demselben Ergebnis führen.

Meine neunzig Tage der Einkerkerung vergingen nun schneller; der Frühling kam, und mit ihm Wärme und Blumen. Neujahr stand vor der Tür, und jede Nacht träumte ich von Kschajarscha.

Die meisten dieser Träume waren sehr romantisch, doch andere bekümmerten mich. Dann sah ich Kschajarscha eine andere lieben, Waschti oder eine seiner zahllosen Konkubinen, sogar Aschpamithra. Denn das persische Gesetz für Männer unterscheidet sich von dem für Frauen; und es gab für den König keinen Grund, Keuschheit zu üben, während ich wie eine Gefangene bewacht wurde. Ich stellte fest, daß ich sehnsüchtig an das jüdische Ideal dachte, wie Mordechai es mir immer dargestellt hatte: daß ein Mann und eine Frau sich allein lieben sollten, ihr ganzes Leben lang.

Jetzt war es jedoch viel zu spät, den Weg zu überdenken, den ich eingeschlagen hatte. Die letzten Tage meiner Einkerkerung flogen nur so vorbei; sie brachten meinen siebzehnten Geburtstag und die Hitze eines neuen Sommers mit sich, und dann die Nachricht, daß die ersten Zelte bereits auf der Ebene errichtet worden seien. Die ersten Pilger aus Parsa waren angekommen. Der König und sein Hofstaat hatten wieder Wohnung im Palast genommen, nachdem sie Neujahr mit angemessenem Pomp gefeiert hatten. Das Leben wurde nun sehr viel unruhiger, da die letzten Vorbereitungen getroffen werden mußten. Es war letzte Hand an meine Brautgewänder zu legen, Tausende Sommerblumen wurden geschnitten und zu Girlanden und Sträußen gewunden, und Hutaosa erzählte mir zum hundertsten Mal, wo und wann ich stehen, sitzen oder mich auf den Boden werfen sollte.

Dann umarmte sie mich noch einmal, als ich in meinen golddurchwirkten und mit Edelsteinen besetzten Magenta-Gewändern vor ihr stand, und schob den Schleier vor mein geschminktes Gesicht. Als wir uns zu dem großen Diensthof begaben, in dem alle Hochzeiten gefeiert wurden, hätte ich ängstlich sein können; immerhin hatte ich drei Monate lang mein Zimmer nicht mehr verlassen. Doch so war es nicht. Ich fühlte mich eher wie ein Schmetterling, der aus seinem Puppenstadium erwachte; ich fühlte mich energiegeladen und lebendig.

Im ganzen Palast drängten sich Menschen, die Blumen auf meinen Weg streuten. Alle verbeugten sich tief vor mir, als ich vorüberging. Alle Wände und Mauern waren dekoriert, mit bauschenden blauen und purpurnen Tüchern, Girlanden und Fähnchen, aus Lilien gewundene Girlanden waren um die Säulen geschlungen, und ihre Kapitelle waren mit goldenen Kränzen geschmückt.

Im Diensthof war ein großes Podest errichtet worden, auf dem ein Tisch und zwei goldene Throne standen. Darüber war ein riesiger Baldachin gespannt. Als das Signal meine Ankunft verkündete, näherte sich Kschajarscha dem Podest, begleitet von seinen Ratgebern, seinen Eunuchen und seinen Dienern; ich konnte ihn kaum erkennen, obwohl die Gäste sich auf dem Boden niedergeworfen hatten.

Doch der König stieg allein auf das Podest. Nachdem er auf dem Thron saß, konnte ich ihn deutlich sehen, und mein Herz flog ihm entgegen. Er war von Kopf bis Fuß in helles Karmesinrot gekleidet und trug seine große Krone mit der purpurnen Mitra.

Memuchan führte mich zu ihm. Nachdem ich mich vor ihm niedergeworfen hatte, nahm ich meinen Platz auf dem zweiten Thron ein. Während ich in die Gesichter der Masse starrte, nahm Kschajarscha meine Hand; und als ich mich ihm überrascht zuwendete, zog er den Schleier von meinem Gesicht. Ein Raunen ging durch die Menge. Es war weniger meine Schönheit, die sie beeindruckte, als die Tatsache, daß der König wieder einmal von dem vorgeschriebenen Ritual abwich.

Danach verschwamm der Rest der Zeremonie vor mir wie die Gesichter der Menge. Ich weiß, daß auf den König angestoßen und süßer Kuchen gereicht wurde. Irgendwann wurde ein Feueraltar gebracht, auf dem von einem Priester, der mit einer Fackel das Feuer auf der heiligen Zitadelle geholt hatte, eine Flamme entzündet wurde. Kschajarscha und ich mußten unsere Hände über die Flamme halten, damit die Hitze unsere Vereinigung und den Ring, den er mir an den Finger steckte, besiegeln möge. Danach gab es ein großes Festmahl, doch ich war zu aufgeregt, um außer meiner Hälfte des Hochzeitsbrotes, das Kschajarscha selbst mit seinem Schwert zerteilte, auch nur einen Bissen herunterbringen zu können.

Die Zeremonie fand ihren Höhepunkt in dem Herannahen eines zweiten Priesters, der Waschtis mit Juwelen besetzte Tiara auf einem seidenen Kissen vor sich hertrug und sie mir auf den Kopf setzte. Kschajarscha küßte mich auf beide Wangen und dann leicht auf die Lippen; nur eine Sekunde lang, doch das reichte aus, um mich an die bevorstehende Nacht denken zu lassen. Ein weiterer Spruch wurde ausgebracht, diesmal auf den König und die Königin, und danach überreichten uns die Hochzeitsgäste ihre Geschenke.

Alle möglichen Gaben wurden uns gebracht, von libyschen Wagen und arabischem Weihrauch bis hin zu karischen Waffen, skythischen Edelsteinen, sogdischen Äxten, indischen Gewürzen und Löwenfellmänteln aus Drangiana. Doch ich sah nur den Silberanhänger, die Ohrringe und Halskette meiner Mutter vor mir, Rahels Ring und Pithons Holzpuppe. Tränen liefen mir nun die Wangen hinunter, trotz aller meiner Versuche, sie zurückzuhalten.

Doch niemand kam, um mich zu trösten, denn nach der Tradition ist es nicht erlaubt, die Prozession zu unterbrechen. Kschajarscha hätte es nichts ausgemacht, gegen die Tradition zu verstoßen, doch er bemerkte meinen Kummer nicht einmal. Und zum ersten Mal stellte ich mir die Frage, ob er mich wirklich lieben würde oder ob er sich nur freute, einen annehmbaren Ersatz für Waschti gefunden zu haben, die ihr so ähnlich sah, daß er sich selbst vormachen könnte, nichts sei schiefgegangen. So saß ich einfach da, nickte und lächelte meine Untertanen an, die vermutlich annahmen, ich würde weinen, weil Frauen bei Hochzeiten immer weinen.

Die Überreichung der Geschenke dauerte bis lange nach Sonnenuntergang, doch endlich war die letzte Gabe abgegeben, und das königliche Brautpaar konnte sich in die Privatgemächer des Königs zurückziehen, während die Gäste bis in die Nacht hinein feierten. Kschajarscha nahm wieder meine Hand, und jetzt entdeckte er, daß ich geweint hatte, denn meine Schminke war verlaufen. Ich glaube, er hätte etwas gesagt, doch ich lächelte ihn an, denn ich hatte beschlossen, daß ich die Vergangenheit ruhen lassen wollte, und dies war die Gelegenheit, sie ein für allemal auszulöschen. Ich war nicht mehr Hadassa, Kind Abrahams, Tochter Zions. Ich war Esther, Königin von Persien und Frau von Kschajarscha, dem König aller Könige, und ich würde der Zukunft mit hoch erhobenem Kopf ins Auge sehen.

13

Die erste Nacht mit Kschajarscha verlief genau so, wie ich sie mir erträumt hatte, und noch besser. Vielleicht hatte auch er sich freiwillig von anderen Gespielen ferngehalten, denn sein eigenes Verlangen war genauso groß wie meines. Aschpamithra wurde fortgeschickt, auch Fara und ihre Gefährtinnen; nur die Dienste von Bigtan und Teresch – den Türhütern des Königs – wurden in Anspruch genommen, und sie hatten den strikten Befehl, niemanden hineinzulassen, aus welchen Gründen auch immer. Bei Zuwiderhandlung würde ihnen die Todesstrafe drohen.

Dann ließen Kschajarscha und ich alle Konventionen außer acht; wir nahmen uns nicht einmal die Zeit für Hegais ausgearbeitetes Entkleidungszeremoniell. Wir hatten keine Muße für Zärtlichkeit; das Vorspiel zum Vollzug unserer Ehe war wild und heftig. Das Feuer meiner Leidenschaft fachte seines an, und als die Ehe vollzogen war, nahm er mich wieder und dann noch einmal. Zum ersten Mal in meinem Leben war ich vorbehaltlos froh, eine Frau zu sein.

Die Morgendämmerung zog schon fast herauf, als uns die Müdigkeit schließlich überwältigte. Kschajarscha schlief wie ein Kind, und ich fand, daß es nichts Schöneres auf der Welt gab als seinen muskulösen Körper, feucht von Öl und Schweiß, sein üppiges lockiges Haar und sein glattrasiertes Gesicht mit den feingeschnittenen Gesichtszügen. Ich dachte kurz, daß ich ihn eigentlich gar nicht kannte, doch das machte mir wenig aus. Er war der mächtigste Mann der Welt, dazu noch ein sehr gutaussehender, und das allein zählte.

Als er erwachte, war es heller Tag, doch er machte keine Anstalten, aufzustehen oder seine Diener zu rufen. Er räkelte sich neben mir im Bett, den Kopf auf einen Ellbogen aufgestützt. Sein Haar fiel ihm ins Gesicht, und er betrachtete mich ausgiebig, ließ seinen Blick über jeden Zentimeter meines Körpers gleiten, der genauso nackt war wie sein eigener.

„Du bist eine Semitin, da gibt es kein Vertun“, bemerkte er, und es war das erste, was er zu mir sagte, seit er mich von dem Festmahl fortgeführt hatte. „Eine Babylonierin oder Edomiterin oder eine Beduinin. Um so besser, Königin Esther, denn deine nomadische Mutter hat dir Brüste vererbt, die so süß und rund wie Melonen sind, Hüften, die sich wie Sanddünen erheben, und einen Mund, der so vollkommen ist, wie ihn je eine Frau besessen hat. Er ist dazu geschaffen, geküßt zu werden. Wie bin ich der schmallippigen persischen Damen mit ihren dürren Körpern und ihren steifen Frisuren überdrüssig. Eigentlich sollte ich dich verachten, und doch erregst du mich wie keine andere Frau seit . . .“

„Seit was?“ fragte ich, doch er riß mich in seine Arme und nahm mich erneut, im hellen Tageslicht, bevor er sich die Mühe machte, mir auf meine Frage zu antworten. Dann gestand er mir, daß er schon immer von Dingen fasziniert gewesen sei, die er eigentlich nicht haben sollte, und er erzählte mir, daß Perser tatsächlich Geldgeschenke bekamen, wenn sie Perserinnen zur Frau nahmen und rein arische Kinder zeugten. Ich fragte ihn, ob er denn nicht den Zorn seines geliebten Ahura Mazda fürchte.

„Der Weise Herr hat mir nur gesagt, ich solle das lieblichste Mädchen in meinem Reich heiraten, und darin habe ich ihm gehorcht; genauso wie ich ihm darin gehorchte, als ich deinen Schleier bei unserer Hochzeit entfernt habe. Wußtest du nicht, daß der gesegnete Prophet Zarathustra genau das bei seiner eigenen Hochzeit getan hat, weil er darauf bestanden hatte, das Gesicht seiner Braut zu sehen? Beim Himmel, ich hasse Doppelzüngigkeit und Intrigen und die Fesseln der Tradition, die mich einengen." Dann legte er sich zurück und streckte sich. „Aber heute kann uns nichts einengen, meine Tigerin. Aschpamithra ist aus meinem Zimmer verbannt, bis ich ihn rufe, und meine Ratgeber werden sich aller Angelegenheiten annehmen, die nicht warten können. Aber das wird vermutlich nur wenig sein; das ganze Reich wird uns zu Ehren sieben Tage lang feiern. Komm, wir wollen unserem Volk einen guten Grund zum Feiern geben."

Er umarmte mich erneut, und ich erkannte, daß er nicht die Absicht hatte, in nächster Zeit aufzustehen. Allerdings nahmen wir uns die Zeit für ein Frühstück – Brot und Obst war für uns bereitgestellt worden –, denn er sagte, wenn er nicht rechtzeitig essen würde, würden seine Magenschmerzen wiederkommen. In letzter Zeit war er sehr vorsichtig gewesen, damit unsere Hochzeitsnacht nicht wieder verdorben würde. Kschajarscha lachte bitter: Da war er, der einzige Mann in Asien, der reich genug war, bei jeder Mahlzeit Kaviar, Pfau und gewürztes Wild zu essen, doch seine Verdauung verurteilte ihn zu Brot und Obst. Er war nach Griechenland marschiert, doch die Mächte der Dunkelheit hatten sich in seinen Körper geschlichen, und er hatte nicht die Macht, sie auszutreiben.

Nachdem wir gegessen hatten, schlief er wieder ein. Ich konnte nicht schlafen. Kschajarschas Bemerkung von den dunklen Mächten hatten anscheinend ihre Wut über mich ausgegossen, denn plötzlich war das Gebet, das Mordechai für mich gesprochen hatte, nicht mehr wirksam. Ich erinnerte mich wieder an die Worte der Wahrsagerin.

Du wirst Königin von Persien werden, und du wirst die Schuld am Tod von vielen tausend Menschen tragen.

Ich nahm mir das erste Kleidungsstück, das mir in die Hand fiel, und rannte hinaus in den Privathof des Königs, wo ich mich an den Rand eines Fischteiches setzte und darauf wartete, mich zu erbrechen. Doch es kam nichts, und nach einer Weile ging ich wieder hinein.

Kschajarscha war erwacht und fragte mich, was los sei, doch ich wollte nicht darüber sprechen, verdrängte die bösen Gedanken und sagte einfach: „Liebe mich, Kschajarscha, ich bin einsam“, und aus seiner leidenschaftlichen Reaktion wurde deutlich, daß auch er viel lieber in unserer gemeinsamen Leidenschaft Zuflucht suchte, als mit mir über Dinge zu sprechen, die nur wieder schmerzlich sein würden.

So verging der Vormittag, doch nach dem Mittagsschlaf verkündete Kschajarscha, wir müßten uns nun anziehen, denn am Abend sollten wir an einem zweiten Festmahl teilnehmen, wie auch an jedem Abend während der Festzeit ein Bankett stattfinden würde. Ich wünschte, wir könnten uns gegenseitig anziehen, nur dieses eine Mal, ohne nach unseren Dienern schicken zu müssen; doch wir brauchten warmes Wasser, Milch und frische Handtücher, und Fara und ihre Mädchen mußten mir meine Öle, Parfüms und Kosmetika bringen.

So kamen sie herangeeilt, und Fara stammelte und knickste unablässig, als würde sie einer Göttin dienen, die zu Besuch war. Aschpamithra war schweigsam und trübsinnig, und er sprach nur mit mir, wenn er unbedingt mußte. Er sagte mir, ich möge mich in einen der Ankleideräume zurückziehen, bis meine Toilette und die Seiner Majestät vollendet sei. Ich fand das lächerlich, wo wir doch alles voneinander gesehen hatten, was es zu sehen gab, doch ich behielt meine Gedanken für mich.

Das Festmahl wurde im Diensthof abgehalten, genau wie unsere Trauung; eigentlich war es eine Fortsetzung der Hochzeitsfeierlichkeiten, denn die meisten Gäste waren über Nacht geblieben und würden die ganze Woche im Palast bleiben. Sie schliefen, wo sie saßen, wann immer sie müde waren. Aber keiner von ihnen war betrunken, denn für einen Perser wäre es der Gipfel des schlechten Benehmens, wenn er sich in Gegenwart des Königs und seiner Braut so gehenlassen würde. Bei unserem Erscheinen brach großer Beifall aus – der noch anschwoll, als Aschpamithra das blutige Laken präsentierte. Mir gefiel es, im Mittelpunkt des Interesses zu stehen, und schnell verflüchtigte sich das Gefühl des Bedauerns, meinen Mann mit seinem Volk teilen zu müssen.

So verging die erste Woche unserer Ehe wie im Flug. Kschajarscha war genauso zufrieden wie ich, und er sagte mir, seit Jahren hätte er sich nicht mehr so lebendig gefühlt. Unsere Nächte und Vormittage verbrachten wir damit, uns zu lieben; den Nachmittag verschliefen wir, und am Abend feierten wir und freuten uns an den Künsten der Jongleure, Raubtierdompteure, Schlangenbeschwörer, Feuerspeier, Artisten und Tänzer aus allen Enden unseres Königreiches.

Auch auf den Straßen und in den Häusern wurde unsere Hochzeit gefeiert. Essen und Trinken wurde vom König gestellt, und in seinem Namen wurden freizügig Geschenke verteilt; dem ganzen Reich wurden auf eine bestimmte Zeit die Steuern erlassen.

Doch alles Gute neigt sich einmal dem Ende zu. Leider konnte der König nicht lange so in müßiger Zerstreuung mit einer Frau leben, wenn es auch seine Königin war. Die Staatsangelegenheiten konnten nicht mehr länger warten, und ein Harem von Konkubinen mußte bei Laune gehalten werden. Einige der Frauen waren die Töchter von Provinzkönigen, Statthaltern oder hohen Regierungsangestellten, die nicht beleidigt werden durften. Mir graute es schon vor der Einsamkeit und Langeweile, die mich erwartete.

Es gab einen Weg, auf dem der König von seinen Gemächern in den Harem gelangen konnte, ohne von anderen gesehen zu werden; niemand sonst konnte ihn benutzen, es sei denn, Seine Majestät hatte nach ihm geschickt. Auf diesem Weg wurde ich in die Gemächer der Königin geleitet, und sie waren genauso prächtig wie die von Kschajarscha. Sie waren sehr viel größer als die Zimmer, die ich während meiner dreimonatigen Verlobungszeit bewohnt hatte; es gab genügend Räume, so daß jede meiner Dienerinnen ein eigenes Zimmer bekommen konnte. Eine recht große Abordnung bewaffneter Eunuchen bewachte meine Tür.

Doch genau wie ich befürchtet hatte, mußte ich ständig daran denken, daß Waschti hier gelebt hatte, und obwohl alle Räume neu ausgestattet worden waren und nach Farbe, Politur und neuem Stoff rochen, brachte ich diese Gerüche mit ihr in Verbindung.

Doch zuerst hatte ich wenig Zeit, finster zu brüten. Wieder einmal mußten meine Sachen aus den Schachteln. Hutaosa besuchte mich kurz nach meinem Einzug; ich hatte sie die ganze Woche kaum zu Gesicht bekommen.

Sie fragte mich nach meinem Ergehen, und ich erzählte ihr, wie wir die Woche verbracht hatten und daß ich mich nun, da ich wieder allein sei, wie in der Verbannung fühlte.

„Er wird heute nacht zu dir kommen oder nach dir schicken, keine Angst", versicherte sie mir. „Er wird dir nicht fernbleiben können, wenn wahr ist, was du mir erzählst. Oh, meine Tochter, wie wünschte ich, ich könnte dir mehr danken! Aber eines habe ich für dich durchsetzen können . . ."

Sie schnippte mit den Fingern, und eine ihrer beiden Dienerinnen ging zur Tür. Herein kam eine Gestalt ganz in Magenta gekleidet; er kniete neben mir nieder und preßte meine Hand gegen seine Stirn. Ich war überwältigt.

Hutaosa erklärte mir, sie hätte durchgesetzt, daß Hegai in meinen Dienst gestellt würde; ein zweiter Eunuch, ein gewisser Hatach, würde mir ebenfalls zu Diensten sein; er hätte schon immer das Vorrecht gehabt, der regierenden Königin zu dienen. Auch er wurde hereingebracht: dick mit kahlem Kopf, neugierig wie eine Maus und außergewöhnlich unterwürfig. Er wirkte jedoch sehr ehrlich und gutmütig, und ich mochte ihn sofort.

Und Hegai . . . ein kurzer Blick auf ihn, und meine Gefühle gerieten in Wallung. Ich war sprachlos.

Er blickte mich an und lächelte liebevoll. „Meine Herrin", sagte er, „seit fünf Jahren habe ich kein solches Glück in den Augen Seiner Majestät gesehen wie an eurem Hochzeitstag. Und nun entdecke ich bei dir dasselbe Glück und das Aufblühen deiner Schönheit. Darum bin auch ich glücklich, meine Herrin. Ich freue mich für euch beide."

Das machte alles nur noch schlimmer, denn nur selten hatte ich ihn unglücklicher gesehen. Doch ich konnte nichts sagen, um den Schmerz in seinen Augen zu lindern.

Hegai und Hatach würden ebenso wie Fara und die sechs anderen Dienerinnen sowie die Vorkosterin Roxana Zimmer in meinen Gemächern bekommen. Mit so vielen Gefährten hätte ich eigentlich nicht einsam zu sein brauchen; und doch war es so. Meine Gemächer waren äußerst elegant, mit gedrehten Säulen und Kapitellen, die wie Lotosblüten aussahen. Helles Sonnenlicht flutete durch die Spitzenvorhänge auf die glänzenden Wände, die mit herrlichen Gemälden bemalt waren. So wie auf diesen Bildern hatte ich mir das Leben im

Palast vorgestellt: Lächelnde Paare gingen sorglos und glücklich händchenhaltend zwischen den Lilien spazieren.

Doch ich langweilte mich unendlich, und außerdem spürte ich immer noch Waschtis Aura in den Räumen, und ich war enttäuscht, weil ich keinen eigenen Hof hatte, nicht einmal einen Balkon wie im Haus der Jungfrauen. Die Gemächer befanden sich im Erdgeschoß, doch man konnte von dort aus nur in den Haupthof des Harems treten. Mein Zugang wurde von einer weiteren Abordnung bewaffneter Eunuchen bewacht. Obwohl Hatach mich darüber informierte, daß die Konkubinen und Verwandten des Königs den Hof sofort verlassen müßten, wenn ich erschien, war es trotzdem so, als sei ich doch nur eine Frau unter vielen.

Hatach führte mich herum und beantwortete meine Fragen. Er versuchte, mit kleinen Anekdoten und Witzen über das Haremsleben meine Laune aufzubessern. Er war so, wie ich mir einen lieben Onkel vorstellte: leutselig, liebevoll und geduldig. Es hatte den Anschein, als hätte Hatach sich mit seiner Entmannung vollkommen abgefunden und als würde er sich beinahe in seiner Rolle gefallen. Er hatte Waschti gedient, erzählte er mir, und auch Hutaosa, als der große Darajawausch noch am Leben gewesen war. Hutaosa war immer eine sehr großzügige Herrin gewesen; Waschti, sagte er mit einem vertraulichen Augenzwinkern, hätte sich oft wie eine Furie benommen.

Hegai wirkte gelassen, doch der Sturm in seinen dunklen Augen strafte diesen Eindruck Lügen. Ich konnte mir nicht vorstellen, daß er darum gebeten hatte, zu mir zu kommen; vermutlich war es eine gutgemeinte Idee Hutaosas gewesen. Sein einziger Wunsch war gewesen, die beiden Menschen, die er liebte, glücklich zu machen; und das war ihm gelungen. Doch nun, da sein Wunsch Wirklichkeit geworden war, konnte er es nicht mehr ertragen, und er wollte nicht, daß ich es merkte. Er entschuldigte sich und eilte hinaus in den Haremshof.

Ich ließ mich ebenfalls in Melancholie versunken nieder und fragte mich, wie viele Menschen mich nun haßten. Mittlerweile würde die jüdische Gemeinschaft erfahren haben, daß Königin Esther niemand anderes war als Mordechais Cousine und Adoptivtochter Hadassa; würden sie mir Schwierigkeiten machen? Hatte Mordechai vielleicht die Absicht, irgendwie einen Keil zwischen mich und meinen königlichen Gemahl zu treiben? Was würde geschehen, wenn Kschajarscha herausfand, daß ich Jüdin war? Wie weit ging seine Faszination für exotische Schönheit, und was würde passieren, wenn es zu einem Konflikt kam mit seiner Mission, die heidnischen Religionen auszurotten?

Eines meiner Sklavenmädchen riß mich aus meiner düsteren Versunkenheit. Ich vergaß Hegai und eilte hinein, um zu sehen, was los war. Fara stand an der Tür und hielt ein Holztäfelchen in der Hand, das genauso aussah wie das erste, das ich bekommen hatte. Wieder stand eine Botschaft in derselben Handschrift darauf. Ich wurde im Harem willkommengeheißen, und die Schreiberin gab ihrer Hoffnung Ausdruck, daß ich alles zu meiner Zufriedenheit vorgefunden hätte und daß ich mit meinem kastrierten Liebhaber die Privatsphäre genießen könnte.

Ich stieß einen unterdrückten Schrei aus und zeigte Hatach das Täfelchen. Er sollte nach Hutaosa schicken. Dann wirbelte ich herum, weil ich spürte, daß jemand dicht hinter mir stand. Ich erblickte Hegai, der über meine Schulter hinweg das Täfelchen las.

„Herrin, ich werde meine Sachen packen und gehen, und du wirst mich nie mehr wiedersehen müssen", sagte er. „Es war falsch, daß ich hergekommen bin; ich wußte es."

Doch ich packte ihn und sagte: „Nein, Hegai . . . Tammuz. Ich verbiete es. Wir dürfen uns nicht einschüchtern lassen. Hutaosa wird den Verräter unter den Wachen finden, wie das letzte Mal." Vermutlich wirkte ich zuversichtlich auf ihn, doch innerlich war ich außer mir, weil ich seine Verzweiflung erkannte und befürchtete, daß er davongehen und seiner Qual ein Ende bereiten würde.

Hutaosa kam sofort und wollte genau wissen, was passiert war: Wann und wo war das Täfelchen gefunden worden, und wo hatte ich mich zu der Zeit aufgehalten?

Ich gab ihr alle Auskünfte, doch das half uns auch nicht weiter. Wieder mußte jemand eine der Wachen bestochen haben, damit die Botschaft in meine Hände gelangte.

Ich war außer mir vor Furcht und Zorn, und trotz Hutaosas Ermahnung, mich zu beruhigen, konnte ich es nicht. Waschti hatte mich so lange in Ruhe gelassen, bis ich eine Bedrohung für sie darstellte. Und nun würde ihre Gegenwart mich stets wie ein unwillkommener Gast plagen.

Hutaosa ließ mich in Hegais Obhut, während sie fortging, um Nachforschungen anzustellen; doch Hegai war genauso durcheinander wie ich, und so war es Hatach, der mir einen Becher Wein brachte, um meine Nerven zu beruhigen.

Es war fast Zeit für meine Abendmahlzeit, als Hutaosa zurückkam. Ihre Lippen waren zusammengekniffen und ihr Gesicht totenblaß. Nur eine ihrer Dienerinnen begleitete sie. Nachdem sie mich aufgefordert hatte, Platz zu nehmen, berichtete sie, was sie in Erfahrung gebracht hatte. Nicht die Wachen waren bestochen worden, ich brauchte mir also darum keine Gedanken zu machen. Vielmehr sei ihre eigene Dienerin die Schuldige, diejenige, die jetzt fehlte. Ihr hatte Waschti das Täfelchen gegeben und ihr mit einem Schicksal gedroht, das schlimmer sei als der Tod, wenn sie es nicht überbringen würde. Sie hatte es bei einem meiner Mädchen gelassen und ihr gesagt, sie solle es unter den Teppich neben der Tür legen, und das Mädchen hatte ihr gehorcht. Dieses Mädchen wurde nicht bestraft, doch auf Hutaosas Dienerin wartete der Tod.

Leise sagte ich: „Aber sie hat dir doch jahrelang treu gedient."

Hutaosa brachte ein gezwungenes Lächeln zustande. „Meine Tochter, wir wollen uns nun angenehmeren Themen zuwenden. Wenn ich mich nicht irre, wird gleich der Kämmerer Seiner Majestät hier erscheinen und dich über die Absicht seines Herrn in Kenntnis setzen, mit uns beiden hier zu speisen und dann die Nacht mit dir zu verbringen. Wir müssen sehen, was du zu seinem Empfang tragen wirst, und dann seine Lieblingsspeisen bestellen."

Hierin irrte Hutaosa sich nicht, und zum ersten Mal erwärmte mir der Anblick Aschpamithras das Herz, weil ich seinen Auftrag kannte, bevor er zu sprechen anfing. Meine Furcht vor Waschti und meine Beunruhigung in bezug auf Hegai gingen in der Sehnsucht nach meinem Mann unter. Nach dem Mahl verließ Hutaosa uns, und Kschajarscha und ich zogen uns in mein Schlafzimmer zurück.

Es war Sitte im Harem, daß der König jede seiner Frauen in ihren eigenen Gemächern besuchen oder auch zu sich rufen lassen konnte, und dasselbe galt auch für den Umgang mit der Königin. Zuerst war alles so wie bei unserem ersten Zusammensein in seinem großen Bett unter dem Baldachin. Doch je länger wir nebeneinander lagen, desto mehr mußte ich daran denken, daß das Bett unter uns Waschti gehört hatte, und um so mehr begann ihre Gegenwart das Zimmer auszufüllen. Nach einer Weile bemerkte Kschajarscha, daß ich zerstreut war, und eher verärgert als um meine Gefühle besorgt fragte er mich, was los sei.

Doch keinesfalls konnte ich ihm die Wahrheit sagen. Darum warf ich mich einfach in seine Arme, und bald wurden meine Schuldgefühle in unserer Umarmung erstickt.

Auch die zweite und dritte Woche unserer Ehe verlief so. Morgens war ich mit meiner Schönheitsroutine beschäftigt, nachmittags schlief ich, dann zog ich mich an, um Hutaosa zu empfangen. Sie blieb zur Abendmahlzeit, zu der auch Kschajarscha erschien, zusammen mit Aschpamithra, seinen Pagen, seinem Vorkoster und einer Reihe von Leibwächtern. Nach dem Essen ließ Hutaosa uns allein, und Kschajarscha und ich verbrachten den Rest der Nacht zusammen. Bei Sonnenaufgang verließ er mit seinem Gefolge meine Gemächer.

Ich muß sagen, daß ich Kschajarschas in dieser Zeit nie überdrüssig geworden bin. Doch wurde ich zunehmend unfähig, meine Sorgen zu verdrängen, selbst in unseren intimsten Augenblicken. Ich machte mir Sorgen um Hegai; meine Beziehung zu ihm war milde gesagt immer noch etwas angespannt. Außerdem beunruhigte mich die Tatsache, daß ich zwar Kschajarschas Körper in- und auswendig kannte, von ihm als Mensch dagegen kaum etwas wußte.

Schlimmer noch war der immer wiederkehrende Alptraum, in dem ich das Gesicht der Wahrsagerin aus Arderikka sah und ihre geheimnisvollen Worte wieder und wieder hörte.

Doch am schlimmsten war der Gedanke an Waschti. Ich fühlte mich von ihr verfolgt, wurde durch jedes Stück meiner Einrichtung an sie erinnert. Diese Tatsache konnte ich schließlich nicht mehr länger vor Kschajarscha verbergen.

„Wir werden deine Gemächer neu ausstatten lassen, diesmal gründlich und ganz nach deinem eigenen Geschmack", verkündete er, ohne zu zögern. „Jedes Möbelstück wird ersetzt werden, auch die Teppiche und die Gemälde. Du brauchst nur zu sagen, was du möchtest, und ich werde alles aus den hintersten Winkeln meines Reiches heranschaffen lassen. Du bist mein Augapfel, Esther; ich bete dich an. Alles, was mein ist, ist auch dein. Du brauchst deine Wünsche nur in den Wind zu flüstern, und sie werden erfüllt werden."

Ich bezweifelte sehr, daß er alle seine Versprechungen halten konnte, doch ich stimmte seinem Vorschlag zu und zog mit meinem Gefolge für einige Tage zu Hutaosa, bis die Neuausstattung vollendet war. Während ich bei ihr war, bekam ich meine Periode; sie runzelte die Stirn ein wenig, offensichtlich ein wenig beunruhigt darüber, daß ich noch nicht schwanger war.

Sobald ich meine Gemächer wieder beziehen konnte, spürte ich, daß die Neuausstattung nichts bewirkt hatte; um einen bösen Geist auszutreiben, reicht es nicht aus, nur die Kleider zu wechseln. Ich beschloß jedoch, mich dagegen zu wehren, daß Waschti mich in ihren Fängen hielt und wendete meine Aufmerksamkeit einem anderen meiner Probleme zu: Ich beschloß, mit Kschajarscha zu reden, damit wir uns auch menschlich ein wenig näher kamen.

Als Fara und Aschpamithra sich zurückgezogen hatten und ich neben dem König von Persien auf meinem brandneuen Bett lag, sagte ich: „Erzähle mir, was du tagsüber tust, mein Herr. Ich vermisse dich dann so, und ich möchte mir dich gern in deinen täglichen Pflichten vorstellen."

Er runzelte die Stirn genauso, wie seine Mutter es getan hatte, als sie erfuhr, daß ich noch nicht schwanger war. „Die meisten meiner Pflichten sind äußerst langweilig, liebes Kind. Warum soll ich dir davon erzählen?" Er spielte mit einer meiner Locken. „Im Augenblick lebe ich für die Nächte, wie du sicher auch."

Ich war ein wenig verärgert von seinem väterlichen Ton. Doch ich wollte mit ihm reden, nicht streiten, darum sagte ich: „Sicherlich bist du doch nicht den ganzen Tag mit Politik und Verwaltungsangelegenheiten beschäftigt, mein Herr?"

„Nein, das stimmt", gab er lächelnd zu und nahm meine Locke zwischen seine Lippen. „Ich versuche, das Geschäft auf den Vormittag zu begrenzen. Gegen Mittag gehe ich meistens auf den heiligen Berg, um am Altar des Weisen Herrn anzubeten. Nach meiner Mittagsruhe spiele ich Polo mit meinen Höflingen oder jage mit ihnen Löwen und Tiger."

Er mußte etwas in meinen Augen entdeckt und dies als Sorge um seine Sicherheit interpretiert haben, denn er versicherte mir, daß die Jagd vollkommen ungefährlich sei. Doch ich hatte gar nicht an ihn gedacht; ich war von Selbstmitleid erfaßt worden, weil Kschajarscha mit seinen Freunden ausreiten und sich amüsieren konnte, während ich, obwohl Königin, in Wirklichkeit genauso eine Gefangene war wie in Mordechais Haus. Es gab kein Gesetz, nach dem die Gemahlin Seiner Majestät nicht spazierengehen konnte, wenn sie das wünschte, doch in der Praxis hätte es einen nationalen Skandal gegeben, wenn ich den Harem ohne Aufforderung meines Mannes verlassen hätte.

Doch wieder ermahnte ich mich, daß dies eine Unterhaltung und kein Streitgespräch sein sollte. Darum fragte ich höflich nach den Namen der Adeligen, denen er am nächsten stand, und mit wem sie verheiratet wären.

Doch er verstand mein Interesse vollkommen falsch; und nun

merkte ich selbst, daß Hutaosas Aussage, ihr Sohn sei längst nicht der selbstsichere Souverän, für den er sich ausgab, richtig war. Trotz seines manchmal unorthodoxen Verhaltens war er im tiefsten Innern unsicher und benutzte seine Arroganz als Schutzschild, hinter dem er sich verstecken konnte.

Er antwortete gereizt: „Jetzt soll ich dir wohl über jede meiner Bewegungen Rechenschaft ablegen und dich über den Ruf eines jeden meiner Gefährten aufklären, damit er deine Billigung findet? Als nächstes wirst du mich fragen, was ich zum Frühstück esse und ob meine Verdauung richtig funktioniert."

„Nein, mein Herr . . .!" begann ich, doch ich brach ab, weil mir klarwurde, wie aufdringlich meine Fragen auf ihn gewirkt haben mußten. „Es ist nur, daß . . . ich einsam bin ohne dich, und mich frage, mit wem du zusammen bist und ob du mich auch vermißt."

Er entspannte sich ein wenig und versuchte mich zu küssen, doch ich legte meinen Finger an seine Lippen. „Du weißt, als wir unsere erste Nacht zusammen verbracht haben, haben wir uns unterhalten, bevor wir zu Bett gingen", erinnerte ich ihn. „Eigentlich bin ich wegen deiner Krankheit überhaupt nicht in dein Bett gekommen, doch unsere Unterhaltung hat dich dazu gebracht, mich zur Frau zu nehmen. In dieser Nacht haben wir mehr miteinander geredet als in all den Nächten, die wir nun schon zusammen verbracht haben."

„Und ich habe alles erfahren, was ich wissen wollte, außer wo du geboren bist; aber das wolltest du mir nicht sagen." Seine Lippen suchten meine, und dieses Mal ließ ich mich küssen; er meinte, Taten würden lauter sprechen als Worte, und die Zunge könnte auf mehr als eine Art Liebe ausdrücken.

Doch als das Liebesspiel begann, merkte ich, daß ich an die Decke starrte und darüber nachdachte, daß ich sie bei der Neuausstattung meiner Räume ganz vergessen hatte; ich stellte mir Waschtis lauerndes Gesicht vor.

Urplötzlich erlosch mein Verlangen, und ich tat etwas, das ich noch nie zuvor getan hatte. Ich lag reglos wie eine Tote, reagierte nicht und ließ ihn mit mir tun, was er wollte. Dann sagte ich: „Ich kann in diesen Räumen nicht mehr leben, Kschajarscha. Ich möchte ausziehen, dauerhaft."

„Bei allen Göttern Babylons, was hast du nur heute Nacht?" Er rollte sich auf die andere Seite. Ich konnte sehen, wie gespannt sein Rückgrat war. „Zuerst unterwirfst du mich diesen ganzen Fragen, und jetzt ist nichts, was ich dir gebe, gut genug! Weißt du, wieviel diese Möbel gekostet haben? Oder diese Teppiche und Tapeten? Der reichste Pharao von Ägypten hätte sie nicht erwerben können."

„Mein Herr . . . du verstehst nicht. Es ist nicht, daß ich etwas Teureres möchte, überhaupt nicht –"

„Ich verstehe dich nicht, richtig? Wenigstens darin unterscheide ich mich nicht von meinen Untertanen. Ganz offensichtlich teile ich mit ihnen die Begriffsstutzigkeit und das mangelnde Einfühlungsvermögen, mit dem jeder Mann geboren wird."

„Mein Herr, bitte . . . es ist nur so, daß diese Gemächer nicht mir gehören. Das kann nie so sein. Gibt es denn keinen anderen Platz für mich in diesem riesigen Palast? Kann ich nicht –"

„Esther, diese Gemächer werden nie dir gehören. Sie sind die Gemächer der Königin, und als solche gehören sie der Frau, die diese Position innehat, und die bist im Augenblick du. Solange du meine Frau bist, wirst du hier leben, ob es dir gefällt oder nicht. Zwei Königinnen haben schon vor dir hier gelebt, und nach dir werden noch viele andere kommen." Auf einmal sprang er aus dem Bett und blickte auf mich herab. Er sagte: „Ich werde mich in meine Gemächer zurückziehen, Königin Esther, und wir werden den Rest dieser Nacht getrennt verbringen, da sie sowieso verdorben ist. Wir wollen hoffen, daß wir morgen in besserer Stimmung sind." Und bevor ich protestieren konnte, hatte er mein Schlafzimmer verlassen und seine schlaftrunkenen Diener mitgenommen.

Ich lag auf meinem Bett und weinte mir die Augen aus. Nach einer Weile spürte ich eine Hand auf meiner Schulter. Ich hielt die Luft an, weil ich dachte, er sei zurückgekommen. Doch es war Hegai.

„Geh fort", jammerte ich und bohrte meinen Kopf in die Kissen. „Geh schlafen. Es ist spät."

„Und wie soll ich schlafen, Herrin, wenn du so unglücklich bist? Bitte . . . erzähle mir, was passiert ist."

Ich überlegte, ob ich darauf bestehen solle, daß er mir als seiner Königin gehorchte, doch er wirkte so bekümmert, daß mir die Worte im Hals stecken blieben. Ganz offensichtlich befürchtete er, daß mein Zerwürfnis mit dem König ernster Natur sein könnte, vielleicht irreparabel; erst in diesem Augenblick stellte ich mir die Frage, wie weit oder wie wenig ich von dem vorgeschriebenen Pfad abweichen durfte, bis ich aus den Gemächern der Königin verbannt werden würde, ob ich es wollte oder nicht. Ich mußte bleich geworden sein.

Er murmelte: „Es tut mir leid, meine Herrin, daß ich dich erschreckt habe. Du bist totenblaß." Mit abgewendetem Blick fügte er hinzu: „Und so vieles andere auch."

Schließlich trafen sich unsere Blicke, und mir fiel auf, daß ich ihn noch nie ohne Schminke gesehen hatte. Es machte ihn irgendwie hilflos. Ich sagte ihm, auch mir täte es leid, dann erzählte ich ihm, daß Kschajarscha mir den Himmel auf Erden versprochen habe, mir jedoch nicht ein einziges Zimmer zur Verfügung stellen würde, das ich mein eigen nennen könnte.

„Aber das kann er nicht", widersprach Hegai mir sanft, als würde er einem Kind erklären, warum es nicht mit dem Feuer spielen darf. „Du bist die Königin, und er ist der König, und es gibt viele lästige Dinge, die ihr beide erdulden müßt. Aber das habe ich dir doch alles klargemacht, als du noch in meiner Obhut warst!"

„Wenn diejenigen, die herrschen, nicht die Freiheit haben zu tun, was sie wollen, wer hat sie dann?" fragte ich mit zitternder Stimme. „Du verstehst mich auch nicht, oder? Du stehst immer auf seiner Seite. Jeder könnte denken, er sei immer noch dein Liebhaber!"

Das war nicht fair, da Hegai sich nie auf irgendeine Seite gestellt hatte. Er ging zurück zu Bett, ohne mir auch nur gute Nacht zu wünschen, und trotz unserer Entschuldigungen blieb die Spannung zwischen uns bestehen.

Am folgenden Morgen empfand ich den abwegigen Wunsch, Iphigenia zu sehen. Vermutlich war der Grund dafür, daß sie der einzige noch lebende Mensch war, der mich selbstlos und ohne Hintergedanken geliebt hatte.

Ich hatte sie ein ganzes Jahr lang nicht mehr gesehen; sie würde vermutlich annehmen, daß ich sie ganz vergessen hatte, seit ich Königin geworden war.

Trotzdem schickte ich nach Hatach und ließ ihn eine Nachricht nach Arderikka bringen. Iphigenia sollte vor mir erscheinen. Er kehrte gegen Mittag zurück und erklärte mir, er hätte die Nachricht der Mutter meiner Freundin überbracht, da meine Freundin selbst unpäßlich sei. Sie würde kommen, sobald es ihr wieder besser ginge.

Ich war wütend und ließ es an Hatach aus. Doch er nahm das gelassen hin. Waschti hatte ihn vermutlich nicht nur mit Worten gepeitscht.

Ich mußte vierzehn Tage warten, bis Iphigenia kam. In dieser Zeit schickte ich Hatach zweimal zu ihr, doch jedesmal brachte er dieselbe Antwort zurück.

Kschajarscha erschien an dem Abend nach unserem Streit wieder in meinen Gemächern. Er erwähnte unsere Auseinandersetzung mit keinem Wort, und ich auch nicht. Wir liebten uns wie vorher, doch als er mich bei Sonnenaufgang verließ, sagte er mir, ich könnte nicht länger erwarten, ihn jede Nacht zu sehen, da ich nicht die einzige Frau sei, für deren Glück er verantwortlich sei.

Wieder weinte ich und war untröstlich. Natürlich hatte ich die ganze Zeit gewußt, daß dieser Zeitpunkt kommen würde, doch ich wußte, daß er mir länger seine Aufmerksamkeit zugewendet hätte, wenn ich ihm nicht mißfallen hätte. Von da an verbrachte ich meine Tage damit, mir vorzustellen, mit wem er sprach und ausritt, und manche schlaflose Nacht malte ich mir aus, wie er bei einer schmallippigen persischen Konkubine oder sogar bei Waschti lag.

Und als wäre das alles noch nicht genug, entdeckte ich auch eine Veränderung in Hutaosas Verhalten mir gegenüber. Sie besuchte mich nicht mehr so häufig, und wenn sie kam, spürte ich eine leichte, doch unmißverständliche Kälte in ihrem Verhalten, die ich vorher nicht bemerkt hatte, und ich begann zu begreifen, daß Hutaosas Liebe zu mir abhängig davon war, ob ich ihren Sohn glücklich machte oder nicht.

Schließlich, als ich bereits befürchtete, Iphigenia müßte von ihrem Krankenbett zu mir geschleift werden, schickte sie mir eine Nachricht, sie sei wieder kräftig genug, das Haus verlassen zu können, und würde zum Palast kommen, wenn jemand sie abholte.

Sofort schickte ich Hatach mit einer Sänfte los. Fara und ihre sechs Gefährtinnen sollten ihn begleiten, außerdem eine Eskorte berittener Wachen.

Ich konnte die Ankunft meines Gastes kaum erwarten. Ich wußte nicht, wie Iphigenia auf mich reagieren würde, und ich war mir nur allzu bewußt, daß sie mich wieder einmal besuchte zu einer Zeit, wo meine Lebensumstände nicht ganz so waren, wie ich sie mir erträumt hatte.

Was Iphigenias Haltung mir gegenüber betraf, so hätte ich mir keine Gedanken zu machen brauchen. Sie hatte jetzt, wo ich Königin war, genauso wenig Ehrfurcht vor mir wie beim letzten Mal. Sie rannte auf mich zu wie früher, umarmte mich und wirbelte mich herum.

„Oh, Hadassa – ich meine, Esther –, du weißt nicht, wie sehr ich dich vermißt habe und wie froh ich war, nach so langer Zeit von dir zu hören! Ich konnte nicht glauben, daß du immer noch Zeit für mich hast, jetzt, wo du . . . Ich kann es nicht einmal aussprechen, das klingt so fremd! Oh, Esther, es ist so schön, dich zu sehen!"

Ich sagte: „Du siehst so gut aus, Iphigenia. Nach dem, was Hatach mir berichtet hat, warst du dem Tode nahe."

„O nein", lachte sie. „Das stimmt ganz und gar nicht. Ich erwarte ein Baby, Esther! Oh, es ist noch zu früh, die Hebamme hat es noch nicht bestätigt, aber ich weiß es, weil mir genauso übel ist wie bei Philos. Ich habe es immer noch, aber jetzt nur noch morgens. In den ersten Wochen war es den ganzen Tag, jeden Tag."

„Genauso – wie bei Philos? Du meinst . . .?"

„Ja, Esther. Nikias und ich haben bereits ein Kind: einen Sohn. Wir haben ihn Philos genannt, nach meinem Vater. Ich hätte ihn heute mitgebracht, doch er bekommt gerade einen Zahn und schreit die ganze Zeit . . . Esther, was ist los?"

„Nichts." Ich zwang mich dazu, strahlend zu lächeln. Doch sie merkte genau, daß irgend etwas mit mir nicht stimmte. Es war nicht mehr nur mein Streit mit Kschajarscha. Es war die Tatsache, daß Iphigenia praktisch in ihrer Hochzeitsnacht empfangen haben mußte und ihr zweites Kind innerhalb von drei Monaten nach der Geburt des ersten erwartete. Und ich . . .

Nachdem unser Mittagessen serviert war, wendete sich unser Gespräch den Köstlichkeiten zu, die ich für sie bestellt hatte. Wir speisten genüßlich, und danach forderte ich Iphigenia auf, sich neben mich zu legen, dann würde es so sein wie in alten Zeiten.

Doch in jenen alten Tagen hatten wir über alles und jedes gesprochen: unsere Hoffnungen und Ängste, unsere innersten Gefühle. Und so war es auch an diesem Tag wieder; die Wahrheit kam ans Licht. Und als ich sie in Worte faßte, schien sie schlimmer als je zuvor. Als ich fertig war, war es mir egal, ob ich den Schein wahrte. Ich hatte genug damit zu tun, nicht in Tränen auszubrechen.

„Arme Esther", murmelte Iphigenia, und ich murmelte etwas Unzusammenhängendes darüber, wie seltsam es sei, daß sie Zufriedenheit in ihrer Armut gefunden habe, während es mir, die ich alles besaß, was ich mir je erträumt hatte, so schlecht ging.

Doch sie antwortete: „Nein, Esther. So einfach ist es auch nicht. Auch für mich gibt es Traurigkeit und Sorge. Und das ist auch noch nicht vorbei."

Ich blinzelte sie verständnislos an. Ihre Eltern lebten noch, und sie hatte einen Mann, der sie liebte, und einen Sohn, und ein zweites Baby war unterwegs; worüber konnte sie traurig sein? Und sie erzählte mir, daß verschiedene Cousins und Nachbarn bei den letzten Gewalttätigkeiten verletzt worden seien und daß einer Familie, die in die Stadt gezogen war, das Haus von herumziehenden Schlägern angezündet worden sei. Sie war nur zu bereit, mir weitere Beispiele zu geben, als ich sie verwirrt fragte: „Welche Gewalttätigkeiten? Welche Schläger? Wovon sprichst du überhaupt?“

Nun war es an ihr, verwirrt zu sein. „Du meinst, du weißt gar nichts davon? Aber sicher . . . wie kannst du das nicht wissen? Alle wissen es.“

„Alle wissen was, Iphigenia?“

„Von den Aufständen und der Schikanierung der Eretrier, die in Susa arbeiten. Seit Monaten gibt es kaum ein anderes Gesprächsthema, außer deiner Hochzeit, die die Leute wenigstens eine Woche von den Schwierigkeiten abgelenkt hat. Aber in den letzten Tagen hat es noch mehr Zwischenfälle gegeben . . . Sicher hat der König dir davon erzählt?“

Ich biß mir auf die Lippe. „Kschajarscha spricht nicht mit mir über Politik.“

„Dann dein Eunuch, der mich geholt hat –“

„Hatach.“

„Ja, Hatach. Er ist doch selbst in Arderikka gewesen. Er muß doch die Spannung gespürt und das Gerede gehört haben.“ Auf einmal lächelte sie mich an. „Es tut mir leid, Esther. Ich bin nicht hergekommen, um mit dir darüber zu sprechen; auch solltest du nicht den Eindruck gewinnen, als würde ich den König dafür verantwortlich machen. Ich glaube nicht, daß es sein Fehler ist. Vermutlich weiß er genausowenig wie du, was in den Straßen seiner Hauptstadt vorgeht.“

Ich schwieg, denn es gab nichts, was ich hätte sagen können, doch meine Gedanken überschlugen sich. Wie konnte es sein, daß ich so dicht am Zentrum des Weltreiches gelebt und doch unwissender war als jedes kleine Kind in Jerusalem, am äußersten Rand des Reiches? Ich wollte von Iphigenia wissen, wieso es zu diesen Gewaltausbrüchen und den Vorurteilen ihrem Volk gegenüber gekommen war.

„Oh, diese Vorurteile sind ja nichts Neues“, antwortete sie mir. „Die Perser hassen das Volk von Eretria und Athen schon seit der Zeit, als Darajawausch noch geherrscht hat, weil sie den Griechen von Ionia geholfen haben, sich gegen seinen Despotismus aufzulehnen, und er meine Familie und viele andere Griechen hierher nach

Susa deportiert hat. Doch seit Kschajarschas Feldzug gegen Griechenland ist es noch schlimmer geworden. So viele Mütter haben ihre Söhne verloren, Kinder ihre Väter und Frauen ihre Männer. Doch nun sehen sie, daß die Arderikker allmählich zu Wohlstand kommen und Wurzeln schlagen, genau wie dein eigenes Volk, die verbannten Juden. Das gefällt ihnen nicht, vor allem den Armen. Wenigstens haben sie sich bis jetzt von Arderikka ferngehalten. Aber wie lange noch? Die Zahl derer, die uns hassen, nimmt ständig zu."

Leise antwortete ich: „Ich werde mit Kschajarscha sprechen. Das muß aufhören, bevor es noch schlimmer wird."

„Und auch auf die Juden übergreift, meinst du."

„Nicht nur das. Ich bin nicht ganz gefühllos."

Eine Zeitlang sagte keiner von uns ein Wort. Dann meinte Iphigenia: „Ich bin wirklich nicht hergekommen, um mit dir darüber zu sprechen, Esther. Es hat doch sowieso keinen Zweck. Der König wird nichts dagegen unternehmen. Warum um alles in der Welt sollte er auch?"

„Was ist mit den Juden, Iphigenia?" fragte ich. „Sind sie von der Verfolgung ausgeschlossen?"

„Auch die Juden sind reich, Esther; sehr viel reicher, als der fähigste Mann aus Arderikka je werden kann. Es stimmt, daß die Juden für die Vernichtung einer persischen Armee und Flotte nicht verantwortlich gemacht werden können. Doch Reichtum ist immer Anlaß für Neid, sogar für Haß. Es hat auch Angriffe auf jüdisches Eigentum gegeben, vor allem auf Geschäfte. Haß kann genauso launisch sein wie Liebe; wer kann schon sagen, was als nächstes kommt?"

„Und was ist mit Mordechai, meinem Cousin? Arbeitet er immer noch im Palast? Ich habe nichts von ihm gehört. Nicht ein Wort."

„Das wirst du sicher bald."

„Was meinst du damit?"

„Ich meine, daß er Hatach kennt, und aus der Art, wie sie miteinander reden, würde ich sagen, daß er in den letzten Tagen bewußt die Bekanntschaft deines Eunuchen gesucht hat."

„Was sagst du da, Iphigenia? Woher weißt du das?"

„Weil dein Cousin, als wir mit unseren Sänften an der königlichen Schatzkammer vorbeigekommen sind, geradewegs auf ihn zugegangen ist. Hatachs Vorhänge waren zurückgezogen, und jeder konnte sehen, wer darin saß. Ich glaube, daß Mordechai Hatachs Geldangelegenheiten in die Hand genommen hat und sich darum bemüht, sich mit ihm anzufreunden."

Ich lehnte meinen Kopf gegen eine Säule und atmete tief durch, um mich zu beruhigen. Iphigenia kam zu mir und legte die Arme um mich, doch sie konnte mir nicht helfen. Niemand konnte das.

14

Sobald Iphigenia fort war, rief ich Hatach, um ihm Vorwürfe zu machen, daß er hinter meinem Rücken mit ränkeschmiedenden Bürokraten Umgang hatte; ob er denn nicht wüßte, daß er mir alles erzählen müsse, sogar von seinen eigenen finanziellen Transaktionen, und daß alle Bankiers im Grunde genommen Räuber seien, vor allem der, den er sich für seine Geschäfte ausgesucht habe?

Doch er nahm mir den Wind aus den Segeln, bevor ich noch den Mund öffnen konnte. Sein Gesicht verzog sich zu einem Lächeln, und er rief: „Euer Majestät, etwas Wundervolles hat sich ereignet. Der Herr aus der Schatzkammer, der meine finanziellen Angelegenheiten in die Hand genommen hat, ist zufällig ein alter Freund deines Vaters! Er sagt, er hätte dich gekannt, als du noch ein kleines Mädchen warst, und er bestand darauf, daß ich dir die besten Grüße überbringe. Ist das nicht ein bemerkenswerter Zufall? Wie klein ist doch die Welt, in der wir leben."

Da hast du recht, dachte ich wütend. „Wie ist der Name des Mannes?" fragte ich laut.

„Mordechai. Mordechai ben Jair", erwiderte Hatach. Es gab keinen Zweifel mehr. „Das ist ein jüdischer Name, sagt man mir. Er war früher Partner in einer Privatbank; sie wurde von Babyloniern gegründet, doch nun gibt es dort einige jüdische Partner."

„Und was hat er dir sonst noch gesagt?"

„Sonst nichts, Euer Majestät. Nur daß er ein alter Freund deiner Familie gewesen sei und sich dir in Erinnerung bringen möchte. Hast du eine Botschaft für mich, die ich ihm weitergeben soll, wenn ich ihn wiedersehe?"

„Nein", erwiderte ich steif, dann entließ ich den Eunuchen. Ich brauchte Zeit, um nachzudenken. Wenigstens hatte Mordechai behauptet, ein Freund meines Vaters zu sein, nicht ein Verwandter.

Doch ich würde mich trotzdem verdächtig machen, wenn ich Hatach verbieten würde, ihn zu sehen, da Sklaven in Persien das Recht haben, Geld zu verdienen und es zu investieren, wie sie möchten.

Mein Verhältnis zu Kschajarscha besserte sich ein wenig, weil ich keinen weiteren Versuch mehr machte, ihn in eine Unterhaltung zu verwickeln. In den Nächten, die er bei mir verbrachte, konzentrierte ich mich darauf, so verführerisch wie möglich zu sein, und dies führte dazu, daß er wieder häufiger zu mir kam. Auch Hutaosa wurde wieder etwas herzlicher, wenn sie sich auch weiterhin große Sorgen um den Gesundheitszustand ihres Sohnes machte.

Es stimmte, daß sein Magen ihm wieder häufiger Probleme machte als in unseren ersten gemeinsamen Wochen, und mehr als einmal weckte er mich nachts auf, wenn er im Traum aufschrie.

Manchmal, wenn ich ihn wachrüttelte, wollte er reden, und ich ermutigte ihn dazu und hielt ihn im Arm, während er über die Tausende tapferer junger Perser trauerte, die er in Griechenland in den Tod geschickt hatte, und wenn er daran dachte, wie ihre Witwen ihn hassen mußten – Frauen, die vor seinem Vater Darajawausch auf die Knie gefallen waren und Blumen für ihn gestreut hatten, die bei seiner Beerdigung geweint hatten, als seien sie seine Frauen und Töchter gewesen. Dann war da der bittere Verlust seines Cousins Mardunija bei der Schlacht von Plataea; er war ein voreiliger und ehrgeiziger Draufgänger gewesen. Doch Kschajarscha war ohne seinen Rat und seine Ermutigung hilflos; er war ihm ein enger Freund und Vertrauter gewesen, ein tapferer Krieger und inspirierender Befehlshaber.

Mein Mitleid war echt, weil ich nur zu genau wußte, was es bedeutete, liebe Menschen zu verlieren und gehaßt zu werden.

Doch niemals fragte er nach meinem Ergehen. Vermutlich nahm er an, daß mein unvernünftiger Wunsch, in andere Gemächer zu ziehen, nur eine vorübergehende Laune gewesen war, wie sie Frauen von Zeit zu Zeit hatten.

Hatach brachte mir eine weitere Nachricht von Mordechai, deren Inhalt bewußt allgemein gehalten war und keine Unterschrift trug; vermutlich hatte er Angst, sie könnte abgefangen werden. Darin sprach er mich als Königin Esther von Persien an, wünschte mir gute Gesundheit und forderte mich auf, einen loyalen und demütigen Freund meines lieben Vaters nicht zu vergessen. Der Ton kam mir einschmeichelnd vor, beinahe mitleiderregend; er paßte so gar nicht zu Mordechai. Doch es war seine Handschrift, dessen war ich sicher, auch wenn er auf Aramäisch, nicht auf Hebräisch geschrieben hatte. Er hatte mich also nicht verraten.

Wieder sagte ich Hatach, ich würde keine Antwort schicken, und ich ging hinaus in den Hof, um mir die Blumen zu betrachten und auf das Zwitschern der Vögel zu hören. Die Mädchen, die sich dort aufhielten, warfen mir Seitenblicke zu und verschwanden; bisher hatte ich noch keiner gestattet zu bleiben.

Am folgenden Tag saß ich unter einem Orangenbaum und spielte gedankenlos ein Brettspiel mit mir selbst. Zufällig fiel mein Blick auf die nördliche Seite des Hofes, wo die Mauer nicht ganz so hoch und von einem Tor unterbrochen war. Hinter dem Tor stand Mordechai.

Ich schrie auf und ließ das Spiel fallen. So schnell ich konnte rannte ich hinein, und einen Augenblick später war Hegai an meiner Seite. Er umklammerte meine Hände und fragte mich, was los sei, doch ich war zu erschüttert, um ihm etwas anderes als die Wahrheit zu erzählen.

Er sagte: „Das kann nicht dein Vormund gewesen sein, Herrin, selbst wenn er jetzt im Palast arbeitet. Der Zugang zu den Gärten ist verboten; jeder, der in der Nähe des Harems herumlungert, wird sofort ergriffen."

„Er war es, ich sage es dir!" Als ich Hatach herankommen sah, senkte ich meine Stimme zu einem Flüstern. „Tammuz, du darfst niemandem davon erzählen, am wenigsten Hatach. Du bist der einzige, der die Wahrheit über mich kennt. Wenn du etwas sagst –"

„Du brauchst mir nicht zu drohen, Herrin." Sogar in meinem Kummer merkte ich, daß er verletzt war. „Komm, mach dir keine Sorgen mehr. Ich werde Hatach fortschicken und selbst in den Hof gehen, um nachzusehen, ob jemand da ist."

Ich saß zitternd da, bis er zurückkam. Er legte vorsichtig seine Hand auf meine Schulter – eine Geste, die ihm sonst so leicht von der Hand gegangen war, jetzt aber nur sehr zögernd kam. „Das ist doch nur der Schatzmeister Seiner Majestät. Einen höflicheren und harmloseren Menschen gibt es nicht. Er geht fast jeden Tag in den Gärten spazieren; ich habe ihn häufig gesehen. Niemand würde daran denken, ihm etwas Böses zuzutrauen."

„Aber es war Mordechai, Tammuz, ich schwöre es! Vielleicht ist er jetzt ja Kschajarschas Schatzmeister, woher soll ich das wissen? Er muß sofort entfernt werden und darf nicht mehr wiederkommen.

Statt dieses Zauns muß eine richtige Mauer hochgezogen werden. Ich weiß gar nicht, warum das nicht schon längst passiert ist. Als ob mein Mann wollte, daß sich alle an seinen Frauen freuen!"

„Herrin, es ist keine Mauer gezogen worden, weil man es für richtig hält, daß die Frauen des Großen Königs Bäume, Büsche und Gras betrachten können. Ich erinnere mich an eine Zeit, als du selbst dich danach sehntest, so etwas zu sehen. Und es ist, wie ich sagte: Unerwünschte Personen können schnell entfernt werden."

„Dann entferne ihn, Tammuz, sofort. Ich befehle es dir! Geh und sage ihm, daß ich ihn pfählen lasse, wenn ich ihn noch einmal hier sehe."

Hegai rang die Hände und wirkte auf einmal genauso beunruhigt wie Hatach. „Du erwartest von mir, einem Sklaven, daß ich einem freien Mann Befehle gebe, noch dazu einem geschätzten Beamten des königlichen Hofes? Aus welchem Grund sollte ich ihm mit der Pfählung drohen?"

„Ich erwarte, daß du tust, was ich dir gesagt habe!" schrie ich. Ich war so außer mir, daß er nickte und sich beeilte, meinen Wünschen nachzukommen, und ich rief ihm nach, ich sei die Königin und könnte tun, was mir gefiel, und jedem alles befehlen, was ich wollte und wann immer ich es wollte. Dann sank ich auf die Couch, drückte mein Gesicht in die Kissen und ballte die Fäuste.

Hegai kehrte ein zweites Mal zurück, diesmal sehr bekümmert. „Als der arme Bursche mich erblickte, weinte er, Herrin. Er sagte, er sei der glücklichste Mann auf der Welt, da er dir nun eine Botschaft übermitteln könnte und nicht mehr Angst haben müsse, daß sie abgefangen würde." Er reichte mir ein Täfelchen, das mit dem Siegel der Sauliden versiegelt war.

Ich krächzte: „Das hat er vor deinen Augen geschrieben? In dieser Minute?"

„Nein, Herrin. Er muß es jeden Tag mit sich herumgetragen haben in der Hoffnung, dich zu sehen."

„Öffne es, Tammuz", sagte ich. „Lies es mir vor. Alles ist irgendwie durcheinander."

Er brach das Siegel und las; und alles, was Mordechai bereits früher andeutungsweise gesagt hatte, wurde nun deutlicher ausgesprochen, und vieles mehr. Er entschuldigte sich ausführlich dafür, daß er mich so schlecht behandelt hätte. Leider hätte er unterschätzt, wie sehr ich unter dem Verlust meiner Eltern und Geschwister gelitten haben mußte, so daß er mich bestraft habe, anstatt zu versuchen, meinen Kummer zu lindern. All dies wäre ihm nicht bewußt gewesen, hätte Ninlil ihn nicht auf dem Sterbebett angefleht, er sollte versuchen, die Dinge zwischen uns zu bereinigen. Nach ihrem Tod hätte er in Sack und Asche bereut, seinen gesamten Besitz aufgegeben und eine Stellung im Palast angenommen, um mir diese Nachricht zukommen zu lassen. Und nun sehne er sich nach meiner Vergebung und drängte mich, nicht meinen Gott oder mein eigenes Volk aufzugeben.

Ich wußte nicht, ob ich weinen oder lachen sollte. Ninlil war also tot; das war wirklich traurig. Doch ihr Tod hatte Mordechai offensichtlich den Verstand verlieren lassen, und seine späte Reue widerte mich an.

Hegai fragte vorsichtig: „Soll ich ihm eine Antwort bringen?"

„Ja!" schrie ich. „Sag ihm, er soll verschwinden, bevor ich ihn mit meinen bloßen Händen erwürge! Und du verschwinde auch. Geh mir aus den Augen. Ich kann deine wehleidige Unterwürfigkeit nicht mehr ertragen."

Er gehorchte mir, doch das war längst nicht das Ende der Angelegenheit. Im Laufe der folgenden Wochen versuchte Mordechai immer wieder, eine günstigere Antwort von mir zu bekommen. Ich gab Hegai Anweisung, nichts mehr von ihm entgegenzunehmen, darum stellte er nun Hatach nach. Als ich ihm dieselbe Anweisung gab – sehr zu dessen Erstaunen –, gelangten Mordechais Nachrichten irgendwie in Faras, sogar in Roxanas Hände. Dies schürte noch meine Angst, daß auch Waschti in der Lage sein könnte, das Bollwerk der Sicherheit zu durchbrechen, das Kschajarscha und seine Mutter um mich herum gezogen hatten.

Zu allem Überfluß bekam ich auch noch meine Tage. Ich legte mich ins Bett und sagte Fara, ich sei krank. Selbst als die Woche der Unreinheit vorbei war, wollte ich niemanden empfangen. Doch als Fara mir mitteilte, Aschpamithra sei gekommen, um mich in die Gemächer Seiner Majestät zu führen, erlebte ich eine wundersame Heilung und ließ sie mich fertigmachen.

In Kschajarschas Schlafzimmer war es so stickig und heiß, daß er uns ein Bett beim Lilienteich bereitet hatte. Die Vögel zwitscherten in ihren Käfigen, und die herunterfallenden Blütenblätter streichelten unsere Gesichter. Ich schloß die Augen und stellte mir vor, wir lägen im wilden Gras zwischen Mohnblumen auf einem Berg in der Nähe von Jerusalem und wären beide frei und unbelastet. Ich stöhnte leise, und Kschajarscha wollte den Grund wissen.

„Oh, Kschajarscha, ich wünschte, wir könnten davonlaufen, nur du und ich, und all deine heuchlerischen Höflinge, die Rituale und Traditionen hinter uns lassen, die unser Leben so schwer machen und unser Vergnügen beeinträchtigen."

Er lachte leise und strich mir die Haare aus dem Gesicht. „Dein Beduinenblut ist genauso heiß wie immer", sagte er. „Und doch erinnere ich mich daran, daß du mir in unserer ersten Nacht – der Nacht, in der wir nur miteinander geredet haben – erzählt hast, du seist in den Palast gekommen, weil du Freiheit gesucht hast." Er lachte wieder. „Anscheinend habe ich recht, meine süße Esther. Die Frauen sind nie zufrieden. Denkst du, du könntest jetzt noch ohne deine Bäder, deine Parfüms und deine Maniküre leben, du könntest dir selbst die Mahlzeiten bereiten und dir deine Kleider schneidern? Ich muß sagen, ich kann mir nicht vorstellen, wie du Ziegen melkst, Tische schrubbst und meine Sandalen flickst."

Ich war verärgert, bemühte mich aber, das nicht zu zeigen. „Es ist nur, daß hier zu viele Leute uns bespitzeln, uns kritisieren, versuchen zu manipulieren –"

„Nun, sie scheinen nicht sehr erfolgreich zu sein, mein Liebling. Ich sehe niemanden, der uns im Augenblick beobachtet, denn wenn das so wäre, würden sie ganz bestimmt Kritik üben. Wann liegt ein persischer König schon mit seiner Königin wie ein Bauer im Freien?"

Die Sonne ging langsam auf, und obwohl uns theoretisch niemand sehen konnte, fühlte ich mich auf einmal beobachtet und verletzlich. Ich entwand mich seiner Umarmung. Er fragte mich, was los sei, doch eigentlich erwartete er keine Antwort und hielt mich einfach fest. Dann beklagte er sich darüber, daß ich ihn nicht genug lieben würde, er würde mir nicht genügen, ich würde ihn nicht mehr aufregend finden. Schließlich konnte ich es nicht mehr ertragen und stieß hervor: „Wenn du mich wirklich lieben würdest, würdest du Waschti fortschicken, sofort, in die Wüste, wo die Schakale sie fressen würden!" Nur zu gern hätte ich dasselbe über Mordechai gesagt, doch wie konnte ich das?

Aber meine Wut nährte nur sein Verlangen. Er schmeichelte: „Ist das wirklich meine süße kleine Esther, die so spricht? Wie großartig bist du, wenn du wütend bist, wie unwiderstehlich!"

Tränen strömten mir die Wangen hinunter, während ich mich wie eine Katze wehrte, doch der Sport und die Jagden hatten ihn stark wie einen Ringkämpfer gemacht. Je mehr ich mich gegen ihn zur Wehr setzte, desto erregter wurde er. Er nannte mich seine Tigerin, seine wilde nomadische Zauberin. Schließlich bezwang er mich und lehnte sich dann keuchend zurück.

Ich weinte, weil ich verletzt war und weil ich niemals Freiheit finden, niemals mein Leben selbst in die Hand nehmen konnte. Wieder einmal wünschte ich, ich wäre ein Mann und könnte tun, was ich wollte, bezwingen, wen ich wollte, grausame Rache üben an allen, die mir Unrecht getan hatten.

Als Kschajarscha wieder zu Atem kam, sagte er: „Siehst du? Ich brauche Waschti nicht aus dem Palast zu verbannen, mein Liebling, wenn du die Macht hast, jeglichen Gedanken an sie aus meiner Erinnerung zu bannen. Du brauchst dich nicht den unedlen Gefühlen der Eifersucht hinzugeben. Selbst wenn ich eine andere Frau nehmen sollte, würde sie für dich keine Rivalin sein."

Etwas in der Art, wie er das sagte, setzte die Alarmglocken in meinem Gehirn in Gang. „Eine andere Frau?" flüsterte ich. „Denkst du daran, eine weitere Frau zu nehmen?"

Er hob den Kopf und blickte mir in die Augen. „Heute sind wir aber wirklich nervös, nicht? Natürlich habe ich nicht die Absicht, eine weitere Frau zu nehmen; zumindest nicht im Augenblick. Eines Tages läßt du mir vielleicht keine Wahl."

„Keine Wahl? Was meinst du?"

„Nun . . ." Er zuckte die Achseln. „Ich brauche Erben, wie du sicher weißt, und es müssen mehrere geeignete Kandidaten da sein, damit ich den besten zu meinem Nachfolger bestimmen kann. Waschtis Söhne sind sehr vielversprechend, aber werden sie auch alle erwachsen werden? Und wie sehr wird sie sie gegen ihren Vater beeinflußt haben, wenn sie das richtige Alter erreicht haben? Was dich betrifft . . . nun, die Leute reden, mußt du wissen."

„Sie reden? Was meinst du damit? Worüber reden sie?"

Er schien fassungslos, daß ich so naiv sein konnte. „Meine liebe Esther, wie viele Samen habe ich bereits in deinen brachliegenden Boden gepflanzt? Und doch hat keiner von ihnen bisher Wurzeln getrieben. Vielleicht hast du sie nicht genug bewässert, mein Liebling. Oder du hast sie vom Golfwind davontragen lassen."

Erst nach diesem Gespräch begann ich mir ernsthaft Sorgen darüber zu machen, daß ich bisher nicht empfangen hatte. Zuerst war dies nur ein weiteres Problem neben all den anderen, doch es dauerte nicht lange, bis es alle anderen in den Schatten stellte, da ich von

Mordechai und auch von Waschti nichts mehr gehört hatte. Als meine dritte Periode mit schönster Pünktlichkeit einsetzte, stellte ich mich Hutaosa in den Weg, als sie gerade meine Gemächer verlassen wollte, und rief: „Drei Monate ist doch noch keine lange Zeit, oder? Sag, daß es so ist! Meine ältere Schwester wurde fast zwei Jahre nach der Hochzeit meiner Eltern geboren."

Hutaosa lächelte, setzte sich auf eine Couch und streckte mir die Hand entgegen. „Esther, meine Tochter, wenn wir über dieses Thema sprechen wollen, sollten wir das nicht in einem zivilisierten Ton tun? Komm, setz dich neben mich."

Ich schniefte ein wenig und gehorchte. Immer noch meine Hand haltend, als müßte sie ein Kind beruhigen, sagte sie: „Sieh mal, jeder Boden ist unterschiedlich, und einige Samenkörner sind fruchtbarer als andere. Aber was Kschajarscha betrifft – Waschti war fast die ganze Zeit ihrer Ehe schwanger. Natürlich hatte sie Ammen, so daß sie die Kinder nicht selbst stillen mußte."

„Dann stimmt also etwas nicht mit mir? Willst du etwa sagen, daß ich unfruchtbar bin?"

„Nein, meine Liebe, natürlich nicht. Es ist viel zu früh, um so etwas zu sagen. Denn auf jede Frau, die im ersten Monat ihrer Ehe empfängt, gibt es eine, die dazu sechs Monate oder sogar ein Jahr braucht. Bei einigen dauert es sogar noch länger. Doch wir müssen alles tun, was in unserer Macht steht, um den Prozeß zu beschleunigen."

„Was zum Beispiel?" fragte ich auf einmal sehr aufmerksam. Ich stellte mir vor, wie ich mitten in der Nacht in einen Tempel oder auf einen Berg gebracht und dort gezwungen würde, mich irgendeinem greulichen Fruchtbarkeitsritual zu unterziehen. Doch Hutaosa sagte: „Wir müssen beten, und wir müssen dafür sorgen, daß du genügend frisches Obst ißt. Und du darfst deine Turnübungen nicht übertreiben, damit sich der Same, der sich vielleicht festgesetzt hat, nicht wieder löst."

Ich tat, wie sie mir geraten hatte. Meine täglichen Turnübungen gab ich ganz auf und aß Orangen, Äpfel und Granatäpfel, bis ihr Saft förmlich in meinen Adern floß. Ich gab mich Kschajarscha mit neuer Dringlichkeit hin. Doch es nützte nichts. Der Sommer ging in den Herbst über, und meine Perioden setzten genauso regelmäßig ein wie immer. Kschajarscha gewöhnte es sich an, mich von Zeit zu Zeit zu fragen, ob ich einen Funken seines Lebens in mir spürte oder ob mir morgens übel sei. Ich konnte nur traurig den Kopf schütteln, so traurig, daß ich ihm mehr als einmal leid tat.

„Ich will dich nicht aufregen, mein Liebling", versicherte er mir und zog meinen Kopf an seine Brust. „Es ist nur so, daß es nichts geben würde, das mir größere Zufriedenheit bringen würde, als der Vater deines Sohnes zu sein. Er würde so schön sein, so stolz, wenn er nur die besten Eigenschaften von dir und mir hätte. Er würde der ewige Zeuge unserer Liebe sein und sie in die Zukunft weitertragen, wenn wir tot sind."

Hegai hatte mir vor langer Zeit erzählt, der König sei von seiner eigenen Sterblichkeit besessen, doch noch nie hatte ich es aus seinem eigenen Mund gehört. Und jetzt, als ich alle Hoffnung aufgegeben hatte, ihn in eine ernste Unterhaltung zu verwickeln, öffnete er sich mir freiwillig. Er sagte, der Name seines illustren Vaters Darajawausch würde auch in den kommenden Generationen in aller Munde sein, denn er sei ein Mann von außergewöhnlicher Weisheit und Charakterstärke gewesen und ein beispielloser Herrscher. Kschajarschas eigener Ruhm jedoch würde verblassen wie verdünnte Farbe.

Ich schauderte zusammen. „Ich möchte nicht über den Tod nachdenken, Kschajarscha. Wie können wir denn einen Lebensfunken in meinem Leib entfachen, wenn wir an so traurige Dinge denken?"

„Du sprichst wie eine Närrin, Esther", sagte er so feierlich wie ein Priester. „Weißt du nicht, daß der Weise Herr selbst dem Propheten Zarathustra gesagt hat, der Tod sei nur eine Brücke zu einem Leben, das unvergleichlich schöner ist als das Leben auf der Erde, ein Leben, das ewig währt? Das ewige Leben bekommen nur die, die den Ansprüchen Ahura Mazdas genügen: diejenigen, die seine Feueraltäre anbeten, die Wahrheit sprechen, Ordnung schaffen statt Chaos und sich selbst rein halten von Verschmutzung und Götzendienerei." Er schloß für einen Augenblick die Augen und preßte die Finger an die Schläfen, als hätte er Kopfschmerzen. „Doch ich habe so viele Fehler gemacht, Esther, und so viele falsche Wege eingeschlagen. Wenn ein Mann nur vor seinem Tod wissen könnte, daß er im Gericht für würdig befunden wird. Wenn er nur wissen könnte, ob er die Prüfungen, die Gott ihm vorgelegt hat, bestanden hat."

Danach versank er in meditatives Schweigen, und ich wünschte mir, daß jemand das Chaos in meinen Gedanken in Ordnung bringen könnte. Auch Mordechai hatte häufig von dem letzten Gericht Gottes und dem ewigen Leben gesprochen. Doch für ihn war es keine Frage gewesen, ob er würdig befunden würde. Er hatte die Zusicherung, daß Gott seinem Volk liebevoll alle seine Sünden vergeben würde, wenn es aufrichtig bereute und wenn es die für die Versöhnung notwendigen Opfer brachte. Unsicherer war Mordechai in bezug auf das Lebens danach gewesen. Unter den Juden hatte es Propheten gegeben, die davon gesprochen hatten, nicht häufig und auch nicht offen. Mordechai hatte immer gesagt, es gäbe vieles, was Adonai uns noch nicht voll offenbart hätte, weil wir noch nicht bereit seien, es zu empfangen.

Ich war nun schrecklich verwirrt; und als Kschajarscha plötzlich fragte, was ich glaubte, starrte ich ihn einfach nur an, weil ich es nicht gewöhnt war, daß er mich nach meinen Ansichten fragte.

„Komm schon", ermutigte er mich. „Kein Mensch hat je gelebt, der nicht irgend etwas angebetet hat. Selbst die griechischen Philosophen, die behaupten, der Mond sei ein Stein und die Seele nichts als ein Windstoß, müssen zugeben, daß jemand den Himmel abgemessen und das Meer von dem Land geteilt haben muß, daß er die Jahreszeiten und den Weg der Planeten festgelegt haben muß."

Ich fragte: „Und was ist mit deinen Priestern, Kschajarscha? Was sagen sie darüber?"

Er antwortete nicht; doch die Tatsache, daß ich ihn entwaffnet hatte, trug nicht dazu bei, mir Klarheit zu verschaffen, und ich fragte mich, ob ich vielleicht wirklich der einzige Mensch auf der Welt war, der an keine Religion glaubte. Vielleicht war dies der Grund, warum kein Gott mir ein Kind schenkte.

Am folgenden Tag rief ich Hegai während der Mittagsruhe zu mir und trug ihm auf, mir von den Göttern Babylons zu erzählen und was er selbst glaubte.

Doch obwohl er mit dem Kopf in meinem Schoß gelegen und mir mit feuchten Augen die wunderschöne Geschichte von Tammuz und Ischtar erzählt hatte, schien er jetzt genauso verwirrt zu sein wie ich. Er sagte: „Meine Eltern haben mich dazu erzogen, Baal-Marduk zu verehren und Schamasch, den Sonnengott, und Ischtar, die Göttin der Liebe und des Krieges. Doch mehr kenne ich nicht. Unsere Götter haben es nicht vermocht, Babylon vor der Zerstörung zu bewahren. Baal-Marduk konnte nicht einmal sein eigenes Bild vor dem Feuer der Vernichtung retten. Keiner von ihnen bewahrte mich vor dem Kastriermesser. Und sie haben auch nicht . . ."

„Was haben sie nicht, Tammuz?"

Hegai zuckte die Achseln, dann blickte er mich plötzlich an. Ich war nicht so schnell und konnte meinen Blick nicht mehr abwenden. Er fuhr fort: „Falls ich jemals wieder wirklich einen Gott anbeten würde, Herrin, müßte es einer sein, den ich selbst erleben könnte und dessen Hand ich in der Geschichte aller Völker erkennen könnte." Und ich dachte: *Mordechai würde dir sagen, daß es einen solchen Gott gibt, doch ich weiß es nicht, genausowenig wie du.*

Ich schickte ihn fort, legte ich mich zurück und starrte an Waschtis Decke, versuchte mich an die Worte des Schma zu erinnern, des Gebetes, das im jüdischen Glauben das wichtigste und zentralste ist, so daß ich es eigentlich im Schlaf hätte singen müssen. Ich gab den Versuch bald auf und bemühte mich statt dessen, mich an die zehn Gebote zu erinnern, doch da ich wußte, daß ich die ersten von ihnen bereits gebrochen hatte, kam ich nicht mehr weiter. Hier lag ich, eine Tochter Zions und eine Nachfahrin von König Saul, und lebte in einem fremden Land, war verheiratet mit einem heidnischen König. Und wenn ich ihm nicht bald einen Sohn gebar, würde ich nicht mehr lange Königin bleiben.

In den folgenden Wochen ermahnte mich Hutaosa, mir nicht zu viele Gedanken zu machen, da schlechte Laune meinen Leib infizieren und ich dann nicht empfangen würde. Doch ich konnte nicht aufhören. Ich wurde sehr leicht zornig und ließ meine Enttäuschung an den Leuten in meiner Umgebung aus, vor allem an Hegai, weil er am leichtesten zu verletzen war. Auch brachte mir allein sein Anblick meine eigene Unzulänglichkeit zu Bewußtsein: Es schien, als sei ich genausowenig eine richtige Frau, wie er ein Mann war, obwohl wir beide mit außergewöhnlicher körperlicher Schönheit gesegnet waren.

Und gerade, als ich sie zu vergessen begann, brachte sich Waschti mir wieder in Erinnerung. Sie schickte mir ein Geschenk, das mir an einem Spätnachmittag von keinem anderen als Aschpamithra übergeben wurde. Es war ein wundervolles Gewand, sehr enganliegend, und die Säume waren mit Gold bestickt. Es lag keine Karte dabei, darum nahm ich an, es sei von Kschajarscha. Meine Wachen mußten dieselbe Schlußfolgerung gezogen haben, und dies war die List, durch die sie es mir in die Hände spielte.

Aschpamithra sagte kühl: „Mit den besten Empfehlungen von Waschti, Euer Majestät. Sie sagte, es sei von ihrer persönlichen Schneiderin angefertigt worden, als sie noch Königin war, doch sie ist wegen der vielen Schwangerschaften nicht mehr schlank genug, um es tragen zu können. Sie sagt, Euch müßte es passen." Ich hätte schwören können, daß er grinste, als er sich verbeugte und den Raum verließ.

Ich stieß einen Fluch aus und zerriß den feinen Stoff mit meinen Fingernägeln, da ich dachte, er sei gegangen. Doch während die Stofffetzen zu Boden schwebten, kehrte Aschpamithra zurück und sagte kühl: „Oh, Euer Majestät, das hätte ich beinahe vergessen. Der König lädt Euch und seine ehrwürdige Mutter ein, an diesem Abend im Speisesaal mit ihm das Abendessen einzunehmen. Es wird ein Gast da sein: ein Herr, dem eine einzigartige Ehre zuteil wurde, wie ich hörte." Er verbeugte sich wieder und ging.

Es war nicht das erste Mal, daß ich eine solche Einladung erhalten hatte. Wenn Kschajarscha nicht bei mir war, aber auch nicht allein essen wollte, nahm er immer sein Abendessen im offiziellen Speisesaal ein. Eine ausgewählte Gruppe von Höflingen durfte dann mit ihm essen, oder besser, neben ihm; es war Sitte, daß der König auf der einen Seite eines Vorhangs, seine Gäste auf der anderen Seite saßen; Kschajarscha trug einen Mundschutz, damit er sich durch ihren gemeinen Atem nicht verunreinigte.

Doch wie konnte ich gehen, wo meine Augen gerötet und mein Gesicht aufgeschwemmt war, meine Finger zitterten wie die eines alten Weibes? Ich sank zu Boden und kauerte mich dort zusammen, während Fara das Chaos beseitigte.

Schließlich half mir Hegai auf und gab mir einen Becher Wein zu trinken, damit ich mich etwas beruhigte. Ich beschloß, daß ich mit dem König zu Abend speisen würde. Sonst würde Waschti bestimmt von Aschpamithra erfahren, daß ihr niederträchtiges Geschenk mich zum Weinen gebracht hatte, und diese Genugtuung wollte ich ihr nicht verschaffen. Das nächste Mal, wenn ich mit Kschajarscha allein war, würde ich ihm mitteilen, daß sie seinen eigenen Kammerdiener korrumpiert hatte.

Der Gast, von dem Aschpamithra gesprochen hatte, war ein schlanker, eleganter Mann um die Vierzig. Zwar trug er das für das Abendessen mit dem König vorgeschriebene schlichte weiße Gewand, doch er trug es mit einem solchen Stolz, als sei es aus Purpur. Seine Augen waren beinahe schwarz und beunruhigend intensiv in seinem ungewöhnlich schönen Gesicht. Seine Nase war sehr gerade, und er trug einen kurzen schwarzen Bart, der sehr ordentlich getrimmt war. Nach seinem Profil und seiner dunklen Erscheinung zu urteilen, war er durch und durch semitischer Herkunft, obwohl die teuren Ringe, die er trug, nach der neusten persischen Mode gearbeitet waren. Soweit ich wußte, hatte ich ihn noch nie zuvor gesehen. Sein Name war Haman, Sohn des Hammedatha.

Während des Mahles war ich nicht in der Lage, mich zu entspannen, und es war nicht nur wegen des Schocks, den ich am Nachmittag erlebt hatte. Selbst wenn ich auf meinen Teller blickte, spürte ich den prüfenden Blick Hamans auf mir, und wenn ich den Blick hob, so machte er keine Anstalten wegzusehen. Sein Gesichtsausdruck hatte etwas Beunruhigendes. Es war fast so, als würde er mich in Gedanken ausziehen. Doch hin und wieder bemerkte ich, daß er Kschajarscha genauso ansah; und es konnte nicht geleugnet werden, daß er außergewöhnlich gut aussah und ein sehr charmanter und höflicher Unterhalter war.

Die Unterhaltung drehte sich um neue Bauprojekte, die Kschajarscha in Parsa, seiner religiösen Hauptstadt, vornehmen wollte. Dies waren seine neusten Bemühungen, Unsterblichkeit zu erlangen: Wenn er von der Nachwelt schon nicht wegen seiner Eroberungen gepriesen wurde, dann wollte er wenigstens wegen seiner herausragenden Beiträge zur Verschönerung des Heiligtums von Ahura Mazda bekannt werden. Haman wußte über alle Architekten und Bauwerke des ganzen Reiches bestens Bescheid und schien alle wichtigen Leute zu kennen und Kontakte im gesamten Königreich zu haben. Außerdem war er ein außergewöhnlich kultivierter und belesener Mann, er kannte sich in den Glaubenssystemen einer ganzen Reihe von unterschiedlichen Völkern aus, die im Königreich lebten.

Seinen eigenen Ruhm hatte er sich durch außergewöhnliche Dienste für das königliche Steueramt erworben, da es ihm gelungen war, die Steuern einer äußerst widerspenstigen Provinz schneller einzutreiben als je ein Mensch zuvor. Dies hatte er durch die Anwendung seiner recht unorthodoxen und grausamen Methoden erreicht. Er erzählte fröhlich von einem Zeltmacher, der seine Steuern nicht bezahlen wollte und den er mit seinem eigenen Seil aufgehängt hatte, um ein Exempel zu statuieren.

Kschajarscha lächelte, als hätte Haman einen guten Witz erzählt; Hutaosa dagegen schauderte sichtlich und ganz bewußt zusammen. Haman warf mir einen Seitenblick zu, doch ich tat so, als würde ich es nicht merken.

Als wir mit dem Essen fertig waren und der Wein serviert werden sollte, baten uns die beiden Herren, sie zu entschuldigen, da sie noch weitere Geschäfte zu besprechen hätten. Wir kamen ihrer Bitte nach, und Hutaosa lud mich in ihre eigenen Gemächer ein, wo wir zusammen Wein trinken konnten. Nachdem wir unsere Dienerinnen fortgeschickt hatten, begann sie Haman sehr heftig und offen zu kritisieren; ich war verblüfft, denn nicht einmal von Waschti hatte sie so verächtlich gesprochen, und so kam es, daß ich sogar vergaß, ihr von der schrecklichen Erfahrung zu erzählen, die ich am Nachmittag gehabt hatte.

Allerdings erinnerte ich mich daran, daß ich den Namen Hamans von Hutaosa gehört hatte. Sie hatte ihn als einen der wenigen Regierungsangehörigen genannt, die über die Fähigkeit verfügten, Kschajarscha in die Irre zu leiten. Damals hatte er viel Ehrgeiz, jedoch wenig Einfluß besessen, da er noch sehr jung gewesen war. Doch nun lagen die Dinge anders. Sein Name stand bereits auf der Liste der Wohltäter des Königs.

Trotz Hutaosas Warnungen, wie gefährlich Haman werden könnte, blieb mir, als ich in meine Gemächer zurückkehrte, nur die schmierige Art im Gedächtnis hängen, wie er Kschajarscha und mich angesehen hatte. So war das immer; von Zeit zu Zeit interessierte ich mich für die Welt außerhalb meines eigenen kleinen gesellschaftlichen Kreises, doch das dauerte nie sehr lange. Mich interessierte nur, wie die Menschen in meiner Umgebung von mir dachten und ob irgendwie mein besonderer Platz im Herzen des Königs in Gefahr war.

Diese Frage machte mir im Laufe der folgenden Wochen immer mehr zu schaffen, denn Haman wurde mit wachsender Regelmäßigkeit an den Tisch des Königs gebeten. Ich sah zu, wie er sich immer tiefer in das Herz meines Mannes schlich; es hatte den Anschein, daß Kschajarscha endlich einen männlichen Vertrauten gefunden hatte, der den Platz seines geliebten Cousins Mardunija eingenommen hatte. Haman wußte genau, wie er den König zu nehmen hatte, wie er ihn mit der richtigen Dosis Ermutigung, Provokation und Schmeichelei einwickeln konnte, so daß ich ihn sogar beneidete. Kschajarscha überschüttete seinen neuen Freund mit zahllosen teuren Geschenken, und eines Abends küßte er ihn tatsächlich beim Nachtisch durchaus nicht flüchtig auf die Lippen, als er ihm eine schwere Goldkette um den Hals hängte. Ich wurde vor Wut puterrot, und nur mühsam meine Fassung bewahrend, bat ich Kschajarscha um die Erlaubnis, ihn nach dem Essen in seinen Gemächern sprechen zu können.

Er gewährte mir meine Bitte, wenn auch etwas widerstrebend, und als wir allein waren, ließ ich meiner Wut freien Lauf; seit ich

Mordechais Haus verlassen hatte, hatte ich mich nicht mehr so gehenlassen. Nicht eine Sekunde dachte ich darüber nach, wie töricht ich mich benahm und in welche Gefahr ich mich selbst begab.

„Ist es nicht schon schlimm genug, daß ich mit dem Gedanken leben muß, daß du andere Frauen in ihren Gemächern aufsuchst und ihre Betten wärmst? Ist es nicht schon schlimm genug, daß ich zusehen muß, wie du Aschpamithra so küßt? Ist es nicht schon schlimm genug, daß ich mit deiner ersten Frau, von der du dich nicht einmal scheiden lassen und deren Brut du nicht enterben willst, unter einem Dach wohnen muß? Aber nein, all das bedeutet dir so wenig, ist für dich alles so natürlich, so konventionell, daß du dir jetzt auch noch einen Mann als Liebhaber nehmen mußt, einen Mann, der in der Gosse geboren wurde und sich selbst in die Reihen der kriecherischen Leute einreiht und vermutlich mit der Hälfte von ihnen geschlafen hat! Ein Mann, den deine eigene Mutter verachtet!"

Kschajarscha sprang auf und schlug mich so fest ins Gesicht, daß ich taumelte und fiel. Er entschuldigte sich sofort, half mir auf und drückte mich so fest an sich, daß meine Wut verschwand und ich zusammenbrach. Er versuchte mich zu trösten, doch was er sagte, tat so schrecklich weh, daß es leichter zu ertragen gewesen wäre, wenn er mich wütend angebrüllt hätte. Er sagte: „Es tut mir leid, Esther. Es tut mir leid. Ich habe dich geliebt, wie ich noch nie jemanden geliebt habe. Aber in letzter Zeit . . . ich bin nicht sicher, ob du mich wirklich liebst, ob du mich je geliebt hast. Du bist so kalt zu mir, du reagierst nicht auf mich, wie du es früher getan hast. Manchmal bist du trübsinnig, dann wieder blicken deine Augen so hart. Auch hast du mir bisher noch keinen Erben geschenkt. Wie kannst du mir Vorwürfe machen, daß ich mich woanders umsehe?"

Was konnte ich sagen? Ich weiß nicht, was ich gesagt habe, außer daß die Erwähnung mich plötzlich wieder an ihr Geschenk erinnerte, und ich erzählte ihm, daß Aschpamithra ihrem Zauber erlegen sei. Er versicherte mir, der Kammerdiener würde bestraft werden, dann wurde ich gebeten, in meine Gemächer zurückzukehren.

Mehr als eine Woche lang sah ich den König nicht mehr. Ich schickte Hatach, um Iphigenia holen zu lassen. Ihr schüttete ich mein Herz aus; sie tätschelte meine Hand und legte sie auf ihren geschwollenen Leib, damit ich fühlen konnte, wie das Baby trat, und sagte, es sei doch schon etwas, daß ich wenigstens meinen Streit mit Mordechai beigelegt hätte.

„Was?" stammelte ich mühsam.

„Ich habe ihn heute am Hof gesehen, und er war sehr viel fröhlicher. Er sagte, er hätte einen anderen Eunuchen gefunden, der bereit sei, dir Botschaften zu überbringen und deine Antworten mitzubringen."

Ich krächzte: „Aber ich habe ihm keine Antworten geschickt. Er muß verrückt sein. Vermutlich bildet er sich das alles nur ein. Er ist einfach senil, Iphigenia."

Dann aus heiterem Himmel ließ Kschajarscha mich am folgenden Abend zu sich rufen. Er strahlte mich an und rief: „Esther, meine süße, süße Esther, wie kann ich dir je danken? Ach, ich habe dich so schlecht behandelt, doch du hast mir das mit überströmender Liebe vergolten! Ein Bekannter von dir hat mich vor einem Attentat bewahrt, und das nur wegen dir. Sei versichert, daß ich dich reich belohnen werde; die ersten Schritte habe ich sogar bereits unternommen. Komm, Aschpamithra."

Während ich sprachlos und verwirrt im Zimmer stand, trat der junge Kammerdiener vor. Sein Gesicht war totenblaß, und er wirkte sehr schwach. Der König nahm die rechte Hand des Eunuchen, und ich sah, daß sein Zeigefinger abgetrennt worden war. Zwar war er ordentlich verbunden worden, doch der Verband war blutdurchtränkt. Mir wurde übel; Kschajarscha sagte: „Das passiert jedem meiner Diener, der seine Hände mit Dingen beschmutzt, die sein König nicht in seine Hände gelegt hat. Wenn sich eine solche Beleidigung noch einmal wiederholt, wird der nächste Schnitt an seiner Hand vorgenommen werden. Und außerdem . . ." – Kschajarscha verschränkte die Arme – „außerdem bin ich tief enttäuscht, daß er nicht bemerkt hat, was dein geschätzter Freund beobachtet und mir durch deine loyale Vermittlung zur Kenntnis gebracht hat."

Natürlich konnte ich ihn nicht fragen, was er meinte; ich wagte nicht, meine gegenwärtige Wiederaufnahme in seine Gunst in Gefahr zu bringen. Darum mußte ich so tun, als wüßte ich, wovon er sprach, während er den zitternden Aschpamithra davon in Kenntnis setzte, daß die beiden Eunuchen, die die königlichen Gemächer bewachten, Bigtan und Teresch, sich gemeinsam gegen das Leben ihres Herrn, Seiner königlichen Majestät Kschajarscha, Sohn von Darajawausch, König aller Könige und Herrscher über den halben Erdkreis, verschworen hatten. Ein gewisser Mordechai ben Jair, königlicher Schatzmeister, hatte gehört, wie sie im Palastgarten miteinander davon gesprochen hatten, und die Information an mich, die Königin, weitergegeben, mit deren Vater er früher bekannt gewesen sei, und ich wiederum hatte durch meine Diener den König verständigen lassen.

Kschajarscha lächelte Aschpamithra an, und ohne einen Anflug von Sarkasmus ermahnte er ihn, keine Angst zu haben; für dieses Mal würde er aufgrund seiner hervorragenden Dienste noch ungeschoren davonkommen. Bigtan und Teresch hatten ihre Tat bereits mit dem Leben bezahlt.

Dann verkündete Kschajarscha seine Absicht, Mordechai zusammen mit mir und Haman zum Abendessen zu bitten.

„O nein, mein Herr", protestierte ich. „Ich glaube nicht, daß das eine gute Idee wäre. Siehst du . . . er gehört einer religiösen Sekte an, die sich an strenge Regeln hält in bezug auf das, was gegessen und nicht gegessen werden kann. Du würdest ihn schrecklich in Verlegenheit bringen, mein Herr."

Kschajarscha zog die Augenbrauen in die Höhe. „Gut, meine Liebe, wenn das deine Meinung ist. Aber ganz bestimmt werde ich ihn auf die Liste meiner Wohltäter setzen und ihn mit Edelsteinen und Gold belohnen. Vielleicht sollte ich ihm sogar die Steuern einer Stadt zukommen lassen und damit sein mageres Einkommen aufbessern."

Am nächsten Morgen eilte ich zu Hutaosas Gemächern und erzählte ihr die ganze Geschichte. Ich schwor, daß ich diesen Mordechai kaum kannte und ganz bestimmt keinen Kontakt mehr zu ihm gehabt hatte, seit ich in den Palast gekommen war. Wer konnte in meinem Auftrag gehandelt und diese Information an den König weitergegeben haben?

„Die Antwort ist ganz einfach", sagte Hutaosa. „Es kann nur Waschti gewesen sein. Nur sie hat den Willen und den Scharfsinn, sich so in deine Angelegenheiten einzumischen."

„Waschti? Aber warum sollte sie etwas tun wollen, das zu einer Versöhnung mit Kschajarscha führt? Bestimmt will sie doch genau das Gegenteil."

„Wer weiß das schon", antwortete Hutaosa trocken. „Doch sie wird auf jeden Fall irgendein Motiv haben, da kannst du sicher sein. Wir müssen ganz besonders wachsam sein, meine Tochter. Waschti ist eine kluge Frau. Eine sehr kluge Frau."

Verstimmt sagte ich: „Angenommen, Bigtan und Teresch wären erfolgreich gewesen? Dann würde bereits einer von Waschtis Söhnen auf dem Thron sitzen. Denkst du, daß auch sie für sie gearbeitet haben?"

„Diese beiden Narren? Bestimmt nicht. Kschajarscha war nie in wirklicher Gefahr, meine Tochter, obwohl es zweifellos richtig war, sich deinem Familienfreund dankbar zu erweisen. Nein, er hat hundert Spione, die sofort erfahren würden, wenn sein Leben wirklich in Gefahr wäre; weder er noch wir würden jemals etwas davon hören. Doch ganz bestimmt würde eine solche Verschwörung niemals von Waschti ausgehen. Ich traue ihr einfach nicht zu, daß sie Zuflucht zu Mord nimmt. Außerdem darfst du nicht vergessen, daß sie Kschajarscha immer noch liebt."

Gimel

Ich säte sie unter die Völker,
daß sie meiner gedächten in fernen Ländern
und leben sollten mit ihren Kindern
und wieder heimkehren.

Sacharja 10,9

15

Es war fast Mittag, ein heißer Tag im Frühsommer. Ich saß allein unter einem Orangenbaum im Hof, wo es eigentlich viel zu heiß war, doch das war mir egal. Es gab sowieso wenig, was mich noch interessierte.

Ich war jetzt zwanzig Jahre alt. Vier lange Jahre waren vergangen, seit ich in den Palast gekommen war; heute war sogar mein dritter Hochzeitstag, und ich bezweifelte, daß Kschajarscha daran denken würde.

Ich war unsagbar deprimiert, denn ich hatte begonnen, eine aussichtslose Schlacht gegen die Zeit auszutragen; ich wurde alt, und ein bedeutungsloser Tag würde dem anderen folgen, ein Bad dem anderen, eine Mahlzeit der anderen, bis Langeweile und Sinnlosigkeit mich zerstört hatten. Hundertmal am Tag wanderten meine Gedanken zurück zu meiner Kindheit bei den Pionieren, als mein Leben noch einen Sinn gehabt hatte, auch wenn ich jetzt nicht mehr dahinterstand. Meine Eltern waren sehr arm gewesen, und wir hatten wenig mehr als Träume besessen. Jetzt waren zwar alle meine Träume in Erfüllung gegangen, doch ich war ärmer als je zuvor.

Ich wünschte, ich hätte jemanden gehabt, mit dem ich reden konnte, doch mir fiel niemand ein, der mich verstehen würde. Seit Monaten hatte ich Iphigenia nicht mehr gesehen; sie hatte jetzt drei Kinder – oder waren es vier?

Was Hutaosa betraf, sie war enttäuscht von mir, und obwohl sie sich bemühte, es nicht zu zeigen, so wußte ich es doch. Ich hatte versagt, hatte ihr keinen Enkel beschert, und es hatte den Anschein, als hätte sie sich mit der Tatsache abgefunden, daß es so auch bleiben würde. Ich fragte mich, ob die Heiterkeit, die ich einst so bei ihr bewundert hatte, nicht vielleicht die ganze Zeit Resignation gewesen war, eine passive Gleichgültigkeit. Vielleicht hatte sie damit sogar recht: Vielleicht gab es keinen Menschen auf der Erde, der dem

Schicksal entkommen konnte. Ich konnte nichts weiter tun, als auf die Erfüllung der schrecklichen Worte der Wahrsagerin in Arderikka zu warten.

Um Mordechai war es nach seiner Aufdeckung der Verschwörung gegen Kschajarscha still geworden; ich wußte nicht einmal, ob Kschajarscha ihn tatsächlich belohnt hatte. Wie Hatach mir erzählte, war Mordechai noch immer in der Schatzkammer beschäftigt, und so wie es aussah, war er mit seinem Los recht zufrieden. Vielleicht hatte man ihm genügend Geld und Ehrungen zuteil werden lassen, daß seine Aufmerksamkeit von mir abgelenkt war.

Zwischen Kschajarscha und mir stand es schlimmer als je zuvor, nur daß wir nicht stritten. Es gab nichts, worüber wir uns streiten konnten. Nachdem die erste Leidenschaft erloschen war, hatten wir nichts an ihre Stelle setzen können. Die Entfremdung zwischen Kschajarscha und mir machte mir zum ersten Mal klar, wie fremd mir die ganze Kultur war, die er repräsentierte, und vor allem seine Religion, da bestimmte beunruhigende Aspekte ihn mehr und mehr dominierten. Er hatte es sich angewöhnt, das heilige Haoma zu trinken, beinahe täglich, wenn es im Grunde auch der Neujahrsfeier vorbehalten war. Ich weiß nicht, ob Kschajarscha nach Weisheit oder Ekstase hungerte oder ganz einfach nach dem Gefühl der Unsterblichkeit, wie immer. Das Haoma versetzte ihn in Trance und vermittelte ihm Halluzinationen, und er wurde süchtig danach.

Es konnte nicht ausbleiben, daß der persönliche Verfall des Königs nachteilige Folgen für sein Königreich hatte, obwohl ich weniger darüber Bescheid wußte, als das eigentlich der Fall hätte sein müssen. Immer noch ging Hatach für mich hinaus auf die Straßen von Susa, doch ich zeigte so wenig Interesse für seine Berichte, daß er mir selten auch nur die Hälfte von dem erzählte, was er sah und hörte, vor allem, wenn er befürchtete, es könnte mich bekümmern. Ich wußte nicht, daß die griechische Armee Persien überfiel. Ihre Flotte hatte bereits einige unserer Inseln erobert und eine Stadt mit Namen Eion, das wichtigste persische Bollwerk westlich des Hellespont.

Soviel zu dem unschätzbaren politischen Rat des unvergleichlichen Haman. Zwei Jahre lang war er bereits der erste Minister für Bürgerrechts- und Auslandsangelegenheiten – ein Posten, der eigens für ihn eingerichtet worden war.

Soweit ich sehen konnte, wurde Haman von niemandem außer

sich selbst und Kschajarscha geschätzt. Sie waren enge Freunde geworden, hielten jeden Morgen zusammen Hof, entspannten sich mittags gemeinsam, gingen nach dem Mittagessen spazieren und besprachen die königliche Politik. Hamans spektakulärer Aufstieg war um so erstaunlicher, wenn man bedachte, daß er, wie er selbst von sich behauptete, ein Heide war und nicht einmal vorgab, Ahura Mazda anzubeten. Doch eine Kunst beherrschte er außerordentlich gut: das feine, manipulative Umschmeicheln des Königs. Kschajarscha suchte verzweifelt nach Anerkennung, und Haman war derjenige, der sie ihm gab.

Was meine eigene Beziehung zu Haman betraf, so muß ich sagen, daß allein seine Gegenwart mir Schauder den Rücken herunterlaufen ließ. Beim Abendessen warf er mir häufig lüsterne Blicke zu, wenn Kschajarscha gerade nicht hinsah, und ich wußte nicht, ob ich angewidert oder fasziniert sein sollte.

Doch der Hauptgrund für meine immer schlimmer werdenden Depressionen war meine Unfähigkeit, Kinder zu gebären. Es konnte keinen Zweifel mehr geben, daß etwas nicht stimmte, und das betrübte mich so sehr, daß ich sogar nach Anahita schickte, damit sie mich untersuchte. Doch auch sie fand den Grund für meine Kinderlosigkeit nicht heraus.

Es kam mir seltsam vor, daß auch Roxana in der ganzen Zeit, in der sie Vorkosterin für mich war, keine Kinder geboren hatte, während sie vorher ein Muster an Fruchtbarkeit gewesen war. Doch ich wußte, daß ich meinen Verdacht nicht beweisen konnte. Selbst wenn es eine Substanz gab, die zu dauernder Unfruchtbarkeit ohne Nebenwirkungen führte – Waschti hätte nicht nur einen Weg gefunden, sie in mein Essen zu schmuggeln, sondern auch einen, sich selbst von jedem Verdacht rein zu halten. Je länger ich darüber nachdachte, desto wahrscheinlicher schien mir diese Erklärung. Warum sonst sollte ein gesundes Mädchen von zwanzig Jahren, deren monatliche Periode so pünktlich kam wie der königliche Postdienst, unfähig sein, eine der grundlegenden Funktionen wahrzunehmen, zu denen sie geschaffen war? O ja, ich hatte bereits andere Gründe gehört: Ich wußte, daß das Gerücht umging, ich sei Semitin, und arisches und semitisches Blut könnten sich niemals vermischen. Es war, als würde man versuchen, ein Schaf mit einer Ziege zu paaren. Natürlich war das vollkommener Unsinn. In Susa lebten unzählige Kinder aus Mischehen. Doch es ist erstaunlich, was die Leute glauben, wenn sie etwas glauben wollen.

Fara riß mich mit der Mitteilung aus meinen Gedanken, daß Aschpamithra eine Nachricht vom König überbracht hatte. Ich folgte ihr hinein, nahm das Täfelchen und erbrach das Siegel. Es war eine Einladung für mich, am Abend mit Kschajarscha allein zu speisen, in seinen Privatgemächern; danach würden wir die Nacht gemeinsam verbringen, zu Ehren unseres Hochzeitstages.

Ich versuchte, mich nicht zu sehr zu freuen und sagte mir, daß damit nicht notwendigerweise eine Verbesserung meiner Lebensumstände verbunden war. Vielleicht hatte Kschajarscha nur Mitleid mit mir.

Doch sobald ich in seinen Räumen eintraf, sah ich, daß das nicht der Fall war. Von Haman war nichts zu sehen – zwei Eunuchen, die ich nicht kannte, hielten Wache an der Tür. Kschajarscha war gekleidet, als würde er den Gastgeber für einen ausländischen Potentaten spielen, nur seinen Zeremonienbart hatte er nicht angelegt. Beim Anblick seiner ganz in Purpur gekleideten Gestalt mit dem glattrasierten Gesicht und den schwarzen Locken begann das Eis, das sich um mein Herz gelegt hatte, zu schmelzen. Als er mich in seine starken Arme nahm, murmelte er: „Meine süße Esther, wie habe ich dich vermißt“, und die Kälte fiel von mir ab wie die Tonform einer Bronzestatue.

In seinem Zimmer stand ein ganzer Kasten voller Schmuck, mein Hochzeitstagsgeschenk, wie er sagte. Er nahm eine zarte, goldene Halskette mit Amethysten und Lapislazuli heraus und flüsterte, während er sie mir um den Hals legte: „Keiner von uns ist in den vergangenen zwölf Monaten wirklich glücklich gewesen, mein Liebling. Vielleicht sogar viel länger.“ Erst in diesem Augenblick bemerkte ich, wie müde seine Augen blickten und daß der Puder die dunklen Ringe unter seinen Augen nur schlecht überdecken konnte.

Er fuhr fort: „So vieles ist zwischen uns gekommen: meine Verärgerung über deine Kinderlosigkeit, dein Mißtrauen Haman gegenüber und deine Eifersucht auf Waschti. Doch unsere Entfremdung hat uns nicht gutgetan. Wir brauchen einander, und nach dieser Stunde soll keines dieser Dinge jemals wieder erwähnt werden. Wir werden unsere Differenzen auf Papyrus schreiben und dann das, was wir geschrieben haben, im Feuer verbrennen. Dann werden wir neu beginnen, wenn du damit einverstanden ist, und der Weise Herr wird uns von der Erinnerung reinigen.“

Natürlich war ich damit einverstanden, wie hätte es anders sein können? Und auf ein Klatschen des Königs hin kam ein schwarzgekleideter Priester mit einem tragbaren Feueraltar herein, den er mit seiner geheiligten Wachskerze entzündete. Kschajarscha selbst schrieb die Gründe unserer Unzufriedenheit auf einen Papyrus, und wir beobachteten, wie er ein Raub der Flammen wurde. Dann nahm er mein Gesicht in die Hände und küßte mich. Danach konnte ich an nichts anderes mehr denken, als wie ich ihm am besten gefallen könnte, und wir schliefen bis zur Morgendämmerung im Arm des anderen.

Als Kschajarscha erwachte, sagte er: „Nun müssen wir zeigen, daß wir unsere Versprechen ernst meinen. Heute abend werden wir mit Haman speisen; nur wir drei, und du wirst ihn davon überzeugen, daß du ihn akzeptierst und ihn billigst und daß er von dir nichts zu befürchten hat."

Ich lächelte und sagte: „Das werde ich", obwohl mich die Andeutung verblüffte, Haman könnte etwas von mir zu befürchten haben. Schließlich war ich nicht Waschti.

Das Abendessen wurde wieder in den Privatgemächern des Königs serviert, nicht im offiziellen Speisesaal – und Haman kam zu spät.

Offensichtlich war Kschajarscha dadurch beunruhigt; sein erster Minister war sonst immer sehr pünktlich. Als er dann schließlich kam, war er genauso unterwürfig wie immer, und er entschuldigte sich mit vielen Worten. Doch trotz seiner makellosen Erscheinung waren seine Bewegungen zu rasch, und seine scharfen Augen schnellten im Raum herum wie die Zunge einer Schlange. Kschajarscha fragte ihn offen heraus, was ihn bedrückte.

Es kam heraus, daß er mit Artabanusch eine Auseinandersetzung über eine politische Angelegenheit gehabt hatte, von der jeder behauptete, daß sie in seinen Zuständigkeitsbereich falle. Die Auseinandersetzung fand vor ihren Untergebenen statt, und Artabanusch hatte in einem Versuch, seine Würde und Autorität zu unterminieren, verleumderische persönliche Anklagen gegen Haman erhoben.

„Was für verleumderische Anschuldigungen?" fragte Kschajarscha. Seine Augen verengten sich, und er beugte sich über den Tisch.

Haman mied seinen Blick. „Ich sollte sie eigentlich nicht wiederholen, Herr. Ganz bestimmt nicht in Gegenwart deiner sanften Gemahlin."

„Ich befehle dir, sie zu wiederholen!" brüllte Kschajarscha. „Bin ich nicht der König, und ist meine Frau nicht die Königin? Haben wir nicht das Recht zu wissen, was unsere eigenen Minister sagen?"

„Mein Herr . . . er deutete an, meine Erziehung sei vernachlässigt worden, daß meine Mutter nicht rechtmäßig mit meinem Vater verheiratet gewesen sei . . . und daß ich nur das geworden sei, was ich bin . . . weil ich einige der intimeren Pflichten deines Kammerdieners übernommen hätte, mein Herr."

Nachdem Kschajarscha die Bedeutung seiner Worte verstanden hatte, wurde er lebendig; fluchend drohte er, den Hasarapatisch in Ketten vor sich bringen zu lassen und ihn zu zwingen, seine Andeutungen zu widerrufen, bevor ihm seine Zunge herausgeschnitten würde. Haman beeilte sich, ihn zu beruhigen, indem er sagte: „Mein Herr, ich suche nicht Rache, sondern ein wenig Ehrerbietung. Wenn von meinen jüngeren Kollegen gefordert wird, daß sie ein Zeichen der Unterwürfigkeit von sich geben, wenn sie in meine Gegenwart treten, dann werden sie es sich sicherlich zweimal überlegen, bevor sie mich verleumden."

„Und welches Zeichen hast du im Sinn?"

„Mein Herr, ich denke, es wäre angemessen, mir Gehorsam zu erweisen, wie sie es dir gegenüber tun, da alles, was ich tue, unmittelbar von Eurer gnädigen Majestät sanktioniert ist und ich allein auf deine Anweisung handle. Darum denke ich, daß sie sich vor mir auf den Boden werfen sollten, mein Herr." Und als Kschajarschas Mund offen stehenblieb, fügte Haman schnell hinzu: „Natürlich würde die Geste anders ausgeführt werden. Sie würden sich nicht so tief vor mir verbeugen, auch brauchten sie nicht zu warten, bis ich ihnen erlaube, sich zu erheben."

Kschajarscha war immer noch sprachlos, doch ich glaube, ich war entsetzter als er. Wenn ein Perser eine solche Geste annahm, bedeutete das, daß er sich selbst zumindest als Regent des Königs betrachtete. Doch die Semiten werfen sich nur vor einem Gott in den Staub; und Haman war Semit durch und durch.

Haman merkte schnell, daß er zu weit gegangen war, und stammelte mit überzeugender Reue: „Ich habe dich erregt, mein Herr, und dir Kummer bereitet. Es war dumm von mir, so etwas vorzuschlagen, das sehe ich jetzt. Doch ich war nicht bei mir; die Worte dieser elendiglich irregeleiteten Kreatur haben mich bis ins Tiefste getroffen; und mehr als alles andere, weil sie deinen unbefleckten Namen befleckt haben, mein gnädiger Herr – obwohl ich sicher bin, daß er das bestimmt nicht gewollt hat."

Kschajarscha nahm Hamans Hände. „Du hast niemandem außer dir selbst Kummer bereitet, mein Freund, und das höchst ungerechterweise. Du sollst bekommen, um was du mich bittest, Haman, Sohn von Hammedatha, und Gold, Schätze und Pferde noch dazu, um dich für die Beleidigung zu entschädigen, die dir zuteil wurde. Wir werden verkünden, daß von morgen an jeder Mann, jede Frau und jedes Kind, die meine Untertanen sind, mit Ausnahme der Mitglieder meiner Familie, den Boden küssen müssen, auf dem deine Füße stehen, wann immer sie deine Wege kreuzen. Artabanusch wird diesen Gehorsamsakt als erster vollbringen müssen, um ein Beispiel zu setzen. Wird dies deine Ehre wenigstens ein wenig wiederherstellen?"

„Ganz bestimmt wird es das, mein gnädiger Herr."

In meinen Privatgemächern eingeschlossen, blieb mir jegliche persönliche Erfahrung der Bestürzung, die der letzte Erlaß des Königs hervorgerufen hatte, erspart. Meine Dienerinnen waren weniger glücklich; sowohl Hegai als auch Hatach waren im Laufe der kommenden Wochen gezwungen, mehrere Male vor Haman auf die Knie zu fallen, und als wäre das nicht schon schlimm genug, wurden sie in dunklen Ecken von hochrangigen Beamten bedrängt, mich zu überreden, auf Kschajarscha dahingehend einzuwirken, daß er seinen Erlaß zurücknahm. Doch selbst wenn ich den nötigen Einfluß auf Kschajarscha gehabt hätte, wäre das nutzlos gewesen, denn ein königlicher Erlaß kann nach dem persischen Gesetz nicht zurückgenommen werden.

Hegai reagierte auf meine resignierten Worte mit unerwarteter Heftigkeit. „Was bedeutet schon ein Eid im Vergleich zum Überleben der Dynastie, seines Weltreiches? Es wird eine Rebellion geben, wenn er Haman nicht auf seinen rechtmäßigen Platz verweist! Freigeborene Perser sehr alter und edler Familien sind gezwungen, vor ihm die Knie zu beugen; ich bin gezwungen, mich vor ihm in den Staub zu werfen, wo mein Vater ein hervorragender Handwerker war, der den halben Palast gebaut hat, und sein Vater war ein amalekitischer Sklave, ein Nachfahre von Nomaden, die Heuschrecken und Beeren gegessen und ihr Essen mit Kameldung gekocht haben!"

Es folgte eine lange und schreckliche Stille. Schließlich flüsterte ich: „Ein Amalekiter? Hast du gesagt, Haman sei ein Amalekiter?"

„Ja." Hegai zuckte die Achseln. Er war verwirrt über meine seiner Meinung nach vollkommen unwichtige Frage. Ungefähr das einzige, was meine Eltern und Mordechai gemein hatten, war ihre tief verwurzelte Abneigung gegen die Söhne Amaleks, die bösartigsten und feigsten Feinde der Juden.

„Hegai, bist du sicher?“ fragte ich nach. „Woher weißt du das?“

„Weil er sich einen Agagiter nennt, und Agag war einer ihrer sogenannten Könige, oder etwa nicht? Haman glaubt, ein Nachkomme von ihm zu sein, obwohl ich nicht verstehen kann, wie jemand, der richtig im Kopf ist, den Wunsch verspüren könnte, ein Nachkomme eines Wüstenhäuptlings zu sein, der kaum besser war als ein Bandit –“

„Er ist ein Nachkomme von Agag?“

„Ja, aber –“

„Mein Gott, Hegai.“

„Was? Was ist denn los?“

Ich überlegte, ob ich alle außer ihm aus dem Zimmer schicken und ihm alles erzählen sollte; er wußte, daß ich Jüdin war, warum sollte er also nicht den Rest erfahren? Warum sollte er nicht wissen, daß damals in Jerusalem „Amalekiter“ das schlimmste Schimpfwort war, das man einem Menschen an den Kopf werfen konnte; daß die Verschonung Agags meinen Ahnen Saul den Thron gekostet hatte? Früher hätte ich es ihm erzählt, aber jetzt . . . ich hatte Kschajarscha einen Eid geschworen, und unter keinen Umständen wollte ich unsere auf recht wackeligen Füßen stehende Versöhnung in Gefahr bringen. Darum sagte ich nur: „Nichts, Hegai. Es ist nichts.“ Und obwohl er mir nicht glaubte, spürte er meinem Tonfall ab, daß es nichts mehr zu sagen gab.

Am folgenden Tag wurde das Thema jedoch wieder aktuell. Hatach erzählte, ein Beamter hätte sich geweigert, sich vor Haman auf den Boden zu werfen. Er behauptete, dies sei eine Ehre, die nur Gott oder dem König gebühre. Ich fragte, wer es wagte, einem königlichen Erlaß zuwiderzuhandeln, doch Hatach wußte es nicht.

Ich sollte es sehr bald herausfinden. Wieder war ich eingeladen worden, mit Kschajarscha und seinem ersten Minister zu Abend zu speisen, und Haman betrat den Speisesaal in höchstem Zorn. Nach der ausführlichen Beschreibung, die er Kschajarscha lieferte, gab es nur einen Mann, auf den sie zutreffen konnte: Mordechai. Als Haman jedoch nach dem Namen des Übeltäters gefragt wurde, konnte er ihn nicht nennen.

Ich konnte nicht einen Augenblick glauben, daß er ihn nicht bereits in Erfahrung gebracht hatte, doch dann wurde mir klar, daß er ihn nicht zu nennen wagte, weil der König den Mann vielleicht als denjenigen erkennen würde, der ihm einst das Leben gerettet hatte. Ich seufzte erleichtert auf, doch das war zu früh.

Als Kschajarscha fragte, warum jemand eine so gefährliche Haltung einnehmen könnte, antwortete Haman: „Man erzählte mir, er würde einer primitiven Sekte angehören, die die anstoßendsten Formen des Opferns praktiziert und der Meinung ist, ein großer Prophet würde eines Tages dein Weltreich zerstören und sich selbst als König an deiner Statt einsetzen."

Ich hielt die Luft an, und mein Herz schlug schneller, als Haman fortfuhr und Kschajarscha ein hinterhältiges Bild meines Volkes zeichnete, bei dem sich Lüge mit Wahrheit zu gleichen Anteilen mischte. Als er fertig war, konnte man glauben, Juden würden Kinder auf ihren Altären verbrennen, wegen ihrer seltsamen Essensvorschriften von Luft leben und sich verschworen haben, Kschajarscha zu stürzen.

Doch an keiner Stelle erwähnte er den Namen dieser Gruppe, denn Kschajarscha wußte sehr gut, wer die Juden waren und daß die überaus klugen Monarchen Kurasch und Darajawausch ihnen die Erlaubnis gegeben hatten, ihren Tempel und ihre heilige Stadt wiederaufzubauen. Haman nannte sie statt dessen Hebräer, ein Name, der zurückreichte in die Zeit des Auszugs aus Ägypten, als unsere Feindschaft mit Amalek entstanden war – ein Name, von dem der Große König noch nie gehört hatte.

Ich sah zu, wie mein gutgläubiger Gemahl jedes Wort Hamans aufnahm, und schließlich sagte er: „Haman, du mußt diesen Mann dazu bringen, daß er sich dir unterwirft. Ich gebe dir die Freiheit, mit ihm zu verfahren, wie du es für angemessen hältst."

Nach dem Abendessen kehrte ich in meine Gemächer zurück, weil ich mich nicht wohlfühlte. Ich hatte ein nagendes, krampfartiges Gefühl im Magen, und es war fast Morgen, als ich endlich die Wahrheit akzeptierte: Ich machte mir Sorgen um Mordechai.

Ich versuchte, diese Gedanken zu verdrängen, schimpfte mich selbst aus, daß ich mir auf einmal solche Sorgen um einen Mann machte, der mir gegenüber nichts als Verachtung gezeigt hatte. Hatte er nicht alles verdient, was ihm nun widerfahren würde? Mit seiner übergroßen Frömmigkeit zog er doch das Martyrium geradezu an.

Schließlich fiel ich in einen unruhigen Schlaf und träumte zum ersten Mal seit Jahren wieder von dem Tod meiner Eltern und meiner Schwester und von dem Verschwinden meines geliebten Bruders Pithon. Diesem Traum folgte ein anderer, in dem ich wieder den Funken der Liebe entdeckte, den ich einst in Mordechais Augen gesehen hatte, als er für meine Genesung vom Sommerfieber gebetet hatte.

So befahl ich am Nachmittag Hatach, sofort zur Schatzkammer zu gehen und nachzusehen, ob dem Freund meines Vaters nichts geschehen war. Es stellte sich heraus, daß es ihm gut ging und daß er sich keine Gedanken um sein Wohlergehen machte. Mir wurde klar, daß Haman es nicht wagen würde, offen gegen einen Mann vorzugehen, der auf der Liste der Wohltäter des Königs stand.

Als einige Tage vergangen waren und ihm immer noch nichts geschehen war, begannen meine Ängste zu schwinden. Doch wieder war meine Erleichterung verfrüht. Vollkommen unerwartet erschien Iphigenia in meinen Gemächern, und ziemlich erregt berichtete sie mir von Ausschreitungen gegen mein Volk in der Stadt. Zwei jüdische Jungen waren auf dem Heimweg von einem Fest so zusammengeschlagen worden, daß einer von ihnen später starb. Ein bekannter jüdischer Juwelier war in einer Taverne erwürgt worden. Der Stand eines jüdischen Kleiderhändlers war am hellichten Tag auf dem Basar umgestoßen und seine Waren geplündert worden; er selbst war niedergestochen worden, doch keiner hatte auch nur einen Finger gerührt, um ihm zu helfen. Einer reichen jüdische Witwe war das Haus angezündet worden, und sie war in den Flammen ums Leben gekommen. Alle diese Zwischenfälle hatten sich innerhalb von zwei Tagen ereignet.

Doch es hatte den Anschein, als bestünde keinerlei Zusammenhang zwischen den Taten; einige junge Männer waren verhaftet und zu Haman gebracht worden, doch er hatte sie mit einer Warnung fortgeschickt und sie damit entschuldigt, ihr Verhalten würde eher jugendlichem Leichtsinn als Bösartigkeit entspringen.

Die Schlußfolgerung lag auf der Hand. Haman duldete diese Ausschreitungen nicht nur, er ermutigte die Leute sogar dazu. Er konnte meinen Cousin nicht direkt bestrafen, darum ließ er seine Volksgenossen um seinetwillen leiden – etwas, das einem Mann wie Mordechai viel größeren Kummer bereiten würde als eigenes Leiden. Und so sehr die meisten Leute im Palast Haman haßten, die Bewohner von Susa hatten weit mehr Grund, die Juden zu hassen. Jüdische Geschäfte florierten, während die Perser um ihren Lebensunterhalt zu kämpfen hatten. Die aufgebrachten Massen hatten nur nach einem Grund gesucht, sich in eine johlende Horde zu verwandeln, und Haman war der letzte, der ihnen Einhalt gebieten würde.

„Und wie steht es in Arderikka?" fragte ich. „Wird auch dein Volk immer noch belästigt?"

„Nicht so sehr wie deines, Hadassa." Sie weigerte sich einfach, mich Esther zu nennen, so sehr mir das auch mißfiel. „Der Griechenlandfeldzug gehört der Vergangenheit an; jüdischer Wohlstand liegt jeden Tag vor jedermanns Auge ausgebreitet. Der Mob hat ein neues Ziel für seinen Zorn gefunden; aber das ist ja nicht neu, nicht? Um Gottes Willen, du bist doch selbst einmal überfallen worden, weil du Jüdin warst, sonst hätten wir uns doch gar nicht kennengelernt."

Das stimmte, und ich fuhr fort: „Mordechai hat immer gesagt, daß die Juden in Susa zu bequem leben und sich der hachamanischen Kultur viel zu sehr angepaßt haben. Ein wenig Verfolgung tut ihnen vielleicht ganz gut." Dann warf ich den Kopf in den Nacken und erklärte: „Und überhaupt, ich will nicht darüber sprechen. Wir haben uns seit Urzeiten nicht mehr gesehen, und ich möchte lieber über angenehmere Dinge mit dir reden."

Iphigenia sah zornig aus. „Du hast dich wirklich verändert, Hadassa. Du denkst nur noch an dich, und außerdem bist du verbittert und herzlos. Du würdest tatsächlich hier auf deiner weichen Couch sitzen, dir die Nägel lackieren und tatenlos zusehen, wie dein ganzes Volk vom Angesicht der Erde vertilgt wird."

„Wie erlaubst du dir mit mir zu reden?" rief ich mit schriller Stimme. „Ich bin die Königin von Persien, und du meinst, du könntest mich behandeln wie eine Leprakranke in der Gosse. Geh mir aus den Augen, bevor ich dich zwingen muß, mir gegenüber ein wenig Respekt zu zeigen."

Sie gehorchte wortlos. Ich warf mich auf mein Bett und heulte, und als Hegai sich mir näherte, warf ich meinen Pantoffel nach ihm und traf ihn an der Nase. Sie blutete wie ein angestochener Schlauch, und er rannte aus dem Zimmer, um ein Taschentuch zu suchen. Auch Hatach und Fara verbannte ich aus meiner Gegenwart, und dann jammerte ich lauter als zuvor, weil ich niemanden hatte, dem ich mich anvertrauen konnte. Ich war wirklich selbstsüchtig, das wußte ich. Doch ich war nicht erbarmungslos. Ich fühlte mich gefangen und vollkommen hilflos; ich sah keinen Weg, meinem Volk zu helfen, ohne das bißchen Zuneigung in Gefahr zu bringen, das Kschajarscha noch für mich hatte, und der Himmel allein wußte, was aus mir werden würde, wenn Haman erfuhr, daß ich eine Jüdin war.

Die Nacht kam, und wieder konnte ich nicht schlafen, auch am folgenden Morgen kein Frühstück zu mir nehmen. Als ich mein Spiegelbild mit den eingefallenen Wangen und den dunkelumränderten Augen erblickte, schleuderte ich den Spiegel quer durchs Zimmer. Auf einmal mußte ich an den Bronzespiegel denken, den ich an dem Tag, an dem ich acht Jahre alt wurde, vor mich gehalten hatte, um mich darin zu bewundern, und an die Worte meiner Mutter: *Du bist eine Erleuchtete, nach dem Vorbild Moses und Josuas, Sauls und Davids. Du bist ausgesondert durch das Strahlen, das durch eine Begegnung mit Adonai entsteht. Sein Geist ist in dir.*

Zum ersten Mal seit vielen Jahren versuchte ich wieder zu beten, doch ich hätte genauso gut zu den Säulen sprechen können. Ich brach wieder in Tränen aus, weil ich wußte, daß das, was meine Mutter gesagt hatte, nicht stimmte und nie gestimmt hatte. Ich war Adonai nie nähergekommen als dem Ende eines Regenbogens.

Und jetzt war es zu spät für mich; ich hatte viel zu lange schon den Weg der Unreinheit und der Gier beschritten. Adonai gehörte auch zu jenen, die ich mir aus dem Weg geräumt hatte, deren Wünsche ich in den Schmutz getreten hatte. Er würde nicht alles übersehen können und mir jetzt Beachtung schenken.

Während sich die Tage und Wochen dahinschleppten, konnte ich nichts tun außer warten und zusehen, wie die Situation sich verschlimmerte. Jeden Tag schickte ich Hatach auf die Straßen und ließ ihn schwören, daß er mir alles berichtete, was er sah und hörte, und schon bald war es, als würde ich einem dämonenbesessenen Mann zuhören, der von seinen Alpträumen erzählte. Obszöne antijüdische Parolen erschienen an den Mauern, und niemand wischte sie fort. Die zuerst vereinzelten Gruppen von Jugendlichen, die die Juden angegriffen hatten, wurden immer größer und besser organisiert. Jüdische Kinder wurden von ihren persischen Spielkameraden gemieden; jüdische Geschäftsleute verloren ihre Kunden und gingen bankrott. Gewalt gegen Juden war an der Tagesordnung; einige wurden von vollkommen Fremden angegriffen, andere wurden von denen ermordet, die einst ihre Freunde gewesen waren. Es machte keinen Unterschied, ob man ein hingebungsvoller Jünger Adonais oder so angepaßt war, daß die Söhne nicht mehr beschnitten waren, die Töchter Hosen trugen und die Enkel sich für Perser hielten.

Und während der ganzen Zeit verharrte Kschajarscha in fröhlicher Unwissenheit über das, was vor seiner Haustür passierte. Dafür sorgte Haman, denn er entfernte sich nur selten aus der Gegenwart des Königs, und wenn seine Geschäfte ihn dazu zwangen, so ließ er einen seiner Anhänger an seiner Stelle zurück. Und so wurde ein einstmals so großes Volk mit einer glorreichen Geschichte, das Kurasch und Darajawausch geehrt und respektiert hatte, wie Körner auf einer Tenne zermahlen. Jeden Tag wurde der Mahlstein größer und schwerer, und auch die Tenne wurde größer, denn die Verfolgung war nicht mehr länger auf Susa begrenzt. Und ich, die allein die Möglichkeit hatte, dem König die Wahrheit zu sagen, schwieg.

Kschajarscha wußte sehr wohl, daß irgendeine Verfolgung einer Minderheitengruppe in seinem Reich vorging, doch Hamans Bestechungsgelder an seinen Geheimdienst sorgten dafür, daß der Name dieser Minderheit vor ihm geheimgehalten wurde. Wann immer der erste Minister mit uns speiste, versicherte er Kschajarscha, daß die Maßnahmen, die er gegen diese verräterische Sekte, die er mehrmals erwähnt habe, bereits erste Erfolge zeigten, obwohl sie doch mehr Anhänger habe, als er zuerst gedacht hätte.

„Was genau glauben diese Leute?“ fragte der König einmal, als das Thema wieder aufkam. „Welchem Gott bringen sie ihre widerwärtigen Opfer dar? Ist es einer, von dem wir bereits gehört haben?“

„Meiner Meinung nach haben sie überhaupt keinen Gott im gebräuchlichen Sinne des Wortes“, antwortete Haman glatt. „Ich kann nicht erkennen, wie er aussieht oder wo er wohnt oder über welche Bereiche der Natur er Herrschaft beansprucht. Die Anbetung des Feuers oder der Sonne ist ihnen jedenfalls ausdrücklich verboten, und sie halten an ihren seltsamen Gesetzen fest und ignorieren die Eurer Majestät, des Königs der Könige.“

„Welches meiner Gesetze ignorieren sie? Wie können sie wagen, so etwas zu tun? Die Forderungen, die ich an meine Untertanen stelle, sind nicht hart oder ungerecht, und ich gestatte allen Nationen in meinem Reich, neben meinen ihre eigenen traditionellen Gesetze zu beachten, wenn sie sich nicht widersprechen.“

Haman zuckte nur die Achseln, denn so weit ich wußte, hatten die Juden in Wahrheit immer allen Gesetzen Persiens Folge geleistet. Doch Kschajarscha verlor den Faden seiner ursprünglichen Frage und fragte statt dessen: „Aus welchem Teil der Welt kommen sie übrigens? Wo kommen ihre Vorfahren her?"

„Ich bin nicht sicher, ob sie überhaupt eine Heimat haben, Euer Majestät. Die Hebräer sind viel eher Anhänger einer Reihe von Überzeugungen als ein Volk. Ich habe gehört, daß sich tatsächlich jeder ihnen anschließen kann, solange er nach ihren Ideen lebt. Ich habe auch gehört, daß die Sekte im ganzen Königreich Gemeinden gegründet hat – natürlich sehr kleine, doch trotzdem könnten sie sehr gefährlich werden."

„Aber die Maßnahmen, die du zur Beschneidung ihres Einflusses ergriffen hast, sind wirkungsvoll, ja? Davon bist du überzeugt?"

„Im Augenblick schon, Majestät. Doch Ihr braucht Euch um solche Trivialitäten keine Gedanken zu machen; dafür habt Ihr ja mich. Es ist mein Ziel, Majestät nicht mit unnötigen Sorgen zu belasten."

„Was würde ich nur ohne dich tun, Haman? Mit deiner Hilfe werde ich alle niederwerfen, die die Souveränität von Ahura Mazda nicht anerkennen; ich werde sie vom Angesicht der Erde vertilgen, ich werde sie in den Abgrund stoßen! Haman, nicht in tausend Leben kann ich dir vergelten, was ich dir schuldig bin!"

Und in tausend Leben könnt ihr zwei nicht all das Blut sühnen, das mittlerweile an euren Händen klebt, dachte ich, und nicht einen Augenblick kam mir in den Sinn, daß es auch an meinen klebte.

Doch wenn ich auch nicht bereit war, für mein Volk zu kämpfen – es gab Menschen, die es waren. Hatach berichtete mir, die jüngeren Juden von Susa würden sich zu Verteidigungsbruderschaften zusammenschließen, so daß sich die alltäglichen Angriffe und Überfälle mehr auf Bandenauseinandersetzungen konzentrierten, mit Toten auf beiden Seiten. Nicht daß diese jüdischen Krieger irgend etwas über Kriegsführung gewußt hätten; sie besaßen keine Waffen, und außerdem war es sowieso verboten, Waffen zu tragen. Haman beobachtete zunehmend alarmiert, wie die Juden sich immer mehr zur Wehr setzten. Er erließ Gesetze, die es den „Hebräern" verboten, sich in Gruppen, die größer waren als drei Personen, zu treffen, Familien ausgenommen. Auf diese Weise wurden über Nacht die Thoraklassen, wie Mordechai sie einst in seinem Haus abgehalten hatte, ungesetzlich.

Während des Herbstes und Winters bis hinein in den kommenden Frühling verschlechterte sich das Leben der Juden in Susa kontinuierlich. Schließlich hatten die meisten von ihnen ihr gesamtes Kapital und jede feste Einkommensquelle verloren. Wie Hatach mir berichtete, machte sich die Anspannung bereits auch bei Mordechai bemerkbar; er hatte zwar noch seinen Regierungsposten, doch er schien kaum besser ernährt zu sein als seine Brüder, die keine Arbeit hatten – vielleicht gab er den größten Teil seines Lohnes fort, um sein Gewissen zu beruhigen.

Doch er machte keine Anstalten mehr, mit mir Kontakt aufzunehmen. Ich erklärte das damit, daß er endlich zur Einsicht gekommen war. Doch wieder einmal hätte ich nachdenken sollen.

Beim Passahfest schien die Situation zu eskalieren. Als die Juden, die den Mut hatten, das Fest offen zu feiern, das Blut der geschlachteten Lämmer an ihre Türpfosten streichen wollten, mußten sie feststellen, daß bereits Blut da war: stinkendes Schweineblut, mit dem ihre Mauern, Türen und ihre Türschwellen beschmiert waren. Die weniger frommen jüdischen Nachbarn – sogar jene, die geglaubt hatten, ihre Identität geheimhalten zu können – mußten feststellen, daß auch ihre Häuser in derselben Weise verunziert worden waren. Angst und Schrecken ergriff alle Juden in Susa, und Mißtrauen vergiftete jede Beziehung.

Doch dann verlor ich plötzlich jegliches Interesse an der politischen Situation, und es wäre mir auch egal gewesen, wenn alle Juden in Susa an einem einzigen Tag ermordet worden wären. Denn ohne Vorwarnung stürzte die mühsam zu Kschajarscha aufgebaute Beziehung wieder in sich zusammen, und ich wußte nicht, warum. Er lud mich einfach nicht mehr ein, den Abend mit ihm zu verbringen oder mit ihm zu schlafen; zehn ganze Tage lang hörte ich absolut gar nichts von ihm. Dann, am elften Tag, bekam ich eine formelle Vorladung, vor ihm im Thronsaal zu erscheinen.

Ich klammerte mich an Hegai, außer mir vor Furcht, und jammerte: „Was kann nur passiert sein? Glaubst du, er hat herausgefunden, daß ich Jüdin bin?“ Doch Hegai konnte mir keinen Trost geben, und sein Gesicht war grau wie Bimsstein; ein Blick auf ihn sagte mir, daß es ihm genauso ergangen war, als man ihn von seinem Posten als Kämmerer abgesetzt hatte. Ich bat ihn, mich zu begleiten, und zusammen mit meinen Zofen begab ich mich schweren Herzens in den Thronsaal. Vor der Tür informierte mich der Hasarapatisch darüber, er habe die Anweisung, nur mich hineinzulassen; meine Diener müßten draußen warten, und Hegai und Hatach sollten sich bei Schaaschgas zum allgemeinen Haremsdienst melden. Keiner von ihnen habe bis auf weiteres die Erlaubnis, mir weiterhin zu dienen.

Ängstlicher als je zuvor wurde ich von dem Hasarapatisch Artabanusch persönlich die große Steintreppe hinaufgeführt. Vor so langer Zeit hatte Hegai mich bewundert, weil ich vor nichts Angst hatte; vier Jahre im Palast hatten mich so verändert, daß ich nun vor Angst zitterte wie ein Grashalm im Wind. Während ich langsam auf den großen goldenen Thron zuging, bemerkte ich, daß Kschajarschas sieben Ratgeber und Hutaosa an seiner Seite saßen, außerdem Aschpamithra, seine anderen Eunuchen, seine Diener und der allgegenwärtige Haman.

Es war beinahe eine Erleichterung, mich auf den Boden zu werfen, damit meine Beine nicht mehr mein Gewicht tragen und meine Augen nicht mehr in die der anderen blicken mußten. Doch nur zu bald wurde das Zepter gegen mich ausgestreckt; ich erhob mich und sah in das zornige Gesicht des Mannes, den ich mir einst so sehr als Bräutigam gewünscht hatte. Ich schloß die Augen und wartete auf das, was unausweichlich kommen würde.

Und es kam, doch es stand in keinem Zusammenhang zu dem, was ich erwartet hatte. Haman begann, die Vorwürfe, die gegen mich erhoben wurden, vorzulesen, doch da sie auf Altpersisch geschrieben waren, das er nicht beherrschte, versprach er sich häufig. Kschajarscha wurde ungeduldig, unterbrach ihn und bezichtigte mich offen des Ehebruchs.

Verwirrt und sprachlos starrte ich ihn an. Ich sah, daß seine Brust sich heftig hob und seine Wangen brannten. Ich konnte nicht sagen, ob er krank, betrunken oder mit Haoma betäubt war.

„Zehn ganze Tage habe ich gewartet, bevor ich dich rufen ließ; zehn Tage, in denen ich hoffte, ich würde träumen, in denen ich hoffte, ich würde aufwachen und feststellen, daß der Mühlstein um meinen Hals sich aufgelöst hat! Doch er ist nicht fort, und er wird auch nicht fortgehen, weil der Mühlstein die Wahrheit ist. Gott helfe mir . . . wenn ich denke, daß du an unserem Hochzeitstag vor mir gestanden und zugesehen hast, wie ich unsere Ehe erneut über dem heiligen Feuer des Weisen Herrn geheiligt habe, während du mich in der ganzen Zeit bewußt und schamlos getäuscht, deinen Körper durch die Berührung eines anderen Mannes besudelt hast!" Er brach ab; die um ihn Herumstehenden wendeten verlegen ihre Blicke ab. Nun trat Memuchan, der mich selbst für das Jungfrauenhaus Seiner Majestät ausgewählt hatte, vor und forderte eine Erklärung von mir.

Natürlich sagte ich, ich hätte keine Ahnung, wovon der König spreche; seit ich in den Palast gekommen sei, hätte ich keinen Kontakt mehr zu einem anderen Mann gehabt.

„Und wie erklärst du dir dann das hier?" fragte Memuchan und schnipste mit den Fingern. Aschpamithra trat mit einem großen Tablett voller Wachstäfelchen vor. Ich fragte, was das sei, was Memuchan um so wütender machte.

„Ist es nicht genug, daß du deinen königlichen Mann durch deine schändlichen Taten getäuscht hast, mußt du jetzt deine Sünde auch noch vergrößern, indem du ihn mit deinen Lippen anlügst?" Damit drückte er mir einige der Täfelchen in die Hand. Sobald ich die Handschrift erblickte, verstand ich alles und wünschte, der Boden würde sich unter mir auftun.

Auf dem ersten stand:
Eure gnädige Majestät, du, die mir immer lieber gewesen ist als meine eigene Seele! Ich bitte dich, nicht dein Herz gegen mich zu verhärten. Du mußt mir glauben, daß ich dich liebe, obwohl der Himmel allein weiß, daß ich dir meine Gefühle nicht sehr deutlich habe zeigen können. Bitte, bitte schicke mir eine Antwort auf diesen Brief, in der du mir schreibst, daß du mir vergibst. – M.

Und auf dem nächsten:
Eure wohlwollende Majestät! Kein Mensch kann Worte finden, die Freude zu beschreiben, die mich überwältigt hat, als ich deine höfliche Antwort bekam. Nach so langer Zeit eine Nachricht von dir zu bekommen, nachdem ich dir so viele Briefe geschickt habe und nichts darauf gehört habe . . . Ja, ich verstehe, daß es viel zu gefährlich für uns wäre, uns persönlich zu treffen, so wie die Dinge im Augenblick stehen, doch du kannst sicher sein, daß es mir genügt, deinen Brief zu haben; möge er der erste von vielen sein! Eines Tages werden wir uns persönlich begegnen, da bin ich sicher. Möge Gott und die Zusicherung meiner Liebe dich in vollkommenem Frieden halten. – M.

Was sollte ich sagen? Es war kein Wunder, daß mein Gemahl und seine Ratgeber dies für Liebesbriefe gehalten hatten – was hätten sie sonst sein können? Und doch, wenn ich versuchte, ihnen jetzt zu erklären, daß „M" kein anderer als der Schatzmeister Seiner Majestät war, daß er eigentlich mein Cousin und Adoptivvater war, während Haman, sein eingeschworener Feind, vor mir stand . . . Ich starrte einfach nur auf den Marmorfußboden und rang die Hände. Mir war zu elend zumute, als daß ich hätte zornig sein können – auf Waschti, die allein ein Interesse daran gehabt haben konnte, Mordechais Briefe abzufangen und Antworten zu fälschen.

„Nun?“ donnerte Memuchan und riß mir die Täfelchen aus der Hand. „Hast du nichts zu deiner Verteidigung vorzubringen? Sprich, Frau, denn dein Schweigen ist nur ein Zeugnis für deine Schuld.“

Ich murmelte: „Herr Memuchan, ich weiß nicht, wer dieser Mann ist. Jemand muß versucht haben, mich in Mißkredit zu bringen. Ich habe nicht eines dieser Täfelchen erhalten, geschweige denn sie beantwortet.“

„Nein? Und warum heißt es dann in einem dieser Briefe, daß der Schreiber sicher ist, ihr würdet euch wieder treffen? Und wie erklärst du dir dieses Täfelchen, das meine eigenen Diener während der letzten Nacht, die du mit dem König verbracht hast, in deinem Zimmer gefunden haben?“

Aschpamithra trat ein zweites Mal vor und reichte Memuchan ein weiteres Täfelchen, das von den anderen gesondert aufbewahrt worden war. Es war die Nachricht, die Fara mir gebracht hatte, bevor ich alle meine Diener angewiesen hatte, nichts für mich mehr entgegenzunehmen; ich dachte, ich hätte alle Mitteilungen vernichtet, doch diese eine mußte übersehen worden sein. Sie war nicht unterschrieben, doch es war dieselbe Handschrift. Ich flüsterte: „Mein Herr, es ist wie es in diesem Brief heißt: Der Mann muß ein alter Freund meines Vaters sein, aber ganz bestimmt nicht meiner. Ich schwöre, ich kenne ihn nicht!“

„Du schwörst falsch! Deine Tränen, dein Stammeln und die Blässe deines Gesichts weisen dich als Lügnerin aus! Gib zu, daß du diesen Mann kennst, oder sollen wir deine Eunuchen foltern, bis sie uns sagen, wer er ist?“

„Nein! O nein, mein Herr, ich bitte dich . . . Kschajarscha, Euer Majestät . . .“ Ohne auch nur nachzudenken, was ich tat, fiel ich vor dem Thron auf die Knie, küßte Kschajarschas Füße und befleckte seine Pantoffeln mit meinen Tränen. Doch Haman übernahm die Aufgabe, mich von ihm fortzuzerren, und ich kauerte nun zu Hutaosas Füßen. „Bitte, Mutter, bitte . . . du weißt doch, daß ich deinem Sohn treu gewesen bin. Du weißt, daß ich nie einen anderen geliebt habe. Bitte, sprich für mich, bitte laß nicht zu, daß sie Hegai oder Hatach etwas zuleide tun.“

Hutaosa jedoch schüttelte nur den Kopf. Auch ihre Wangen waren tränennaß, und traurig sagte sie: „Meine Tochter, es scheint, als wäre dir dein kostbarer Hegai tatsächlich wichtiger als dein Mann. Was kann ich sagen, wo ich doch genausowenig wie alle anderen weiß, wer die Briefe geschrieben hat?“

„Also gut“, schluchzte ich immer noch auf den Knien liegend, doch ich wendete mich direkt an Kschajarscha. Er hatte die Hände auf seinen Magen gepreßt und schien mich kaum wahrzunehmen. „Also gut, ich gebe zu, daß ich den Mann kenne. Ich habe tatsächlich diese erste Nachricht von ihm erhalten . . . aber nicht die anderen. Ich habe ihm nicht geantwortet; ich wollte nichts mit ihm zu tun haben. Er behauptet wirklich, er würde mich lieben, doch nicht so, wie ihr denkt.“

„Wie kann ein Mann eine Frau anders lieben?“ brüllte Memuchan.

Doch wie durch ein Wunder wurde ich davor verschont, mir eine plausible Antwort einfallen zu lassen, denn in diesem Augenblick stöhnte der König laut auf und kippte seitwärts von seinem Thron.

16

Zwei ganze Wochen wurde ich in meinen Gemächern gefangengehalten, ohne daß ich außer meinen sieben Dienerinnen, Roxana und den Wachen jemanden zu Gesicht bekommen hätte.

Ich hörte auf zu baden, meine Haut einzureiben, mein Haar zu frisieren, mein Gesicht zu schminken und die Nägel zu lackieren. Fara brachte mir mein Essen: einfache, geschmacklose Mahlzeiten, wie sie die niedrigsten Palastangestellten bekamen. Ich wertete das als schlechtes Zeichen.

Auf der anderen Seite bewohnte ich noch immer die Gemächer der Königin; vielleicht waren meine Aussichten doch nicht so schlecht? Immer wieder überdachte ich, was im Apadana gesagt worden war, und spekulierte endlos über das, was der König und seine Spitzel jetzt über mich sagten oder taten.

Ich tröstete mich mit der Tatsache, daß Kschajarscha sehr bekümmert gewesen war; das bedeutete doch sicher, daß er mich noch liebte? Und doch war er sehr krank gewesen . . . angenommen, seine letzte Krise hätte ihn so stark mitgenommen, daß er nicht mehr genesen konnte? Wenn das Undenkbare passierte, was würde dann aus mir werden? Wäre ich dann der Gnade von Menschen wie Memuchan, Haman und Waschti ausgeliefert? Ich konnte nicht mehr damit rechnen, daß sich Hutaosa auf meine Seite stellte. Und mittlerweile war ich auch vollkommen davon überzeugt, daß die Heiterkeit ihres Wesens, die ich so bei ihr bewundert hatte, eher von Fatalismus als von innerem Frieden herrührte. Ihre Religion gab ihr nicht das, was Mordechais ihm gegeben hatte.

Aber was tat Kschajarscha nur? Was dachte er? Wenn er noch immer auf dem Krankenbett lag und nicht fähig war zu reden oder zu handeln, was hatten Memuchan und seine geschätzten Kollegen in meinem Fall beschlossen? Es war auch gut möglich, daß sie beschlossen hatten, überhaupt nichts zu unternehmen und sich damit zufrieden gaben, mich bis zu meinem Lebensende mit meinen sieben dummen Dienerinnen und einer verurteilten Kriminellen einzuschließen. Allein der Gedanke daran ließ mir das Blut in den Adern erstarren.

Nach einer Woche hatte ich sogar nur noch fünf Sklavenmädchen; zwei von ihnen, zwei Schwestern, hatten die Nachricht erhalten, daß ihre Großmutter im Sterben lag. Ich erlaubte ihnen, sie zu besuchen, und erwartete nicht, sie noch einmal wiederzusehen.

Und dann durften auch Waschtis Machenschaften nicht außer acht gelassen werden. Gab sie sich damit zufrieden, daß sie meine Beziehung zu meinem Mann zerstört hatte, oder wollte sie mich vielleicht sogar vollkommen vernichten? Ich zweifelte nicht daran, daß sie es gewesen war, die Mordechais Briefe gesammelt und ihm Antworten geschickt hatte. Das erklärte zumindest zwei Dinge, die mich verwirrt hatten: die Tatsache, daß Mordechai sich nicht mehr gemeldet hatte, und daß Waschti seit meiner Eheschließung nichts weiter unternommen hatte, als mir einige bösartige Botschaften zu schicken.

So gern ich Mordechais Existenz auch vergessen hätte, ich konnte nicht umhin, mir um sein Schicksal genauso Gedanken zu machen wie um mein eigenes. Was würde aus ihm werden, falls Kschajarscha ihn tatsächlich als Schreiber der Briefe identifizierte? War es das, was Waschti wollte? Vermutlich; warum sonst sollte sie dafür gesorgt haben, daß mein Name im Zusammenhang mit Mordechais Aufdeckung der Verschwörung Bigtans und Tereschs gegen den König stand?

Aber würden die Dinge schlechter um mich stehen, wenn man

mich verdächtigte, einen jüdischen Liebhaber zu haben? Konnte man wirklich annehmen, ich würde mich mit einem so alten und unattraktiven Mann wie dem Schatzmeister des Königs einlassen? Aber im Harem, wo praktisch keine Verbindung zu richtigen Männern besteht, sind noch seltsamere Dinge passiert. Wenn man uns wirklich für ein Liebespaar hielt, würde es Haman nicht schwerfallen, Kschajarscha zu überreden, seinen Todfeind hinrichten zu lassen, ob er nun ein Wohltäter des Königs war oder nicht.

Alles war so schrecklich deprimierend, und noch dazu mein eigener Fehler. In meinem Leben habe ich so viele impulsive und selbstsüchtige Entscheidungen getroffen; ich hatte gegen jedes Prinzip verstoßen, mit dem ich aufgewachsen war, und doch würde ich ironischerweise für etwas sterben müssen, das ich nicht begangen hatte.

Ich ging sogar so weit, daß ich in Betracht zog, mir das Leben zu nehmen, denn welche Methode ich auch wählte, ganz bestimmt war sie schneller und weniger schmerzhaft als das, was mich erwartete.

In der fünfzehnten Nacht meiner Einkerkerung wurde ich von einem plötzlichen Fackelschein unmittelbar über mir geweckt. Verwirrt schrie ich auf und wich zurück, schirmte meine Augen ab. Doch als mich keine unfreundliche Stimme zum Aufstehen aufforderte und mich keine brutale Hand an der Schulter packte, wagte ich aufzublicken, und da stand Hegai und beugte sich über mich.

Trotz allem, was zwischen uns stand, hätte ich am liebsten meine Arme um seinen Hals gelegt, wenn sein Gesicht nicht so totenblaß gewesen wäre und wenn die Ringe unter seinen verängstigten Augen nicht so groß und dunkel gewesen wären. Er drückte mir den Finger gegen die Lippen, doch ich fragte schrill: „Hegai, wie bist du hier hereingekommen? Du kannst dir nicht vorstellen, wie froh ich bin, dich zu sehen!“

„Bitte, Herrin, wir müssen leise sein“, flüsterte er, und ich merkte, daß sein Finger an meinen Lippen zitterte. „Ich habe mich verkleidet und die Nachtwachen bestochen. Es hat mich eine Menge Geld gekostet, und ich muß unbedingt vor der Wachablösung wieder fort sein.“

Meine Augen hatten sich jetzt an das Licht gewöhnt, und ich erkannte, daß er sich wie eine meine Dienerinnen verkleidet hatte. Ich stöhnte: „O Gott, Hegai, was sollen wir tun? Sie werden mich töten, ich weiß es. Warum bist du nicht früher zu mir gekommen? Ich habe solche Angst gehabt.“

Meine Stimme wurde immer lauter, und wieder ermahnte er mich und sagte: „Herrin, es tut mir leid. Ich konnte nicht weg . . . wo ich arbeite, traut mir keiner mehr über den Weg, bis in den letzten Tagen . . ." Er stammelte, dachte vermutlich daran, daß man ihm nie wieder trauen würde, wenn man ihn hier bei mir fand, und die Götter allein würden wissen, was dann aus ihm werden würde. Aber ich war wieder einmal zu sehr in mein Selbstmitleid verstrickt, um ihn trösten zu können. Er räusperte sich und sagte: „Außerdem hatte ich keine Neuigkeiten für dich, bis jetzt. Ich habe etwas gehört, und ich weiß, daß sie dich nicht töten werden, zumindest noch nicht. Darum bin ich gekommen – um dich von deinen Ängsten zu befreien."

„Ich verstehe nicht. Hat Kschajarscha herausgefunden, daß Mordechai nur mein Vormund war? Glaubt er, daß ich ihm doch treu gewesen bin?"

„Er hat keine Ahnung, daß Mordechai etwas mit der ganzen Geschichte zu tun hat."

„Du meinst, er weiß immer noch nicht, wer diese Briefe geschrieben hat? Ich glaube es nicht."

„Er hat es noch nicht herausgefunden, weil er es nicht herausfinden will. Niemand hat mir oder Hatach auch nur eine Frage gestellt."

„Er ist zu krank, um sich dafür zu interessieren. Das ist es, nicht? Ich wußte es. Er wird sterben."

„In den vergangenen vierzehn Tagen hat er sein Lager nicht verlassen, Herrin, das stimmt, doch man sagt, er sei eher deprimiert als krank. Er ist verzweifelt, weil er denkt, du hättest ihn betrogen. Seine Ratgeber wissen nicht mehr, was sie tun sollen, sie flehen ihn an, dich entweder hinrichten zu lassen oder die Erlaubnis zu erteilen, dich offiziell vor Gericht zu stellen. Doch er sagt ihnen immer wieder, sie sollen warten, bis es ihm besser geht, damit er keine falsche Entscheidung trifft."

Ich flüsterte: „Was wird denn nun passieren? Werden sie mich hier auf ewig gefangenhalten? Hegai, das könnte ich nicht ertragen. Ich würde verrückt werden."

„Ich weiß nicht, was passieren wird, Herrin."

„Kannst du nicht mit ihm sprechen?"

„Wo Haman wie ein schlechter Geruch die ganze Zeit um ihn herum ist, und der elende Aschpamithra? Ich könnte ebensogut versuchen, die Kronjuwelen zu stehlen."

„Woher weißt du dann so viel über Kschajarschas Gemütszustand, wenn du nicht in seine Nähe kommen konntest?"

„Du vergißt, ich habe im Harem gearbeitet. Hier haben die Wände Augen und Münder, aber auch Ohren. Zu einem bestimmten Preis kannst du alles von jedem erfahren. Und eines habe ich erfahren: Haman hat den König so vollkommen in seiner Gewalt, daß er ihn zu allem bringen kann."

„Aber Haman macht sich doch sicher auch Gedanken über Kschajarschas Gesundheitszustand? Will er die Angelegenheit nicht geregelt wissen? Wenn dem König etwas passierte, würde Haman keine zwei Minuten überleben."

„Vielleicht. Doch er ist nicht so besorgt, daß es ihm recht wäre, daß du deinen Platz an der Seite seines lieben Herrn wieder einnehmen könntest. Es könnte sogar sein, daß Kschajarscha selbst Haman einfach nur noch ein Hindernis auf dem Weg zu wirklicher Macht ist."

„Was? Du meinst, Haman würde König werden wollen an Kschajarschas Stelle? Hegai, du mußt verrückt sein. Niemand würde seinen Anspruch unterstützen. Er ist nicht einmal Perser, schon gar nicht hachamanischer Abstammung."

„Das stimmt, doch er sieht das anders. Er hat sich mittlerweile daran gewöhnt, daß die erhabenen Höflinge auf ihren spitzen persischen Nasen im Staub liegen, wenn er vorübergeht. Zweifellos nimmt er an, sie würden anfangen, ihm die Ehrerbietung nicht nur mit ihrem Körper, sondern von Herzen zu erweisen."

In diesem Augenblick begann die Fackel zu flackern, und er sprang auf. „Ich muß gehen, Herrin. Ich bin nur gekommen, um dir zu versichern, daß ich mein Bestes getan habe. Ich darf nicht mehr länger bleiben." Und fort war er.

Ich lag auf dem Rücken und starrte in die Dunkelheit, die wieder über mich hereinbrach. Ich hatte eine kleine Lampe angezündet, doch sie gab so wenig Licht, daß die Dunkelheit sich über sie lustig zu machen schien. Auf einmal fiel mir ein, daß ich nicht einmal wußte, wohin Hegai zurückkehrte; vielleicht mußte er in der Haremsküche Gemüse putzen oder sogar Latrinen säubern. Ich hätte ihn fragen sollen, wie es ihm erging, und ich hätte ihm das Bestechungsgeld für die Wachen erstatten müssen. Ich hatte ihm nicht einmal gedankt, daß er sein Leben aufs Spiel gesetzt hatte, um mich zu sehen. Doch ich hatte wieder einmal nur an mich gedacht, und nun war es zu spät.

Ich erwartete nicht, Hegai wiederzusehen, zumindest eine ganze Weile nicht. Doch kurz vor Mittag am folgenden Tag erschien er, mit Hatach im Schlepptau.

Dieser war in einem schrecklichen Zustand. Aus irgendeinem Grunde, den ich zuerst nicht in Erfahrung bringen konnte, wollte er mich unbedingt sprechen; Hegai dagegen machte den Eindruck, als wäre er mir lieber ferngeblieben. Beide trugen die Kleidung der normalen Haremsdiener; sie hatten nicht einmal den Versuch unternommen, sich zu verkleiden. Auch verfügten sie nicht mehr über das nötige Bargeld, um die Wachen bestechen zu können, darum hatten sie einfach beschlossen, die Wachen zu bitten, mich sprechen zu dürfen. Nicht einen Augenblick hatten sie damit gerechnet, daß ihre Bitte erfüllt werden könnte, doch es stellte sich heraus, daß der Hauptmann der Morgenschicht Hegai einen Gefallen schuldig war.

Ich holte die beiden in meine Gemächer, versuchte sie jedoch zu überzeugen, schnell wieder zu gehen, bevor wir alle schreckliche Schwierigkeiten bekommen würden. Nach dem Gespräch der vergangenen Nacht hatte ich wieder den Eindruck, daß sich meine Lage zu meinen Gunsten wendete. Hatach jedoch fiel vor mir auf die Knie, küßte meine Hand und stammelte: „Euer Majestät, es geht um Mordechai ben Jair, den Freund deines Vaters, der dich immer sprechen wollte –"

„Und was ist mit ihm?" unterbrach ich ihn. Plötzlich hatte ich eine dunkle Vorahnung. „Hegai, weißt du, worum es geht?"

„Ich weiß nur, was Hatach mir gesagt hat, Herrin. Mordechai sitzt draußen vor den Palasttoren und jammert wie ein von Dämonen Besessener. Er hat seine Kleider zerrissen und streut sich Asche auf den Kopf."

„Aber warum? Was kann das bedeuten?" Mir gingen bereits verschiedene Möglichkeiten durch den Kopf, die alle mit meiner Zwangslage im Zusammenhang standen und damit, was der König vielleicht in bezug auf mich erfahren oder beschlossen hatte.

Ich sagte zu Hatach: „Geh und höre dich um; bringe ihm saubere Kleider, damit er hereinkommen kann und aufhört, eine Szene zu machen, aber sag ihm nicht, wer die Kleider geschickt hat. Und komm sofort zu mir zurück, wenn du mit ihm gesprochen hast."

Hatach verbeugte sich und eilte davon. Seine Aufgabe war sehr schwierig, da er nach der Wachablösung nicht mehr zu mir vorgelassen werden würde. Doch Hegai blieb bei mir. Sobald Hatach außer

Hörweite war, warf er sich mir zu Füßen. In der ganzen Zeit, die ich bereits im Palast verbrachte, habe ich nie gesehen, daß er so etwas getan hatte.

„Herrin, ich wollte es nicht sagen, solange Hatach hier war. Ich habe nicht gelogen, als ich sagte, ich wüßte den Grund für Mordechais Benehmen nicht, weil ich glaube, daß er es noch nicht herausgefunden hat. Aber ich glaube, daß Haman beschlossen hat, das jüdische Volk endgültig zu vernichten."

Ich schrak hoch. „Was? In der ganzen Stadt? Das kann er nicht. Es gibt Hunderte von ihnen, vielleicht sogar Tausende."

„Oh, Herrin, ich glaube, er will nicht nur Susa reinigen. Er will das ganze Weltreich säubern."

Diese Vorstellung war mir zu abwegig, um sie auch nur amüsant zu finden. „Und wie will er das tun, wo es in fast jeder Provinz, die die Perser von den Babyloniern übernommen haben, jüdische Gemeinschaften gibt? Einige von ihnen sind schon bald ein ganzes Jahrhundert alt. Du mußt verrückt geworden sein, Hegai. Hast du das alles letzte Nacht geträumt?"

„Nein, Herrin. Ich habe nicht geträumt. Ich habe – getrunken. Mit einigen von den anderen Jungen aus dem Harem." Er und die anderen Eunuchen nannten sich gegenseitig „Jungen", niemals Eunuchen, obwohl einige von ihnen alt genug waren, um Großväter zu sein.

Ich flüsterte: „Und du hast gestern nacht mit ihnen getrunken, nachdem du von hier fort bist? Wann bist du denn zu Bett gegangen?"

„Ich ging sofort ins Bett, nachdem ich in den Harem gekommen bin, Herrin, doch ich konnte nicht schlafen. Es war zuviel Lärm. Einer der Jungen hatte Geburtstag gehabt und den Abend mit Haman und seinen Spießgesellen verbracht; er war gerade zurückgekommen, und seine Freunde hatten auf ihn gewartet. Ich glaube, sie hatten eine Geburtstagsüberraschung für ihn bereit. Doch die Überraschung seiner Gefährten war größer als seine eigene, als er ihnen erzählte, was er gehört hatte. Einige von ihnen sind Juden, mußt du wissen; oder wenigstens haben sie das behauptet, als sie hergekommen sind. Herrin, sie sind zu Tode erschreckt."

„Hegai, sag mir, was der Junge erzählte, der bei Haman gewesen war."

„Ich kann es nicht genau wiedergeben. Er hatte selbst ziemliche Angst. Doch er sagte, Haman sei so betrunken gewesen, daß er kaum noch hätte stehen können, und auf jeden Fall viel zu benebelt, um seine Zunge im Zaum zu halten. Er war auf einen Tisch gestiegen und hatte sich damit gebrüstet, daß Kschajarscha ihm aus der Hand fressen würde wie ein Pferd. Jemand stellte einen Stuhl auf den Tisch, direkt hinter seine Knie – ich glaube, sie hatten Angst, er könnte herunterfallen –, und er setzte sich mit einem Granatapfel in der einen Hand und einem Stock in der anderen. Er tat so, als sei er der König mit Lotos und Zepter. Alle seine Gäste fielen vor ihm nieder, und seine zehn Söhne riefen: ‚Heil Haman, dem wahren Herrscher über Persien' und ‚Die Ehre von Agag von Amalek ist wiederhergestellt.' Und in diesem Augenblick begann Haman, sich damit zu brüsten, wie er alles, was der verderbte König Saul von Israel getan hatte, wiedergutmachen würde, wie er die ganze Nation auslöschen würde, die versucht hatte, seine eigene zu vernichten. Er rief alle Anwesenden auf, einen Toast auf die Ausrottung der Juden auszubringen, denn er hätte gerade an diesem Nachmittag Kschajarscha darum gebeten, einen entsprechenden Erlaß zu verfassen."

Ich fühlte mich schwach. „Kschajarscha würde so etwas nie zustimmen. Er weiß, daß die Juden ein einflußreiches und angesehenes Volk sind. Er weiß, daß Kurasch und Darajawausch sie würdig erachtet haben, ihnen eine besondere Ehre zuteil werden zu lassen."

„In Wahrheit glaube ich, Herrin, daß Kschajarscha sich nicht besonders dafür interessierte, wozu er seine Zustimmung gab. Doch nach dem zu urteilen, was die Jungen erzählen, ist die Zeit in Susa reif für eine Ausrottung der Juden, denn Haman hat die Leute aufgewiegelt. Mordechai ist kein Verrückter, fürchte ich, Herrin. Und zweifellos hatte er Freunde bei Hamans Fest, genau wie ich."

Ich wußte nichts zu sagen. Ich wußte auch nicht, was ich tun konnte, außer darauf zu warten, daß Hatach zurückkam und bestätigte, was Hegai erzählt hatte. Dies passierte gegen Sonnenuntergang auch tatsächlich; die Wache hatte zweimal gewechselt, und Hegais Freund hatte wieder Dienst. Hatach brachte die Kleider zurück, die ich für Mordechai geschickt hatte, denn dieser hatte sie zurückgewiesen.

Kurz gesagt, alles, was Hegai berichtet hatte, schien zutreffend zu sein, und noch mehr und Schlimmeres. Kschajarscha, der offensichtlich nicht mehr an sein Bett gefesselt war, zeigte immer weniger Interesse für die Staatsangelegenheiten, und Haman nahm ihm mehr und mehr die Verantwortung ab. Wie man sagte, befand er sich nun im Besitz des Siegelringes des Königs; Kschajarscha hatte ihn ihm gegeben, damit er damit eine öffentliche Proklamation besiegeln konnte, daß am dreizehnten Tag des Monats Adar alle Angehörigen der verfluchten hebräischen Sekte zu Tode gebracht werden sollten.

„Hol mir Wein, Hegai", stammelte ich; an Hatach gewendet fragte ich schwach: „Ist die Proklamation bereits ergangen?"

„Ja, Herrin. Auf dem Marktplatz sind bereits entsprechende Mitteilungen aufgehängt worden, und königliche Kuriere bringen Kopien zu allen Fürsten und Statthaltern im ganzen Königreich. Übersetzungen werden an öffentlichen Plätzen aufgehängt. Alle Juden müssen sterben, jeder Mann, jede Frau und jedes Kind; und von allen Ariern wird erwartet, daß sie dabei mithelfen. Geschäftsleute sollen ihre Partner töten oder ausliefern, Männer oder Frauen in Mischehen ihre Gatten und Kinder ihre ehemaligen Spielkameraden. Haman hat versprochen, zehntausend Talente Silber an die königliche Schatzkammer zu zahlen, wenn die Aktion beendet ist, zum Ruhme von Ahura Mazda. Zehntausend Talente *jüdisches* Silber, da bin ich sicher – das Eigentum derer, die er dem Untergang geweiht hat." Hatach verbeugte sich. Auf einmal war er sehr bekümmert. „Ein neuer Schatzmeister wird es einwiegen müssen."

„Als ob Kschajarscha Silber brauchte", stieß ich zwischen zusammengebissenen Zähnen hervor.

„Das braucht er wirklich, Herrin, sogar verzweifelt. In seiner ganzen Regierungszeit hat er keinen Krieg mehr gewonnen und seinem Reich keine neuen Territorien zugeführt, aus denen er Beute hätte ziehen können. Tatsächlich hat er sogar Städte verloren, die ihm sonst Tribut zahlen mußten."

Während er sprach, fiel mir beinahe der Becher aus der Hand, den Hegai mir gereicht hatte. Ich entließ Hatach, doch Hegai mußte bleiben; er hob den Becher an meine Lippen und fragte, was ich unternehmen wollte.

„Ich?" Ich verschluckte mich beinahe. „Was kann ich denn schon tun? Wenn ich nur ein Wort sage, findet man heraus, daß auch ich Jüdin bin. O Hegai, ich dachte, ich sei bereit zu sterben, mein Leben ist mir so verhaßt. Doch ich bin es nicht. Nicht so. Ich kann nicht glauben, daß so etwas passiert."

„Es könnte durchaus passieren, Herrin. So etwas ähnliches ist schon mal passiert, als der Priester Gaumata nach dem Tod von Kambujet den Thron an sich riß. Gaumata wurde ermordet, und jeder persische Bürger bekam von Darajawausch die ausdrückliche Erlaubnis, zu den Waffen zu greifen und vor Sonnenuntergang jeden

Priester zu ermorden, den er finden konnte. Nur der Einbruch der Dunkelheit verhinderte, daß die ganze Sippe ausgerottet wurde."

„Du sollst mich nicht belehren, Hegai", sagte ich. „Das alles ist schon schlimm genug."

„Du solltest ein wenig schlafen, Herrin. Ich muß jetzt gehen."

„Nein, bitte . . . sie werden dich nie wieder hereinlassen, wenn du erst einmal fort bist. Du weißt nicht, wer morgen die Wachen befehligt."

„Du willst, daß ich die Nacht hier verbringe? Schaaschgas –"

„Ich will es nicht nur, ich befehle es."

Er gehorchte mir und legte sich auf eine Couch an dem Fußende meines Bettes, weil ich ihn nicht aus den Augen lassen wollte. Und das war auch gut so, weil er mich dreimal in der Nacht von schrecklichen Alpträumen aufwecken mußte.

Wenn ich nur hätte wach bleiben können. Dann hätte ich nicht noch einmal miterleben müssen, wie meine Familie abgeschlachtet wurde.

Am Morgen kam eine Nachricht von Hatach. Hegai brach das Siegel auf und las: *„An Ihre Majestät, Königin Esther, von Hatach, deinem gehorsamen Diener, sei gegrüßt. Heute morgen sehr früh kam ein Angestellter der Schatzkammer zu mir und bat mich, Mordechai ben Jair am Haupttor zu treffen. Ich ging hin in der Annahme, daß die Anweisung, die du mir gestern gegeben hast, so viel wie möglich von ihm in Erfahrung zu bringen, die vorherige Anweisung, nichts von ihm entgegenzunehmen, außer Kraft setzen würde. Darum hoffe ich, daß es richtig war, dir die Schriftrolle zu geben, die er mir überreichte; wenn es nicht richtig war, vergib mir bitte. Er sagt, er könnte nicht verstehen, wie das Los seines Volkes sich so hätte verschlechtern können, wo er dir doch so häufig darüber geschrieben habe und du ihm so viele positive Antworten geschickt und ihm versichert hättest, die Verfolgung würde bald ein Ende haben. Wenn du so großzügig sein willst und ihm heute eine Antwort schicken willst, unser Hauptmann hat heute nachmittag Dienst, ich werde dann kommen und sie holen."*

„Und die Rolle? Was steht auf der Rolle?"

„Ich weiß es nicht, Herrin." Hegai schüttelte den Kopf und biß sich auf die Lippe, während er darüber brütete. „Ich glaube, das ist Hebräisch."

Ich entriß sie ihm und preßte meine Fingerspitzen gegen die

Schläfen, um den Schmerz zu lindern, der in meinem Kopf pochte. Ich hatte lange kein Hebräisch mehr gelesen, und zuerst dachte ich, ich würde überhaupt nichts verstehen. Doch dann erinnerte ich mich wieder, und ich erkannte, daß es nichts anderes als eine hebräische Übersetzung des königlichen Erlasses war:

Kschajarscha, der Große König, König aller Könige, Herrscher über Persien und Medien, an die Fürsten und Statthalter Unserer Provinzen, von Indien bis Kusch, und ihre untergeordneten Beamten:

Da Wir Herr über viele Nationen und rechtmäßiger Herrscher über die ganze Welt sind, ist es Unser Wille – nicht aus der Arroganz der Macht heraus, sondern weil Unsere Herrschaft gütig und gerecht ist –, in Unserem Weltreich Frieden zu schaffen und dafür zu sorgen, daß jeder sicher bis zu seinen äußersten Grenzen reisen kann. Wir haben Unsere edlen Ratgeber gefragt, wie dieses Ziel am besten zu erreichen sei, und von Haman, dem Sohn des Hamedatha, eine überzeugende Antwort bekommen. Haman ist für sein gesundes Urteilsvermögen bekannt, und er hat Uns seinen Wert durch seinen guten Willen und seine unerschütterliche Loyalität immer wieder bewiesen. Durch eigene Verdienste hat er sich die Ehre des zweiten Platzes am Hof erworben.

Er hat Uns dargelegt, daß sich unter den vielen Rassen in Unserem Königreich eine unzufriedene Partei befindet, deren Gesetze und Wertvorstellungen denen jeder anderen Nation entgegengesetzt sind, weil ihre Angehörigen Unsere Gesetze durch ihre seltsame Lebensweise mißachten und in ihrer widerstrebenden Einstellung Unserer Regierung gegenüber greuliche Verbrechen begehen und so die Sicherheit Unseres Reiches gefährden.

Darum ordnen Wir hiermit an, daß diejenigen, die als Angehörige dieser Sekte bekannt sind, zusammen mit ihren Frauen und Kindern durch die Schwerter ihrer Feinde ohne Mitleid und Gnade am dreizehnten Tag von Adar, dem zwölften Monat des laufenden Jahres, ausgerottet werden sollen. Diejenigen, die sich schon so lange aufgelehnt haben, sollen an einem Tag einen gewaltsamen Tod erleiden, damit Unsere Regierung von da an wieder gefestigt und gerecht sein kann.

Die Schriftrolle entglitt meinen Händen; sie rollte sich auf dem Boden zu meinen Füßen auf. Der ruhige, leidenschaftslose Stil der diplomatischen Sprache ließ die systematische Vernichtung des jüdischen Volk entsetzlich möglich erscheinen; das Judentum war immer noch nicht namentlich erwähnt. Das war nicht nötig, alle würden wissen, wer gemeint war – alle außer Kschajarscha, wie es schien. Mittlerweile würden er und Haman wohl miteinander feiern, und der König würde sich in der Überzeugung sonnen, daß er das Beste für Persien, für Ahura Mazda und für den ewigen Ruhm seines Namens tat.

Ohne die Schriftrolle oder Hegai anzusehen, sagte ich leise: „Mordechai hat mir nie von der Notlage seines Volkes geschrieben. Ich habe nie positiv geantwortet; ich habe überhaupt nie geantwortet und ihm auch keine Zusagen gemacht. Von so etwas war nie die Rede, auch nicht in den Täfelchen, die Waschti Memuchan zugespielt hat."

„Dann hat sie sie bestimmt noch, Herrin. Vielleicht hat sie vor, sie zu einem etwas späteren Zeitpunkt hervorzuholen, um deine Situation noch zu verschlechtern. Wenn Kschajarscha nicht bereit ist, dich allein wegen Ehebruchs zu pfählen, wird Waschti dafür sorgen, daß er von deiner Beziehung zu den Hebräern erfährt, die er geschworen hat zu vernichten; vielleicht hat sie sogar Beweise dafür, daß du auch eine von ihnen bist. Sie spielt nicht alle ihre Karten sofort aus."

„Ich werde Mordechai die Wahrheit sagen müssen", meinte ich. „Wenn Hatach heute nachmittag herkommt . . . ich werde ihn zu meinem Cousin schicken. Er soll ihm sagen, daß ich keinen seiner Briefe erhalten habe und daß ich nun wegen seiner Beharrlichkeit, mich zu erreichen, beim König in Ungnade gefallen bin. Alles ist Mordechais Fehler, nicht meiner."

Hatach erschien kurz vor Sonnenuntergang, und ich versuchte ihn zu veranlassen, sofort zu Mordechai zurückzukehren und ihm zu berichten, daß dies der erste wirkliche Kontakt gewesen sei, der zwischen uns stattgefunden habe, seit ich in den Palast gekommen sei, und daß es sehr wahrscheinlich auch der letzte sei. Doch Hatach verbeugte sich wieder tief vor mir und flehte mich an: „Sagt ihm das nicht, Euer Majestät, ich bitte Euch. Er verläßt sich auf Euch; er hat keine andere Hoffnung mehr."

„Wie oft soll ich das noch sagen? Ich kann nichts tun. Nichts!" Ich hob die Rolle auf und hielt sie Hatach vors Gesicht. „Das ist ein königlicher Erlaß! Er ist unwiderruflich! Nicht einmal Kschajarscha selbst kann zurücknehmen, was in seinem Namen veröffentlicht wurde. Hatach, du mußt Mordechai sagen, daß ich nicht mehr in der königlichen Gunst stehe und daß die Hoffnung, falls es eine gibt, nicht bei mir liegt. Ich darf meine Gemächer nicht verlassen;

ich kann Kschajarscha nicht einmal eine Nachricht schicken. Und selbst wenn ich hier herauskönnte, hätte ich nicht das Recht, vor ihm im Apadana zu erscheinen, ohne dazu aufgefordert zu sein. Nur seine Hauptfrau darf dies tun, ohne mit dem Tod rechnen zu müssen; ich bin nicht sicher, ob ich noch als seine Frau gelte. Hatach, du mußt Mordechai klarmachen, daß alles gar nicht so ist, wie er glaubt."

„Euer Majestät, das wird er nicht gut aufnehmen. Er ist ein alter Mann; sein Leiden hat ihn sehr altern lassen. Selbst sein Augenlicht läßt nach. Ich habe gesehen –"

„Hatach, ich werde dich auspeitschen lassen, wenn du es noch einmal wagst, mir zu widersprechen! Tu, wie ich dir gesagt habe! Jetzt!"

„Sehr wohl, Majestät. Wie Ihr wünscht."

Hatach schluckte, nickte, verbeugte sich und eilte aus dem Zimmer. „Was starrst du mich so an?" brüllte ich nun Hegai an, stürmte aus dem Zimmer und warf mich auf mein Bett.

Erst nach Sonnenuntergang kamen Fara, Hegai und Hatach zu mir. Fara sagte, der Hauptmann der Wache hätte sie darüber informiert, daß einige Jungen auf der Suche nach Hegai von Schaaschgas gekommen seien; unser Hauptmann hatte ihnen versichert, daß er nicht hier sei, doch er sei der Meinung, er müsse mich warnen, daß sie vielleicht früher oder später mit der Anweisung zurückkommen könnten, meine Gemächer zu durchsuchen.

Ich zuckte zusammen, weil ich sehr wohl wußte, was der Hauptmann für uns riskierte und daß wir nicht sicher sein konnten, wie weit seine Loyalität uns gegenüber reichte oder wann er den Eindruck hatte, daß seine Schuld Hegai gegenüber nun gesühnt sei. Hatach hatte einen anderen Beweggrund, daß er es riskierte, mich noch einmal zu besuchen. Vorsichtig begann er: „Euer Majestät, Herrin . . . ich bin zu Mordechai gegangen und habe mit ihm gesprochen, wie Ihr es befohlen habt. Er gab mir etwas, das ich an Euch weitergeben soll."

„Ich will von diesem Mann nichts mehr hören! Bei der heiligen Erinnerung an meine Mutter, Hatach . . . wird er denn niemals aufgeben? Wirst du niemals aufgeben?"

„Herrin, es ist kein Brief, zumindest nicht nur ein Brief. Es ist irgendein Geschenk. Seht." Und als ich versuchte, den Blick abzuwenden, fügte Hatach hinzu: „Er hat mir versprochen, es sei das letzte, was er dir schicken würde, es sei denn, du änderst deine Meinung."

Überaus zornig und trotzdem neugierig drehte ich mich wieder zu ihm um. Hatach hielt ein Päckchen etwa von der Größe eines neugeborenen Babys im Arm. Er bückte sich und stellte es neben mich.

Schließlich siegte meine Neugier; ich setzte mich auf und löste die Bänder. Das Papier fiel ab, und zum Vorschein kam ein Holzkästchen. Ein Täfelchen war auf seinem Deckel befestigt.

Darauf stand auf Hebräisch:

Hadassa,
glaube nicht, daß du sicherer bist als alle anderen Juden, nur weil du ein Mitglied des königlichen Hauses bist. Wenn du in dieser kritischen Stunde schweigst, kannst du sicher sein, daß der Herr, dein Gott, einen Weg finden wird, auch ohne deine Hilfe einen Angehörigen seines heiligen Volkes überleben zu lassen. Saul war Adonais gesalbter Diener: obwohl er seinem Gott, der ihn erwählt hat, den Rücken zugewendet hat, hat Israel überlebt. Doch Saul selbst starb in großem Kummer, und so wird es auch dir gehen. Du wirst von deinem Schöpfer zurückgewiesen werden, wie es bei Saul der Fall war, wenn du dich jetzt entscheidest, dich von deinem eigenen Volk abzuwenden. Nicht nur das, sondern wenn du ohne Erben stirbst, wird Sauls Linie für immer unterbrochen sein. Ein Verbrechen zu dulden ist genauso schlimm, wie es zu begehen, meine Tochter, und wenn du jetzt nicht handelst, wirst du am Tod vieler tausend Menschen Schuld tragen. Es könnte sein, daß Gott dich aus einem ganz bestimmten Grund zur Königin von Persien gemacht hat.
Mordechai.

„Was schreibt er?" fragte Hegai eifrig, und als er das Entsetzen auf meinem Gesicht erkannte, flüsterte er: „Droht er damit, dich zu verraten?"

Vielleicht tat er es, doch das war es nicht, was mich so schockiert hatte. Auch war es nicht sein nüchterner Brief, der keinen persönlichen Gruß enthielt und in dem er meinen hebräischen Namen verwendete. Nein; es war das wörtliche Zitat der Prophezeiung der Wahrsagerin von Arderikka, obwohl ich ihm damals von diesem Teil der Prophezeiung kein Wort gesagt hatte.

Hatach drängte mich vorsichtig: „Was ist mit dem Kästchen, Euer Majestät? Vergiß es nicht. Soll ich dir helfen, es zu öffnen?"

Doch langsam und wie in Trance schüttelte ich den Kopf, und meine Finger öffneten den Verschluß. Plötzlich wußte ich, was es enthielt, noch bevor ich es geöffnet hatte: Es war Sauls Messer mit der verrosteten Klinge und den leeren Vertiefungen, wo einst die Edelsteine gesessen hatten.

Es war jedoch noch etwas in dem Kästchen, das separat eingewickelt worden war. Ich riß die Hülle ab und fand die Halskette meiner Mutter, repariert, poliert und glänzend.

Irgendwann fragte mich Hatach, ob er noch einmal zu Mordechai gehen und was er ihm sagen sollte; ich hörte, wie Hegai ihm sagte, er solle uns allein lassen, eine Entscheidung würde rechtzeitig getroffen werden.

Hegai sagte: „Fara, geh und nimm die anderen mit. Bitte."

Ich murmelte: „Hegai, geh du auch. Du kannst nichts tun. Ich weiß, was ich zu tun habe, und ich werde es allein tun. Gib mir das Messer; ich weiß, warum Mordechai es geschickt hat."

Natürlich weigerte er sich; obwohl er keine Ahnung hatte, was Mordechai mir geschrieben hatte, sagte er, er sei ganz sicher, daß mein Cousin mich nicht veranlassen wollte, das Messer gegen mich zu richten. Seine Hände umklammerten den Griff so fest, daß ich nicht einen seiner Finger davon lösen konnte.

„Gib mir das Messer, Hegai; gib es mir, das ist ein Befehl!" schrie ich und trommelte mit den Fäusten gegen seine Brust, doch es half nichts. Er legte seine freie Hand über meinen Mund, damit ich nicht schreien konnte, dann warf er das Messer fort, damit er mich besser festhalten konnte. Ich wehrte mich nach Kräften, bevor ich mich in seine Arme sinken und meinen Tränen freien Lauf ließ.

Ich weiß immer noch nicht genau, was die Veränderung in mir bewirkte. Vielleicht war es der Gedanke an Sauls rostiges Messer, das in irgendeiner Ecke lag, das einzige, was mich noch daran erinnerte, daß ich Nachkomme dieser alten Dynastie war, deren Ruhm von so kurzer Dauer gewesen war. Vielleicht war es auch die Halskette meiner Mutter, die trotz Mordechais Brief ein Zeichen seines Bedauerns war. Vielleicht war es auch Hegais unerschütterliche Bereitschaft, alles meinethalben zu aufs Spiel zu setzen, wo ich ihn jahrelang wie Dreck behandelt hatte. Vielleicht war es auch nichts weniger als der Geist Adonais, der seit meiner Kindheit in mir geschlummert hatte, gefesselt durch meinen selbstsüchtigen Stolz, der aber nun freigesetzt wurde, weil ich in mich gegangen und nichts als Verzweiflung gefunden hatte.

Doch was immer auch der Grund gewesen war, irgend etwas sprudelte in mir auf. „Es tut mir leid, Hegai . . . Tammuz. Alles tut mir leid“, schluchzte ich, und zum ersten Mal seit langer Zeit nannte ich ihn wieder bei seinem Kosenamen, so daß auch er zu weinen begann. Unsere Tränen wuschen alle Spannungen zwischen uns fort, wie der erste Regen den Sommerstaub von den Bäumen und Gräsern spült.

Hegai murmelte, es sei schade, daß es nun zu spät sei, denn mein Volk würde sterben, und wir beide vermutlich auch.

„Nein, Tammuz, du verstehst nicht. Das ist nicht das Ende. Jetzt wird mir alles klar; ich habe das Gefühl, als hätte ein Sturm allen Dunst und alle Schwüle fortgeweht. Irgend etwas fängt gerade erst an, wird gerade in mir geboren. Adonai ist gekommen.“

Hegai starrte mich verwirrt an, doch was in mir passierte, war zu erstaunlich, als daß ich es hätte erklären können. Obwohl mir nicht bewußt war, daß ich aufgestanden war, kniete ich auf einmal auf dem Boden und preßte meine Stirn gegen den Boden, doch es war kein irdischer König, vor dem ich mich beugte.

Und während ich dort kniete, floß all meine Selbstsucht, meine Auflehnung, meine Wut aus mir heraus, und eine so überwältigende Liebe machte sich in mir breit, daß ich wie festgenagelt in meiner Stellung verharrte. Es war, als würde ich mich durch die Augen Adonais sehen; ich erkannte, daß mein Haß auf Mordechai meiner Ablehnung dem Gott gegenüber entsprungen war, der es zugelassen hatte, daß meine Familie ermordet wurde. Obwohl ich in diesem Augenblick auch nicht besser verstand, warum meine Familie ein solches Schicksal hatte treffen müssen, wußte ich mit felsenfester Gewißheit, daß Adonai der König des Universums war und daß ich mir dadurch, daß ich gegen ihn angekämpft hatte, den Zugang zu einem Vater verwehrt hatte, der sehr viel stärker, weiser und freundlicher war als der, den ich verloren hatte. Ich hatte die Gesetze Moses mißachtet, die Traditionen meines eigenen Volkes lächerlich gemacht, jeden verletzt, mit dem ich zu tun hatte. Doch vor allem hatte ich mir selbst wehgetan. Ich war ein verwöhntes, selbstsüchtiges Kind gewesen, das zu einer verwöhnten, selbstsüchtigen Frau herangewachsen war, und nichts von den Dingen, die ich erstrebt und bekommen hatte, hatten mir wahres Glück gebracht.

Doch noch während ich erkannte, wer ich war, wußte ich, daß sich alles veränderte. Das Böse, das sich bereits so früh in meine Seele eingegraben hatte, verwelkte langsam und fiel von mir ab. Seine Wurzeln waren abgeschlagen worden, sie konnten mich nicht mehr länger gefangenhalten. Mein Geist wurde lebendig. Ich entdeckte, daß ich jetzt nicht mehr weinte, sondern lachte, und obwohl ich fast ausgestreckt auf dem harten Marmorboden lag, hatte ich das Gefühl, als würde ich auf einem fein gewobenen Teppich liegen, dessen Muster die Liebe Adonais war und dessen Fäden die unzähligen Gebete waren, die Mordechai so viele Jahre lang für mich gesprochen hatte. Ich wußte, daß er mir weniger um unseres Volkes willen als vielmehr um meintewillen nachgegangen war.

Einen Augenblick lang wurde ich von Schuldgefühlen geplagt, die so stark waren, daß ich fürchtete, sie würden mich niederdrücken. Doch dann wurden sie von der Flut der Liebe fortgespült, die mich hochhob und auf ihrer Gischt davontrug. Ich ließ mich von der Freude der Gegenwart Adonais tragen, wollte nie wieder aufstehen, weil die Ekstase, die ich bei der Vereinigung mit Kschajarscha erfahren hatte, im Vergleich hierzu wie das blasse Licht des Mondes war, das durch die anbrechende Dämmerung unsichtbar gemacht wird.

Ich habe keine Ahnung, wie lange diese Erfahrung dauerte. Doch allmählich nahm ich wieder die verzierte Decke über mir wahr, das Licht und die Schatten, die Härte des Bodens – und Hegais Gesicht, das verwirrt auf mich herabstarrte. Er bemerkte, daß ich wieder bei mir war, und er schien es kaum erwarten zu können, mich zu fragen, was passiert sei. Doch er konnte sich nicht überwinden, die heilige Stille zu durchbrechen, und obwohl er seinen Mund öffnete, kamen keine Worte heraus, bis ich sagte: „Keine Angst, Tammuz. Doch ich sollte von nun an so genannt werden, denn ich bin diejenige, die wiedergeboren ist."

Er flüsterte: „Esther, dein Gesicht . . . noch nie hast du so schön ausgesehen."

„Dann stimmt die Geschichte also."

„Welche Geschichte?"

„Daß Moses Gesicht, als er von dem Berg Sinai herabstieg, wo er Gott begegnet war, so strahlte, daß das Volk ihn nicht ansehen konnte."

Hegai hatte nicht die geringste Ahnung, wovon ich sprach. Er wußte, daß Adonai sich irgendwie von den anderen Göttern unterschied, doch wie so viele Menschen ging er davon aus, Religion habe etwas mit Tempeln, Priestern und Ritualen zu tun. Ich sagte: „Ich muß jetzt beten, Tammuz. Ich muß herausfinden, was ich nach Adonais Willen tun soll, um mein Volk zu retten."

„Aber es ist bestimmt weit nach Mitternacht; du mußt schlafen. Vor morgen früh kannst du sowieso nichts tun."

Leise sagte ich: „Alles hat sich verändert, Tammuz. Ich kann alles tun, was von mir verlangt wird. Du bist derjenige, der seinen Schlaf braucht.“ Ich stand vom Boden auf und glättete die Laken des großen Bettes, das Kschajarscha extra für mich hatte anfertigen lassen. „Bis Tagesanbruch kannst du hier schlafen; ich werde dafür sorgen, daß dich niemand findet. Ich werde mich nicht hinlegen müssen.“

Er versuchte zu protestieren, doch er schlief schon beinahe im Stehen, und so gab er bald nach, als er merkte, daß es keinen Zweck hatte.

Dann kniete ich mich in der Nähe auf den Boden, schloß meine Augen und legte meine Handflächen geöffnet in meinen Schoß. Ich war bereit für die Gemeinschaft mit Adonai. Doch dieses Mal weinte und lachte ich nicht; ich betete laut, teils auf Aramäisch, teils auf Hebräisch.

Je länger ich dort kniete, desto stärker fühlte ich mich, und desto sicherer wurde ich, daß sich wirklich alles verändert hatte. Denn obwohl ich immer noch eine Gefangene in meinen Gemächern war, die aller Wahrscheinlichkeit nach zum Tode verurteilt werden würde, fühlte ich mich freier und hatte den Eindruck, jetzt mehr über mein Schicksal bestimmen zu können als jemals in der Vergangenheit.

Schließlich fiel Licht auf meine geschlossenen Augenlider, und das war keine innere Vision, sondern es war die aufgehende Sonne, die den neuen Tag verkündete. Ich blinzelte und rappelte mich auf, und erst jetzt spürte ich, daß meine Knie schrecklich schmerzten und meine Knöchel taub waren. Hegai schlief noch immer. Ich legte ihm die Hand auf die Stirn und strich sein Haar zurück. Sofort wachte er auf.

„Tammuz“, sagte ich, „wir müssen herausfinden, wer heute morgen Wache hat, und wenn es sicher ist, mußt du sofort in den Harem zurückgehen. Es ist nicht richtig, daß ich dich hierhalte. Ich weiß jetzt, was ich tun muß, und du brauchst um mich keine Angst mehr zu haben.“

Doch er machte keine Anstalten, sich zu erheben. Er fragte nicht einmal, welche Entscheidung ich getroffen hätte oder wie ich dazu gekommen wäre. Ich erzählte es ihm trotzdem.

„Ich muß jetzt drei Tage lang beten und fasten. Mordechai muß die Juden von Susa um sich sammeln und dasselbe tun. Und du mußt zu Schaaschgas zurückgehen, hörst du? Danach werde ich an den Wachen vorbeigehen, und sie werden es nicht wagen, Hand an mich zu legen. Ich werde zum Thronsaal gehen, wenn Kschajarscha und sein Gefolge dort Thronrat halten, und ihm alles erzählen. Alles, was ich seit unserer Hochzeit vor ihm geheimgehalten habe. Dann wird er verstehen und mir glauben, wenn ich ihm erzähle, daß das Volk, das Haman ausrotten will, dem Hause Hachaman keinen Schaden zugefügt hat."

Zweifellos war das alles sehr naiv; aber ich dachte wirklich, daß Kschajarscha mir glauben würde. Hegai war jedoch anderer Meinung. Er rief: „Das darfst du nicht tun, das ist Wahnsinn! Und ich werde dich nicht verlassen! Der Hauptmann der Wache wird mich nicht verraten, Esther, das weiß ich. Wenn er es täte, würden sie ihn nur fragen, wieso er mich eingelassen hätte. Die einzige Hoffnung für ihn oder mich ist, unser Geheimnis zu wahren. Die einzige Hoffnung für dich ist, abzuwarten, ob Kschajarscha dich begnadigt; wenn er das tut, dann kannst du für dein Volk bitten. Bitte, kleiner Stern, bitte versuch nicht, zu ihm zu gehen. Du wirst sofort verhaftet werden, sobald du aus der Tür trittst, und dann wirst du getötet werden."

Leise sagte ich: „Und wie lange soll ich hier warten und hoffen? Bis mein Volk vernichtet ist? Ich dachte, du, Hatach und Iphigenia, ihr hättet immer gewollt, daß ich etwas unternehme. Tammuz, wenn du mich liebst, darfst du mir jetzt nicht im Weg stehen."

„Mordechai hat dir gesagt, daß dein Adonai sein Volk retten könnte, ob du dich einmischst oder nicht!"

„Adonai wird einen Weg finden, einen Rest seines Volkes zu erhalten, das stimmt. Aber warum sollten Tausende unschuldiger Menschen sterben? Das wird passieren, wenn ich ihm nicht gehorche, und mit einer solchen Schuld könnte ich nicht leben. Als Kind hat mir eine griechische Wahrsagerin geweissagt, ich würde eines Tages schuld sein am Tode vieler tausend Menschen, und ich kann nicht zulassen, daß es passiert. Nicht nach dieser Nacht."

Solange ich schwach und ängstlich gewesen bin, mußte Hegai für uns beide stark sein, doch nun, da ich eine neue Quelle der Kraft entdeckt hatte, zerbrach er. Er schluchzte: „Warum solltest du dem Gebrabbel einer heidnischen Hexe Beachtung schenken? Ich dachte, die Götter wären Götzen für dich, nichts mehr als Holz- oder Steinsäulen."

„Das stimmt auch, Tammuz. Doch hinter ihren leblosen Bildern sind böse Kräfte am Werk, die tatsächlich die Zukunft kennen, weil sie dieses Wissen von Gott selbst gestohlen haben. Es ist nicht richtig, daß wir unsere Zukunft kennen, es sei denn den Teil, den Adonai uns offenbaren möchte. Wir sollten uns in Gottes Hände legen, und wenn er uns zu seinem Werkzeug erwählt, sollten wir dankbar sein."

„Laß Adonai doch einen anderen erwählen. Du hast bereits genug gelitten."

„Und wenn auch sein zweiter und dritter Erwählter sich weigert? Dann sterben vielleicht nicht nur Tausende, vielleicht sind es dann Zehn- oder Hunderttausende! Und ich bin die einzige Hebräerin, die in Kschajarschas Nähe kommen kann."

„Aber du wirst nichts erreichen, siehst du das denn nicht ein? Wenn du tatsächlich die Gelegenheit bekommst, mit Kschajarscha zu sprechen, wird er dich um so mehr hassen, wenn du zugibst, daß du ihn getäuscht hast, seit er dich erblickt hat. Er ist ein Anhänger Ahura Mazdas; eine Frau, die ihn belügt, ist nicht besser als eine, die sich mit Liebhabern beschmutzt."

„Ich habe ihn nicht getäuscht, Tammuz. Nicht richtig. Er weiß sehr gut, daß ich nicht bin, was in Memuchans Aufzeichnungen steht. Es ist meine Pflicht, dafür zu sorgen, daß er nicht von Haman betrogen wird. Oh, Tammuz, ich habe immer gedacht, das Leben im Palast sei der Himmel auf Erden, aber es ist ein böser Ort, und du und ich, wir haben uns seiner Sünden genauso schuldig gemacht wie jeder andere hier! Tammuz, siehst du denn nicht, daß das Volk außerhalb dieser Mauern hungert? Ganze Familien werden ermordet, ein ganzes Volk droht ausgerottet zu werden! Und nicht nur die Juden leiden. Was ist mit den Persern, Babyloniern und Griechen und Gott weiß wem noch, deren Töchter geraubt wurden? Und was ist mit den Jungen, die entmannt wurden, Jungen wie du, um Himmels Willen? Es kann nicht so weitergehen. Es wird nicht so weitergehen. Eines Tages wird dieses ganze korrupte Weltreich zusammenbrechen wie ein verfaulter Zahn, genau wie Ninive damals. Genau wie Babylon!"

Ich mußte innehalten, um Luft zu holen. Meine Brust hob sich heftig, und Hegai starrte mich an, als stände er auf einmal einer Fremden gegenüber. Doch meine Bemerkung zu den Eunuchen hatte ihn tief getroffen. Das war auch meine Absicht gewesen.

Ich fuhr fort: „Kschajarscha und Narren wie er meinen, sie seien frei, weil sie die Fesseln alter Traditionen abgeworfen haben. Doch mit ihnen zusammen haben sie auch Liebe und Vertrauen fortgeworfen. Und jetzt sind sie gefangen, genau wie die Tiger und

Löwen, die hierher gebracht wurden. Man läßt sie in den königlichen Park, und sie denken, sie seien frei, bis Kschajarscha und seine Gefährten sie niederschießen. Das wird auch Kschajarscha passieren, Tammuz."

Immer noch betrachtete Hegai mich ängstlich, als ob er nicht wüßte, wer ich war; und tatsächlich, ich kannte mich selbst kaum wieder, denn die Worte, die über meine Lippen kamen, waren nicht meine Worte, und sie auszusprechen hatte mich auf seltsame Weise geschwächt. Hegai war genauso klar wie mir, daß ich einen Weg eingeschlagen hatte, auf dem er mir nicht folgen konnte, und er hatte Angst, er hätte mich bereits wieder verloren.

„Ich wünschte, ich könnte wie deine Ischtar sein", murmelte ich, „ich wünschte, ich könnte dir helfen, wiedergeboren zu werden. Aber für mein Volk kann ich mich selbst als Opfer geben, falls ein Opfer notwendig ist. Ich kann den Strom lebendigen Wassers freisetzen, den Mordechai einmal in einer Vision gesehen hat. Ich kann der Myrtenbaum aus Sacharjas Prophezeiung sein, das Symbol des Lebens, die Bedeutung des Namens, den meine Eltern mir gegeben haben."

Er sagte: „So ist also Hadassa wiedergeboren worden. Nicht meine Esther. Meine Esther ist tot."

„Tammuz, bitte verdirb jetzt nicht alles. Du bist so geduldig mit mir gewesen, so loyal, wo ich dich und alle anderen die ganze Zeit nur als Trittsteine über meinen Fluß benutzt habe. Gib mich jetzt nicht auf, wo ich erkannt habe, was für eine Schande ich gewesen bin. Ich liebe dich; ich werde dich immer lieben. Daran hat sich nichts geändert." Ich küßte ihn sanft auf die Stirn. „In einer vollkommenen Welt hätten wir vielleicht geheiratet, und ich hätte dir Söhne geboren. Doch wir müssen in der Welt leben, wie sie ist, und tun, was von uns erwartet wird."

Hegai öffnete den Mund, um etwas zu erwidern, doch dann schien ihm die volle Bedeutung meiner Worte aufzugehen, und er schloß den Mund wieder, zu überwältigt und überrascht, um etwas zu sagen, so wie ich übrigens auch.

Ich rief Fara und trug ihr auf, ein Täfelchen und einen Stift zu besorgen, denn ich wollte Hatach eine Nachricht schicken. Als sie mir die gewünschten Dinge brachte, war Hegai wieder fest eingeschlafen, und ich ließ ihn gewähren, da ich wußte, daß er das brauchte. Ich setzte mich auf die Bettkante und schrieb:

Bitte geh sofort zu unserem Freund und trage ihm auf, unser Volk in Susa zusammenzurufen. Alle müssen drei Tage und drei Nächte lang beten und fasten, ab sofort. Meine Dienerinnen und ich werden dasselbe tun. Ich möchte auch die Tora studieren, er soll mir einige seiner Schriftrollen mitschicken. Nach drei Tagen werde ich zum König gehen, und wenn ich sterbe, dann soll es so sein.

17

Drei ganze Tage und Nächte nahm ich weder Essen noch Trinken zu mir. Fara und ihre Gefährtinnen fasteten mit mir gemeinsam, genau wie Hegai und Hatach, alle in voller Kenntnis, was sie taten und aus welchem Grund, weil ich mir die Mühe gemacht hatte, es ihnen zu erklären. Hegai allein hatte vorher gewußt, daß ich Jüdin war. Nun wußten es alle, und ich sagte ihnen, daß es auch Kschajarscha erfahren würde, noch bevor die Woche zu Ende ging.

In der Zeit, die ich sonst mit Essen verbracht hätte, betete ich; und je hungriger und durstiger ich wurde, desto klarer arbeitete mein Verstand und desto eindringlicher wurden meine Gebete. An den Vormittagen nahm ich meine Schönheitsroutine wieder auf, da ich Kschajarscha so begehrenswert wie möglich erscheinen mußte. Die restliche Zeit bereitete ich mich auf andere Art auf die Konfrontation vor, die mir bevorstand.

Mordechai fügte sich nur zu gern meinen Anweisungen und schickte mir die fünf Bücher Mose. Sie in meine Gemächer zu schmuggeln war nicht ungefährlich, doch wenn ich mich voll und ganz mit meiner jüdischen Abstammung identifizieren wollte, so mußte ich sie verstehen; und nun, da mein Geist geschärft war, schienen mir auch die alten Geschichten, die Geschlechtsregister und die endlosen Listen von Vorschriften und Bestimmungen lebendig zu werden.

Stundenlang brütete ich über den heiligen Texten, bis Hegai sich von meiner Begeisterung anstecken ließ und sich neben mich setzte und die Stirn runzelte über die Worte, die er nicht verstand. Nach einer Weile brachte er den Mut auf, mir Fragen zu stellen zu dem, was ich las, und er war tief beeindruckt, als ich ihm von dem Auszug der Sklaven aus Ägypten erzählte und von der Eroberung Kanaans durch Josua und seine Armeen, die später erfolgte. Er konnte erkennen, daß Adonai ein Gott war, der immer wieder in die Geschichte seines Volkes eingegriffen hatte, der es aus einer Krise nach der anderen errettete, ihm sein Abweichen vergab und ihm nach und nach mehr von sich offenbarte. Die Götter, die Hegai in Babylon kennengelernt hatte, konnten niemals aus ihrer Welt der Mythologie hervorkommen, genau wie Ahura Mazda, der so hoch erhaben über das alltägliche Leben seiner Anbeter war, so abstrakt, daß er im Grunde keine Rolle spielte.

Doch am dritten Fastentag kam ich an die Stelle, die ich einst mit Mordechai gelesen hatte, wo steht, daß niemand, der kastriert worden ist, zur Familie Gottes gehören kann. Zum ersten Mal seit der Geist Adonais in mir aufgebrochen war, spürte ich, daß sich etwas tief in mir seinem Fluß in den Weg stellte. Hegai spürte, wie ich die Luft anhielt, und er wollte wissen, was los sei; ich konnte es nicht über mich bringen, ihn anzulügen. Ich erklärte ihm die Bedeutung der Worte, und Hegai sagte nur: „Darum sagen die jüdischen Jungen im Harem, sie seien keine Juden mehr. Und darum warst du so aufgeregt bei dem Gedanken, daß dein Bruder dasselbe Schicksal erlitten haben könnte."

Zum zweiten Mal hielt ich die Luft an; Wut über die Ungerechtigkeit machte sich in mir breit, und ihre Funken dämmten kurzfristig das Strömen der Liebe Adonais ein. „Ja, und ich weiß, daß es nicht gerecht ist!" rief ich. „Hat Pithon darum gebeten, geschnitten zu werden? Hast du das getan, oder deine Freunde im Harem? Und doch sind auch sie nicht nur der Möglichkeit beraubt, eine Frau und Familie zu haben, sondern auch der Liebe Gottes." Verwirrt fuhr ich fort: „Es gibt so vieles, was ich noch nicht verstehe. Wie zum Beispiel der Wiederaufbau: War es der Auftrag meiner Eltern, nach Israel zurückzukehren und am Wiederaufbau unserer Nation zu arbeiten? Hatten sie recht in der Anwendung von Gewalt, um das Erdvolk zu vertreiben, das sich auf unserem Land angesiedelt hatte, während wir in Babylon und Persien gefangengehalten wurden? Ja, Josua war aufgetragen worden, sie zu vertreiben und zu vernichten, aber ist etwas, das einmal der Wille Gottes war, auch für die kommenden Zeiten richtig? Ich wünschte, ich könnte verstehen, warum Adonai uns Gesetze gibt, die so ungerecht und unergründlich sind. Mordechai sagte immer, hinter jedem Wort in der Thora stecke ein guter Grund, wenn wir uns die Zeit nehmen würden, darüber nachzudenken, würde er uns erschlossen werden. Doch das hier . . ." Hilflos deutete ich auf den betreffenden Abschnitt in der Schriftrolle.

„Du meinst – wenn ich vollständig wäre, hätte ich Adonais Geist in mir empfangen können? Ich, ein Babylonier?"

Ich seufzte resigniert. „Du hättest dich zum jüdischen Glauben bekehren können. Ob du ein Erleuchteter hättest werden können . . . das weiß ich nicht. Nur Adonai kann uns mit seinem Geist füllen, und es liegt an ihm zu entscheiden, wo er es für angebracht hält."

Am folgenden Morgen erhob ich mich früh und beendete meine Fastenzeit. Ich trank jedoch nur Wasser und aß nur Brot. Dann bat ich Hegai, mich anzukleiden und mein Gesicht genau so zu schminken wie an dem Tag, als ich fünf Jahre zuvor Kschajarscha vorgestellt worden war. Gedanklich ging ich immer wieder durch, was ich sagen würde.

Nie, seit ich im Palast angekommen war, hatte ich das Frauenhaus verlassen, wenn ich nicht von Kschajarscha dazu aufgefordert und von Aschpamithra abgeholt worden war.

Bevor ich mich auf den Weg machte, nahm ich einen dichten Schleier. Es war nicht nur Tradition oder Verlegenheit, die mich dazu veranlaßte, obwohl ich mir sehr wohl der Tatsache bewußt war, daß mich jeder, dem ich begegnete, anstarren würde. Nein, zum ersten Mal in meinem Leben erkannte ich den Wert der Zurückhaltung.

Hegai hatte seinen Turban so gebunden, daß nur ein winziger Schlitz für die Augen freiblieb, doch es bestand wenig Aussicht, daß er unerkannt bleiben würde. Aus der Reihe der Haremseunuchen hielt er allein sich wie ein Prinz.

Die Wache wurde an diesem Morgen von einem Hauptmann befehligt, den keiner von uns kannte. Ein ansehnliches Bestechungsgeld brachte jedoch das gewünschte Ergebnis, und zweifellos war der arme Bursche nicht bereit, die Königin von Persien gewaltsam zurückzuhalten.

Nie war mir der Palast so riesig erschienen oder der Weg zum Apadana so lang; nie zuvor war mir aufgefallen, wie düster und bedrückend es hier war, wie dunkel im Vergleich zu dem Jungfrauenhaus. Die muffigen Räume waren winzig und fensterlos, und unzählige von ihnen wurden von vergessenen, zahnlosen alten Frauen bewohnt, die schon seit der Zeit von Darajawausch und noch davor hier lebten, oder von dürren, halbverrückten Konkubinen, die immer noch jeden Tag ihr Milchbad und ihre Maniküre bekamen, obwohl sie in einem Jahrzehnt nicht eine einzige Nacht mit dem König verbracht hatten. Und irgendwo mußte natürlich auch Waschti sein.

Als wir den Apadana erreichten, wurden wir angehalten. Es gibt keine wachsameren Männer als die königlichen Wächter, und Artabanusch der Hasarapathisch wurde so gut bezahlt, daß er nicht bestechlich war. Ich bat ihn geradeheraus, mich meinem Herrn zu melden, doch er weigerte sich und wies mich so taktvoll wie möglich darauf hin, daß ich nicht gerufen worden sei.

„Ich bin Esther, die Königin von Persien, Hauptfrau Seiner Majestät Kschajarscha, des Königs der Könige", verkündete ich. „Ich brauche keinen Termin."

Meine Worte, mein Tonfall und meine Haltung schüchterten ihn wie beabsichtigt ein; er rang die Hände und befeuchtete seine Lippen, bevor er antwortete: „Es tut mir leid, Herrin – Eure Majestät – Haman, der erste Minister, hat Befehl gegeben, den König nicht zu stören." Ganz offensichtlich hielt er es nicht für angebracht, mich an den Erlaß zu erinnern, der mich in meine Gemächer verbannte.

Ich sagte: „Mich kümmert nicht, welche Befehle der erste Minister gegeben hat. Ich bin die Königin, und meine Befehle setzen seine außer Kraft."

Er wirkte nun sehr blaß, und ich fragte mich, ob er vielleicht ein solches Szenario befürchtet oder vorausgesehen hatte. Ich vermutete, daß er Haman mehr fürchtete als Kschajarscha selbst.

„Berät sich der König mit jemand anderem außer Haman und seinen Ratgebern?" fragte ich. „Befindet sich ein Botschafter oder Statthalter bei ihm?"

„Nein, Majestät."

„Dann werde ich mich ihm unangekündigt nähern. Hegai, warte hier mit meinen Dienerinnen."

Hegai packte mich am Ellbogen und flüsterte mir ins Ohr: „Laß mich wenigstens mitkommen." Doch ich schüttelte den Kopf; er hatte bereits einmal zuviel sein Leben für mich aufs Spiel gesetzt.

Langsam, gemessenen Schrittes und elend vor Übelkeit stieg ich die große Steintreppe zum Thronsaal empor, wo der Große König von Persien auf seinem Thron saß. Mit meinen eigenen Händen schob ich die schweren Vorhänge zurück, und dann stand ich reglos, mit tief geneigtem Kopf, aber doch nicht so tief, daß ich nicht am anderen Ende der Halle das Podest sehen konnte, auf dem der König und sein Gefolge saßen. Der Hof tagte bereits seit Sonnenaufgang; meine Toilette hatte soviel Zeit in Anspruch genommen, daß es mittlerweile bereits fast Mittag geworden war. Die Luft war schwer vom Weihrauch; er brannte mir in der Kehle, doch ich wagte nicht zu husten, weil die beiläufige Unterhaltung der Höflinge bei meinem Anblick erstarb.

Lange, lange Zeit rührte sich niemand. Vielleicht wußte niemand, was er tun sollte, in einer solchen Situation, die sicherlich in der Geschichte der hachamanischen Dynastie ihresgleichen suchte. Dann erhob sich Kschajarscha und forderte mich auf näherzutreten.

Ein schockiertes Raunen ging durch den Saal; so etwas hatte niemand erwartet. Es war nicht üblich, daß Seine Majestät sich erhob, um jemanden zu begrüßen, nicht einmal einen Machthaber, der dem König einen Besuch abstattete, und niemand wußte so genau, wie Kschajarschas unorthodoxe Geste zu werten war.

Schließlich fiel ich auf die Knie und preßte mein verschleiertes Gesicht auf den Boden. Dann plötzlich bemerkte ich, daß Kschajarscha von seinem Thronpodest heruntergestiegen war und vor mir stand. Mit der Spitze seines Zepters zog er meinen Schleier zurück und enthüllte mein Gesicht, wie er es an unserem Hochzeitstag getan hatte. Er bedeutete mir aufzustehen, und als unsere Blicke sich trafen, wußte ich, was mit ihm los war. Er war wirklich krank – krank vor Begierde.

Ich hatte nicht gedacht, ihn so leicht verführen zu können, doch vermutlich war seine Reaktion nicht besonders erstaunlich. Er hatte Waschti geliebt – und Hegai – und mich; doch die einzigen ihm zur Verfügung stehenden Ventile für seine Leidenschaft waren der verderbte Haman, der frigide Aschpamithra und seine eifersüchtigen, mißgünstigen Konkubinen. Falls er mich je des Ehebruchs für schuldig gehalten hatte, so glaubte er es jetzt nicht mehr. Es war der unerbittliche Zorn Memuchans und seiner Kollegen gewesen, der mich so lange in meinen Gemächern gefangengehalten hatte, und nicht der Kschajarschas, doch wie so oft hatte der König auf seine Ratgeber gehört. Er hatte mich genausowenig von seinem Angesicht verbannen wollen wie Waschti.

Er drückte seinen Lotos und sein Zepter dem Nächststehenden in die Hand, nahm mein Kinn in seine Hände und sagte: „Königin Esther, Stern meiner Nacht und Trost meiner Seele: sag mir, was du begehrst, und du sollst es bekommen, bis hin zur Hälfte meines Königreiches."

Die mißbilligenden Stimmen im Hintergrund wurden lauter, doch das war ihm egal; ich vermute, daß ihm die Situation gefiel. Obwohl er wahrscheinlich erwartete, ich würde sagen, daß ich nur ihn wollte, tat ich ihm diesen Gefallen nicht.

Statt dessen sagte ich, wie ich es mir vorgenommen hatte: „Wenn es Eurer Majestät gefällt, würde ich dich und Haman gern zu einem Festmahl einladen, das ich dir zu Ehren ausrichten möchte."

Er runzelte die Stirn, doch ich bezweifle nicht, daß meine Pupillen genauso weit waren wie seine und daß meine Wangen und Lippen geröteter waren, als Hegais Schminke hervorzubringen vermochte. Ich hatte nicht erwartet, daß meine Leidenschaft für meinen königlichen Gemahl so schnell wieder aufflackern würde, wo so viel auf dem Spiel stand. Er antwortete einfach: „Ja, Königin Esther. Wir werden kommen."

Den Rest des Tages fühlte ich mich wie ein Kind, das auf ein lange ersehntes Geschenk wartet. Ich konnte nicht einen Augenblick entspannen oder stillsitzen und trieb Hegai beinahe zum Wahnsinn.

„Was hat er gesagt, Esther?" fragte er immer wieder. „Was hat Kschajarscha gesagt?"

„Er hat ja gesagt", strahlte ich.

Und Hegai stöhnte: „Ja, daß er dir vergibt, oder ja, daß er dein Volk freiläßt?"

„Ja, daß er zu meinem Fest kommt", antwortete ich, und Hegai keuchte verzweifelt auf: „Welches Fest? Was hast du ihm denn gesagt? Hast du die Juden überhaupt nicht erwähnt?"

Vermutlich befürchtete er, ich hätte alle meine edlen Absichten über Bord geworfen und nur eine Art Versöhnung mit dem König zustande gebracht. So wie er mich kennengelernt hatte, wäre ein solches Verhalten durchaus denkbar gewesen.

Doch nichts hätte der Wahrheit ferner liegen können. Obwohl ich tatsächlich wieder von Leidenschaft für Kschajarscha entbrannt war, so brannte trotzdem der Geist Adonais in mir. Denn wie sonst konnte Adonai meinen Ehebund mit dem König benutzen, um sein Volk zu befreien?

In der Zwischenzeit mußte das Festmahl vorbereitet werden. Es machte mir Freude, den Wachen vor meiner Tür mitzuteilen, daß ihre Dienste nicht mehr länger benötigt würden; sie fragten beim König nach und erhielten den Bescheid, daß es tatsächlich so sei, zumindest für den Augenblick. Auch Hegai und Hatach wurde der Zugang zu mir nicht mehr verwehrt, und Fara und ihre Gefährtinnen konnten ungehindert kommen und gehen. Ich schickte sie in die Küche und ließ sie Kschajarschas Lieblingsspeisen bestellen – vor allem Austern und Krabben. Ich erkundigte mich auch nach Hamans Lieblingsgerichten und stellte fest, daß er Kschajarschas Vorliebe für Mohnblumensamen als Appetitanreger teilte.

Hegai half mir, meine Gemächer für den besonderen Anlaß zu schmücken: Wir ließen neue Vorhänge, Teppiche und Kissen bringen, außerdem Duftöl für die Lampen und riesige Rosen-, Oleander- und Liliensträuße.

Das Fest war sehr intim; außer Roxana, meinen Dienerinnen und den Dienern des Königs war niemand anwesend. Sie waren auf dem Privatweg gekommen, direkt aus Kschajarschas Gemächern, weil Hamans Anwesenheit im Harem nicht erlaubt war.

Meine beiden Gäste hatten ihre schönsten Gewänder angelegt. Sie reichten ihre steifen Brokatumhänge ihren Dienern, und diese zogen sich zurück, wie es sich gehörte. Aschpamithra blickte finsterer als je zuvor und verbreitete eine sehr feindliche Atmosphäre.

Haman dagegen war bester Laune. Er verbeugte sich galant vor mir und küßte mir die Hand, und ich schenkte ihm ein entwaffnendes Lächeln. Er sonnte sich in seiner Rolle, denn er wußte sehr wohl, daß er der einzige Mann war, der den König je in meine Gemächer begleitet hatte – und in dieser Stimmung wollte ich ihn haben. Er hatte diese Einladung als Beweis seiner einzigartigen Beziehung zu Kschajarscha gewertet, und ich war froh, daß er so dachte, doch ich war auch sehr daran interessierte, sein Interesse an mir als Frau zu erkunden, das ich bei unzähligen Gelegenheiten in der Vergangenheit hatte erkennen können.

Darum errötete ich kunstvoll, wann immer Haman mich ansah, und lächelte ihn an, kokettierte mit meinen Wimpern oder tat so, als würde ich vor Scham errötend den Blick abwenden. Vermutlich erstaunte ihn mein Verhalten zuerst, doch nicht lange. Er war genauso eitel wie gutaussehend, und natürlich hielt er sich für unwiderstehlich.

In gewisser Weise mußte meine bereitwillige Annahme Hamans Kschajarscha erfreut haben, doch andererseits wünschte er sich Haman auch aus dem Weg, damit wir unsere Versöhnung auf die einzige Art bestätigen konnten, die ihm wichtig war.

Während des ganzen Abends trieb ich mein Spiel mit beiden: Ich machte Kschajarscha ganz offensichtlich schöne Augen und Haman heimlich; ich warf den Kopf in den Nacken, wenn ich lachte, um meinen glatten, weißen Hals zu zeigen; ich leckte, so provokativ ich konnte, an meinem Sorbet. Und ich ließ meine makellos manikürten Fingerspitzen über meinen Tellerrand gleiten, dann leckte ich sie ab, schürzte die Lippen, bis Kschajarschas Zunge ihm fast aus dem Mund heraushing und Haman sagte: „Eure wohlwollenden Majestäten, ich danke euch beiden, daß ihr mich an diesem einzigartigen Ereignis teilhaben ließt, doch vielleicht würdet ihr jetzt gern die Gelegenheit wahrnehmen, euch eurer persönlichen Angelegenheiten anzunehmen."

Kschajarscha wollte zustimmen, doch ich nahm Hamans Hände und sagte: „Unsinn, mein Herr Haman! Es wäre der Gipfel der Unhöflichkeit von mir als Gastgeberin, wenn ich dich vor dem König gehen ließ. Ich habe euch beide als meine Gäste hierher eingeladen, weil ich mit euch beiden zu Abend speisen wollte."

Haman zog schnell seine Hand zurück. Er wußte nicht, was er denken sollte; Kschajarscha lächelte mühsam mit zusammengebissenen Zähnen; es war ihm unmöglich, meine beispielhafte Beachtung der Etikette falsch zu finden.

Beim Wein jedoch verschlechterten sich seine Manieren deutlich. Er hatte nicht viel getrunken, doch vielleicht reagierte er so stark darauf wegen des Haomas, das er viel zu häufig zu sich genommen hatte. Er sagte: „Küß mich, Königin Esther, nur einmal, als ein Zeichen der Dinge, die noch kommen werden. Ich bin sicher, daß der Herr Haman nichts gegen einen Kuß zwischen Mann und Frau einzuwenden haben wird, die so lange getrennt waren."

„Nun gut", stimmte ich zu, und anstatt ihn kurz auf die Lippen zu küssen, setzte ich mich auf seinen Schoß, schlang die Arme um seinen muskulösen Körper und spielte mit meiner Zunge in seinem Mund. Kschajarscha reagierte wie ein Verhungernder, dem Nahrung angeboten wird, doch bevor er auch nur begonnen hatte, sich zu sättigen, öffnete ich meinen Mund noch weiter und nahm meine Lippen von seinen.

„Es tut mir leid", murmelte ich und legte meinen Kopf an seine Schulter. „Der heutige Tag ist so ermüdend gewesen. Du kannst dir nicht vorstellen, wieviel es mich gekostet hat, all meinen Mut zusammenzunehmen, um zu dir in den Apadana zu kommen, wo ich wußte, daß mein Leben auf dem Spiel stehen könnte. Doch ich konnte es nicht ertragen, noch länger zu warten. Jede Stunde, die ich getrennt von dir war und fürchten mußte, daß du mir nicht mehr vertraust, war wie tausend Jahre.“ Ich hob den Kopf und sah ihn schläfrig an; er verkündete, ich sei das wundervollste Wesen, das er je gesehen hätte, ich würde ihn aber einfach zur Verzweiflung treiben, und wieder schwor er, ich könnte alles von ihm haben, was ich wollte, bis hin zu der Hälfte seines Königreiches.

Ich erwiderte: „Ich möchte nur eines, mein Herr, daß du und Haman morgen abend zu einem zweiten Festmahl herkommt, wenn ich erfrischt und eher in der Lage bin, euch angemessen zu unterhalten. Ich entschuldige mich, aber ich bin so schrecklich müde.“ Dann glitt ich von Kschajarschas Schoß und rief nach Fara.

Meine Gäste brachen auf; durch meine nicht ganz geschlossenen Augenlider beobachtete ich, wie Kschajarscha mir nachsah. Ich hatte mein Ziel erreicht: Die Leidenschaft meines Mannes für mich war so weit wieder angestachelt, daß aller Zorn, aller Zweifel und alles Mißtrauen fort waren.

In dieser Nacht schlief ich wie eine Tote, denn was ich meinen Gästen gesagte hatte, um sie zum Gehen zu bewegen, war gar nicht so weit von der Wahrheit entfernt gewesen. Sehr spät am folgenden Morgen wurde ich von Hegai geweckt, der mir ins Ohr flüsterte, Hatach wolle mich unbedingt sprechen; ein seltsamer Zwischenfall hätte sich ereignet, der unser ganzes Unternehmen in Gefahr bringen könnte.

Noch euphorisch von dem Erfolg des vergangenen Abends glaubte ich, daß die beiden vermutlich aus einer Mücke einen Elefanten machten. Trotzdem kleidete ich mich rasch an und ging in mein Wohnzimmer, scheuchte Fara und ihre Gefährtinnen hinaus, die mit Tabletts voller Cremes und Salben dastanden; sie dachten, da ich nun unwiderruflich wieder Königin war, müßten die allmorgendlichen Prozeduren wieder aufgenommen werden.

Nachdem ich Hatach ein wenig beruhigt hatte, erklärte er mir, er wäre kurz nach Sonnenaufgang in der Stadt gewesen und sei auf eine große Menschenmenge gestoßen, die sich auf dem öffentlichen Platz versammelt hatte. Er habe sich nach vorne gedrängelt und gesehen, wie ein älterer Mann auf einem herrlichen weißen Pferd herumgeführt worden sei. Das Pferd sei prächtig geschmückt gewesen mit Sattelzeug in den königlichen Farben, und seine Mähne sei geflochten gewesen, wie es nur den Pferden des Königs gestattet sei; auch der alte Mann trug königliche Gewänder in purpur und karmesinrot. Auf einmal erkannte Hatach entsetzt, daß das Pferd von niemand anderem als Haman geführt wurde und daß der Reiter Mordechai ben Jair war. Haman hatte in regelmäßigen Abständen verkündet: „Seht, wie der Große König von Persien einen Mann ehrt, der sich sehr verdient gemacht hat", doch sein Gesichtsausdruck war düster wie eine Gewitterwolke gewesen.

Ich war leichenblaß geworden, als Hatach seinen Bericht beendet hatte, und meine Euphorie war verpufft. „Was hat das zu bedeuten?" fragte ich. „War es eine Art Bestrafung?"

„Bestrafung, Herrin? In königlichen Gewändern auf dem Pferd des Königs durch die Straßen Susas geführt zu werden, noch dazu von dem bekanntesten aller Adeligen? Das ist die höchste Ehre, die einem persischen Untertan zuteil werden kann, und kaum einem wird sie jemals gewährt. Es würde mich nicht wundern, wenn dies das erste Mal seit Kschajarschas Thronbesteigung wäre."

„Aber wieso muß Haman Mordechai eskortieren? Das muß irgendeine sehr ausgeklügelte Verspottung sein. Bestimmt wollen sie meinen Cousin steinigen, pfählen oder . . . oh, bei allen Sternen des Himmels, das ist schrecklich. Haben die Leute Beifall geklatscht? Oder haben sie irgend etwas nach ihm geworfen?"

„Weder noch, Herrin. Es herrschte vollkommene Stille. Alle kennen Haman und auch Mordechai. Doch sie wußten genausowenig wie ich, was vorging. Und die meisten waren so verblüfft, daß sie vergessen haben, sich vor Haman niederzuwerfen. Und ich glaube, Haman ist das gar nicht einmal aufgefallen."

„Guter Gott", flüsterte ich. Mir wurde klar, daß Hegai recht hatte; so etwas konnte ich überhaupt nicht gebrauchen, wo ich gerade erst begonnen hatte, meinen Plan zur Errettung der Juden in die Tat umzusetzen. „Wo sind sie jetzt, Hatach? Sind sie immer noch in der Stadt, oder sind sie bereits in den Palast zurückgekehrt?"

„Ich weiß es nicht, Herrin, doch sie befanden sich noch in der Stadt, als ich sie verließ."

„Ich muß Mordechai sprechen. Ich muß herausfinden, was vorgeht. Hatach, geh zurück und suche sie, dann folge ihnen. Wenn sie zurückkommen, mußt du Mordechai in eines der Audienzzimmer führen lassen. Ich werde dort ganz offen mit ihm sprechen. Ein geheimes Treffen würde Waschti nur in die Hände spielen."

Hegai versuchte, mich von meinem Vorhaben abzubringen, indem er mich darauf hinwies, daß jedes Treffen zu meinen Ungunsten ausgelegt werden könnte. Doch ich sah keine Alternative. Unter keinen Umständen konnte ich Kschajarscha und Haman an diesem Abend empfangen und meinen Plan durchführen, wenn sich die politische Situation ohne mein Wissen verändert hatte.

Ich ließ mich für einen offiziellen Anlaß ankleiden; doch während mein Gesicht geschminkt, mein Haar gekämmt und in Locken gelegt, meine Nägel geschnitten und poliert wurden, stellte ich fest, daß ich bei der Aussicht auf das Wiedersehen mit meinem Vormund und Adoptivvater nach so vielen Jahren immer nervöser wurde.

Hegai und meine Frauen begleiteten mich zum Audienzraum, den Hatach für uns reserviert hatte; ich fühlte mich genauso schrecklich wie am Tag zuvor auf dem Weg zum Apadana – eigentlich noch schlechter, weil das Erlebnis mit Adonai mir nicht mehr so frisch in Erinnerung war, und jetzt waren zu viele Fragen offen, die mich davon abhielten, ins Gebet zu gehen.

Ich kam vor Mordechai an, was mir sehr recht war, weil ich auf diese Weise Zeit hatte, mich zu beruhigen. Es dauerte sehr lange, bis er kam.

Mein Cousin trug tatsächlich königliche Kleider. Doch sie waren ihm viel zu weit; er hatte so viel Gewicht verloren, daß er darin aussah wie ein Spatz in dem Federkleid eines von Kschajarschas Pfauen. Sein Rücken unter dem schweren Umhang war gebeugt, und seine Glieder waren zerbrechlich; sein Gesicht war grau wie sein Haar, und tiefe Linien hatten sich in seine Stirn gegraben.

Ich befahl, einen hochlehnigen Stuhl für ihn zu bringen, damit er sich hinsetzen konnte, und Wein, um seinen Geist und seinen Körper zu beleben. Er nahm sehr vorsichtig Platz und nippte am Wein, den Becher in den zitternden Fingern haltend. Ich kniete vor ihm nieder und sprach seinen Namen deutlich aus, mehrmals, und erst dann erkannte er, wer ich war; schockiert bemerkte ich, daß er beinahe blind war.

Es dauerte eine Weile, bis wir beide uns soweit gefaßt hatten, daß wir über das sprechen konnten, was Hatach mit angesehen hatte. Zuerst gab es soviel anderes zu sagen, Bekenntnisse auf beiden Seiten, und wir beide wußten, daß dies erst der Anfang war, denn ein halbes Leben voller Mißverständnisse und Verärgerung kann nicht durch eine einzige Tränenflut fortgewaschen werden. Doch schließlich erfuhr ich, daß diese Ehrung durch Haman in der Öffentlichkeit keine Verspottung gewesen war und auch nicht als solche beabsichtigt gewesen war. Mordechai sollte geehrt werden, weil er das Leben des Königs vor den Verschwörern Bigtan und Teresch gerettet hatte.

„Bigtan und Teresch?" wiederholte ich verständnislos. „Das ist doch schon Jahre her. Warum sollte Kschajarscha jetzt eine so große Sache daraus machen?"

Mordechai zuckte hilflos die Achseln und sagte: „Ich wurde bei Sonnenaufgang in den Apadana gerufen. Ich dachte, es sei wegen meiner Weigerung, mich vor Haman niederzuwerfen, obwohl ich nicht verstehen konnte, warum das nicht schon früher passiert war. Erst als Seine Majestät mich wegen meiner Loyalität lobte und sich dafür entschuldigte, mich nicht bereits früher für meine Taten geehrt zu haben, wurde mir klar, daß er gar nicht wußte, daß ich der Mann war, der sich geweigert hatte, die Knie vor Haman zu beugen, und daß er es nicht wußte, weil Haman nicht wollte, daß er es erfuhr – damit nicht herauskam, daß er, Haman, einen Wohltäter des Königs bestrafen wollte. Genauso fest entschlossen ist er, dem König zu verheimlichen, daß Hebräer und Juden ein und dasselbe Volk sind."

Es dauerte eine Weile, bis er sich so weit gefaßt hatte, daß er fortfahren konnte. „Der König erzählte mir, er hätte in der vergangenen Nacht einen Schreiber rufen lassen, der ihm Auszüge aus den königlichen Aufzeichnungen vorlesen sollte. Dabei wurde auch die Verschwörung erwähnt. Er hatte den Schreiber gefragt, ob er sich erinnern könnte, daß der Entdecker dieses Komplotts belohnt worden sei, doch der Mann konnte sich nicht erinnern; darum schickte der König seinen Kämmerer, um das zu überprüfen, und er fand Haman, der auf der Schwelle der Privatgemächer des Königs wartete."

„Vor Tagesanbruch? Was tat er da?"

„Ich weiß es nicht. Doch er wurde hereingebracht und gefragt, was man seiner Meinung nach mit einem hervorragenden Bürger tun sollte, für den der König die größte Hochachtung hätte, um ihn öffentlich zu ehren, wo dieser Mann trotz seines Reichtums für die Einfachheit seines Lebensstils bekannt sei und man von ihm wüßte, daß er Geldgeschenke für die Armen verwendete. Und Haman sagte: ‚Kleide den Mann in deine Gewänder und setze ihn auf dein Pferd. Laß ihn von einem Adeligen durch die Stadt führen, der vor ihm ausrufen soll, daß der König dies für jemanden tun würde, den er vor allen anderen zu ehren wünscht.' Und Kschajarscha antwortete: ‚Der königliche Zug, natürlich! Mein Vater Darajawausch hat die Menschen gern auf diese Weise öffentlich geehrt. Du bist ein Genie,

Haman.‘ Und genau das haben sie mit mir gemacht, Hadassa. Mir wäre lieber gewesen, sie hätten mich getötet. Und Haman wurde zu meiner Eskorte bestimmt.“

Unter anderen Umständen hätte ich vielleicht laut gelacht. Ich war sicher, daß Haman gedacht hatte, der König meinte ihn, Haman selbst; seiner Meinung nach hatte er allein es verdient, mit einer solchen Ehre ausgezeichnet zu werden, und er war einer der reichsten Männer Persiens. Ich konnte mir seinen Gesichtsausdruck genau vorstellen, als ihm sein Irrtum klarwurde; Gott handelt wirklich manchmal auf geheimnisvolle Weise, und manchmal ist sein Handeln recht belustigend.

„Warum bist du so bekümmert, mein – Cousin?“ Auf einmal hätte ich gern „Vater“ zu ihm gesagt, doch ich konnte mich nicht dazu überwinden. „Du erkennst doch sicher Adonais Hand in all dem. Kschajarscha weiß, daß du Jude bist. Wenn ich ihm erzähle, daß er unbewußt alle Juden dem Untergang geweiht hat, wird er sicher eher geneigt sein, einen Ausweg zu finden, jetzt, wo der loyale Dienst eines Juden ihm noch so frisch in Erinnerung ist.“

Mordechais trübe Augen glitten über mein Gesicht. „Du hast ihm immer noch nichts gesagt? Du hast nichts gesagt?“

Hastig antwortete ich: „Mach dir keine Sorgen, Cousin. Ich mußte mich zuerst wieder mit ihm versöhnen, und das, glaube ich, ist mir gelungen.“

Doch dann, als ich sah, wie er mit seinen Zweifeln zu kämpfen hatte und mit seinem Mißtrauen mir gegenüber – das ich jeden Tag, den ich unter seinem Dach gelebt hatte, genährt hatte –, wurde ich überwältigt von einer Welle von Schuld und Mitleid. Ich begann wieder, mich zu entschuldigen, und bald weinten wir beide, umarmten uns – etwas, das ich mir früher nie hätte vorstellen können, selbst wenn wir beide so alt wie Methusalem geworden wären.

Dann erzählte er mir von Elisabeth, der Frau, die er durch das Sommerfieber so viele Jahre vor meiner Geburt verloren hatte. Obwohl er für sie gebetet und ihr die Hände aufgelegt hatte, hatte ihm Adonai sie und das Baby, das sie erwartete, genommen. Von diesem Tag an hatte sich Mordechai der Welt gegenüber verhärtet und kein Gefallen mehr an ihrer Schönheit gefunden.

„Als ich hörte, daß du nach Susa kommen würdest“, erklärte er, „war das wie ein Wunder. Diejenigen, die mich kannten, sagten, es sei das erste Mal gewesen, daß ich seit dem Tod meiner Elisabeth wieder an irgend etwas anderem als der Thora Interesse gezeigt hätte.

Doch ich hielt deine Trauer über den Tod deiner Eltern für Unverschämtheit, deine Liebe zu schönen Dinge für Frivolität, dein ungestümes Wesen für Eigensinn und deine Freundlichkeit den Jungen meiner Toraklasse gegenüber für Leichtfertigkeit. Ich habe Adonais Geschenk ihm ins Gesicht geworfen, und er hat dich fortgenommen. Und auf einmal wußte ich, daß ich dir Unrecht getan hatte. Eigentlich hatte ich es die ganze Zeit gewußt. Ich wußte es an dem Tag, als wir miteinander stritten und ich die Halskette deiner Mutter zerriß. Die ganze Nacht habe ich auf den Knien verbracht und jede Perle eingesammelt."

„Du warst nicht allein schuld", gestand ich ein. „Ich war tatsächlich eigensinnig und selbstsüchtig. Selbst wenn ich nicht in den Palast gekommen wäre, hätte ich deinen Namen vielleicht auf andere Weise in den Schmutz gezogen."

„Doch es war grausam von mir, dir fortzunehmen, was deine Mutter dir geschenkt hatte. Siehst du, ich wollte, daß du sie vergißt, daß du deine Eltern, die Pioniere und Jerusalem vergißt. Ich habe nie mit dem Traum der Pioniere übereingestimmt. Ich hielt es nicht für den Weg Adonais."

„Denkst du heute auch noch so?"

„Ich denke, daß Adonai viele Wege hat, Hadassa, viele Werkzeuge. Er wird dafür sorgen, daß seine Ziele erreicht werden durch das Werkzeug, das er sich dafür erwählt, und wir sind Narren, wenn wir annehmen, wir könnten für ihn denken. Er ruft jeden von uns, zu tun, was wir tun können, mit den Gaben, die er uns gegeben hat, und der Kraft, die er uns geben wird, wenn wir ihm vertrauen."

Leise sagte ich: „Was ist mit den Eunuchen? Was können Eunuchen tun?"

Er war verblüfft; blind wie er war, hatte er vermutlich nicht gesehen, daß ich nicht allein zu ihm gekommen war. Ich bat Hegai, vorzutreten; er kam nur widerwillig, da er nicht wußte, ob er in einen so intimen und bedeutungsvollen Augenblick in meinem Leben eindringen sollte. Doch ich wußte niemanden, mit dem ich diese Augenblicke lieber geteilt hätte als mit Hegai. Ich löste mich aus der Umarmung meines Cousins, nahm seine Hand und führte sie an Hegais Gesicht. „Darf ich dir Hegai vorstellen, den ehemaligen Kämmerer Seiner Majestät des Königs und nun erster Diener der Königin, der beste Freund, den ich je gehabt habe."

Ich beobachtete, wie Mordechai seine Hände über die glatte Stirn, die gerade Nase, die vollkommenen Wangenknochen, den schönen

Mund und das edle Kinn gleiten ließ. Es war so, als würde ich selbst Hegai nun mit neuen Augen sehen und zum ersten Mal seit Jahren darüber nachdenken, wie unglaublich schön er war. Fast unterwürfig sagte ich: „Er hat mehr als einmal sein Leben für mich aufs Spiel gesetzt; er hat mit mir die Thora studiert und drei volle Tage und Nächte mit mir gefastet für ein Volk, das nicht sein eigenes ist und das ihn nie akzeptieren wird, was immer er für es tut."

Doch Mordechai wendete sich wieder an mich und meinte: „Die Zeiten haben sich geändert, Hadassa. Obwohl Adonai immer derselbe bleibt, werden seine Offenbarungen an uns mit jeder Generation klarer und vollständiger."

„Ich – verstehe nicht. Willst du damit sagen, daß wir die Gesetze Moses neu schreiben können? Wir können sie an das anpassen, was wir um uns herum sehen?"

„Nein, meine Tochter. Das will ich ganz bestimmt nicht sagen. Die Gebote Gottes den wankelmütigen Meinungen von Sterblichen anzupassen wäre eine Sünde."

„Was willst du denn damit sagen?" fragte ich ein wenig zu scharf, weil ich mit den Ohren Hegais Mordechais Worten lauschte.

„Ich will damit sagen, daß viele wohlmeinende Leute bei dem Versuch, die allmähliche Offenbarung der Wahrheit mit Lügen und Kompromissen zu vermischen, gescheitert sind, Hadassa. Doch Adonai kann uns nur die Lektionen beibringen, die wir bereit sind zu lernen. Was würde es nützen, wenn ein Lehrer von seinem Schüler erwartet, daß er laut aus der Thora vorliest, wenn das Kind nicht einmal die Buchstaben kennt?" Ich lächelte, denn früher einmal hatte Mordechai genau das von mir erwartet. „Es gibt vieles, was er uns noch nicht offenbart hat: wie das Leben nach dem Tod sein wird, das geheimnisvolle Zusammenwirken von Versöhnung und Vergebung, die Zeichen, die das Kommen des Messias begleiten und die Zeit des Gerichts einläuten werden. Doch diese Zeit kommt; das Zeitalter der Erfüllung steht uns dicht bevor, und fast täglich bekommen jene neue Offenbarungen, denen Adonai sie gnädig gewährt. So haben Jesaja und seine Jünger prophezeit, daß alle, denen das Reich Gottes verwehrt ist, einst in der Lage sein werden, hineinzukommen; wenn der Messias erscheint, werden Heiden so schnell in sein Reich strömen, daß keine Armee von Dämonen in der Lage sein wird, sie davon abzuhalten. In unseren Tagen sehen wir bereits die Vorboten davon."

„Sogar Eunuchen werden ins Reich Gottes kommen? Wo in der Thora doch gesagt ist, daß sie nicht hineinkommen können?"

„In der Thora heißt es auch, daß kein Moabiter hineinkommen wird; doch wurde eine Tochter Moabs mit Namen Ruth die Frau von Boas aus Bethlehem und die Vorfahrin von König David. Und es heißt auch, daß kein Bastard hineinkommen wird, doch war nicht Jeftah, einer der größten Helden unserer Nation, der Sohn einer Hure? Gottes Wort darf nicht verwässert, sondern muß verstanden werden. Wir müssen aufrichtig und demütig hinter den Buchstaben unseres Gesetzes suchen, um ihren Geist zu erkennen, und erst wenn der Geist der Weisheit – der Geist Adonais selbst – in uns wohnt, können wir hoffen, das Richtige zu tun. Das ist sehr schwierig. Doch die Bedeutung des Gesetzes, das Eunuchen vom Volk Gottes ausschließt, ist relativ klar. Adonai möchte nicht, daß ein Mann sein Messer nimmt und sich selbst als einen Akt seiner religiösen Hingabe kastriert, wie die Heiden es tun."

„Dann . . . kann sich Hegai also zu unserem Glauben bekehren? Er kann ein Jude werden?" Ich warf Hegai einen schnellen Seitenblick zu; sein Blick war fest auf meinen Cousin gerichtet, und er schien überwältigt zu sein.

„Wenn er das wünscht und die Ältesten der jüdischen Gemeinschaft in Susa zustimmen. Dem wahren Israel anzugehören ist keine Sache der Geburt, Hadassa. Es hat auch nichts damit zu tun, ob die Eltern nach Babylon in die Verbannung geschickt wurden oder ob man sein Heim aufgibt und mit der Familie nach Jerusalem zieht. Jesaja hat gesagt: ‚Ein Mann, der kastriert worden ist, sollte niemals denken, daß er dem Volk Gottes nicht angehören kann, weil er keine Kinder haben kann. Der Herr sagt zu einem solchen Mann: ‚Wenn du mich ehrst und meinen Bund treu hältst, wird dein Name länger in Erinnerung bleiben, als wenn du Söhne und Töchter hättest. Du wirst nie vergessen werden.' Durch das Halten der Gebote Gottes und das Leben in der Gemeinschaft mit ihm zeigen wir, daß wir zum Volk gehören. Ist es das, was dein Freund Hegai möchte?"

Die Worte waren so wundervoll, daß ich die Frage kaum hörte, geschweige denn mich in der Lage fühlte, sie zu beantworten. Doch es war gar nicht nötig, daß ich für Hegai antwortete. Er mußte selbst entscheiden, was er wollte, und er mußte seine Entscheidung laut aussprechen. Er nahm meine Hand und wendete sich an Mordechai. „Mein Herr, wenn es wirklich möglich ist, dann möchte ich gern zu dem Volk gehören, dem meine Herrin angehört. Ich möchte, daß die Prüfungen, die euch bevorstehen, auch mir bevorstehen, und euer Triumph soll mein Triumph sein. Ich möchte wieder Teil einer Familie sein. Ich möchte die Vergangenheit hinter mir lassen; nach dem heutigen Tag möchte ich vergessen können, was mir angetan worden ist. Ich möchte Frieden haben, Frieden, wie Hadassa ihn gefunden hat, als euer Gott zu ihr kam. Ich möchte Adonai kennenlernen."

Mordechai spürte, daß es dieser Babylonier vollkommen ernst meinte mit dem, was er sagte. Er bat mich, meine anderen Dienerinnen nach draußen zu schicken, auch Hatach; ich verstand nicht, wozu das notwendig war, doch das wurde mir bald klar. Dann bat er Hegai und mich, uns auf den Boden zu knien, und er bestand darauf, sich neben uns zu knien. Er legte seine Hände auf Hegais Kopf, und ich tat dasselbe. Instinktiv wußte ich, was zu tun war. Und während der alte Mann laut zu beten begann, passierte das Wunder für Hegai, das auch ich erlebt hatte.

Doch bei ihm war es ganz anders als bei mir. Sein Gesicht verzerrte sich durch den geistlichen Kampf, der sich in ihm abspielte, er jammerte, heulte, schlug mit den Fäusten, so daß ich ihn festhalten mußte, damit er sich selbst oder seinem gebrechlichen Fürsprecher keinen Schaden tat. Doch bevor der Geist Gottes ihn erfüllen konnte, mußten seine Sünde und sein Haß, seine Verwirrung und Qual abgetötet werden.

Wenn dies einmal fort war, würde es für immer fort sein. Obwohl die schmerzlichen Erinnerungen bleiben würden, würden sie keine Macht mehr über ihn haben, wenn er es ihnen nicht gestattete. Und als er schließlich gebrochen mit dem Kopf in meinem Schoß lag, reinigte ihn der Geist Adonais, und seine Gesichtszüge waren nicht mehr verzerrt, die Tränen getrocknet, der Kampf war vorüber. Er hatte Frieden gefunden; er war lebendig gemacht worden, wie Ischtar dies nie für ihren Tammuz hätte erreichen können. Mordechai hörte auf zu beten, da er wußte, daß es nicht mehr notwendig war; auch er war erschöpft. Darum sagte ich zu ihm: „Danke, Vater", und küßte ihn, wie eine Tochter es tun würde.

18

Als Hegai wieder bei sich war und sich so weit gefaßt hatte, daß wir daran denken konnten, in meine Gemächer zurückzukehren, war es höchste Zeit, das Treffen mit Mordechai zu beenden. Alles mußte normal erscheinen, bereit sein für mein zweites Festmahl.

Ich ließ meine Gemächer erneut vollkommen neu ausstatten: Ich bestellte Wandbehänge und Teppiche in Magenta und Gold; üppige Girlanden aus Lilien, Rosen und Oleander wurden zwischen den Marmorsäulen aufgehängt. Ich ließ mir ein neues Geschirr kommen, mit Schüsseln, Tellern und Bechern aus dem feinsten Silber mit in Gold eingelegten Mustern. Würziges Parfüm wurde im Zimmer versprüht.

Zum Abendessen bestellte ich Krabben, Austern und Hummer, in Knoblauch und Sesamöl, geräucherten Fisch jeglicher Art; Kalbfleisch und Wild, Fasanen und Wachteln; dazu süßes Mohngebäck, mit Honig überzogene Kuchen; kandierte Aprikosen, Zitronensorbet und äußerst teuren syrischen Wein. Hegai lachte über die Verschwendung und sagte, wir würden niemals auch nur die Hälfte davon aufessen können.

Als alles bereit war, bat ich Hegai, meine Gewänder zu ordnen und mich zu schminken. Dann schickte ich ihn in sein Zimmer; er war vollkommen erschöpft. Ich frisierte mich selbst, und als ich mit meinem Aussehen zufrieden war, trug ich Hatach und seinem jungen Freund Harbona auf, meine Gäste abzuholen.

Doch es dauerte sehr lange, bis sie kamen, und ich begann mir bereits Sorgen zu machen. Ich versuchte zu beten, doch ich war zu unruhig dazu; ich ging im Raum umher, richtete die Blumen und schüttelte die Kissen auf, bis ich schließlich Stimmen draußen hörte. Einen Augenblick später traten Kschajarscha und sein Gefolge ein.

Kschajarscha sah besser aus als je zuvor. Er trug nur einen Goldreif, und seine üppigen Haare flossen über seinen Rücken. Sein Umhang schleifte hinter ihm über den Boden, und statt seiner üblichen Safranpantoffeln trug er Lederstiefel mit gebogener Spitze.

Doch trotz seines prachtvollen Aussehens blieb mein Blick an Haman hängen. Er schien heute überhaupt nicht bei sich zu sein. Die

Falten seiner Gewänder waren ungleichmäßig, als ob er sich in aller Eile angekleidet hätte, und sein Haar war weder geölt noch gelockt. Er entschuldigte sich dafür, daß er an der Verspätung die Schuld trage, und deutete an, er habe sich bereits am Nachmittag unwohl gefühlt. Tatsächlich wirkte sein Gesicht ein wenig grau. Hatach nahm mich beiseite, während die Gäste ihre Umhänge ablegten, und flüsterte, mir zu, daß Haman selbst daran schuld sei, wenn ihm tatsächlich nicht wohl gewesen sei.

„Als Harbona und ich bei den Gemächern des Königs ankamen, war Haman nirgendwo zu finden, Herrin. Wir mußten zu seinem Haus in der Stadt gehen; wir wußten nicht einmal genau, wo es sich befand, darum mußte Aschpamithra uns führen. Haman war mit seiner Frau, seinen Söhnen und Freunden zu Hause, alle waren betrunken wie – nun, wie Amalekiter. Ich glaube, sie wollten den Kummer über die Schmach ertränken, die ihm am Morgen widerfahren war." Hatach senkte die Stimme erneut und führte mich noch ein wenig weiter fort, da er sah, daß der König immer noch von einer Handreichung seines Kämmerers abgelenkt war. „Herrin, Haman brüstete sich damit, wie wichtig er sei und wie viele Söhne er gezeugt habe, die den glorreichen Namen Agags weiterleben lassen würden, und daß er in der gesamten hachamanischen Dynastie abgesehen vom König der einzige Mann sei, der von der Königin zum Abendessen eingeladen worden sei, und er sei allgemein anerkannt als der zweitmächtigste Mann auf der Welt! Doch er sagte, sein Erfolg sei ihm durch Mordechais allgegenwärtige Anwesenheit so vergällt, daß ihm das alles nichts bedeuten würde. Und alle hatten Mitleid mit ihm und sagten, er müsse sich Mordechais schleunigst entledigen, damit der jüdische Wurm sich nicht weiter die Zuneigung Seiner Majestät erschleichen und Haman in Mißkredit bringen könne und damit die Arbeit zunichte machen, die sie alle investiert hatten, um den Haß auf die jüdische Rasse zu schüren."

„Und hat er etwas unternommen?" flüsterte ich ängstlich.

„Er errichtet einen Galgen auf seinem Grundstück, der bestimmt bereits fünfzig Ellen hoch ist. Er will Mordechai dort im geheimen aufhängen."

„Fünfzig Ellen?" wiederholte ich ungläubig. „Ein solches Bauwerk kann nicht geheimgehalten werden, Hatach. Er muß doch von der halben Stadt aus zu sehen sein, und vermutlich auch vom Palast aus. Ist er verrückt geworden?"

„Sehr wahrscheinlich, Herrin; doch der Galgen ist von außen

nicht zu sehen. Die Pappeln und Zypressen im Garten sind noch höher."

Ich bemerkte, daß Kschajarscha nicht mehr von Aschpamithra abgelenkt war, und ich wendete mich an Haman, lächelte freundlich und versicherte ihm, es bestehe absolut kein Grund, sich für seinen Zustand zu entschuldigen.

Er bedankte sich; trotz seiner Trunkenheit war ihm meine leise Unterredung mit Hatach nicht entgangen, im Gegensatz zu Kschajarscha; und sicherlich machte er sich Gedanken darum, was wir miteinander getuschelt hatten. Ich sagte: „Es tut mir so leid, daß du dich unwohl gefühlt hast, Haman. Der Sommer steht bevor; vielleicht bekommst du das Fieber. Fara? Bring eisgekühlten Wein. Es wäre doch zu schade, wenn unsere ganzen Vorbereitungen umsonst gewesen wären. Zum Nachtisch gibt es Pudding aus Sauerrahm mit Honig und Zimt, eine deiner Lieblingsspeisen, nicht wahr, Herr Haman?"

Unklugerweise nahm er den eisgekühlten Wein an, und ich sagte: „So, du siehst bereits sehr viel besser aus. Du solltest nicht zu hart arbeiten; die Last der Verantwortung ist so groß, daß es ein Wunder wäre, wenn sie ein Sterblicher tragen könnte, ohne unter ihrem Gewicht zusammenzubrechen. Du mußt ein wirklich bemerkenswerter Mann sein."

„Haman ist einzigartig!" verkündete Kschajarscha, der sich über das offensichtlichen gute Einvernehmen freute, das zwischen der Königin und seinem ersten Minister bestand. Meinen Sarkasmus überhörte er vollkommen. Zum ersten Mal war ich dankbar, daß er nicht die Scharfsinnigkeit seiner berühmten Vorfahren besaß. Und Haman war so damit beschäftigt, herauszufinden, was ich vorhatte, daß er mich nur mit aufgerissenen Augen anstarren konnte.

Als die leckeren Speisen serviert wurden, hatte sogar Kschajarscha bemerkt, daß nicht alles so war, wie es schien, doch er war nicht sicher, darum konnte er auch nichts sagen. Haman pickte nur an seinem Essen und hoffte vermutlich, daß niemand seine Appetitlosigkeit bemerken würde. Ich war zu sehr damit beschäftigt, seine Größe zu rühmen, seine Erfolge aufzuzählen und mich darüber auszulassen, daß nicht ein Tag verging, ohne daß meine Eunuchen mir von weiteren edlen Taten berichteten. Erst neulich hätte ich von seinem Plan gehört, diesen Abschaum der Menschheit, die Hebräer, aus der Gesellschaft auszutilgen, und erst an diesem Morgen hätte er einen Mann geehrt, der meiner Meinung nach genau dieser Sekte angehörte.

Hamans Augen traten hervor, und er begann, unruhig auf seiner Couch hin und her zu rutschen, als wäre sie voller Ameisen. Ich lächelte um so lieblicher und sagte, dies sei zweifellos ein Beweis der Hochherzigkeit des ersten Ministers; er war nur zu gern bereit zu vergeben, Vergangenes vergessen sein zu lassen und Anerkennung zu geben, ohne Ansehen der Person. Der Ruf eines solchen Ausbunds an Tugend würde fraglos ewig bestehen.

„Aber andererseits", fuhr ich fort, als der Nachtisch herumgereicht wurde, „bist du doch der Nachkomme eines alten und edlen Hauses, nicht? Man erzählte mir, der Stamm Amalek sei einer der ältesten auf der Erde und daß dein Stammbaum zurückreicht auf einen König, der vor fast fünfhundert Jahren gelebt hat."

Haman murmelte etwas Unverbindliches, während er angewidert auf seinen Nachtisch starrte. Kschajarscha ermahnte ihn: „Nun, antworte der Königin, Haman. Sie spricht immerhin die Wahrheit, denn würde ich einen so großen Teil der königlichen Geschäfte auf einen Mann übertragen, der nicht selbst königlichen Blutes ist?"

Ich wendete mich an Kschajarscha: „Mein gnädiger Herr und Gemahl, ich bitte dich, bringe den freundlichen Herrn Haman doch nicht in Verlegenheit. Er ist viel zu bescheiden, um sich mit seinen Erfahrungen zu brüsten. Ich habe mir die Mühe gemacht, etwas über die Geschichte seines Stammes in Erfahrung zu bringen, und das ist wirklich faszinierend. Wußtest du zum Beispiel, daß die meisten seiner Vorfahren, obwohl sie eigenes Land und sogar eine große Hauptstadt besaßen, lieber herumgezogen sind und dort gelagert haben, wo sie gute Weiden für ihre Ziegen und Kamele gefunden haben? Wie romantisch muß das sein, ein so freies und ungezwungenes Leben zu führen."

Obwohl ich bewußt das Wort „Nomade" vermieden hatte, war keinem meiner Gäste die Bedeutung meiner Worte entgangen. Kschajarscha zuckte zusammen und räusperte sich; Haman wandte ein: „Euer Majestät, Königin Esther, ich bin sicher, daß der König nicht mit Geschichten meiner demütigen Vorfahren gelangweilt werden möchte. Alle unsere Vorfahren waren einst herumziehende Hirten."

„Das ist wahr", stimmte ich eifrig zu. „Doch einige deiner Volksgenossen in Amaleks Vergangenheit waren sehr viel interessanter als andere, meinst du nicht? Gab es da nicht einmal einen gewissen Eliphas, der sogar der Mundschenk eines fremdländischen Königs wurde? Wie nannte sich noch gleich das Volk, dessen Herrscher er war?"

Haman zuckte die Achseln, doch er wußte, daß er die Wahrheit sagen mußte. Also knurrte er: „Der König war ein Jude."

„Ja, natürlich!" stimmte ich lachend zu. „Wie dumm von mir, das zu vergessen. Ich habe statt dessen immer an ‚Hebräer' gedacht. Es ist schrecklich, wenn sich erst einmal ein falsches Wort festgesetzt hat, bleibt kein Raum mehr für das richtige; obwohl ich sicher bin, daß du solche Probleme nicht hast, da du viel gelehrter bist als ich und da ich ja nur eine Frau bin."

Haman sah aus, als müßte er sich jeden Augenblick übergeben, obwohl er den Nachtisch nicht angerührt hatte. Kschajarscha sah von einem zum anderen, mit zusammengekniffenen Augenbrauen, verwirrter als je zuvor. Ich schwieg, weil ich ihm Zeit geben wollte, zwei und zwei zusammenzuzählen. Haman sollte leiden. Doch er ergriff das Wort, um den König abzulenken. „Eliphas war ein Verräter an seinem Volk. Er hätte Saul und seine ganze Familie töten können und hätte es auch tun sollen, bevor der Elende überhaupt einen Thron bestieg, bevor er unsere Stadt zerstörte und den größten Teil unserer Bevölkerung tötete. Statt dessen befreundete er sich mit diesem Schwächling, der blutloses Fleisch aß und dessen Glauben Kinderphantasien ähnelte."

Ich täuschte Erstaunen bei seinem Ausbruch vor; ich war tatsächlich erstaunt, daß er so leicht in die Falle ging, die ich ihm gestellt hatte. Doch er war nicht nur betrunken, sein Haß auf die Juden war in ihm so tief verwurzelt, daß er nicht einmal, wenn es ihm gut ging, darüber hinwegsehen konnte. Auch Kschajarscha war verblüfft; Haman brummte eine Entschuldigung und starrte in seinen Weinbecher. Er wußte sehr gut, daß er einen Fehler gemacht hatte. Immerhin hatte auch er die Freundschaft eines Königs gesucht, der nicht mehr für die Götter Amaleks übrig hatte als König Saul.

Nachdem der Nachtisch abgeräumt war – Hamans Sauerrahm war noch immer unberührt – und Fara uns Wein eingeschenkt hatte, lenkte ich die Unterhaltung so häufig auf jüdische Angelegenheiten, daß Haman die Wahrheit zu erraten schien. Sein Gesicht war nun nicht mehr gerötet, auch nicht grau oder grün, sondern kalkweiß. Ich flirtete nun mit Kschajarscha, zuerst versteckt, dann offen, bis Haman buchstäblich vor Verlegenheit über seine Anwesenheit in einer so intimen Situation ins Schwitzen geriet.

Schließlich glitt ich von meiner Couch auf die des Königs, und er rollte sich auf den Rücken, um mich neben sich zu ziehen. Er hatte den Arm um meine Hüften gelegt und spielte mit den Lippen in meinem Haar, und sein Herz klopfte heftig. „Königin Esther", sagte er, „meine liebliche, grausame Königin Esther, warum hältst du mich so an der langen Leine, wo du weißt, daß ich dir freiwillig zum Tor der Unterwelt folgen würde? Bitte, bitte sag mir, was du möchtest, und du wirst es bekommen, bis zur Hälfte meines Königreiches; tatsächlich könntest du mich überreden, dir das ganze zu geben für eine Nacht des Vergnügens, das wir einst miteinander erlebt haben."

Der Augenblick war gekommen; Kschajarscha war krank vor Begierde und Haman vor düsterer Vorahnung. Darum sagte ich: „Nun gut, mein lieber Herr. Du wirst deine Nacht mit mir bekommen, und ich werde dir sagen, was ich möchte und warum ich dich zusammen mit dem edlen Herrn Haman an zwei Abenden hintereinander hierher eingeladen habe. Ich möchte dein Königreich nicht; ich habe bereits mehr Reichtümer, als ich brauche, und nie in meinem Leben habe ich nach einer anderen Macht gestrebt als die über das Herz des einzigen Mannes, den ich je geliebt habe." Ich küßte ihn lange und zärtlich, spielte mit seinen Locken, und mein Blick sprach von Liebe und vollkommener Treue. „Meine Bitte ist sehr bescheiden, wenn du so gnädig sein willst, sie zu gewähren. Ich bitte dich darum, daß ich und mein Volk am Leben bleiben."

Ich wartete bewußt darauf, daß er mich fragte, was ich meinte, und ließ in der Zwischenzeit meine langen Fingernägel über seinen Nacken gleiten. Ich zog seinen Kopf an meine Schulter, damit ich Haman ansehen konnte. Der stolze Sohn Amaleks zitterte wie Getreide im Sturm. Er wußte, daß sich sein schlimmster Verdacht bestätigt hatte. Kschajarscha stellte die Frage, auf die ich gewartet hatte. Er zog sich ein wenig von mir zurück, damit er mich ansehen konnte. Ich sah ihm in die Augen und antwortete: „Mein Herr, eine Verschwörung gegen mich und meine Brüder und Schwestern ist im Gange. Wir sind verkauft worden wie gemeine Sklaven oder Vieh, doch nicht an Kaufleute. Wir sind an Metzger verkauft worden."

Kschajarscha war, wie vorauszusehen war, sehr verwirrt. Er mußte den Erlaß gegen die Hebräer, zu dem Haman ihn bewogen hatte, glatt vergessen haben, da es ihn persönlich nie besonders interessiert hatte. „Eine Verschwörung gegen das Leben meiner Königin? Willst du damit sagen, du hättest Beweise für Verrat entdeckt, meine süße Esther? Welcher Mann würde es wagen, dich zu bedrohen?"

„Ja, mein Herr", flüsterte ich. „Ich spreche tatsächlich von Verrat.

Und, mein Herr . . ." Ich entwand mich seiner Umarmung und setzte mich aufrecht hin. „Mein Herr, ich war in Ungnade gefallen. Alle wußten es. Vermutlich dachten die Verschwörer, du würdest mich nicht mehr lieben und mich nicht verteidigen. In meinen dunklen Stunden habe ich sogar dasselbe gedacht, obwohl ich in meinem ganzen Leben keinen anderen Mann außer dir geliebt habe." Und ich barg das Gesicht in meinen Händen.

Kschajarschas Zorn wuchs. Er fragte mich noch einmal, wer hinter dieser verachtenswürdigen Verschwörung stecken würde, doch er sollte noch wütender werden, bevor ich es ihm sagte. Darum täuschte ich einen Weinkrampf vor und sagte, das alles sei noch schlimmer, als ich es dargestellt hätte, denn es seien eigentlich nicht nur meine Brüder und Schwestern betroffen, sondern mein ganzes Volk.

„Oh, mein Herr", schluchzte ich, „wir sind dem Tod preisgegeben, jeder einzelne von uns. Wenn es nur um die Sklaverei ginge, die uns bevorstünde, hätte ich vielleicht geschwiegen. Ich weiß, wie viele Verpflichtungen und Sorgen du hast. Nie würde ich es wagen, dich mit bedeutungslosen Trivialitäten zu belasten. Doch uns erwartet der Tod, mein Herr, die Ausrottung."

Meine Worte und mein offensichtlicher Kummer hatten die gewünschte Wirkung. Kschajarscha wütete und schimpfte, angestachelt durch die unglaubliche Vorstellung, daß in seinem Herrschaftsbereich eine Verschwörung gegen ein ganzes Volk im Gange sein könnte, ohne daß er etwas davon wüßte. Während seiner Regierungszeit hätte man ihm viele absurde Dinge erzählt, doch das sei wirklich der Gipfel. Ob ich sicher sei, daß ich nicht getäuscht worden wäre oder mich in etwas hineingesteigert hätte?

„Du glaubst mir nicht", jammerte ich. „Oh, mein Herr, Kschajarscha, mein Gemahl . . . meinst du, ich hätte grundlos mein Leben aufs Spiel gesetzt, als ich zu dir in den Apadana kam? Ich habe Beweise, die zeigen, daß richtig ist, was ich sage. Und ich kenne den Initiator der Verschwörung."

„Wer ist es, um Himmels willen? Wo ist er? Welches Volk will er ausrotten? Warum wolltest du mir nicht den Namen deines Volkes nennen, als du hergekommen bist, so daß ich ihm von Anfang an Schutz gewährt hätte?"

Es war nicht nötig, die ersten beiden Fragen zu beantworten, weil Hamans Zähne so heftig klapperten, daß seine Angst sogar hörbar war. Darum begann ich mit dem Eingeständnis, daß ich eine Jüdin war, daß ich aber immer Angst gehabt hatte, mich dazu zu bekennen, weil ich gewußt hätte, wie wenig man die Juden im Palast mochte; ich erzählte, daß ich Kschajarscha geliebt hatte, seit ich ihn als Kind zum ersten Mal durch die Straßen Susas reiten sah, und daß ich unbedingt seine Braut hatte werden wollen. Und all das war ja nichts als die Wahrheit. Selbst nach unserer Hochzeit hatte ich Angst gehabt, daß er mich aufgegeben hätte, wenn er die Wahrheit herausgefunden hätte; doch nun mußte ich mich dazu bekennen, ich hatte keine Wahl. Sein Wohltäter, Mordechai ben Jair, sei mein Cousin, gab ich zu; er sei einst auch mein Vormund gewesen, aber nun mein rechtmäßiger Vater – und er sei der „Hebräer", der sich geweigert habe, vor Haman auf die Knie zu fallen. Die Juden und die Hebräer seien ein und dasselbe Volk, und Haman habe seinen König getäuscht, so daß er das loyalste und gesetzestreuste Volk in seinem Herrschaftsgebiet, ein Volk, das keine Götzen anbete und kraft seiner harten Arbeit und Ehrlichkeit mehr Steuern zahle als jedes andere Volk, der Vernichtung preisgegeben habe.

Zweifellos war das leicht übertrieben, doch nichts davon war gelogen, und das Ziel wurde erreicht. Noch nie hatte ich Kschajarscha so wütend gesehen, und der Grund war leicht zu erraten. Wieder einmal war er benutzt worden, und diesmal einmal zu oft. In der Vergangenheit war er dazu angestiftet worden, einen sinnlosen Feldzug gegen Griechenland zu führen und nacheinander die drei Menschen, die er am meisten geliebt hatte, aus seiner Gegenwart zu verbannen, und nun mußte er feststellen, daß er schon wieder getäuscht worden war. Sein eigener erster Minister, sein Freund, dem er seinen Siegelring gegeben hatte, das Zeichen der Regentschaft, und dem er voll und ganz vertraute, hatte sich als verachtenswerter Ränkeschmied erwiesen; er brauche keine weiteren Beweise, wütete Kschajarscha, denn Hamans Schuld sei bereits deutlich genug.

Damit sprang der König auf und lief in den Hof hinaus, damit er Haman nicht auf der Stelle mit seinen eigenen Händen erwürgte; es wäre klug gewesen, wenn Haman dasselbe getan hätte. Doch der letzte Ort, wo Haman im Augenblick sein wollte, war in der Nähe des Königs, und er machte alles nur noch schlimmer, falls das überhaupt möglich war. Schniefend und zitternd wie der Feigling, der er war, warf er sich auf meine Couch, ergriff meine Hände und küßte sie, flehte mich an, für ihn einzutreten.

Und so fand ihn Kschajarscha, als er sich ein wenig beruhigt hatte und zurückkam. Dies war der letzte Schlag für ihn. Er mißverstand die Szene und erinnerte sich vermutlich an meine Beschwerden über die begehrlichen Blicke, die Haman mir häufig zuwarf. „Soll meine Königin hier vor meinen Augen, in meinem eigenen Palast vergewaltigt werden? Hält mein Regent sich für berechtigt, alles zu nehmen, was mir gehört, sogar meine eigene Frau? Macht dieser Mann denn vor nichts halt?"

In diesem Augenblick kamen Hatach und Harbona aus der Küche zurück, und in die schreckliche Stille, die nach den Worten des Königs eintrat, sagte der junge Harbona vorsichtig: „Bitte, mein Herr, Euer Majestät . . . der Herr Haman hat einen Galgen errichtet, an dem er Mordechai, Euren Wohltäter, Königin Esters Cousin, aufhängen wollte. Ich habe es mit eigenen Augen gesehen. Er ist fünfzig Ellen hoch."

„Wirklich?" wütete Kschajarscha aufs neue. „Hast du nichts dazu zu sagen, du elender Wurm? Stimmt auch das? Du wolltest einen Bürger Susas, einen angesehenen Palastangestellten und einen königlichen Wohltäter aufhängen? Auf deine eigene Anweisung hin und ohne auch nur den Anschein eines Gerichtsverfahrens? Ich habe dir vertraut, Haman; ich habe dir mehr vertraut als jedem anderen, und du hast mich betrogen."

Haman starrte immer noch auf die Stiefelspitzen des Königs. Kschajarscha stieß ihn beiseite und raufte sich die Haare. Mit geschlossenen Augen, damit er nicht in Hamans Gesicht zu sehen brauchte, sagte er: „Ihr alle hier seid Zeugen für die Schuld dieses Mannes, er verdient kein anderes Gericht. Mordechai hätte ohne Gerichtsverhandlung sterben müssen; nun wird dieser Mann auf dieselbe Art sterben. Bringt ihn fort. Hängt ihn an seinem eigenen Galgen auf."

Ich bin nicht sicher, an wen Kschajarschas Befehl gerichtet war; ich glaube nicht einmal, daß er es selbst wußte oder daß es ihm wichtig war, solange er befolgt wurde. Es war Aschpamithra, der seinem Befehl nachkam, und diese Aufgabe bereitete ihm sichtliches Vergnügen. Er warf einen Umhang über Hamans Kopf – ein Zeichen, daß der Gefangene zum Tode verurteilt war – und schickte Harbona los, die Wachen zu holen, die vor der Tür standen. Nie wieder erblickte ich Hamans verhaßtes Gesicht, und das einzige, das ich von ihm hörte, war ein unterdrücktes Jammern, als Aschpamithra und Hatach ihn den Wachen übergaben. Ich glaube, es war das erste Mal, daß ich je ein Lächeln in Aschpamithras Augen erblickt habe.

Wie vorauszusehen war, befand sich Kschajarscha danach nicht mehr in der Stimmung, unsere eheliche Beziehung wieder aufzunehmen. Ich war deswegen ein wenig beunruhigt, aber gleichzeitig dankbar.

Am Morgen kam Aschpamithra mit einer Nachricht vom König: Seine Majestät würde mich am Mittag besuchen, doch vorher wollte er mir noch mitteilen, daß Haman bereits gehängt worden sei. Nun sei der Posten des ersten Minister für Bürgerrechts- und Auslandsangelegenheiten frei und müsse neu besetzt werden. Er sei Mordechai ben Jair angetragen worden, in Anerkennung seiner einzigartigen Integrität und seiner Dienste dem Königreich gegenüber.

Da ich nun endlich glauben konnte, daß die Gefahr für mich und mein Volk vorüber war, bereitete ich mich fröhlich auf die Rückkehr meines Mannes vor.

Kschajarscha betrat mit Aschpamithra und seinen Dienern meine Gemächer. Alle außer Kschajarscha zogen sich sofort in den Hof zurück, da ihnen vermutlich gesagt worden sei, dies sei ein privates Treffen zwischen dem König und seiner Gemahlin. Hoffentlich würde es nicht nur privat sein, sondern auch intim.

Fara und ihre Gefährtinnen zogen sich ebenfalls auf ihre Zimmer zurück, nachdem sie uns das Mittagessen gebracht hatten. Kschajarscha erzählte mir, Mordechai sei in seinem Amt bestätigt worden und würde den Siegelring des Königs erhalten, der Haman vom Finger gerissen worden war. Hamans gesamter Besitz war konfisziert und auf mich übertragen worden.

Danach kam die Unterhaltung ins Stocken, doch aus irgendeinem Grunde flackerte seine Begierde nicht auf. Vermutlich war Kschajarscha klargeworden, daß er im Grunde gar nicht wußte, wer ich war, und daß ich ihm um so fremder wurde, je mehr er über mich herausfand. Ich begann ihm trotzdem von mir zu erzählen, um die Kluft zwischen uns zu überbrücken.

Kschajarscha hörte aufmerksam zu, sagte jedoch nichts zu den Juden im allgemeinen oder über ihr Schicksal. Er machte mir nur sanft den Vorwurf: „Das hättest du mir alles schon früher sagen sollen, meine Liebe. Du hast dich mir entfremdet."

„Mein Herr ..." Ich erhob mich, kniete neben ihm nieder, nahm ihm den Silberbecher aus der Hand und legte statt dessen meine Hände hinein. „Mein Herr, ich war dumm, und ich hatte unrecht. Aber ich hatte Angst; ich wußte nicht, was du sagen würdest." Und als er nicht antwortete, sondern nur leicht mit dem

Kopf nickte und mit den Augen blinzelte, fragte ich: „Was hättest du denn gesagt?"

Doch das schien er nicht zu wissen. Mein Gerede von Adonai hatte ihn verwirrt. Ahura Mazda beherrschte Kschajarschas Welt, und alle anderen Götter waren bedeutungslos für ihn.

Dann legte er den Kopf in die Hände und sagte: „Einmal bin ich in deinem Heimatland gewesen, wußtest du das? Es war kurz nach meiner Krönung, und ich mußte persönlich nach Ägypten reisen, um die Rebellion niederzuschlagen. Ich bin an Jerusalem vorbeigekommen und hielt sie für die schönste Stadt, und ihre Einwohner waren sehr freundlich." Er räusperte sich. „Sie öffneten die Stadttore, um mich willkommen zu heißen, legten Palmblätter zu meinen Füßen aus und priesen das Haus Hachaman, weil seine Könige die Erlaubnis gegeben hätten, daß ihre Väter aus der Verbannung zurückkehrten und den Tempel wieder aufbauten. Wie habe ich nur zulassen können, daß Haman mich dazu brachte, den Erlaß zur Ausrottung dieses Volkes zu unterschreiben? Wie habe ich nur zulassen können, daß er mich überzeugte, dein Volk sei schlimmer als Heiden? Wieder einmal bin ich zum Narren gehalten worden, meine süße Esther. Und nun ist es zu spät. Sie werden alle sterben."

Er mußte gespürt haben, daß sich alle meine Muskeln anspannten, denn er versicherte mir, ich selbst würde sicher sein, genau wie mein Verwandter Mordechai, ich brauche also keine Angst haben. Doch aus mir brach es hervor: „Mein Herr, denkst du, das würde mich kümmern? Welchen Wert hat mein Leben noch, wenn mein ganzes Volk tot ist? Wie könnte ich weiterleben, wenn ihre Geister mir beständig Vorwürfe machen? Haman ist tot, Kschajarscha; der Erlaß muß widerrufen werden."

Er seufzte. „Du mußt doch wissen, daß das nicht so einfach ist, mein Liebling. Ein offizieller Erlaß des Großen Königs von Persien kann nicht zurückgenommen werden. So ist das Gesetz."

Ich riß mich von ihm los, betrachtete ihn in zornigem Unglauben. „Aber du bist doch der König der Könige, der mächtigste Mann auf der Welt. Du kannst doch sicher etwas unternehmen."

„Ich bin vielleicht der mächtigste Mann, doch vermutlich habe ich von allen die wenigste Freiheit. Würden meine Untertanen meine Worte ernst nehmen, wenn sie wüßten, daß sie nach Belieben zurückgenommen werden können? Und Hamans Hinrichtung, obwohl sie vielleicht gerecht ist, wird die Meinung derjenigen, die er mit seiner Propaganda aufgestachelt hat, nicht ändern. Vielleicht verhärtet sie ihre Einstellung den Juden gegenüber noch, weil sie ihn als ersten Märtyrer ihrer Sache hinstellen."

Meine Ungläubigkeit wich der Verzweiflung. „Du hast Angst!" rief ich. „Du hast Angst, daß deine Untertanen, wenn du diesen Erlaß zurücknimmst, dir nicht gehorchen und uns trotzdem massakrieren! Du hast Angst, daß deine persönliche Autorität untergraben wird!" Und gleichzeitig dachte ich: *Ich will das alles gar nicht sagen.* Mit Haman stand ich auf Kriegsfuß, nicht mit Kschajarscha. *Ich will nicht mit meinem eigenen Mann streiten. Ich will eine Ehe führen, wie sie sich jede Frau erträumt.*

Doch mittlerweile hatten auch seine Augen zu funkeln begonnen. „Du findest es tadelnswert, daß ich um meine Überlegenheit Sorge trage?" rief er. „Was würde deiner Meinung nach passieren, wenn ich das nicht täte? Möchtest du, daß dieses Reich auseinanderfällt oder in Anarchie gestürzt wird? Dann würden Millionen sterben."

„Du würdest mein Volk opfern, damit persisches Leben – arisches Leben – verschont bleibt! Das ist, was du meinst, nicht? Ich dachte, du und dein weiser Ahura Mazda, ihr hättet keine Verwendung für Opfer! Und doch willst du einen Völkermord zulassen, der im Namen des Weisen Herrn und des Königs begangen wird, der ihm dient! Darajawausch hätte so etwas nie zugelassen. Auch Kurasch nicht. Aber du . . ."

Ich konnte nicht fortfahren; das war auch nicht nötig. Ich hatte Kschajarscha an seinem wundesten Punkt getroffen; er schlug mir mit aller Kraft ins Gesicht. Ich schrie auf, und zum ersten Mal dachte ich, daß es ihm wirklich zuzutrauen war, ganze Städte und heidnische Tempel niederzureißen, wie er es in Ägypten getan hatte und in Babylon. Ich kauerte auf dem Boden und hielt mir die schmerzende Wange, während er in meinem Zimmer herumwütete, Krüge und Gläser gegen die Wände warf, Blumenvasen zerbrach, die Girlanden und Teppiche von den Wänden riß und die Polster mit seinem Zeremoniendolch aufschlitzte. Nur in meinen Gedanken rief ich nach meinen Dienern, daß sie kommen und ihn zurückhalten sollten, doch vermutlich hätte nur Hegai den Mut dazu gehabt, und er war in den Harem gegangen.

Als der König schließlich erschöpft auf eine Couch sank und seine Hände gegen seinen Bauch preßte, kroch ich an seine Seite und versuchte, ihn mit meinen Tränen zu erweichen. Immer wieder sagte ich ihm, daß es mir leid täte, daß ich nicht gemeint hätte, was ich gesagt hatte, aber er sollte doch bitte, bitte seine Ratgeber konsultieren, ob es nicht doch noch einen Weg gab, mein Volk zu retten, ohne entweder das Gesetz zu brechen oder die Sicherheit Persiens in Gefahr zu bringen.

Schließlich entschuldigte auch er sich und sagte, er wüßte nicht, was über ihn gekommen sei. Um meinetwillen würde er seine Gesetzeskundigen um Rat fragen, obwohl es vermutlich zwecklos sei. Dann rief er seine Diener und ging.

Ich begab mich in mein Schlafzimmer und ließ mich in tiefer Verzweiflung auf mein Bett sinken. Ich rief nach Hatach und schickte ihn los, Hegai zu suchen. Ein wenig später kam er; ich brauchte ihm gar nicht zu sagen, was passiert war, denn er lebte schon länger unter Persern und war länger mit ihren Gesetzen vertraut als ich. Doch er tröstete mich: „Gib die Hoffnung nicht auf, kleiner Stern. Sicher hat Adonai uns nicht so weit gebracht, um uns nun aufzugeben." Seine großen, dunklen Augen blickten fragend und ein wenig zweifelnd. Ich fühlte mich so schuldig, daß ich mich von ihm aufmuntern ließ, und zum ersten Mal beteten wir gemeinsam. Wieder einmal machte mir unsere Nähe zueinander die Distanz zwischen Kschajarscha und mir deutlich.

Trotzdem bin ich nicht sicher, ob Hegai und ich den Glauben gehabt hätten, weiterzuhoffen, wenn nicht Mordechai uns nach der Mittagspause besucht hätte. In seinen prächtigen weißen und blauen Gewänder und mit seinem purpurnen Umhang und dem großen Turban erkannte ich ihn kaum. Er küßte uns beide und erinnerte mich, daß es immer Hoffnung auf Veränderung gebe, wenn Adonai am Werk sei. Und er zeigte uns den königlichen Siegelring, den er von Haman übernommen hatte. Dann sagte er: „Du hast deine Sache gut gemacht, meine Tochter. Du hast den Tod unseres Feindes bewirkt und möglich gemacht, daß ich in eine Position aufrücke, deren Einfluß größer ist als die von Memuchan und seinen jugendlichen Kollegen, größer als Hutaosas und vielleicht sogar größer als die von Aschpamithra. Ich habe die Erlaubnis, den König aufzusuchen, ohne gerufen worden zu sein, und man hat mir eine Sondergenehmigung erteilt, dich zu besuchen, vorausgesetzt, ich habe eine Eskorte. Nun können wir beide richtig beginnen, für die Befreiung unseres Volkes zu arbeiten."

„Nein, Vater." Unglücklich schüttelte ich den Kopf. „Haman ist zwar tot, doch nichts hat sich geändert."

„Oh, natürlich hat sich was geändert. Du und Hegai, ihr habt euch geändert, und auch ich. Ich bin vielleicht halb blind, Hadassa, doch ich sehe die Dinge nun klarer als je zuvor. Eine Veränderung des Herzens bewirkt sehr viel mehr als alle politischen Proklamationen, Hadassa, und das Gebet ist stärker als ganze Armeen. Du wirst sehen. Kschajarscha hat sich bereits mit seinen Rechtsberatern zusammengesetzt."

19

Doch die Tage vergingen, und wir hörten nichts vom Ausgang dieser Beratungen. Auch bekam ich Kschajarscha nicht einmal zu Gesicht, obwohl ich Nachricht von Aschpamithra erhielt, sein Herr sei wieder krank und wollte mich dies wissen lassen, damit ich mir keine Sorgen mache, daß unser Streit unsere Versöhnung in Gefahr gebracht hätte.

Das machte mich um so ängstlicher, denn etwas Schreckliches in Worte zu fassen, und wenn es nur ist, um es zu leugnen, kann ihm Macht verleihen. Der Glaube, der so bereitwillig in mir aufgeblüht war, schien zu verwelken wie das Gras auf den Ebenen Susas im Sommer.

Die Situation wurde auch nicht besser durch die Tatsache, daß ich auch Hutaosa die ganze Zeit nicht zu Gesicht bekam. Sicherlich hätte Kschajarschas Mutter mich nun, da ich wieder als seine Hauptfrau bestätigt war, besuchen müssen, um mir ihre Glückwünsche zu überbringen? Früher war sie so freundlich, so liebevoll gewesen ... aber damals hatte sie noch auf die Ankunft eines Enkelkindes gewartet. Und was war mit Waschti? Wenn sie Grund hatte zu glauben, daß ich mich wieder mit dem König versöhnt hatte, würde sie doch sicher etwas dagegen unternehmen?

Etwa eine Woche später erzählte mir Hatach, daß Kschajarscha tatsächlich mit seinen Rechtsberatern und seinen sieben Ratgebern konferiert hatte. Mordechai war von den Beratungen ausgeschlossen worden, da seine Interessen betroffen waren. Es war jedoch beschlossen worden, daß andere Meinungen eingeholt werden sollten, vor allem die Meinungen von Fürsten und Statthaltern im ganzen Königreich. Kschajarscha wollte wissen, was die Bevölkerung ihrer betreffenden Provinzen von der dort lebenden jüdischen Bevölkerung hielt. Ich hatte recht gehabt mit meiner Annahme, daß der König eine breitgefächerte Rebellion fürchtete, wenn er die Vorurteile einer so großen Bevölkerungsschicht ignorierte. Doch das bedeutete, daß wir vielleicht zwei oder sogar drei Monate warten mußten, bis die Provinzvertreter eintrafen und eine Entscheidung gefällt werden konnte.

„Zwei Monate?" jammerte ich. „Das kann ich nicht ertragen, Hatach. Und ich soll Kschajarscha in der ganzen Zeit nicht sehen? Ich werde weder essen noch schlafen können. Ich werde sterben, entweder vor Hunger oder vor Erschöpfung."

Ich bat Hatach, zu Kschajarschas Gemächern zu gehen und um Erlaubnis zu bitten, daß ich ihn dort besuchen könnte, wenn der König zu schwach sei, um zu mir zu kommen.

Hatach kam mit der Nachricht zurück, daß ich den König noch am selben Abend besuchen könnte, wenn ich das wünschte, doch ich könnte keine ausgesuchtes Abendessen erwarten, wie ich es für ihn bereitet hätte, da seine Majestät im Augenblick den Anblick von Essen nicht ertragen könnte.

Ich hatte erwartet, ihn vielleicht auf einer Couch ausgestreckt vorzufinden, doch er lag im Bett. Er forderte mich auf, näherzutreten, meine Dienerinnen aber draußen zu lassen, damit wir ganz alleine waren. Ich sagte: „Mein Herr, es tut mir leid. Ich hätte nicht kommen sollen. Mir war nicht klar . . ."

Er lächelte mich an. „Keine Angst, meine süße Esther", sagte er. „Mir geht es nicht so schlecht, wie es aussieht. Ich wollte nur eine Entschuldigung, alle Formalitäten außer acht zu lassen, weil ich dich sofort für mich alleine haben wollte." Damit schlug er seine Decke zurück.

Ich biß mir verwirrt auf die Lippen. Ich fühlte mich nicht bereit. „Mein Herr", stammelte ich, „du solltest deine Kräfte nicht überschätzen. Ich weiß, daß du wieder sehr krank bist. Bitte . . . können wir nicht zuerst miteinander reden?"

„Reden? Meine liebe Esther, von dem ganzen Gerede bin ich krank geworden! Außerdem streiten wir, wann immer wir miteinander reden, und das möchte ich nicht. Meine Tage werden mir durch streitende Minister und Ratgeber vergällt; ich möchte nicht, daß mir auch noch die Nächte verdorben werden."

So begann ich widerstrebend meine Kleider abzulegen. Ungeschickt hantierte ich mit den Schnallen und Broschen, weil es so lange her war, daß ich mich selbst ausgekleidet hatte, und weil ich mich der beunruhigenden Vorstellung nicht entziehen konnte, daß ich mich für einen vollkommen fremden Menschen auszog.

„Du bist noch so schön wie an unserem Hochzeitstag", meinte er, als ich vor ihm stand. „Komm", sagte er wieder, „du bist sicher genauso ausgehungert nach Liebe wie ich."

Stimmt das? dachte ich, während ich in sein Bett kroch und seine Arme um mich spürte. Ich versuchte zu reagieren, ihm Befriedigung zu verschaffen, doch ich mußte mich zwingen, und ich war sicher, daß er das spürte. Ich machte mir Vorwürfe, daß ich so töricht gewesen war: Die ganze Woche hatte ich mich auf diesen Augenblick gefreut und befürchtet, daß er nie kommen würde. Doch nun, da wir zusammen waren, konnte ich nicht anders, als ihn mir mit Waschti zusammen vorzustellen, oder mit Hegai oder – schlimmer noch – mit Haman. Ich war mit einem Sünder zusammen, der sich mit dem schlimmsten Feind meines Volkes eingelassen hatte. Die Angst vor dem, was dem jüdischen Volk bevorstand, überwältigte mich wieder; es war, als seien die Palastwände auf einmal aus ägyptischem Glas, und ich könnte durch sie endlich die Welt draußen erblicken mit all ihrer Gewalt und dem Terror, den Vorurteilen und dem schrecklichen Leid. Ich lag mit meinem rechtmäßig angetrauten Ehemann, dem Großen König von Persien, im Bett, doch ich fühlte mich wie eine Hure, die mit einem Mörder schlief.

Als es vorbei war, zog er mich zu sich heran und sagte: „Esther, sag mir, daß du mich liebst. Das hat schon lange niemand mehr zu mir gesagt."

Was sollte ich sagen? Er blickte mich an, und ich bemerkte, daß seine Wangen eingefallen waren. Ich schluckte, dann brachte ich heraus: „Mein Herr, bitte vergib mir. Ich mache mir solche Sorgen um mein Volk. Wie kann ich sagen, daß ich dich liebe, wo du den Schlüssel zu ihrem Schicksal in Händen hältst und ihn nicht herumdrehen willst?" Das war die taktvollste Antwort, die mir einfiel.

„O Esther", seufzte er. „Ich hoffte, wir könnten das alles nur für eine Nacht vergessen. Ich tue alles, was ich kann, glaube mir. Du mußt Geduld haben."

„Es tut mir leid. Aber das ist nicht so leicht. Wenn ich nicht in den Palast gekommen wäre, wäre auch Mordechai nicht gekommen. Dann hätte er Haman niemals kennengelernt und hätte auch nie den Befehl bekommen, vor ihm auf die Knie zu fallen, und die Juden wären nie in Gefahr geraten. Die Schuld lastet auf mir, und ich kann sie nicht beiseite schieben."

„Du lügst mich schon wieder an, Königin Esther."

„Ich –"

„Du sagst, dein Gott hätte dir alle deine Sünden vergeben. Dazu gehört doch auch deine Schuld, hierhergekommen zu sein. Der Grund, warum du nicht sagen kannst, daß du mich liebst, ist, daß du nicht weißt, ob du mich liebst. Du weißt nicht, was Liebe ist, genausowenig wie ich."

Wieder konnte ich nichts darauf erwidern. Ich streckte vorsichtig meine Hand aus und streichelte seine bartlose Wange. Er schloß die Augen und legte seine Hand über meine, damit ich sie nicht wieder fortzog. Er mußte sich für meinen Besuch extra rasiert haben, denn seine Wange war glatt wie die eines Jungen und erinnerte mich an die von Hegai. Eine innere Stimme sagte immer wieder: *Du weißt, was Liebe ist,* und es war die Stimme Hegais.

Das Ganze war so beunruhigend, daß es eine Weile dauerte, bevor mir bewußt wurde, daß Kschajarscha immer noch sprach.

„Früher dachte ich, ich wüßte es. Als ich Waschti heiratete, war sie so schön, so voller Leben ... auch meine Untertanen liebten sie und überhäuften uns mit Geschenken und besangen auf den Straßen unser Glück. Es wäre mir egal gewesen, wenn ich der gemeinste Bettler in Susa gewesen wäre, solange ich sie hatte. Wie konnte ich nur zulassen, daß alles schiefging? Wie konnte ich nur mein Leben ruinieren?"

„Aber da war Hegai", wandte ich ein. „Du hast sie eifersüchtig auf ihn gemacht, lange vor dem Abend des Festes, als sie sich dir widersetzt hat. Es muß schon monatelang zwischen euch nicht alles gestimmt haben."

„Hegai ..." Er wiederholte den Namen so liebevoll, so sehnsüchtig, daß es mir die Kehle zuschnürte. „Mit Hegai war es ganz anders, das mußte sie doch gesehen haben. Er war doch nur ein Kind, einsam, heimwehkrank, und wollte so gern gefallen. Ich war alles, was er hatte."

„Du warst alles, was er hatte. Und die Liebe einer Frau ist genauso eifersüchtig wie mächtig, Kschajarscha."

„Ich weiß, das weiß ich nur zu gut. Aber warum war sie so eigensinnig, Esther? Warum kam sie nicht zu mir, als ich sie rufen ließ, auch wenn das vielleicht ein wenig ungeschickt war? Sie hätte mir hinterher Vorwürfe machen können. Doch sie hat mich fortgetrieben ... sie hat mich dazu gebracht, an Orten Liebe zu suchen, wo sie nie gefunden werden kann. Da war Mardunija, der mich nur liebte, weil er machtgierig war; er hat meine Armeen in den Tod geführt, weil er Griechenland nicht aufgeben wollte, dessen Statthalter er werden wollte. Und nun überfallen die Griechen noch immer unsere Inseln und Küsten. Dann war da die Frau meines eigenen Bruders in Sardis; o Gott, was für ein Chaos das war! Und da war Haman ..."

„Und da war ich."

„Du? Ich – ich weiß nicht, was du meinst."

„Doch, das weißt du, Kschajarscha. Du hast mich ausgewählt, weil ich dich an Waschti erinnerte. Du liebst sie noch immer, und du würdest sie morgen wieder als Königin einsetzen, wenn das Gesetz dies zulassen würde. Aber sie ist das Opfer eines weiteren Erlasses, der nicht widerrufen werden kann."

Nun wußte er nichts zu sagen. Sein Glaube verbot es ihm zu lügen, und er war nicht bereit, meine Gefühle durch seine Ehrlichkeit zu verletzen. Ich hatte noch nie erlebt, daß er sich wegen so etwas Gedanken gemacht hätte, und deswegen liebte ich ihn, zumindest in diesem Augenblick. Ich legte meine Finger an seine Lippen, damit er wußte, daß ich ihn verstand, und er seufzte erleichtert auf. Dann schliefen wir zum zweiten Mal in dieser Nacht miteinander, und diesmal mußte ich ihm nichts vorheucheln.

Zwei Monate später erfuhr ich, daß alle Repräsentanten, die an der Konferenz hinsichtlich der Juden teilnehmen sollten, in Susa angekommen waren.

Die Konferenz dauerte einen ganzen Tag. Mordechai erhielt die Erlaubnis, an der Nachmittagssitzung teilzunehmen, und wenn sie zu Ende war, sollte ich in den Apadana gerufen werden. Dann würden die Ergebnisse bekanntgegeben werden. Kschajarscha warnte mich, meine Hoffnungen nicht zu hoch zu setzen; denn nach allem, was wir wußten, konnte es durchaus sein, daß die antijüdische Einstellung in anderen Provinzen des Reiches vielleicht noch stärker war als in Susa.

Dieser Tag war der schlimmste in meinem Leben, seit ich meine Eltern verloren hatte. Ich versuchte zu essen, brachte jedoch nichts hinunter. Ich versuchte zu schlafen, doch wann immer ich die Augen schloß, sah ich vor mir geschärfte Schwerter, Rauch und das Feuer der Vernichtung. Ich versuchte zu beten, doch statt Freude erlebte ich

Hysterie und statt Frieden die Stille des Todes. Hegai war die ganze Zeit bei mir und Mordechai am Vormittag auch, doch ich nahm sie kaum wahr.

Die Sonne war lange untergegangen und die Lampen an den Wänden angezündet, als ich gerufen wurde. Bei einer so einzigartigen Gelegenheit und in der Gegenwart so vieler erhabener Würdenträger mußte alles sehr formell abgehen. Aschpamithra kam, um mich abzuholen; er trug seine zeremoniellen Gewänder, wie auch ich, obwohl Waschtis königliche Tiara, die meinen Schleier festhielt, mir auf dem Kopf zu brennen schien.

Von Aschpamithra geführt und mit Hegai an meiner Seite schritt ich, gefolgt von meinen sieben Dienerinnen, zum Apadana wie eine verurteilte Verbrecherin. Ich hatte nicht gedacht, daß ich so bald, nachdem ich zitternd den König und seinen ersten Minister zu meinem Festmahl eingeladen hatte, wieder dort erscheinen müßte. Wenigstens wurde ich dieses Mal erwartet, darum war mein Leben nicht in Gefahr. Doch das Leben von Tausenden Männern, Frauen und Kindern meines Volkes hing von den Worten ab, die ich gleich hören würde.

Aschpamithra kündigte mich dem Hasarapatisch in der altpersischen Formel an, die bei einer so feierlichen Staatsangelegenheit verwendet wurde. Artabanusch stieg die große Steintreppe hoch und kündigte mich dem König an. Der Vorhang teilte sich, und ich schritt mit meinem Gefolge die Treppe hoch, blieb oben stehen und blickte auf den Thron am hinteren Ende der Halle. Neben dem Thron auf dem Podest, das von einer Vielzahl von Kerzen erleuchtet war, standen Mordechai, die sieben Ratgeber des Königs, seine Eunuchen und Diener.

An der Wand entlang saßen die Statthalter mit gekreuzten Beinen auf seidenen Kissen, ihre unzähligen Diener standen hinter ihnen.

Kraft seines Amtes wäre es eigentlich Mordechai zugefallen zu sagen, was gesagt werden mußte. Doch da er persönlich betroffen war, wurde die Rede auf Persisch von Memuchan gehalten und Satz für Satz ins Aramäische übersetzt. Er begann mit einer bombastischen Vorrede, und die ganze Zeit blickte ich in das Gesicht meines Adoptivvaters und suchte darin die Antwort auf die Frage, die mir auf dem Herzen brannte. Erst als Memuchan es aussprach, verstand ich den nichtssagenden Gesichtsausdruck Mordechais. Die Antwort war keine Antwort.

Der Große König hatte ein offizielles Dekret erlassen, verkündete

Memuchan, und folglich konnten seine Worte nicht zurückgenommen werden. In diesem Erlaß sei jedoch nicht ausdrücklich gesagt worden, wer die Ermordung der Juden durchführen sollte. Die Juden sollten „von ihren Feinden" getötet werden, hieß es, jedoch war kein Hinweis darauf gegeben worden, wer diese Feinde waren. Darum waren der König, die Fürsten und Statthalter übereingekommen, daß keine kaiserlichen Truppen zu diesem Zweck eingesetzt werden sollten, auch nicht die „Unsterblichen" oder die Regimenter, die zur regulären Armee gehörten, nicht die Garnisonen der Städte mit jüdischen Einwohnern, und auch nicht die Sicherheitskräfte der Statthalter. Jeder persische Untertan mußte für sich selbst entscheiden, ob er sich dem Angriff auf seine jüdischen Nachbarn anschließen wollte oder nicht; aus dieser Entscheidung würde ihm kein Nachteil entstehen. In dem Erlaß war ein Tag festgesetzt für diese Maßnahme, und der König in seiner Weisheit hatte den Zeitraum festgelegt zwischen Sonnenaufgang und Sonnenuntergang. Jeder, der vor oder nach diesem Tag Gewalttaten gegen Juden verübte, würde genau wie ein Verbrecher behandelt werden. Der König hatte gesprochen, lang lebe der König.

Danach rollte Memuchan die Schriftrolle auf, aus der er vorgelesen hatte, und er und sein Übersetzer traten zurück und stellten sich hinter Kschajarscha, der kühl und passiv wie ein Götzenbild auf seinem Thron saß.

Ganz unerwartet sprach Kschajarscha mich an. Er verkündete, daß Mordechai und ich Briefe welchen Inhalts auch immer an die jüdischen Gemeinschaften in seinem Reich schreiben und mit dem königlichen Siegel versehen könnten.

Ein erstauntes Raunen ging durch den Saal; Mordechai war offensichtlich verblüfft. Ich selbst wußte absolut nicht, wie ich das, was ich gehört hatte, interpretieren sollte, und blickte den neuen ersten Minister fragend an. Memuchan verkündete, die Sitzung sei beendet. Hegai berührte mich am Ellbogen, und ich ließ mich von ihm fortführen. Meine Augen brannten von dem Weihrauch, meine Gedanken und Gefühle waren in Aufruhr.

Kurz darauf besuchte mich Mordechai in meinen Gemächern. Ohne auch nur daran zu denken, ihn korrekt zu begrüßen oder ihm eine Erfrischung anzubieten, platzte ich heraus: „Ich verstehe das nicht. Muß unser Volk nun doch sterben? Was können wir schreiben, um unsere Lage zu verbessern?"

Doch während ich in Panik geraten war, hatte er nachgedacht und unter vier Augen mit Kschajarscha gesprochen, um sicherzustellen, daß seine Gedankengänge in die richtige Richtung liefen. Wir sollten dafür sorgen, daß unser Volk richtig ausgerüstet und ausgebildet war, um seine Angreifer abzuwehren.

„Das hat er gesagt?“ rief ich.

„Natürlich nicht, meine liebe Tochter. Wie könnte er? Erwartest du von ihm, daß er einer Minderheit seiner Untertanen seine ausdrückliche Erlaubnis erteilt, sich der Durchführung eines königlichen Erlasses zu widersetzen? Doch er ließ keinen Zweifel an dem, was es bedeutete und wie der erwartete Ausgang sein würde. Wir haben neun Monate Zeit, um uns vorzubereiten. Wir brauchen jetzt nichts mehr zu fürchten, haben aber eine Menge zu tun.“

„Ich verstehe es immer noch nicht. Kschajarscha hat in gewisser Weise einen versteckten Bürgerkrieg in seinem eigenen Reich gebilligt. Es wird ein Blutbad geben, Vater. Das ist widerwärtig.“

„Ich glaube nicht. Wenigstens wird das Blut, das vergossen werden wird, heidnisches Blut sein und nicht jüdisches. Unser amalekitischer Freund hatte nur wenig Zeit, den Haß gegen unser Volk zu schüren bei den Leuten, die kaum wußten, wer wir waren. In neun Monaten, denke ich, wird er bei den meisten verraucht sein.“

„Oh, Vater, wie wünschte ich, daß du recht hast! Aber Haß ist so viel leichter zu schüren als Liebe oder Respekt! Ich habe in Jerusalem gelebt; ich habe gesehen . . .“

Doch ich konnte nicht weitersprechen, weil ich die Beerdigung meiner Familie vor Augen hatte, und wieder einmal wurde ich von meiner Trauer überwältigt.

Mordechai nahm mich in die Arme und beruhigte mich. Er sagte kein Wort, bis ich mich gefaßt hatte. Als ich wieder ruhig war, meinte er: „Hadassa, die Zahl derer, die uns wirklich hassen, ist sehr klein. Das hat Seine Majestät, dein Gatte, von den Delegierten bei der Konferenz erfahren, bevor er diese Entscheidung getroffen hat. Je weiter man von Susa fortreist, desto weniger hat die Bevölkerung gegen uns. Hamans Einfluß war überaus schädlich, und viel Lärm ist darum gemacht worden; doch er war auf einen bestimmten Bereich begrenzt. Wenn erst einmal bekannt wird, daß der erste Minister ein Jude ist, genau wie die Königin, wird sich nur noch ein Narr gegen uns stellen.“

Noch nicht ganz überzeugt murmelte ich: „Die Welt ist voller rücksichtsloser und grausamer Menschen. Einige von ihnen werden ganz bestimmt Zuflucht zu Gewalt suchen.“

„Aber viele werden erst einmal nachdenken, wenn sie Repressalien befürchten."

„Repressalien? Von wem? Es ist, wie du sagtest – die Behörden werden uns nicht helfen können."

„Unsere Feinde haben nur einen einzigen Tag, an dem sie die Waffen gegen uns erheben und uns Schaden tun können, Hadassa. Jede Gewalt gegen uns nach diesem Tag wird hart bestraft werden. Doch nichts ist gesagt worden darüber, daß die Juden sich nicht wehren dürften. Es ist unsere Pflicht, diejenigen, die uns am Herzen liegen, darauf hinzuweisen."

Am folgenden Morgen entwarfen wir den Wortlaut der Briefe, die unter unseren Volksgenossen verbreitet werden sollten. Mordechai hatte fast die ganze Nacht darüber nachgedacht und die Formulierungen, die er mir zur Genehmigung vorlegte, gut ausgearbeitet. Die Briefe würden durch die königliche Post an die Ältesten jeder jüdischen Gemeinschaft des Reiches geschickt werden.

Am dreiundzwanzigsten Tag des Monats Sivan wurde der Brief den königlichen Sekretären und Übersetzern diktiert und in jede Provinz geschickt, von Indien bis in den Sudan. Sie wurden in alle möglichen Sprachen übersetzt und mit dem Siegel des Königs versehen. In jeder Stadt wurden die Juden autorisiert, sich zur Selbstverteidigung zu rüsten; falls bewaffnete Männer jedweder Nationalität jüdische Männer, Frauen oder Kinder angriffen, konnten die Juden zurückschlagen und die töten, die sie zu töten versucht hatten, doch durfte keinem Unschuldigen in Adonais Namen Schaden zugefügt werden.

Ein Freudentaumel brach in den Straßen Susas aus, als unser Brief veröffentlicht wurde. Es war, als sei der dreizehnte des Monats Adar bereits vorüber und die Schlacht gewonnen. Im jüdischen Viertel tanzten die Leute auf den Straßen; Mädchen warfen Blumen, Jungen tanzten auf den Straßen und sangen Lieder von Zion. Vermutlich forderten sie ihr Schicksal damit heraus, doch niemand wagte es, sie anzurühren, weil die meisten Heiden genauso erleichtert waren wie wir. Haman war tot, und jeder wußte, warum; die meisten Leute mit gemäßigten Ansichten waren froh, seinen Haß zusammen mit seinen Gebeinen zur Ruhe zu betten, und gaben vor, daß sie mit ihren jüdischen Nachbarn die ganze Zeit sehr gut ausgekommen seien.

Doch es gibt eine Zeit zum Feiern und eine Zeit zum Arbeiten, so wie es eine Zeit für alles unter Gottes Sonne gibt. Jetzt war die Zeit gekommen, wo harte Arbeit gefragt war, weil nicht alle Stimmen, die sich in Susa erhoben, judenfreundlich waren. Da gab es immer noch die Extremisten, die ihre Schwerter schärften und ungeduldig mit den Zähnen knirschten, weil sie es nicht abwarten konnten, bis sie den Juden an die Kehle gehen durften.

Keiner der Juden war kampferprobt. Sie und ihre Vorfahren hatten im Frieden gelebt, seit der mächtige Kurasch sich zu ihrem Freund erklärt hatte, und sogar während Hamans Schreckensherrschaft hatten sich die älteren unter ihnen geweigert, sich mit ihren Fäusten zu wehren.

Mordechai ließ aus Jerusalem Männer kommen, die den Juden in Susa das Kämpfen beibringen sollten, da sie über reichlich Erfahrung mit den Samaritern verfügten. Die jungen Juden sammelten sich um sie und waren begierig zu lernen.

Doch viele ihrer Väter und Onkel hielten sich zurück; sie weigerten sich zu glauben, daß ihnen etwas so Schreckliches tatsächlich zustoßen könnte.

Mordechai bemühte sich, so viele Waffen wie möglich zu beschaffen. Er kaufte oder lieh sich Schwerter, Dolche, Speere, Pfeil und Bogen, Schleudern; ich selbst gab ihm enorme Mengen Gold und Edelsteine, da ich unsagbar reich war, seit mir Hamans Besitz übereignet worden war.

Ganz allmählich bekamen unsere Verteidigungsbemühungen eine Struktur. Die vielversprechendsten Rekruten wurden mit einem offiziellen Rang belohnt und bekamen die Verantwortung für die Unterweisung der Jüngeren übertragen. Allen war ganz deutlich gemacht worden, was uns bevorstand: ein heiliger Krieg, ähnlich dem, der von unserem Vorfahr Josua geführt worden war, als er das verheißene Land einnehmen sollte, und daher durfte der heidnische Besitz nicht angetastet, auch ihre Leichen nicht geschändet werden.

Während die neu ernannten Hauptleute unserer Verteidigungsmacht von Susa immer mehr Zutrauen zu ihren eigenen Fähigkeiten gewannen und ihr Vertrauen zueinander wuchs, fragte ich mich, ob die alten Männer nicht vielleicht doch recht hatten. Welcher Mob würde es wagen, die Hand gegen ausgezeichnet ausgebildete, entschlossene und furchtlose Männer zu erheben? Doch Mordechai warnte mich vor den vielen Menschen, die ihre eigene Armut dem jüdischen Besitz zuschrieben. Andererseits bestand wenig Aussicht, daß an einem einzigen Tag viel erreicht werden konnte. Bestimmt würde der König nicht zögern, eine Fortsetzung der Ausschreitungen zu verhindern, weil dies ganz schnell zu einer ernsten Bedrohung der königlichen Sicherheit werden könnte. Doch die Möglichkeit bestand und mußte in Betracht gezogen werden.

Ich zog sie in Betracht, sehr ausführlich. Nachdem Mordechai davon gesprochen hatte, konnte ich sie nicht mehr aus meinen Gedanken verbannen. Ich hatte begonnen, die bevorstehende Auseinandersetzung als eine Fortsetzung des Feldzugs Sauls gegen Amalek zu sehen; doch nun war es auf einmal mehr als das. Es war gleichzeitig die Aufarbeitung meines eigenen Hasses auf die Mörder meiner Eltern, meiner Schwester und meiner besten Freundin. Ich wünschte, ich könnte mir selbst ein Schwert beschaffen. Ich wurde launisch, weil mir die Zügel aus der Hand genommen worden waren, und eingepfercht in meine Gemächer wurde ich immer frustrierter, weil ich nichts tun konnte außer beten. Natürlich wußte ich, daß das Gebet die stärkste Waffe war, über die wir verfügten, doch das mußte ich mir hundertmal am Tag wieder ins Gedächtnis rufen.

Als der dreizehnte Tag des Monats Adar näherrückte, stieg die Spannung in der Stadt. Immer noch begab sich Hatach Tag für Tag treu nach Susa und berichtete mir, was er sah und hörte. Doch er lieferte mir keinen Beweis dafür, daß unsere Feinde sich sammelten und organisierten, wie wir es getan hatten. Vermutlich glaubten sie den Gerüchten, die sie gehört haben mußten, nicht, oder sie betrachteten uns alle als fromme Feiglinge, die ihre Waffen nicht einzusetzen wußten. Auf der anderen Seite waren die, die uns schaden wollten, nicht die Art von Männern, die in der Lage sind, sich zu organisieren. Alle ihre Anweisungen waren von Haman gekommen, und nun, da er tot war, waren ihre sogenannten Führer untereinander zerstritten, und es konnte gut sein, daß sie gegeneinander vorgingen anstatt gegen uns. Hamans frühere Gefährten wurden einer nach dem anderen mit einem Messer im Rücken in der Gosse gefunden.

Zu Beginn des Monats Adar wurde im jüdischen Viertel in Susa das Haus eines jüdischen Geschäftsmannes von illegal bewaffneten Raufbolden umstellt und in Brand gesteckt. Der Angriff geschah an einem Sabbatmorgen, als sein Haus voller treuer Juden war, die sich in noch größerer Zahl versammelt hatten, da der Tag der Auseinandersetzung bevorstand. Männer, die seit Jahren nicht mehr über Gott nachgedacht und ihr Hebräisch beinahe vergessen hatten, sangen entschlossen die alten Gebete wie die Priester und Propheten des Altertums.

Ihr Gastgeber wurde mit seinem eigenen Gebetsschal erwürgt; keiner der Anbetenden entkam lebend.

Doch danach glaubte keiner mehr daran, daß der von Haman festgesetzte Tag ohne ernsthafte Zwischenfälle vergehen würde. Die letzte Schlacht hatte bereits begonnen.

20

Der Tag dämmerte klar und wolkenlos, genau wie der Tag zuvor. Es wurde immer heißer, denn der Frühling war über Susa angebrochen. Alles war so friedlich, und man konnte kaum glauben, daß in kurzer Zeit ein Sturm der Gewalt über das Königreich hereinbrechen würde.

Ich erhob mich, sobald ich erwachte, und legte die einfachsten Gewänder an, die ich finden konnte. Es schien mir unangemessen, irgend etwas anderes zu tragen, mein Gesicht zu schminken oder meine Nägel zu lackieren. An diesem Tag wollte ich nicht die Königin von Persien sein, sondern eine Jüdin wie andere Juden, und mich mit ihrem Leiden identifizieren. Ich schämte mich, weil es mir wirklich schwerfiel, einen Tag ungewaschen und unparfümiert zu verbringen, wo viele meiner Brüder und Schwestern, die außerhalb des Schutzes der Palastmauern lebten, alles außer ihrem Leben verloren hatten und auch dies an diesem Tag in Gefahr war.

Trotzdem, wenn ich Besucher erwartet hätte, hätte ich mich vielleicht ein wenig sorgfältiger zurechtgemacht. Doch ich rechnete mit niemandem außer Hegai und gelegentlich mit Hatach, der die Anweisung hatte, mich über die Entwicklungen in der Stadt zu informieren. Er sollte jedoch nicht selbst hingehen; das war zu gefährlich. Er sollte sich den ganzen Tag in Mordechais Nähe aufhalten, der wiederum bei Kschajarscha bleiben sollte. Die Spione des Königs würden beide auf dem Laufenden halten.

Alles wurde noch schlimmer, als die Stunden sich hinzogen und wir nichts hörten.

„Warum kommt Hatach nicht?“ fragte ich Hegai, als wüßte er es besser als ich. „Es ist so still. Zu still.“ Ich stand auf und ging in den Hof hinaus, dann kam ich wieder herein und ging zum zweiten Mal hinaus. „Warum singen die Vögel nicht? Warum ist niemand in der Nähe?“

Hegai zuckte nur resigniert die Achseln.

Am Vormittag kam tatsächlich jemand an die Tür. Ich rannte selbst hin, um zu öffnen, weil ich dachte, es sei endlich Hatach. Doch es war sein junger Freund Harbona, und er brachte keine Neuigkeiten, sondern ein Geschenk, das in Leinen eingewickelt war.

Meine Kinnlade fiel herunter. Ich hatte vollkommen vergessen, daß heute mein Geburtstag war. Ich fragte ihn, wie er das erfahren hätte, doch er sagte nur: „Oh, Euer Majestät, Herrin, es tut mir leid, das ist nicht von mir. Ein Freund hat mich gebeten, es an dich weiterzugeben; er konnte sich von seinen Pflichten nicht freimachen, um es selbst zu bringen.“

Ich wußte sofort, wer es geschickt hatte. „Harbona, gib es deinem Freund zurück; ich möchte es nicht haben.“

Der arme Harbona starrte mich schockiert an. Es ist eine Sache, ein Geschenk höflich abzulehnen, wenn man dem Geber persönlich gegenüberstand. Doch ein Geschenk zurückzuweisen, das einem überbracht wurde, war etwas ganz anderes.

Schließlich mischte sich Hegai ein. „Hadassa, du mußt es annehmen. Du darfst nicht riskieren, sie heute zu beleidigen. Wir haben doch wirklich schon Sorgen genug.“

„Es wird ein vergifteter Kuchen sein, und Roxana ist nicht hier, um ihn zu probieren“, gab ich heiser zurück. „Oder ein in Säure getränkter Umhang; oder vielleicht eine giftige Schlange in einem Korb.“

„Wenn es ein Kuchen ist, brauchen wir ihn nicht zu essen, und wenn es ein Umhang ist, brauchst du ihn ja nicht zu tragen“, meinte Hegai, nachdem er Harbona freundlich gedankt und ihn entlassen hatte. „Und wenn es eine Schlange ist, werden wir einen Schlangenbeschwörer finden, der sie tanzen läßt.“

Ich brachte mühsam ein Lächeln zustande, doch meine Eingeweide verkrampften sich, als sei ich bereits vergiftet worden. Doch ich konnte nichts anderes tun als zusehen, wie Hegai Waschtis Geschenk auswickelte und es vorsichtig auf den Tisch stellte.

Es war ein Kerzenständer aus Silber, eine Nachahmung des siebenarmigen Leuchters, eines der heiligsten Geräte im Tempel zu Jerusalem. Er war wunderschön, und wenn er von jemand anderem gekommen wäre, wäre ich gerührt gewesen. Doch da er von Waschti kam, wußte ich, er war als ein Symbol meiner Niedrigkeit gemeint, als Erinnerung daran, daß ich eine Außenseiterin mit ausländischem Blut war und nie etwas anderes würde sein können. Das war mir klar, noch bevor Hegai den beiliegenden Brief fand:

Meine liebe Esther – oder darf ich dich Hadassa nennen? Erlaube mir, diese Gelegenheit zu ergreifen und dir herzlich zu deinem Geburtstag zu gratulieren. Ich hoffe, dieses kleine Geschenk gefällt dir; ich war begeistert, als ich es unter meinen Schätzen fand, weil es so einzigartig auf dich paßt und auch so herrlich gearbeitet ist. Wenn ich natürlich Bescheid gewußt hätte, hätte ich es dir bereits im vergangenen Jahr oder dem Jahr davor geschenkt, doch erst neulich habe ich von deiner Verbindung zu dem faszinierenden und – wie soll ich sagen? – tragischen Geschick der Juden erfahren. Es ist eine solche Schande, daß die reiche Kultur dieses Volkes mit all seinen bezaubernden Sitten und Überzeugungen bald nur noch in den Aufzeichnungen der königlichen Archive zu finden sein wird. Doch die Zivilisationen werden als Studienobjekte um so interessanter, wenn sie der grauen Vergangenheit angehören, meinst du nicht? Die Zeit spinnt ein so exotisches Netz der Faszination um sie! Sumer, Knossos, Ninive, der verlorene Kontinent Atlantis . . . Welch wundervoll romantische Bilder lassen diese Namen uns vor Augen stehen! Vielleicht wird dieser hübsche kleine Kerzenständer seinen Weg in das Museum eines zukünftigen persischen Königs finden, wenn du erst einmal tot bist, vielleicht in das Museum eines meiner Söhne oder Enkel. Du könntest ein paar Sätze dazu schreiben. Sie könnten dazugelegt werden, damit die Besucher, die ihn sich ansehen, wissen, wozu er bestimmt war. Es ist schade, daß du keine Zeit haben wirst, dies sehr detailliert zu tun. Freue dich an dem, was von deinem Geburtstag noch übrig ist, Hadassa, meine Liebe, denn nichts Gutes kann ewig dauern.

Ich versuchte, tief durchzuatmen, um mich zu beruhigen, doch ich mußte mich beinahe erbrechen. „Sie will mich töten; ich habe es die ganze Zeit gewußt. Und sie wird es heute tun, weil nur heute niemand das Recht hat, sie aufzuhalten! Sie muß mit Kschajarscha gesprochen haben, sonst würde sie meinen hebräischen Namen nicht kennen! O Gott, Tammuz, sie wird ihn wieder gegen mich einnehmen; und es ist alles meine eigene Schuld. Sie ist so clever, und ich bin so dumm. Sie wird ihr Wissen gegen mich verwenden, Tammuz, ich weiß, daß sie das tun wird. Sie sagt, ich würde keine Zeit mehr haben, mehr als ein paar Sätze zu der Menora zu schreiben – "

„Das kann alles mögliche bedeuten. Es geht auf Mittag zu. Dein Geburtstag ist halb vorbei."

„Ich muß Kschajarscha sprechen. Ich muß sofort zu ihm. Ich muß herausfinden, ob er mit Waschti gesprochen hat und was er ihr gesagt hat. Ich muß wissen, was das alles bedeutet. Er muß mich vor ihr beschützen, vor allem heute."

„Tu es nicht, kleiner Stern. Bitte. Bleib hier. Du machst alles nur noch schlimmer."

Doch ich rauschte an ihm vorbei und wäre sofort aus meinem Zimmer marschiert, wenn ich nicht auf einmal Hutaosa gegenübergestanden hätte.

Wie gewöhnlich wurde sie von ihrer Zofe begleitet, doch sie hatte auch zwei Eunuchen bei sich, was bei ihr sonst nicht üblich war. Sie waren sehr stämmig und trugen furchterregende Dolche, die bestimmt nicht nur zu Zeremonienzwecken bestimmt waren.

Ich hatte sie seit Monaten kaum zu Gesicht bekommen, und da stand ich, mit ungeschminktem Gesicht, unfrisiert und in ganz einfachen Gewändern. Ich wollte eine Entschuldigung hervorbringen, doch sie küßte mich und sagte, sie würde verstehen, daß dies ein besonderer Tag für mich sei.

Trotz ihres oberflächlichen Mitleids spürte ich sehr deutlich, daß sie mich nicht verstand; wenn das ganze Weltreich um sie herum zusammengebrochen wäre, hätte sie ihre Toilette nicht vernachlässigt. Sie winkte ihrer Zofe, und sie überreichte mir einen Strauß aus Lilien und Rosen.

„Oh, das hättest du nicht tun sollen", murmelte ich zweimal, wie die Sitte es erforderte. Sie legte mir die Blumen in den Arm, und ich versprach, sie in Wasser stellen zu lassen. Doch da meine Dienerinnen nirgends zu sehen waren, übernahm Hutaosa diese Aufgabe selbst. Dann verwickelte sie mich in eine oberflächliche Unterhaltung.

„Weißt du, ich werde sehr erleichtert sein, wenn der heutige Tag vorüber ist", verkündete sie. „Kschajarscha ist fast genauso zerstreut wie du. Oh, sei doch nicht so niedergeschlagen, meine Liebe. Ich bin sicher, diese ganze unglückliche Angelegenheit wird sich zum Guten wenden. Wenigstens brauchst du dir um dein Leben keine Gedanken zu machen, weder von Leuten außerhalb noch von Leuten innerhalb des Palastes."

Sie blickte mich seltsam an, als sie das sagte, doch ich hatte keine Zeit, über ihre Worte nachzudenken. Als sie endlich ging, war ich nicht mehr bereit, Kschajarscha gegenüberzutreten. Ich fühlte mich nicht nur häßlich, ich war auch vollkommen verwirrt.

„Warum ist sie hergekommen, Tammuz?" fragte ich Hegai, der versuchte, mich zu beruhigen. Und als ich dann wieder etwas klarer denken konnte, fügte ich hinzu: „Und warum hat sie diese beiden riesigen Eunuchen mitgebracht? Sie waren bewaffnet, Tammuz. Hätte auch sie mir nach dem Leben getrachtet, wenn ich etwas Falsches gesagt hätte?"

„Esther, Esther", flüsterte er und strich mir über mein wirres Haar, „tu dir das nicht an. Adonai wird uns ganz bestimmt beschützen, wenn wir unser Leben in seine Hand legen, meinst du nicht? Komm ... wir wollen uns hinknien und gemeinsam beten, genau wie wir es tun, wenn Mordechai bei uns ist. Adonai wird nicht zu beschäftigt sein, uns zuzuhören."

Ich schluckte und nickte, und vielleicht hätte ich getan, was er vorgeschlagen hatte, wenn nicht ein weiterer Besucher an meine Tür geklopft hätte.

Es war Aschpamithra, der ein purpurnes Kissen trug, auf dem Gold und Edelsteine funkelten. Steif kam er auf uns zu und legte seine Last auf dem Tisch ab. In den Falten lag noch ein wunderschönes, mit Smaragden und Rubinen besetztes Kollier mit passenden Ohrgehängen. Ich sah Aschpamithra fragend an, und er erklärte: „Dein Geburtstagsgeschenk von Seiner Majestät, König Kschajarscha. Möget ihr beide ewig leben." Damit verbeugte er sich und ging.

Hegai sagte: „Siehst du, du bist dem König doch wichtig. Das ist ein wunderschönes Geschenk, kleiner Stern. Laß mich dir helfen, es anzulegen."

Doch ich schüttelte nur heftig den Kopf, warf die Kette beinahe auf den Boden, als Hegai seine Hand danach ausstreckte. „Wie kann er denken, ich würde mich an einem Tag wie diesem über solchen sinnlosen Tand freuen? Und sieh dir nur die Farbe der Steine an und die Form der Ohrgehänge. Das Ganze ist ein Zeichen von Ahura Mazda! Ich werde sie niemals tragen. Er haßt mich, Tammuz, genau wie Waschti. Und Hutaosa. Alle hassen mich." Dann brach ich in Tränen aus, weil mir auf einmal klar wurde, welchen Blödsinn ich redete und daß ich gar keine Angst zu haben brauchte, weil ich alle meine Sorgen und meine Verwirrung Adonai zu Füßen legen konnte.

Hegai nahm mich in die Arme. „Es tut mir leid, Tammuz", murmelte ich. „Es tut mir leid. Aber ich kann es nicht ändern, ich habe Angst. Angst, in diesen Gemächern zu bleiben, wo Waschti mich so leicht töten kann, und niemand darf seine Hand gegen sie erheben. Und ich habe Angst um mein Volk; warum haben wir immer noch nichts gehört? Warum ist Hatach noch nicht gekommen? Mordechai hätte ihn doch längst schicken müssen. Bitte, Tammuz . . . komm mit mir zu Kschajarscha."

Er versuchte erneut, mich davon abzuhalten, doch er erkannte, daß ich mich von meinem Vorhaben nicht abbringen ließ. Ich legte einen dichten Schleier an und machte mich auf den Weg.

Wir gingen auf direktem Wege zum Apadana, und Artabanusch ließ uns eintreten, wenn auch widerstrebend. Ich rannte durch die Halle und warf mich vor dem König zu Boden, jedoch mit halb erhobenem Kopf, weil ich Angst hatte zu verpassen, was um mich herum vorging. Kschajarscha saß auf seinem Thron, seine Berater standen um ihn herum, darunter auch Mordechai. Noch während ich dort auf dem Boden lag, eilte ein Kurier herzu, während ein anderer den Thronsaal verließ, doch der Neuankömmling konnte seine Botschaft nicht überbringen, weil Kschajarscha mich entdeckt hatte.

Er war verärgert, das war deutlich zu sehen; selbst Mordechai schien es zu spüren, wenn er auch den Grund dafür wegen seines schlechten Augenlichts nicht erkennen konnte. Sobald ich mich erheben durfte, platzte ich heraus: „Oh, Euer Majestät, mein Herr Kschajarscha . . . bitte, mein Herr, ich habe Angst! Niemand erzählt mir, was vorgeht, und ich habe auch Angst um mein eigenes Leben!"

Kschajarscha blickte seine Ratgeber an, doch sie hoben nur verwirrt die Hände. Ein wenig spitz fragte er mich: „Was soll das? Wie kann dein Leben in Gefahr sein, wo du hier im Palast doch sicher bist? Kehre sofort in deine Gemächer zurück, Esther. Ein Kriegsrat ist kein Ort für eine Frau, nicht einmal für die Königin."

„Mein Herr, bitte, hör auf das, was ich zu sagen habe!" Ich hatte mich zwar erhoben, warf mich jedoch zum zweiten Mal ihm zu Füßen. „Ich habe ein Geschenk bekommen, und einen Brief, von Waschti. Sie –"

„Also wirklich, Esther! Das geht zu weit! Wie soll ich für das

Wohl deines Volkes sorgen, wenn du mich mit solchen Nichtigkeiten belästigst? Bist du überrascht, daß sie dir ein Geschenk schickt? Du hast heute Geburtstag, um Himmels willen, oder ist die Beachtung eines solchen Tages bei den Juden ein Verbrechen? Willst du mir nicht einmal für mein Geschenk danken? Ich sehe, daß du es nicht trägst."

Ich wußte nicht, wo ich mich verkriechen sollte. Obwohl der König theoretisch seine Frau und jeden seiner Untertanen ansprechen konnte, wie er möchte, war es nicht üblich, daß er so verächtlich mit jemandem sprach. Um der Situation die Peinlichkeit zu nehmen, forderte Mordechai den verschreckten Boten auf, Seiner Majestät zu sagen, welche Neuigkeiten er bringe. Der arme Bursche, der noch immer auf dem Boden lag, stammelte: „Keine Neuigkeit, mein Herr. Die Sicherheitskräfte Seiner Majestät sind noch immer um das jüdische Viertel stationiert. Doch sie sind noch nicht in Aktion getreten. Vermutlich wird das auch nicht nötig sein."

„Da hast du es", entgegnete Kschajarscha triumphierend. „Du hast nichts gehört, weil es nichts zu berichten gibt. Oder möchtest du, daß ich dir jede Stunde einen Boten schicke, der dir sagt, daß ich dir nichts zu berichten habe?"

Ich sah Mordechai flehend an; eine sinnlose Geste, weil er mich nicht sehen konnte. Vielleicht hatte ihm Kschajarscha ja auch verboten, mit mir in Kontakt zu treten, weil es wichtigere Dinge zu tun gab?

Während ich immer noch vor Kschajarschas Thron kniete, kam ein zweiter Bote in den Thronsaal gerannt. Er warf sich atemlos vor dem König zu Boden und keuchte: „Euer Majestät, es hat begonnen. Mehrere Kompanien junger Männer bewegen sich auf das jüdische Viertel Susas zu. Sie singen, Euer Majestät, und trommeln auf Schilder oder Pfannen, auf alles, was sie in die Hände bekommen. Einige von ihnen tragen brennende Fackeln, sowie Knüppel und Schwerter. Ich habe eine solche Gruppe mit meinen eigenen Augen gesehen."

„Der Weise Herr erhalte uns", keuchte Kschajarscha. Erst in diesem Augenblick wurde mir klar, daß er so wütend reagiert hatte, weil auch er Angst hatte, daß er trotz seiner unbegrenzten Mittel nicht in der Lage sein würde, die Gewalt in Grenzen zu halten, die in kürzester Zeit losbrechen würde. Die Stunden des Wartens seit Tagesanbruch hatten ihn nervös gemacht, und zweifellos auch die jüdischen Verteidigungskräfte, und genau das hatten unsere Gegner beabsichtigt. Anscheinend hatten sie sich doch organisiert.

Ich flehte Kschajarscha an, mich nicht in meine Gemächer zu verbannen, wo Waschti mich finden und töten konnte. Natürlich schenkte der König meinem Gejammer keine Beachtung, da er der Meinung war, die Anspannung hätte mich aus der Fassung gebracht. Mit Gewalt wurde ich in meine Gemächer zurückgebracht. Die Wachen vor meiner Tür bekamen die Anweisung, daß ich unter keinen Umständen vor Sonnenuntergang meine Gemächer wieder verlassen dürfe.

Zornig und außer mir vor Angst verbrachte ich den Nachmittag damit, mein Schicksal zu bejammern. „Ich hasse es, eine Frau zu sein!" heulte ich und fegte ein Tablett mit Armreifen und Ohrringen, das neben meinem Bett stand, zu Boden. „Wenn ich ein Mann wäre, könnte ich jetzt dort draußen sein und für das Überleben meiner Rasse kämpfen! Mein ganzes Leben bin ich nur herumkommandiert worden, seit ich Jerusalem verlassen habe; warum kann eine Frau niemals tun, was sie möchte, und hingehen, wohin sie will?"

„Hadassa, bitte, hör auf. Du und dein Cousin, ihr habt bewirkt, daß ich mich wieder als Mensch fühle; warum versuchst du nun zu zerstören, was du selbst aufgebaut hast? Ich war glücklich, kleiner Stern, und du auch, weil du zum ersten Mal in deinem Leben aufgehört hast, so eigensinnig zu versuchen, die Zügel selbst in die Hand zu nehmen! Niemand kann sein eigenes Leben selbst bestimmen, nicht einmal ein Mann – nicht einmal ein König! Können die jüdischen Männer in Susa bestimmen, wie sie diesen Nachmittag verbringen wollen? Sie verbringen ihn entweder mit Kämpfen oder sterben! Nur wenn Adonai unser Leben bestimmt, sind wir wirklich frei, ob Mann, Frau – oder Eunuch."

In diesem Augenblick erkannte ich, daß er es todernst meinte; noch nie zuvor hatte er von sich als einem „Eunuchen" sprechen können. In seinem Eifer und Zorn war er so männlich wie nie zuvor, und ich merkte, daß ich ihn wirklich liebte.

Doch auf einmal kamen wir beide gleichzeitig wieder zu uns. Eine Gestalt war ohne Vorwarnung im Türrahmen erschienen; ich blickte auf und erkannte Hatach. Halb erleichtert, halb verärgert fuhr ich ihn an, daß er unaufgefordert eingetreten sei.

„Es tut mir leid, Herrin, aber ich habe an die Tür geklopft, doch es kam keine Antwort. Ich machte mir Sorgen und dachte, ich sollte nachsehen, ob alles in Ordnung ist. Wenn ich störe –"

„Nein, nein, Hatach. Du hast richtig gehandelt." Ich forderte ihn auf, uns zu berichten, was es Neues gab, doch es fiel mir schwer, mich darauf zu konzentrieren.

Soweit ich mitbekam, waren die singenden Gruppen der Jugendlichen in die Mitte des jüdischen Viertels vorgerückt – und nun dort gefangen. Die königlichen Truppen, die das Gebiet umstellt hatten, hatten nicht die Absicht, sie herauszulassen, bis die Angelegenheit geregelt war, und die jüdischen Verteidigungskräfte waren aus dem Nichts erschienen und trieben die jungen Leute vor sich her, bis sie sich zu einer riesigen, singenden Menschenmenge vereinigten.

Bogenschützen auf den Dächern hatten begonnen, auf sie zu schießen, mußten sich jedoch zurückziehen, weil ihre Feinde die Häuser mit den brennenden Fackeln in Brand setzten. Doch mittlerweile trampelten sich die Heiden selbst nieder in ihren Versuchen, den Dolchen der Juden zu entkommen, und gingen nun aufeinander los. Diese jungen Leute schienen den unteren Schichten zu entstammen und sich Mut angetrunken zu haben, bevor sie in den Kampf gezogen waren; außerdem waren sie durch das Feuer, das sie selbst gelegt hatten, genauso in Gefahr wie ihre Gegner.

„Du kannst den Rauch vom Palastdach aus sehen", beendete Hatach seinen Bericht. „Aber niemand kann sagen, wie der Kampf ausgeht. Das wird sich erst bei Sonnenuntergang zeigen, wenn die Truppen einschreiten und die Zahl der Opfer festgestellt wird. Bitte vergib mir, daß ich nicht früher zu dir gekommen bin, Herrin, aber ich wollte dich nicht mit Gerede von Blutvergießen aufregen. Mordechai hat mir aufgetragen zu kommen. Er meinte, du würdest lieber die Wahrheit wissen als in Unwissenheit verharren wollen."

Ich wollte ihm gerade sagen, daß Mordechai recht hatte, als sich Hegais Augen plötzlich vor Schreck weiteten und er rief: „Vorsicht, Hatach!"

Doch die Warnung war zu spät gekommen. Entsetzt beobachtete ich, wie Hatach mit schmerzverzerrtem Gesicht zu Boden fiel. Dabei schlug sein Kopf gegen das Fußende meines Bettes, und sein Schmerzensschrei erstarb. Er lag ganz still; das Messer, das ihn niedergestreckt hatte, steckte zwischen seinen Schulterblättern.

Sein Angreifer stand im Türrahmen: eine schlanke, verschleierte Gestalt, kaum größer als Hegai, gekleidet wie eine von Kschajarschas niedrigeren Konkubinen.

Sie stand einen Moment dort und blickte von Hatach zu mir und zu Hegai, dann wieder zu Hatach, weil ihr Messer noch im Rücken ihres Opfers steckte und sie infolgedessen unbewaffnet war. Als sie auf Hatach zusprang, um das Messer aus seinem Körper herauszuziehen, erwachte Hegai aus seiner Erstarrung. Er sprang vom Bett auf und drängte den Eindringling zur Tür zurück hinaus in mein Wohnzimmer. Die Gestalt stolperte und fiel. Mir war ganz übel vor Furcht, doch ich stand auf und schleppte mich zur Tür, wo ich gegen den Türrahmen gelehnt den Kampf der beiden verfolgte.

Hegai hatte seinem Gegner den Schleier abgerissen, und ich erkannte, daß dies keine Frau war, sondern ein junger Eunuch. Trotzdem kämpfte der Kerl wie eine Frau, er kratzte, biß, trat und zog Hegai an den Haaren. Keiner der beiden war im Kämpfen ausgebildet. Gerade als ich dachte, Hegai würde die Oberhand gewinnen, rief der Eindringling nach Hilfe, und ich erkannte, daß er nicht allein war.

Sein Gefährte hatte sich bis jetzt zurückgehalten, vor Furcht erstarrt wie ich selbst. Ganz offensichtlich hatten die beiden nicht mit so erbittertem Widerstand gerechnet. Doch als er sah, daß sein Freund in Schwierigkeiten war, rannte er mit erhobenem Dolch los. Hegai und sein Gegner rollten auf dem Boden umher, sie klammerten sich wütend aneinander und gruben ihre Nägel in das Fleisch des anderen. Der zweite Eindringling stand unsicher über sie gebeugt; er hatte Angst, seinen Dolch zu benutzen, weil er befürchtete, den Falschen zu treffen.

Doch er würde nicht ewig warten; früher oder später würden die beiden Kämpfenden erschöpft sein, und dann wäre Hegai verloren. Ich wünschte, ich hätte immer noch die Geistesgegenwart, die mir mein Vater beigebracht hatte, doch das Palastleben hatte mich träge gemacht. Ich lief mit zitternden Knien zu Hatach, der immer noch reglos am Boden lag, um den Griff des Messers in seinem Rücken zu packen. Doch ich konnte mich nicht überwinden, es herauszuziehen.

In diesem Augenblick gelang es Hegai, eine Hand zu befreien und einen Dolch aus seinem Gewand herauszuziehen. Mit einem kurzen Aufschrei ließ der Angreifer Hegai los; das Messer steckte in seiner Brust. Der andere Eunuch ergriff die Menora und ließ sie auf Hegais Kopf krachen.

Ich preßte die Hand vor den Mund und biß mir so fest auf die Lippe, daß sie blutete. Hegai lag hingestreckt vor den Füßen des Angreifers, und mein erster Gedanke war, trotz der Gefahr zu ihm hinzulaufen. Doch der Eunuch sprang über Hegais Körper und kam nun auf mich zu. Erst als es fast zu spät war, erinnerte ich mich an

Sauls Messer, das ich in einem Schrank neben meinem Bett aufbewahrte. Ich eilte in Schlafzimmer und ergriff mit zitternden Fingern den Dolch.

Wieder zögerte der Eunuch, doch nur einen kurzen Augenblick. Dann sprang er mit wildem Blick vor, und mit seiner Waffe schlug er nach meiner, um sie mir aus der Hand zu schlagen. Die alte Klinge brach einfach ab; die Nieten waren im Laufe der Zeit verrostet. Ich kauerte mich auf dem Bett zusammen, kniff die Augen zusammen und dachte: *Wenn dies das Ende ist, dann soll es so sein. Ich habe mich Adonai ausgeliefert, damit er mit mir tun kann, was er will, und wenn ich sterben muß, dann werde ich es mit Würde tun. Hegai ist tot, warum soll ich weiterleben?*

Doch anstatt die Klinge des Eunuchen auf meiner Haut zu spüren, merkte ich, wie er auf meinem Bett vor mir zusammenbrach, ein Messer im Rücken.

Der Dolch war aus der Entfernung geworfen worden; als ich es wagte, die Augen zu öffnen, sah ich einen von Hutaosas stämmigen Eunuchen vor meinem Bett stehen, der mit grimmigem Blick sein Werk bewunderte. Hutaosa rauschte an ihm vorbei und ergriff meine Hände.

„Der Weise Herr sei gepriesen", murmelte sie. Auf einmal erblickte sie Hatach, der neben dem Bett auf dem Boden lag. Sie schnippte mit den Fingern, damit ihre Eunuchen ihn untersuchten; während sie dies taten, rannte ich zu Hegai.

Sein aschgraues Gesicht war blutüberströmt, und seine Glieder waren schlaff. Ich unterdrückte ein Schluchzen. Doch auf einmal bewegte er sich und stöhnte, und meine Klage wurde sofort in einen Lobgesang verwandelt. Ich drückte Hegai an mich und hätte vor Freude geweint, wenn Hutaosa nicht gekommen wäre, um mir mitzuteilen, daß Hatach tot sei.

Hegai fest an mich gedrückt, stammelte ich: „Aber . . . da war so wenig Blut. Ich dachte . . ."

„Sein Schädel ist gebrochen, Esther. Das hat ihn getötet. Wenigstens ist es schnell gegangen." Hutaosa sprach sehr gefaßt, doch ihre Augen sprühten zornig.

„Ich . . . er . . ." Doch ich brachte kein Wort mehr heraus. Wieder stöhnte Hegai und versuchte sich aufzusetzen. Nach einer Weile fragte er, was aus dem zweiten Eindringling geworden sei. Wir versicherten ihm, daß er tot sei.

„Ich kannte ihn", krächzte er, dann zuckte er zusammen und fuhr mit der Hand an seine Schläfen. „Darum – darum hat er mich nicht erstochen. Er wollte nicht, daß ich starb. Er wollte mich nur aus dem Weg haben."

„Du hast ihn gekannt?" flüsterte ich. „Aber wer war er?"

„Ein Freund von Haman. Der Junge, dessen Geburtstag gefeiert wurde, als Kschajarscha zustimmte, die Juden zu töten."

„Dann hatte Waschti damit also gar nichts zu tun? Diese beiden Kerle haben allein beschlossen, mich aus dem Weg zu räumen, weil ich ihren Liebhaber in Ungnade gebracht habe?"

„Das will Waschti uns glauben machen", warf Hutaosa ein. „Wie gewöhnlich hat sie dafür gesorgt, daß ihre kriminellen Machenschaften nicht zu ihr zurückverfolgt werden können." Sie warf einen Blick auf Hatach. „Ich wünschte, ich hätte noch schneller reagiert."

Bekümmert, weil ich ihr am Vormittag kriminelle Absichten unterstellt hatte, murmelte ich, es sei nicht notwendig, sich Vorwürfe zu machen; sie hätte mein Leben gerettet und hätte auch das von Hatach gerettet, wenn es möglich gewesen wäre. Ich weinte um meinen treuen Diener und Freund, der schon in der Vergangenheit mehrfach sein Leben für mich aufs Spiel gesetzt und es jetzt verloren hatte.

Hutaosa und ihre beiden bewaffneten Eunuchen blieben bis Sonnenuntergang bei uns, denn erst dann konnten wir einigermaßen sicher sein, daß Waschti nicht zu vollenden versuchte, was begonnen worden war. Hutaosa ließ Hatachs Leiche fortbringen und warmes Wasser und Salbe holen, damit ich Hegais Wunden versorgen konnte.

Bei Anbruch der Dämmerung kam Mordechai persönlich, um mir von den Ereignissen des Tages zu berichten. Man hatte ihm erzählt, was mir widerfahren war, doch er sagte nur, daß er zuversichtlich gewesen sei, daß Adonai mich beschützen würde, denn der Schöpfer und Erhalter des Universums sei niemals falsch informiert. Dann begann er mit seinem Bericht.

Fünfhundert Menschen hatten an diesem Tag in Susa ihr Leben verloren, darunter nur wenige Juden. Die meisten Toten wären so schrecklich verbrannt, daß es kaum möglich sei zu erkennen, ob sie im Feuer oder von Menschenhand umgekommen seien. Die schreckliche Aufgabe der Identifizierung der Leichen stehe noch aus, doch es sei ziemlich sicher, daß Hamans zehn Söhne darunter seien.

Ich seufzte: „Dann ist es also vorbei. Endlich ist es vorbei." Und ich legte meinen Kopf an Mordechais Schulter.

„Nein, das ist es leider nicht", erwiderte Mordechai ernst. „Als die Sonne unterging, waren immer noch einige unserer Feinde übrig. Tatsächlich waren mehr Banden heidnischer Jugendlicher unterwegs als zuvor."

„Ich verstehe nicht; das macht doch keinen Sinn."

„Leider doch. Die meisten von denen, die uns schaden wollten, sind feige Hunde, die uns nur anzugreifen wagen, wenn wir uns nicht wehren können. Als die Dämmerung hereinbrach, gingen sie davon aus, daß die königlichen Truppen unsere Männer entwaffnen und vor ihren Angriffen in letzter Minute die Augen zudrücken würden. So wurden die Gruppen immer größer. Und ich nehme an, daß einige zuerst gar nicht die Absicht hatten, sich an der Auseinandersetzung zu beteiligen, es dann später aber doch getan haben, um ihre Brüder oder Freunde zu retten oder ihren Tod zu rächen."

„Und diese Nachzügler sind am Leben geblieben? Wie kommt es, daß sie nicht niedergeschossen wurden?"

„Weil die Schlacht, sobald die Sonne zu sinken begann, als beendet erklärt wurde. Unsere Truppen mußten sie in Ruhe lassen. Die königlichen Truppen bauten die Barrikaden ab, die wir aufgestellt hatten, und ließen die Überlebenden laufen. Doch sie formieren sich bereits wieder neu und ziehen johlend durch die Straßen."

„Durch jüdische Straßen?"

„Nein; Kschajarschas Männer halten sie von unserem Viertel fern – oder von dem, was davon noch übrig ist. Doch sie können es nicht für immer abschirmen, auch können seine Bewohner nicht mehr dort leben, bis ihre Häuser wieder aufgebaut sind. Wenn der König nicht sofort handelt, wird es uns in der Zukunft schlimmer ergehen als bisher. Die Judenhasser müssen jetzt ausradiert werden, bevor ihre Zahl sich vervielfacht und die ganze Angelegenheit außer Kontrolle gerät. Es könnte sogar sein, daß Verwandte von Haman noch am Leben sind und das verachtenswerte Banner von Amalek schwingen."

„Vater, was willst du damit sagen?"

„Ich will damit sagen, daß wir noch einen Tag wie den heutigen brauchen, an dem wir, die Juden von Susa, die Erlaubnis erhalten, uns zu bewaffnen, um diesen Feiglingen zu zeigen, aus welchem Holz wir geschnitzt sind."

Ich wandte ein: „Aber sicher kann doch an einem zweiten Tag

des Mordens nichts von bleibendem Wert erreicht werden. Vielleicht sterben weitere fünfhundert Heiden, doch jeder Tote hat einen Vater oder einen Sohn, Brüder, Onkeln oder Cousins, die entschlossen sind, ihn zu rächen. Das Ganze wird uns über den Kopf wachsen."

„Nein, Hadassa. Etwas sehr Wichtiges wird dadurch bewiesen werden. Unsere Feinde werden erkennen, daß der Erlaß des Königs, auch wenn er nicht widerrufen, so doch immer wieder ergänzt werden kann, so oft das notwendig ist, weil die königliche Regierung auf unserer Seite steht."

„Und dieser zweite Tag des Kämpfens ist offiziell gebilligt worden?"

Mordechai atmete tief durch. „Nein, Hadassa. Noch nicht. Ich habe es Seiner Majestät vorgeschlagen, doch er hat genauso reagiert wie du. Mit Respekt, das politische Verständnis deines Gemahls ist häufig sehr getrübt, da er eine verzerrte Vorstellung von dem Wesen des Menschen hat – was nicht erstaunlich ist angesichts des Lebens, das er führt. Du mußt ihn die Dinge so sehen lassen, wie sie sind."

„Ich? Auf mich hört er doch noch weniger als auf andere."

„Das bezweifle ich. Er kennt dich, Hadassa. Er weiß, was für ein Mensch du bist; er weiß, daß du eine solche Bitte nicht nur aus Durst nach arischem Blut an ihn richten würdest."

„Hat er das von dir gedacht?"

„In gewisser Weise ja. Ich glaube schon. Er kennt mich doch erst seit wenigen Monaten; er hat Angst, mir so zu vertrauen, wie er Haman vertraut hat. Dich kennt und liebt er schon seit Jahren."

Ich lachte bitter. „Ich weiß jetzt, daß er nie eine andere als Waschti geliebt hat. Und er selbst würde dir sagen, daß er mich überhaupt nicht kennt."

„Komm, meine Tochter, dies ist nicht die Zeit für Bitterkeit. Wir müssen uns überlegen, wie du ihm die Angelegenheit vortragen kannst. Du mußt ihn darauf hinweisen, daß es nichts gibt, was wir mehr wünschen, als in Frieden mit dem König, der Regierung und dem Volk von Persien zu leben, dessen Schutz wir uns so lange erfreut haben. Doch manchmal kann dauerhafter Friede nur erreicht werden, wenn kurze Zeit Gewalt ausgeübt wird. Wir bitten nur darum, daß die Juden von Susa die Erlaubnis erhalten, Waffen zu tragen; die Auseinandersetzung braucht nicht über die Stadtmauern hinauszugehen. Überall sonst haben die Juden bereits Zehntausende getötet, wenn die Berichte, die hereinkommen, korrekt sind, und der Widerstand gegen uns ist vollkommen zusammengebrochen. Einige der Statthalter und Verwalter der Städte haben ihren eigenen Truppen sogar trotz des offiziellen Erlasses gestattet, auf unserer Seite zu kämpfen, da sie wußten, daß Kschajarscha sich nicht die Mühe machen würde, eine solche Vorgehensweise zu überprüfen, wo sein erster Minister Jude ist. Außerhalb von Susa ist alles vorüber. Nur in der Hauptstadt müssen wir weiterkämpfen, hier, wo Hamans Einfluß am stärksten war und wo Kschajarscha nicht vorgeben kann, nicht zu merken, daß seine eigenen Männer zu unseren Gunsten eingreifen."

Als es Zeit wurde, den König zu sehen, war es später Abend. Ich ging allein; ich wollte, daß unser Zusammentreffen so persönlich wie möglich verlief.

Aschpamithra schien nicht im mindesten überrascht zu sein, mich zu sehen, und er brachte mich ohne zu zögern zum König, und auch er wunderte sich nicht über mein Erscheinen. „Nun, meine liebliche hebräische Frau, die Sonne ist untergegangen, und dein Volk ist gerettet. Bist du gekommen, um mich an deinem Triumph teilhaben zu lassen? Ich hatte es erwartet."

Sein Tonfall war seltsam, und ich wußte nicht recht, wie ich seine Worte auffassen sollte. Ich glaube, er wußte es selbst nicht so recht; vermutlich hatten seine Worte schärfer als beabsichtigt geklungen. So wendete ich nur den Blick ab und wartete.

Er klatschte in die Hände und befahl Aschpamithra, zwei Becher seines besten syrischen Weines zu holen. Als er eingeschenkt war, führte er seinen Becher an meine Lippen und meinen an seine. Wir nahmen einen kleinen Schluck und blickten uns unsicher an.

Schließlich sagte er: „Ich nehme an, du bist zufrieden, wie die Dinge gelaufen sind. Alle Söhne Hamans sind tot, und fünfhundert ihrer betrunkenen Spießgesellen hier in Susa ebenfalls, und der Weise Herr allein weiß, wie viele tausend im ganzen Land und in den Provinzen, darunter bestimmt auch eine stattliche Anzahl irregeleiteter persischer Edelleute. Bist du zufrieden, oder bist du gekommen, um noch mehr von mir zu erbitten?" Er lachte und warf den Kopf zurück. „Königin Esther, Stern meiner Nacht und Trost meiner Seele, sage mir, was du wünschst, und du sollst es bekommen, bis zur Hälfte meines eigenen Fischteichs."

Mir wurde klar, daß er dem syrischen Wein bereits gut zugesprochen haben mußte. Darum brachte ich meinen Wunsch vor, bevor sich die Situation noch verschlimmerte, und ohne das geringste Zögern winkte er mit der Hand und antwortete: „Betrachte deinen Wunsch als gewährt. Aschpamithra? Hole einen Schreiber. Ich möchte eine Proklamation erlassen."

Aschpamithra zögerte; vermutlich kam es nur selten vor, daß der König so etwas tat, ohne seine Berater oder die Magi zu konsultieren. Doch er war berechtigt, dies zu tun, und ich war froh, sein Versprechen schriftlich zu haben, bevor er seine Meinung ändern konnte – oder bevor jemand anderes sie ändern konnte. Der Schreiber erschien, und der Erlaß wurde niedergeschrieben. Darin wurde auch befohlen, die Leichen von Hamans Söhnen an die Stadtmauern zu hängen, so wie einst die Leichen von Saul und seinen Söhnen von den Philistern an die Mauern von Bethschan genagelt worden waren. Ich wollte Kschajarscha für seine Freundlichkeit danken und seine Weisheit loben, doch er sagte nur: „Komm ins Bett, Esther. Ich möchte nicht reden."

Vor langer Zeit hatte eine runzelige alte Wahrsagerin aus Arderikka gesagt, ich würde einmal schuld sein am Tod von vielen tausend Menschen, und so war es auch eingetroffen, doch nicht so, wie die dunklen Mächte, denen sie diente, es gewollt hatten. Sie hatte gesagt, ich würde Königin von Persien werden, und auch das war eingetroffen, doch Adonai hielt mein Leben jetzt in seiner Hand, und seine Macht war stärker als die jeder griechischen Wahrsagerin, jedes babylonischen Astrologen und aller persischen Magi zusammengenommen.

Der Erlaß des Königs gestattete den Juden, auch an diesem zweiten Tag bewaffnet auf die Straßen Susas zu treten. Nach persischem Gesetz ist es nämlich allen Bürgern untersagt, in der Stadt Waffen zu tragen, es sei denn, sie haben eine Sondergenehmigung, und diese Sondergenehmigung hatten die Juden und ihre Feinde nur am dreizehnten des Monats Adar. Am Morgen des vierzehnten wurde eine neue Proklamation verkündet, die es den Juden von Susa gestattete, einen Tag länger Waffen zu tragen – die Gruppen johlender Heiden, die sich immer noch an den Grenzen des jüdischen Viertels herumtrieben, hatten diese Erlaubnis nicht.

Als die Sonne aufging, ließen die königlichen Truppen, die die ganze Nacht über das Viertel abgeschirmt hatten, diese Gruppen hinein. Jeder Mann wurde durchsucht und entwaffnet. Die meisten von ihnen rannten davon, als sie ihre Lage erkannten, doch einige hatten sich mit billigem Palmwein betrunken und hielten sich für unbesiegbar. Sie torkelten durch die Straßen und fielen einer nach dem anderen in die Gosse. Nach Aussage von Augenzeugen war es unmöglich zu sagen, wer von ihnen durch Waffengewalt ums Leben gekommen war und wer einfach in seiner Trunkenheit zu Tode kam. Nur eine Handvoll von ihnen leistete ernsthaften Widerstand.

Alles in allem wurden am vierzehnten Tag von Adar dreihundert Heiden in Susa getötet, doch nicht ein einziger Jude. Bei Sonnenuntergang begann das Feiern, doch der Besitz der Ermordeten wurde nicht geplündert, auch wurden die Toten nicht geschändet. Ich war beeindruckt, weil viele der jungen Kämpfer nicht anders lebten als die Perser. Und doch hatte irgend etwas sie zurückgehalten; ihnen war klar, daß sie in einem heiligen Krieg kämpften, in dem der Sieg nicht durch menschliche Gier oder bestialische Brutalität geschmälert werden durfte. Ich bin der Meinung, daß dies der Geist Adonais bewirkt hatte.

Und viele meiner Mitjuden sind derselben Meinung. Hunderte, die die Traditionen ihrer Vorfahren aufgegeben hatten, kehrten nun freudig zu ihren Wurzeln zurück wegen dem, was sie gesehen, durchlitten und überlebt hatten.

Seit diesem Tag feiern wir, Adonais erwähltes Volk, jedes Jahr das Fest, das Mordechai zum Gedenken an unsere Befreiung von Haman, dem Agagiter, eingeführt hat. Ich selbst schickte ein Schreiben aus, in dem ich allen Juden überall Frieden und Reichtum wünschte und sie ermahnte, den vierzehnten und fünfzehnten Tag des Monats Adar heilig zu halten. Wir feiern den vierzehnten, weil an diesem Tag in ganz Persien und den Provinzen die Auseinandersetzungen vorüber waren, und den fünfzehnten, weil sie an diesem Tag auch in Susa zu Ende gingen. Wir wollen uns nicht an das Blutbad erinnern, sondern an den Frieden, den es uns gebracht hat.

Die Leute nennen dieses Fest das Purimfest, weil Haman das Los warf, um einen günstigen Tag für unsere Vernichtung zu finden. Soviel zu seinem Aberglauben und sein Vertrauen in sein Glück; er hat diesen besonderen Tag nicht einmal erlebt.

Doch obwohl die Magier, die Orakel und Wahrsager behaupten, die Zukunft zu kennen, und manchmal auch mit ihren Vorhersagen recht haben, dürfen wir unser Vertrauen nicht in sie setzen noch von ihnen die Kraft erwarten, uns unserer Zukunft zu stellen. Wenn wir unser Leben in Adonais Hand legen, ist er es, der unser Leben bestimmt. Nur indem ich mich ihm voll und ganz auslieferte, habe ich schließlich die Freiheit gefunden, nach der ich gesucht hatte.

Anmerkung zum geschichtlichen Hintergrund

Das Buch Esther, obwohl es nur so kurz ist, hat mehr Anlaß zu Auseinandersetzungen gegeben als jedes andere Buch der Bibel.

Es ist auf die faszinierende Periode des achämenidischen (hachamanischen) Weltreiches Persiens festgelegt, über das von Historikern sehr viel geschrieben worden ist.

Unglücklicherweise ist jedoch nur wenig über die jüdischen Gemeinschaften bekannt, die unter der persischen Herrschaft in diesem Gebiet gelebt haben, das einst zu Babylon gehört hatte. (Im sechsten Jahrhundert vor Christus hatten die Babylonier eine große Anzahl Juden aus Juda, dem südlichen Teil des einstigen vereinigten Königreiches Israel, in die Verbannung geführt.) Selbst das, was wir über das persische Weltreich selbst zu wissen glauben, stammt aus griechischen Quellen, nicht aus persischen. Die Griechen und Perser waren feindlich gegeneinander eingestellt, und die Meinung der Gelehrten gehen auseinander, ob die alten griechischen Schreiber verläßliche Quellen sind in bezug auf persische Geschichte und Kultur. Immer noch werden die Schauplätze der achämenidischen Kultur archäologisch untersucht.

Unsere Hauptquelle für die persische Geschichte bis zum fünften Jahrhundert vor Christus ist Herodot, ein berühmter griechischer Historiker, der eher ein Autor von Reiseberichten und Sammler seltsamer Geschichten war als ein Historiker im modernen Sinne. Er reiste sehr viel in den Gebieten herum, über die er schrieb, und viele der Ereignisse, die er beschreibt, hat er selbst miterlebt. Als Quelle haben wir auch einen Auszug aus der dreiundzwanzig Bände umfassenden Geschichte Persiens von Ctesias, einem griechischen Arzt, der sehr viel später geboren wurde, aber lange Zeit am persischen Hof gelebt hat. Auch gibt es ein Theaterspiel von Aeschylus, wieder einem Griechen, mit dem Titel *Die Perser* (Persae), das den katastrophalen Feldzug Xerxes' (Kschajarschas) gegen Griechenland zum Thema hat.

Die Perser dagegen, obwohl sie anscheinend eine Art offizielle Chronik führten (siehe Esther 10,2), haben unseres Wissens keine Geschichtsbücher verfaßt.

Viele „liberale“ Bibelkritiker haben große Zweifel an der Historizität des Buches Esther, halten es für einen „historischen Roman“ ohne jegliche historische Grundlage. Sie behaupten, Esther selbst sei in keiner anderen Quellen erwähnt; die Geschichte enthalte zu viele unglaubliche Zufälle und Märchenelemente, (zum Beispiel den „Schönheitswettbewerb“, um einen Ersatz für Waschti als Königin zu finden); und die achämenidischen Herrscher hätten eine sehr großzügige Haltung den Glaubensüberzeugungen und dem kulturellen Erbe ihrer Untertanen gegenüber eingenommen, darum hätte Xerxes niemals ein Edikt erlassen, das zum Ziele hatte, eine ganze Völkergruppe mit einer eigenen religiösen Überzeugung auszurotten. Ein Kritiker, Kaiser, hat sogar behauptet, das Buch könnte wegen seines Wortlauts und seiner Schlußformel nicht früher als 300 v. Chr. geschrieben worden sein.

Sicherlich hat das Buch Esther bei den jüdischen Gelehrten der Frühzeit, die für den Kanon der hebräischen Schriften verantwortlich waren, einen schweren Stand gehabt. Einige frühe christliche Konzile waren sehr unsicher, ob sie es in ihre Bibel einfügen sollten. (Noch im sechzehnten Jahrhundert nach Christus hat Martin Luther gesagt, er wünschte, das Buch sei nie geschrieben worden!)

Aus verschiedenen Gründen wird es mit Mißtrauen betrachtet. Erstens wird Gott an keiner Stelle namentlich erwähnt! Zweitens, es wurde von Juden geschrieben, die noch in Persien lebten, nachdem der persische König Cyrus (Kurasch) ihnen die Erlaubnis gegeben hatte, in ihr Heimatland zurückzukehren und das von den Babyloniern zerstörte Jerusalem wiederaufzubauen. Die zurückgekehrten Juden hielten diejenigen, die geblieben waren, für weltlich und gottlos. Ihrer Meinung nach waren sie nicht bereit, die Sicherheit und ihren Wohlstand aufzugeben, um die Davidsstadt und den Tempel Adonais wiederaufzubauen. Ironischerweise haben einige Christen behauptet, das Buch sei zu „jüdisch“, sei nur daran interessiert, den Ursprung des jüdischen Purimfestes zu erklären. In den ersten siebenhundert Jahren nach Christus wurde nicht ein einziger christlicher Kommentar wurde zum Buch Esther verfaßt.

Viele dieser Argumente zeigen jedoch mangelndes Verständnis für die persische Geschichte oder die Ziele und Themen des Buches Esther. (Es ist auffallend, daß Kapazitäten auf dem Gebiet der persischen Geschichte im Gegensatz zu den Bibelkritikern häufig nur zu gern Verse aus dem Buch Esther zitieren als Beleg für bestimmte persische Sitten.) Luthers Kommentare dazu waren ganz offen antisemitisch – wie vieles, was er geschrieben hat.

Dieses Buch spricht viele Themen an, die für Juden und Christen gleichermaßen von großer Bedeutung sind: die Gefahren der Anpassung an ein Volk mit anderen Glaubensüberzeugungen, die Gefahr des Anstoßgebens und der Verfolgung, die Macht des Gebets und des Fastens, die Anerkennung Gottes, der in die Angelegenheiten der Menschen eingreift, wenn sein Volk ihm vertraut, und daß dieses Eingreifen den Menschen deutlich wird, deren geistliche Augen geöffnet worden sind. Und schließlich zeigt die Geschichte von Esther, daß Gott es ist, der das Universum in der Hand hält, und nicht das ‚Schicksal'.

Darüber hinaus gibt es einige sehr zwingende Argumente für die Anerkennung des Buches Esther als einen historischen Bericht.

Sprachlich gesehen scheint das Buch im fünften Jahrhundert vor Christus geschrieben worden zu sein oder wenigstens im vierten, wenn man vom Stil und den Charakteristika des vom Autor verwendeten Hebräisch und Aramäisch ausgeht. Kaisers Argument zu der Schlußformel ist wenig stichhaltig, weil die griechische Fassung sich inhaltlich sehr von der hebräischen/aramäischen unterscheidet und sehr wohl später verfaßt sein kann. (Einiges darin ist äußerst sentimental; obwohl andere Passagen zugestandenermaßen recht gut sind, zum Beispiel Mordechais Traum – griech. Esther 11,5–9 –, und einiges davon habe ich in meinem Roman verwendet. An anderen Stellen widerspricht diese Fassung der hebräisch-aramäischen, zum Beispiel bei den Zeitangaben der Ereignisse. Auch wird hier von Artaxerxes und nicht von Xerxes gesprochen. Die griechische Fassung ist allgemein nicht als kanonisch akzeptiert und nur in den Apokryphen zu finden.)

Das kanonische (hebräisch-aramäische) Buch Esther ist sehr reich an historischen und kulturellen Einzelheiten – sowohl über Persien als auch über den Judaismus. Dort sind sehr ausführliche Beschreibungen des Palastes in Susa zu finden und der Staatsfunktionen, die dort ausgeübt wurden. Uns wird von einem Steuererlaß und einem öffentlichen Feiertag bei der Einsetzung der neuen Königin berichtet; der König verteilt Geschenke; das Protokoll wird beschrieben, das im Apadana beachtet werden mußte . . . alle diese Details werden durch andere alte Quellen bestätigt. Von Haman wird gesagt, daß er die Juden nicht nur anklagte, weil sie ihren eigenen Gesetzen gehorchten, sondern die Persiens mißachteten; der Autor hat bewußt diesen letzten Punkt hinzugefügt, weil den Völkern gestattet war, nach ihren eigenen Gesetzen zu leben, solange sie sich auch nach den persischen richteten. Offensichtlich verstand der Autor die persische Regierung und Rechtsstrukturen sehr gut.

Auch der Erlaß zur Vernichtung der Juden war in der persischen Geschichte nicht ohne Beispiel. Xerxes' Vorgänger Darius (eine latinisierte Form des griechischen Darios, im persischen Darajawausch) ordnete an, alle Magi zu töten.

Weiterhin passen alle im Buch Esther beschriebenen Ereignisse sehr gut in das Bild der Herrschaft von Xerxes, soweit es aus anderen Quellen zusammengesetzt werden kann. Zum Beispiel scheinen drei Jahre verstrichen zu sein, bis der König eine neue Braut sucht, nachdem Waschti in Ungnade gefallen ist – es ist bekannt, daß drei Jahre zur Vorbereitung und Durchführung des Griechenlandfeldzugs nötig waren.

Es ist allerdings seltsam, daß Gott im Buch Esther nicht ausdrücklich erwähnt ist. Es könnte jedoch sein, daß das Buch als bewußte Nachahmung persischen literarischen Stils geschrieben worden ist, um es den Persern und den Juden zugänglich zu machen, die sich den Persern angepaßt hatten und kein theologisches Werk oder religiöses Traktat lesen würden.

Bei meinem Roman bin ich von der Annahme ausgegangen, daß das biblische Buch Esther mit dem Bericht des Mordechai identisch ist, von dem in Esther 9,20 ff. gesprochen wird. (Dies ist die jüdisch-orthodoxe Ansicht.) Die Namen der handelnden Personen sind die ihres eigenen Volkes: jüdische Namen in ihrer hebräischen Form, persische Namen in ihrer persischen Form und griechische in ihrer griechischen. Einige der persischen Personen sind unter ihrem griechischen Namen vielleicht bekannter (zum Beispiel Xerxes, Darius), doch ich fand es nicht passend, daß eine jüdische Frau in ihrem Bericht Perser bei ihrem griechischen Namen nennt. Eine Liste der persischen/griechischen Äquivalente (und hebräischen, wo angebracht) ist bei der Auflistung der handelnden Personen am Anfang des Romans zu finden. Es ist interessant, daß in einem undatierten persischen Text, der durchaus aus der Zeit Esthers stammen könnte, ein gewisser Mardukija als Rechnungsführer erwähnt ist, der von Susa aus eine Inspektionsrundreise unternommen hat!

Der im Buch Esther genannte persische König wird im Hebräischen „Ahasuerus“ transkribiert. Der griechische Übersetzer las dies als Artaxerxes, vermutlich weil sich diese beiden Namen auf den ersten Blick sehr ähnlich sind. Tatsächlich ist der betreffende König mit an Sicherheit grenzender Wahrscheinlichkeit Xerxes, weil ^{a}hašwērōš das hebräische Äquivalent des persischen Kschajarscha ist. (Die grundlegenden Konsonanten in dem Namen sind Kschyrsch – Xerxes.) Eine babylonische Version von Xerxes' Namen auf einer Inschrift in Behistun ist der hebräischen Schreibweise sehr ähnlich.

Xerxes' Charakter wird in jeder der alten Quellen sehr deutlich! Er wird verschiedentlich ein überzeugter Anhänger Zarathustras genannt; ein barbarischer Despot, ein ehrgeiziger und rücksichtsloser Kriegshetzer, ein wankelmütiger König, der von seinen Ratgebern sehr leicht zu beeinflussen war, ein guter Mann, der sich bemühte, das Richtige zu tun, sich aber der schlimmsten Fehleinschätzungen schuldig machte; ein armseliger Versager und ein Melancholiker, der von seiner eigenen Sterblichkeit besessen war. Ich sehe keinen Grund, warum diese sich offensichtlich widersprechenden Züge in seiner Persönlichkeit nicht nebeneinander existiert haben konnten, und ich habe versucht, sie in meinen Roman sinnvoll einfließen zu lassen und zu erklären. Wir wissen allerdings, daß Xerxes ausländischen Religionspraktiken gegenüber sehr viel weniger tolerant war als Cyrus oder Darius, und sein barbarisches Verhalten Ägypten oder Babylonien gegenüber ist historisch belegt.

Xerxes' Frau wird von Herodot Amestris genannt. Obwohl der Name Ähnlichkeit zu Esther aufweist, können beide nicht ein und dieselbe Person gewesen sein, weil der dritte Sohn von Amestris und Xerxes, Artaxerxes I. im Jahr 483 v. Chr. geboren wurde, bevor Esther verheiratet war. Amestris ist vermutlich die biblische Waschti, weil auch in dem persischen Namen Waschti die beiden Konsonanten („w“ und „sch“) vorkommen, die im Griechischen nicht zu finden sind und leicht in „m“ und „s“ umgewandelt worden sein könnten.

Es gibt keinen Beweis, daß Esther aus der Familie Sauls abstammt, doch wir wissen aus Esther 2,5 ff., daß sie und Mordechai Benjaminiter waren (Saul kam aus dem Stamm Benjamin) und einen Kisch und Schimi (beides unwiderruflich saulidische Namen) unter ihren Vorfahren haben.

Die Beziehung zwischen Esther und Hegai ist weitgehend frei erfunden, abgeleitet jedoch von der Textstelle, wo es heißt, daß Esther Hegai gefiel und sie Gunst bei ihm fand und er sie bevorzugt behandelte (Esther 2,9).

Es wird nicht berichtet, daß Esther jemals Kinder gehabt hat, weder von Xerxes noch von einem anderen Mann. Sicherlich war es Amestris zuzutrauen, daß sie dafür gesorgt hat, wenn wir von ihren anderen „Taten" lesen (siehe unten).

Der letzte Teil der Herrschaft von Xerxes war charakterisiert durch Haremsintrigen und verschiedene politische und militärische Niederlagen. Er verlor bedeutendes Territorium an die Delische Liga (die „Liga der Griechen", ein von Athenern angeführter Zusammenschluß griechischer Stadtstaaten und Inseln). Pausanias, der Spartaner, nahm 477 v. Chr. Sestos ein, 476 eroberte der Athener Cimon Eion auf Strymon; Skyros wurde 474/3 erobert und die Küstenstädte Carias 468. Nun kontrollierte der athenische Staatenbund den ganzen Süden Kleinasiens von Caria bis Pamphylien.

Xerxes widmete sich nun ehrgeizigen Bauprojekten, um sicherzustellen, daß die Nachwelt ihn wegen seiner architektonischen Leistungen respektierte, wenn er schon keine glorreichen Eroberungen zustande brachte. 465 v. Chr. wurde er schließlich von drei Höflingen ermordet, zu denen der Hasarapatisch Artabanus (Artabanusch) gehörte. Aspamitres (Aschpamithra), der Eunuch des Schlafgemachs, führte die Mörder in das Schlafzimmer des Königs, damit sie ihn im Schlaf ermordeten.

Artabanus überredete dann Artaxerxes (Artakschathra), einen der jüngeren Söhne von Amestris, seinen älteren Bruder Darius zu ermorden, indem er behauptete, Darius sei für den Mord an Xerxes verantwortlich; Artaxerxes wurde König. Er und seine Nachfolger verwässerten nach und nach die zarathustrischen Glaubensüberzeugungen, und heidnische Ideen machten sich in der Religion breit. Aus diesem Mischmasch entstanden Kulte wie der Mithraismus, der Hauptrivale des frühen Christentums im römischen Reich, vor allem unter den Soldaten in der römischen Armee.

Unter der Herrschaft von Artaxerxes wurden die Stadtmauern Jerusalems fertiggestellt. (Der Tempel war bereits zu Xerxes' Lebzeiten wiederaufgebaut.) Amestris/Waschti hatte während dieser Zeit sehr großen Einfluß, da sie nun die Rolle der Königinmutter einnahm. Sehr wahrscheinlich hatte sie die Ermordung Xerxes' veranlaßt – was ein weiterer außerbiblischer Beweis dafür ist, daß ihre Beziehung nicht so gut war, wie sie hätte sein sollen! Sie entpuppte sich als Drache und forderte, daß Artaxerxes alle bestrafte, die sie nicht leiden konnte. Später soll sie vierzehn Jungen aus angesehenen persischen Familien lebendig begraben haben als Opfer für die Götter der Unterwelt. Sie hoffte, daß die dunklen Mächte das Leben dieser Jungen im Austausch für ihr eigenes annahmen!

Das Land Israel blieb in jüdischer Hand, jedoch unter der Oberherrschaft nachfolgender Supermächte, bis Jerusalem 70 n. Chr. den Römern zum Opfer fiel. Erst 1948 wurde es den Juden wieder zurückgegeben, trotz heftigen arabischen Widerstandes. Das Recht oder Unrecht des Zionismus wird immer noch heftig diskutiert, nicht nur von Christen, sondern von Politikern in der ganzen Welt, aber auch unter den Juden selbst. Die gegenwärtige Situation ist der zu Esters Zeiten erstaunlich ähnlich. Moderne Israeliten verachten ihre Mitjuden, die beschlossen haben, im Westen zu bleiben, vor allem in Amerika, wo sie ein bequemes Leben im Wohlstand führen können, während sie gleichzeitig von Amerika erwarten, die zionistische Sache zu unterstützen. Andere Juden, die so religiös wie die Zionisten sind, glauben, daß das Land Israel nicht zurückbeansprucht hätte werden sollen, bevor der Messias nicht gekommen ist, dessen Aufgabe es sein wird, es selbst zurückzufordern.

Persien – der heutige Iran – trägt noch immer viele seiner alten charakteristischen Züge, wenn es auch heute überwiegend von Moslems bewohnt wird. Zeiten der Befreiung und Toleranz (oder Dekadenz und Korruption?) wechselten sich mit Phasen ab, wo der religiöse Fundamentalismus wieder Auftrieb bekam und Dissidentengruppen unterdrückt wurden.

Aber was ist mit Esther? War sie die Heldin, als die sie in der jüdischen Kultur verehrt wird? Oder entging sie nur mit knapper Not der Anpassung an die persische Kultur? In der griechischen Fassung des Buches Esther in den Apokryphen wird sie als eine fromme, entschlossene Frau dargestellt, die den Luxus und die Unmoral des kaiserlichen Hofes von Anfang an verachtet.

Ein sorgfältiges Lesen des biblischen Buches führt uns jedoch zum gegenteiligen Schluß. Sie hält ihre Religion geheim (2,10), darum nimmt sie vermutlich nicht-koscheres Essen zu sich und vernachlässigt die Beachtung des Sabbats und der jüdischen Feiertage. Bei der Vorstellung der Jungfrauen vor dem König dürfen sie tragen, was sie möchten, doch Esther trägt, was Hegai ihr sagt (2,15). Als Haman das Edikt gegen die Juden erläßt und Mordechai in Sack und Asche geht, versucht Esther ihn davon abzuhalten, die Aufmerksamkeit auf sich und seine Sache zu ziehen (4,4). Als Mordechai sie bittet, für die Juden beim König einzutreten, erhebt sie Einwände (4,11), und Mordechai muß ihr schließlich einen sehr eindringlichen Brief schicken (4,12–14), bevor sie auch nur einen Finger für ihr bedrohtes Volk krümmt. Ich habe den Eindruck, daß Esther wie viele andere biblische Gestalten keine Heilige war, sondern ein vielschichtiges menschliches Wesen, das genauso seine Fehler hatte wie jeder von uns.